Schriftenreihe
der Juristischen Schulung

Band 54

Fälle zum Allgemeinen Verwaltungsrecht

von

Dr. Monika Böhm
Professorin an der Universität Marburg

und

Dr. Charlotte Gaitanides
Privatdozentin an der
Universität Frankfurt am Main
Dozentin an der
Helmut-Schmidt-Universität Hamburg

4., neu bearbeitete Auflage
des von Prof. Dr. Manfred Zuleeg
begründeten Werkes

Verlag C. H. Beck München 2007

Verlag C. H. Beck im Internet:
beck.de

ISBN 10: 3 406 54853 9
ISBN 13: 978 3 406 54853 6

Wilhelmstraße 9, 80801 München
Druck und Bindung: Nomos Verlagsgesellschaft
In den Lissen 12, 76547 Sinzheim
Satz: Druckerei C. H. Beck Nördlingen
(Adresse wie Verlag)

Gedruckt auf säurefreiem, alterungsbeständigem Papier
(hergestellt aus chlorfrei gebleichtem Zellstoff)

Vorwort

Die vorliegende Fallsammlung zum Allgemeinen Verwaltungsrecht soll Studierende dabei unterstützen, ihre Kenntnisse im Allgemeinen Verwaltungsrecht anhand von Fällen zu überprüfen und zu vertiefen. Der Band ist an den Bedürfnissen fortgeschrittener Studenten ausgerichtet. Der Schwierigkeitsgrad der Fälle ist daher auf das Examen zugeschnitten. Er ist aber auch geeignet für Referendarinnen und Referendare, die ihre Kenntnisse auffrischen wollen. Die Sachverhalte sind mit dem Anspruch konzipiert, die einschlägigen Rechtsfragen ausführlich zu behandeln. Mit Blick auf die verwaltungsrechtliche Praxis sind die Probleme des Allgemeinen Verwaltungsrechts bewusst nicht isoliert, sondern realitätsnah in die verschiedensten Materien des Besonderen Verwaltungsrechts eingebettet. Fertigkeiten in der Technik des Klausuraufbaus werden vorausgesetzt. Soweit Landesrecht maßgeblich ist, richten sich die Lösungen nach dem Recht Nordrhein-Westfalens. In den Fußnoten finden sich Verweise zu den einschlägigen Rechtsgrundlagen in den anderen Bundesländern.

Unser besonderer Dank gebührt Professor *Manfred Zuleeg,* ehem. Richter am Gerichtshof der Europäischen Gemeinschaften, der uns diese Fallsammlung zur Fortführung überlassen hat. Wir haben die Fälle überarbeitet und aktualisiert. Die Lösungen wurden um weiterführende Literaturhinweise ergänzt, deren Auswahl sich an der grundsätzlichen Bedeutung und der didaktischen Eignung der Beiträge orientiert.

Herr Mützel, Lektor im Verlag C.H. Beck, hat die Neuauflage engagiert betreut. Wertvolle Unterstützung bei den redaktionellen Arbeiten haben Herr Rechtsreferendar *Tarik El-Shabassy* sowie die studentischen Hilfskräfte Frau *Katharina Slawinski* und Herr *Axel Werner* geleistet. Das Manuskript wurde zügig und zuverlässig von Frau *Heike Laukel* bearbeitet. Ihnen allen herzlichen Dank.

Für Anregungen, Kritik und Verbesserungsvorschläge, vor allem auch von Studierenden, sind wir dankbar. Sie erreichen uns unter den folgenden Anschriften:

Prof. Dr. Monika Böhm
Professur für Öffentliches Recht
Philipps-Universität Marburg
Universitätsstraße 6
35032 Marburg

PD Dr. Charlotte Gaitanides, LL.M.
Institut für Öffentliches Recht
Helmut-Schmidt-Universität Hamburg
Holstenhofweg 85
22043 Hamburg

e-Mail: monika.boehm@staff.uni-marburg.de
e-Mail: charlotte.gaitanides@hsu-hh.de

Marburg/Hamburg, im Oktober 2006

Monika Böhm
Charlotte Gaitanides

Inhaltsverzeichnis

Abkürzungsverzeichnis

Abs. .... Absatz
AG .... Aktiengesellschaft
AGVwGO .... Ausführungsgesetz zur Verwaltungsgerichtsordnung
AK .... Alternativkommentar zum Grundgesetz
Anm. .... Anmerkung
AöR .... Archiv des öffentlichen Rechts
Art. .... Artikel
AS .... Amtliche Sammlung
ASOG .... Allgemeines Sicherheits- und Ordnungsgesetz
Aufl. .... Auflage

BW .... Baden-Württemberg, baden-württembergisch
BauAfsG .... Bauaufsichtsgesetz
BauGB .... Baugesetzbuch
BauNVO .... Baunutzungsverordnung
BauO .... Bauordnung
BauR .... Baurecht
Bay .... Bayern, bayerisch
BayVBl .... Bayerische Verwaltungsblätter
VerfGH Bayern .... Verfassungsgerichtshof für den Freistaat Bayern
BB .... Betriebs-Berater
BBG .... Bundesbeamtengesetz
Bbg .... Brandenburg, brandenburgisch
Bln .... Berlin, Berliner
Beschl. .... Beschluss
BFH .... Bundesfinanzhof
BFStrG .... Bundesfernstraßengesetz
BG .... Beamtengesetz
BGB .... Bürgerliches Gesetzbuch
BGBl .... Bundesgesetzblatt
BGH .... Bundesgerichtshof
BHO .... Bundeshaushaltsordnung
BImSchG .... Bundesimmissionsschutzgesetz
BImSchV .... Verordnung zur Durchführung des Bundesimmissionsschutzgesetzes
BLG .... Bundesleistungsgesetz
Brem .... Bremen, bremisch
BRRG .... Beamtenrechtsrahmengesetz
BRS .... Baurechtssammlung
BSeuchenG .... Bundesseuchengesetz
BSG .... Bundessozialgericht
BVerfG .... Bundesverfassungsgericht
BVerfGG .... Bundesverfassungsgerichtsgesetz
BVerwG .... Bundesverwaltungsgericht
BVFG .... Bundesgesetz über die Angelegenheiten der Vertriebenen und Flüchtlinge

ders.	derselbe
DJT	Deutscher Juristentag
DNV	Die Neue Verwaltung
DÖD	Der Öffentliche Dienst
DÖV	Die Öffentliche Verwaltung
DRZ	Deutsche Rechtszeitschrift
DStZ	Deutsche Steuer-Zeitung
DV	Die Verwaltung
DVBl	Deutsches Verwaltungsblatt
E	Entscheidungen
EBLR	European Business Law Review
Einl. Pr. ALR	Einleitung zum Preußischen Allgemeinen Landrecht
ELR	European Law Review
EWS	Europäisches Wirtschafts- und Steuerrecht
EuGH	Gerichtshof der Europäischen Gemeinschaft
EuGRZ	Europäische Grundrechte-Zeitschrift
EUZW	Europäische Zeitschrift für Wirtschaftsrecht
f./ff.	folgende
FiWi	Finanzwirtschaft
Fn.	Fußnote
G	Gesetz
GA	Goldammers Archiv
GaststG	Gaststättengesetz
GebG	Gebührengesetz
GewArch	Gewerbearchiv
GewO	Gewerbeordnung
GG	Grundgesetz für die Bundesrepublik Deutschland
GO	Gemeindeordnung
GS	Großer Senat
GVBl	Gesetz- und Verordnungsblatt
GVG	Gerichtsverfassungsgesetz
GWB	Gesetz gegen Wettbewerbsbeschränkungen
h. M.	herrschende Meinung
Hbg	Hamburg, hamburgisch
HdKWP	Handbuch der kommunalen Wissenschaft und Praxis
Hess	Hessen, hessisch
HGrG	Haushaltsgrundsätzegesetz
HGZ	Hessische Städte- und Gemeindezeitung
HÖV	Handbuch für die öffentliche Verwaltung
HRG	Hochschulrahmengesetz
Hrsg.	Herausgeber
hrsg.	herausgegeben
HSchG	Hochschulgesetz
HStVerwR	Hessisches Staats- und Verwaltungsrecht
JA	Juristische Arbeitsblätter
JAG	Juristenausbildungsgesetz
JAO	Juristenausbildungsordnung
JR	Juristische Rundschau
JurA	Juristische Analysen

Jura	Juristische Ausbildung
JuS	Juristische Schulung
JZ	Juristenzeitung
KAG	Kommunalabgabengesetz
KO	Kreisordnung
KostenO	Kostenordnung
KSVG	Gesetz über kommunale Selbstverwaltung
KV	Kommunalverfassung
KWahlG	Kommunalwahlgesetz
LandschaftsG	Landschaftsgesetz
LBG	Landesbeamtengesetz
LHO	Landeshaushaltsordnung
LImSchG	Landesimmissionsschutzgesetz
LKO	Landeskreisordnung
LKW	Landes- und Kommunalverwaltung
LOG	Landesorganisationsgesetz
LPlanG	Landesplanungsgesetz
LStrG	Landesstraßengesetz
LVerbO	Landschaftsverbandsordnung
LVerf	Landesverfassung
LVwG	Landesverwaltungsgesetz
LWG	Landeswassergesetz
MDR	Monatsschrift für Deutsches Recht
MV	Mecklenburg-Vorpommern, mecklenburg-vorpommerisch
NatschG	Naturschutzgesetz
Nds	Niedersachsen, niedersächsisch
NJ	Neue Justiz
NJW	Neue Juristische Wochenschrift
NuR	Natur und Recht
NVwZ	Neue Zeitschrift für Verwaltungsrecht
NRW	Nordrhein-Westfalen, nordrhein-westfälisch
NWVBl	Nordrhein-Westfälische Verwaltungsblätter
NZV	Neue Zeitschrift für Verkehrsrecht
OBG	Ordnungsbehördengesetz
OVG	Oberverwaltungsgericht
OWiG	Ordnungswidrigkeitengesetz
PAG	Polizeiaufgabengesetz
PartG	Parteiengesetz
PBefG	Personenbeförderungsgesetz
POG	Polizeiorganisationsgesetz
PolG	Polizeigesetz
PVG	Polizeiverwaltungsgesetz
R	Recht
RdJB	Recht der Jugend und des Bildungswesens
Rn.	Randnummer
RhPf	Rheinland-Pfalz, rheinland-pfälzisch
RuStAG	Reichs- und Staatsangehörigkeitsgesetz

SachsAnh	Sachsen-Anhalt, sachen-anhaltisch
Saarl	Saarland, saarländisch
Sächs	Sachsen, sächsisch
SächsVBl	Sächsische Verwaltungsblätter
SH	Schleswig-Holstein, schleswig-holsteinisch
SGVNW	Sammlung des bereinigten Gesetz- und Verordnungsblattes für das Land Nordrhein-Westfalen
SOG	Sicherheits- und Ordnungsgesetz
SPE	Sammlung schul- und prüfungsrechtlicher Entscheidungen
st.	ständige(r)
StrG	Straßengesetz
StrWG	Straßen- und Wegegesetz
StGB	Strafgesetzbuch
StPO	Strafprozessordnung
StVG	Straßenverkehrsgesetz
Thür	Thüringen, thüringisch
UnivG	Universitätsgesetz
UPR	Umwelt- und Planungsrecht
Urt.	Urteil
UWG	Gesetz gegen den unlauteren Wettbewerb
v. H.	vom Hundert
VBlBW	Verwaltungsblätter für Baden-Württemberg
VD	Verkehrsdienst
VersammlG	Versammlungsgesetz
VersR	Versicherungsrecht
VerwArch	Verwaltungsarchiv
VerwR	Verwaltungsrecht
VerwRspr	Verwaltungsrechtsprechung
VfGH	Verfassungsgerichtshof
vgl.	vergleiche
VO	Verordnung
VG	Vollstreckungsgesetz
VGH	Verwaltungsgerichtshof
VollstrkostenO	Vollstreckungskostenordnung
VR	Verwaltungsrundschau
VVDStRL	Veröffentlichungen der Vereinigung der Deutschen Staatsrechtslehrer
VVKO	Verwaltungsvollstreckungskostenordnung
VwGebO	Verwaltungsgebührenordnung
VwGO	Verwaltungsgerichtsordnung
VwVfG	Verwaltungsverfahrensgesetz
VwVG	Verwaltungsvollstreckungsgesetz
VwZG	Verwaltungszustellungsgesetz
VwZVG	Verwaltungszustellungs- und Vollstreckungsgesetz
WaffenG	Waffengesetz
WG	Wegegesetz
WegeG	Wegegesetz
WHG	Wasserhaushaltsgesetz
WiR	Wirtschaftsrecht

WissR	Wissenschaftsrecht, Wissenschaftsverwaltung, Wissenschaftsförderung
WiVerw	Wirtschaft und Verwaltung
WM	Wertpapier-Mitteilungen
WpflG	Wehrpflichtgesetz
WuW	Wirtschaft und Wettbewerb
ZAP	Zeitschrift für die Anwaltspraxis
ZAR	Zeitschrift für Ausländerrecht und Ausländerpolitik
ZBR	Zeitschrift für Beamtenrecht und Beamtenpolitik
ZfS	Zeitschrift für Schadensrecht
ZHR	Zeitschrift für das gesamte Handelsrecht und Wirtschaftsrecht
Ziff.	Ziffer
Zit.	Zitat
ZPO	Zivilprozessordnung
ZRP	Zeitschrift für Rechtspolitik
ZUM	Zeitschrift für Urheber- und Medienrecht

Literaturverzeichnis

Alternativkommentar zum Grundgesetz .... 2 Bände, 3. Aufl. 2001 (zit.: AK/Bearbeiter)

Battis .... Kommentar zum Bundesbeamtengesetz, 3. Aufl. 2004 (zit.: Battis)

Battis/Krautzberger/Löhr .... Kommentar zum Baugesetzbuch, 9. Aufl. 2005 (zit.: Battis/Krautzberger/Löhr)

Bonner Kommentar .... Kommentar zum Grundgesetz, Loseblattausgabe, Stand: Dezember 2005 (zit.: BK/Bearbeiter)

Brohm .... Öffentliches Baurecht, 3. Aufl. 2002 (zit.: Brohm)

Brox .... Allgemeiner Teil des BGB, 29. Aufl., 2005 (zit.: Brox)

Bull .... Allgemeines Verwaltungsrecht, 7. Aufl. 2005 (zit.: Bull)

Engelhardt/App .... Verwaltungs-Vollstreckungsgesetz, Verwaltungszustellungsgesetz, Kommentar, 6. Aufl. 2004 (zit.: Engelhardt/App)

Erichsen/Ehlers .... (Hrsg.), Allgemeines Verwaltungsrecht, 12. Aufl. 2002 (zit.: Erichsen/Ehlers)

Ernst/Zinkahn/Bielenberg/Krautzberger .... Baugesetzbuch, Kommentar Stand: Juli 2006 (zit.: Ernst/Zinkahn/Bielenberg/Krautzberger)

Götz .... Allgemeines Polizei- und Ordnungsrecht, 13. Aufl. 2001 (zit.: Götz)

Gubelt .... Fälle zum Bau- und Raumordnungsrecht, 5. Aufl. 2001 (zit.: Gubelt)

Ipsen .... Niedersächsisches Polizei- und Ordnungsrecht, 3. Aufl. 2004 (zit.: Ipsen)

Hufen .... Verwaltungsprozessrecht, 6. Aufl. 2005 (zit.: Hufen)

Knemeyer .... Polizei- und Ordnungsrecht, 10. Aufl. 2004 (zit.: Knemeyer)

Koch/Rubel/Heselhaus .... Allgemeines Verwaltungsrecht, 3. Aufl. 2003 (zit.: Koch/Rubel/Heselhaus)

Kodal/Krämer .... Straßenrecht, 6. Aufl. 1999 (zit.: Kodal/Kramer)

Kopp/Schenke .... Verwaltungsgerichtsordnung, Kommentar, 14. Aufl. 2005 (zit.: Kopp/Schenke)

Kopp/Ramsauer .... Verwaltungsverfahrensgesetz, Kommentar, 9. Aufl. 2005 (zit.: Kopp/Ramsauer)

Marschall/Schroeter/Kastner .... Bundesfernstraßengesetz, Kommentar, 5. Aufl. 1998 (zit.: Marschall/Schroeter/Kastner)

Maunz/Dürig .... Grundgesetz, Kommentar, Loseblattausgabe, Stand: August 2005 (zit.: Maunz/Dürig)

Maurer .... Allgemeines Verwaltungsrecht, 15. Aufl. 2004 (zit.: Maurer)

Metzner .... Gaststättengesetz, Kommentar, 6. Aufl. 2002 (zit.: Metzner)

v. Münch .... Grundgesetz-Kommentar, Bd. 1, 5. Aufl. 2000; Bd. 2, 5. Aufl. 2001; Bd. 3, 5. Aufl. 2003 (zit.: v. Münch)

Musielak .... Grundkurs BGB, 9. Auflage, 2005 (zit.: Musielak)

Ossenbühl .... Staatshaftungsrecht, 5. Aufl. 1998 (zit.: Ossenbühl)

Pieroth/Schlink/Kniesel .... Polizei- und Ordnungsrecht mit Versammlungsrecht, 3. Aufl. 2005 (zit.: Pieroth/Schlink/Kniesel)

Pietzner/Ronellenfitsch .... Das Assessorexamen im öffentlichen Recht, 11. Aufl. 2005 (zit.: Pietzner/Ronellenfitsch)

Sachs .... Grundgesetz, Kommentar, 3. Aufl. 2003 (zit.: Sachs)

Schenke .... Polizei- und Ordnungsrecht, 4. Aufl. 2005 (zit.: Schenke)

Schoch/Schmitt-Aßmann/Pietzner .... Verwaltungsgerichtsordnung, Kommentar, Loseblattausgabe, Stand: Oktober 2005 (zit.: Schoch/Schmidt-Aßmann/Pietzner)

Schmidt-Aßmann .... (Hrsg.), Besonderes Verwaltungsrecht, 13. Aufl. 2005 (zit.: Schmidt-Aßmann)

Schmitt Glaeser/Horn .... Verwaltungsprozeßrecht, 15. Aufl. 2000 (zit.: Schmitt Glaeser/Horn)

Schwerdtfeger .... Öffentliches Recht in der Fallbearbeitung, 12. Aufl. 2004 (zit.: Schwerdtfeger)

Stelkens/Bonk/Sachs .. Verwaltungsverfahrensgesetz, Kommentar, 6. Aufl. 2001 (zit.: Stelkens/Bonk/Sachs)

Stern .... Verwaltungsprozessuale Probleme in der öffentlich-rechtlichen Arbeit, 8. Aufl. 2000 (zit.: Stern)

Wolff/Bachof/Stober .. Verwaltungsrecht, Bd. I, 11. Aufl. 1999; Bd. II, 6. Aufl. 2000 (zit.: Wolff/Bachof/Stober)

Fall 1. Die Sportverwaltung

Sachverhalt

Nehmen Sie an, der zuständige Minister des Landes Nordrhein-Westfalen (bzw. der für den Sport zuständige Minister/Senator Ihres Bundeslandes) möchte die Betreuung des Leistungssports in staatliche Hand übernehmen. Zu diesem Zwecke soll eine Sportverwaltung geschaffen werden, die im Haushalt des Landes ausgewiesene finanzielle Mittel an Leistungssportler vergibt und mit Hilfe von Auflagen bei der Vergabe von Förderungsmitteln sicherstellt, dass die Empfänger ihre Lebenshaltung den Erfordernissen des Leistungssports anpassen, insbesondere ihre Eßgewohnheiten an den Vorschriften der Sportverwaltung ausrichten, Enthaltsamkeit von ablenkenden Betätigungen üben, auf Anforderung in gemeinsamen Wohnstätten Unterkunft nehmen und unter Anleitung der von der Sportverwaltung benannten Trainer trainieren.

Der zuständige Minister (Senator) bittet um ein Rechtsgutachten, ob das Land die Sportverwaltung errichten darf, welche Rechtsakte gegebenenfalls zu ihrer Errichtung erforderlich sind, welchen Mindestinhalt sie aufweisen müssen und wer sie erlässt. Der Minister (Senator) legt Wert darauf, Aufbau, Gliederung und Arbeitsweise der Sportverwaltung selbst regeln zu dürfen. Alle in Betracht kommenden Organisationsformen sind in die Untersuchung einzubeziehen. Der Minister (Senator) möchte außerdem wissen, ob er auch ins Privatrecht ausweichen kann. Erstatten Sie das Gutachten!

Abwandlung: Wie lautet das Gutachten, wenn der Bundesinnenminister den Plan zur Errichtung der beschriebenen Sportverwaltung verfolgt?

Lösung

I. Die Sportverwaltung des Landes

1. Aufgabe und Befugnis des Landes

Zunächst erhebt sich die Frage, ob der Staat überhaupt die Betreuung des Leistungssports an sich ziehen darf oder ob er nicht vielmehr diesen Lebensbereich den gesellschaftlichen Kräften überlassen muss.[1] Zwar gibt es Bestrebungen, den Staat auf bestimmte Aufgaben festzulegen, die

---

[1] Zur Offenheit der Staatsaufgaben und der fehlenden Pflicht zur materiellen Privatisierung *Schoch,* DVBl 1994, 962; *Lecheler,* BayVBl 1994, 555 (557).

auf diese Weise erzielten Eingrenzungen sind aber denkbar weit und decken auch die Sportförderung ab,[2] die als Staatsziel seit 1992 als Art. 18 III Eingang in die nordrhein-westfälische Landesverfassung gefunden hat.[3] Die h.M. geht darüber hinaus von der Allzuständigkeit des Staates aus, die ihn in den Stand setzt, alle ihm wichtig erscheinenden Lebensgebiete zu erfassen. Die Staatsorgane haben dabei allerdings die Verfassung zu beachten.

Der für den Sport zuständige Minister (Senator) als Organ eines Bundeslandes benötigt dessen Verbandskompetenz.[4] Sollte für die Vergabe der Förderungsmittel ein Gesetz erforderlich sein, enthält das Grundgesetz an keiner Stelle dafür eine Gesetzgebungsbefugnis des Bundes [5] Gemäß Art. 70 I GG steht die Gesetzgebungskompetenz dann dem Land zu. Hält man nach der Art der Verwaltungstätigkeit eine gesetzliche Regelung für überflüssig, gilt die allgemeine Regelung des Art. 30 GG. Sie weist auch die gesetzesfreie Erfüllung öffentlicher Aufgaben den Ländern zu, wenn durch das Grundgesetz oder auf seiner Grundlage keine andere Regelung getroffen worden ist.[6] Man gesteht zwar dem Bund die Befugnis zu, den Spitzensport zu fördern. Als Grundlage dient eine ungeschriebene Zuständigkeit des Bundes zur Repräsentanz nach innen und nach außen.[7] Der Bund verdrängt damit aber die Zuständigkeit des Landes nicht, weil parallele Fördermaßnahmen gewöhnlich keine Kollisionen hervorrufen. Anzeichen für das Gegenteil sind hier nicht ersichtlich. Für die Förderung des Spitzensports liegt daher die Verbandskompetenz auch beim Land. Abweichende Ansichten sind aber durchaus denkbar.

2. Vorbehalt und Vorrang des Gesetzes

Das Land hat den aus dem Rechtsstaatsgedanken entspringenden Grundsatz vom Vorbehalt des Gesetzes zu berücksichtigen, wonach jedenfalls alle belastenden Maßnahmen des Staates auf einem Gesetz beruhen müssen.[8] Umstritten ist, ob sich dieser Vorbehalt auch auf die begünstigenden Maßnahmen im Rahmen der Leistungsverwaltung erstreckt.[9] Die Sportverwaltung soll staatliche Förderungsmittel vergeben. Das erwünschte Verhalten der Leistungssportler soll mit Hilfe dieser

---

[2] *Steiner,* DÖV 1983, 176; *Steiner,* NWVBl 2004, 125.

[3] Die Verfassungen aller Neuen Länder enthalten zum Beispiel Sportförderungsklauseln: Art. 35 (Brandenburg); Art. 16 I 1 (Mecklenburg-Vorpommern); Art. 11 I, II (Sachsen); Art. 36 (Sachsen-Anhalt); Art. 30 III (Thüringen).

[4] Eine Übersicht über die sportbezogenen Kompetenzen des Bundes und der Länder bietet *Steiner,* NJW 1991, 2729 (2731).

[5] *Tettinger,* Rechtsprobleme der Subventionierung des Sports, in: *ders.* (Hrsg.), Subventionierung des Sports, 1987, 33, 38 f.; *Steiner,* NJW 1991, 2729 (2731).

[6] BVerfGE 39, 96 (109).

[7] *Steiner,* NJW 1991, 2729 (2731).

[8] *Hesse,* VerfR, Rn. 508 ff.; *Maurer,* § 6 Rn. 9 ff.

[9] Dafür: *Zuleeg,* DÖV 1984, 734 f.; dagegen: *Oldiges,* NJW 1984, 1928 f. m. w. N.

finanziellen Anreize erreicht werden. Die geplante Sportverwaltung bewegt sich somit im Bereich der Leistungsverwaltung. Der so genannte „Totalvorbehalt“, der diesen Bereich einschließt, hat sich aber im Schrifttum noch nicht durchgesetzt und bislang keinen Eingang in die Praxis der Gerichte gefunden. Diese begnügen sich mit der Legitimation durch einen Titel im Haushaltsplan,[10] der für die Sportförderung vorhanden ist. Sollten jedoch die staatlichen Leistungen Freiheit verwirklichen, könnte deren Vorenthaltung den Einzelnen genauso treffen wie ein Eingriff in Freiheit und Eigentum.[11] Dann wäre eine gesetzliche Grundlage erforderlich. Darüber hinaus bedarf es einer gesetzlichen Grundlage, wenn die Leistung an eine gesellschaftliche Gruppe, insbesondere an Religionsgemeinschaften und die Presse, gerichtet ist und in die Grundrechtssphäre Dritter eingreift.[12] Diese Situationen liegen hier aber nicht vor. Der Minister (Senator) bedarf also wegen der mit den Zuwendungen verknüpften Belastungen grundsätzlich keines Gesetzes.[13]

Mit Hilfe von Auflagen sollen die Leistungssportler freilich empfindlichen Einschränkungen in der freien Gestaltung ihres Lebens unterworfen werden. Durch verlockende Angebote kann der Staat einen weitreichenden Einfluss auf die Freiheitssphäre des Einzelnen ausüben, ohne auf Eingriffe angewiesen zu sein, so dass zumindest für die Anforderungen an die Leistungssportler eine gesetzliche Ermächtigung notwendig sein könnte. Über dieses Bedenken setzt man sich jedoch mit der Begründung hinweg, dass der Empfänger der Leistung nicht gezwungen werde, die staatlichen Zuwendungen anzunehmen.[14]

Betrachtet man das Problem von den Grundrechten her, gebietet der als Auffanggrundrecht zum Zuge kommende Art. 2 I GG, dass jede belastende Maßnahme auf einem Gesetz beruhen muss, das den Grundsätzen der Bestimmtheit und der Verhältnismäßigkeit entspricht.[15] Da aber die Freiheit geschützt werden soll, bedarf derjenige keines Schutzes, der freiwillig seinen Freiheitsraum einengt. Gerade in der Möglichkeit selbst auferlegter Beschränkungen besteht ein Stück Freiheit. Freilich lässt sich diese Freiheit durch Wohltaten korrumpieren, doch ist insoweit eine Sicherung erst nötig, wenn der Staat die Grenze zur Rechtswidrigkeit überschreitet. Bis zu dieser Grenze kann der Bürger selbst über seinen Freiheitsraum wachen. Da der Vorrang des Gesetzes nicht ausgeschaltet ist, kann sich der Empfänger gegen rechtswidrige Auflagen zur Wehr

---

[10] *BVerwG* DVBl 1978, 212; BVerwGE 58, 45 (48); *OVG Münster* NVwZ 1982, 381; *OVG Münster* DVBl 1990, 999 (Religionsgemeinschaft); *BVerwG* DVBl 1992, 1038 (Religionsgemeinschaft); *Dickersbach*, NVwZ 1993, 846.

[11] Zu den Kriterien: *Erichsen*, Jura 1995, 553; *Wehr*, JuS 1997, 419 (421 ff.); BVerfGE 40, 237 (249).

[12] BVerwGE 90, 112 (126).

[13] Vgl. aber die Sportförderungsgesetze in Berlin (GVBl 1978, 2105), Bremen (GBl 1976, 173) und Rheinland-Pfalz (GVBl 1974, 597).

[14] *Rinck*, WirtschaftsR, 6. Aufl. (1986), Rn. 350.

[15] *BVerfG* NJW 1989, 2525 f.

setzen.[16] Der Minister (Senator) bedarf also nicht wegen der mit den Zuwendungen verknüpften Belastungen eines Gesetzes.

3. Der Rechtsakt und sein Inhalt bei mittelbarer Staatsverwaltung

Der Minister (Senator) könnte eine mittelbare Staatsverwaltung ins Auge fassen. Sie wird von selbständigen juristischen Personen des öffentlichen Rechts wahrgenommen. Um sie ins Leben zu rufen, ist ein förmliches Gesetz oder ein anderer Hoheitsakt, der seine Grundlage in einem förmlichen Gesetz findet, erforderlich, da die Übertragung von Hoheitsaufgaben auf eine selbständige Organisation und die damit verbundene Haftungsbegrenzung im Willen des Gesetzgebers zu verankern ist.[17] In Nordrhein-Westfalen ist dies ausdrücklich durch §§ 18, 21 NRWLOG angeordnet.[18] Unter Hoheitsaufgaben sind in diesem Zusammenhang auch die Tätigkeiten der Leistungsverwaltung zu verstehen.

Das von den Gesetzgebungsorganen des Landes zu erlassende Gesetz muss mindestens die Organe und ihre Zusammensetzung in abstrakter Form, die Art ihrer Bestellung, das Verfahren der Willensbildung und die Funktion der juristischen Person erkennen lassen, sonst läge kein genügend bezeichnetes Gebilde vor, so dass die Exekutive doch freie Hand hätte. Nach §§ 19 II, 21 NRWLOG muss auch die Übertragung der Hoheitsaufgaben gesetzlich vorgesehen oder zugewiesen sein. Im Gesetz müsste also die Tätigkeit der Sportverwaltung in groben Zügen umschrieben sein.

Soll die juristische Person Mitglieder haben, etwa die geförderten Leistungssportler, die dann an der Willensbildung zu beteiligen wären, spricht man von einer Körperschaft. Andernfalls liegt eine Anstalt oder Stiftung des öffentlichen Rechts vor. Nicht nur eine Zwangsmitgliedschaft, sondern jede Art von körperschaftlicher Beteiligung muss aus dem Gesetz hervorgehen, um die Teilhabe an staatlicher Willensbildung demokratisch abzusichern. Im Übrigen bestimmen die Organe der neu gebildeten juristischen Person über Aufbau, Gliederung und Arbeitsweise, sofern nicht der Gesetzgeber dem zuständigen Minister (Senator) die Ermächtigung zum Erlass von Rechtsverordnungen zu diesen Gegenständen erteilt. Die Festlegung des Sitzes der juristischen Person ist ebenfalls nicht dem Gesetzgeber vorbehalten. Die Dienstherrenfähigkeit kann gemäß § 121 Nr. 2 BRRG durch Gesetz oder durch Rechtsverordnung verliehen werden. Eine Satzung der Körperschaft, Anstalt oder Stiftung ist dazu nur imstande, wenn der Staat die Genehmigung erteilt (§ 232 NRWLBG).

Die juristischen Personen des öffentlichen Rechts unterstehen zwingend der Aufsicht des Staates (§ 20 NRWLOG). Das Gesetz muss daher auch

---

[16] *Tettinger* (Fn. 5), 46.

[17] *Maurer,* § 21 Rn. 57 ff.

[18] Ebenso durch §§ 18, 21 SaarlLOG; siehe auch §§ 19 BWLVwG, 23 SHLVwG.

die aufsichtsführende Stelle benennen. Ist der allgemein für den Sport zuständige Minister (Senator) dafür ausersehen, kann er auf die Arbeitsweise der juristischen Person einwirken. Indessen erstreckt sich die Aufsicht grundsätzlich nur auf die Rechtmäßigkeit der Verwaltungstätigkeit. Eine besondere Aufsicht, die der aufsichtsführenden Stelle das Recht zu fachlicher Weisung einräumt, ist gesetzlich festzulegen. Über den Rahmen der Weisungsgebundenheit hinaus bestimmt die juristische Person ihre Arbeitsweise selbst. Da der Minister (Senator) möglichst wenig an Entscheidungsbefugnissen aus der Hand geben will, ist demnach nicht zu raten, eine Gesetzesinitiative der Landesregierung nach Art. 65 NRW-LVerf[19] zur Errichtung einer Sportverwaltung in Gestalt einer rechtsfähigen juristischen Person des öffentlichen Rechts anzuregen.

4. Der Rechtsakt und sein Inhalt bei unmittelbarer Staatsverwaltung

a) Die Sportverwaltung als Einrichtung des Landes

In unmittelbarer Staatsverwaltung könnte die Sportverwaltung als nicht rechtsfähige Anstalt des öffentlichen Rechts geführt werden, die § 14 I NRWLOG als Einrichtung des Landes bezeichnet. Sie müsste über einen eigenen Bestand an persönlichen und sächlichen Mitteln verfügen. Solche Einrichtungen werden von den obersten Landesbehörden im Rahmen ihres Geschäftsbereichs errichtet.[20] Der Gesetzgeber ist also nicht notwendig einzuschalten. Seinem Auftrag nach Art. 77 S. 1 NRW-LVerf, die Organisation der allgemeinen Landesverwaltung zu regeln, ist er durch das Landesorganisationsgesetz nachgekommen. Der Gesetzgeber besitzt aber ein Zugriffsrecht.[21] Macht er davon keinen Gebrauch, übt die oberste Landesbehörde die ihr zustehende Organisationsgewalt aus, die ihren Niederschlag in Art. 77 S. 2 NRWLVerf gefunden hat.[22]

Oberste Landesbehörden sind nach § 3 NRWLOG[23] die Landesregierung, der Ministerpräsident und die Landesminister. Nach dem Sachverhalt ist davon auszugehen, dass der Sport in den Zuständigkeitsbereich eines bestimmten Ministers (Senators) fällt. Er legt als oberste Landes-

---

[19] In den anderen Bundesländern: Art. 59 I BWVerf.; 71 BayLVerf (Ministerpräsident namens der Staatsregierung); 59 II BlnLVerf. (Senat); 75 BbgVerf.; 48 I HbgLVerf. (Senat); 117 HessLVerf.; 55 I 1 Verf. MV; 42 III NdsLVerf. (Landesminister); 108 RhPflLVerf.; 98 SaarlLVerf. (Ministerpräsident namens der Landesregierung); 70 I SächsVerf. (Staatsregierung); 77 II Verf. SachsAnh; 37 I SHLVerf.; 81 I ThürVerf.

[20] Übereinstimmend § 14 SaarlLOG.

[21] *Böckenförde,* Die Organisationsgewalt im Bereich der Regierung, 1964, 103 f.

[22] S. auch Art. 70 II BWLVerf., 77 I 2 BayLVerf., 112 S. 2 SaarlLVerf. Nach Art. 96 II 1 BbgVerf. und Art. 90 S. 3 ThürVerf. obliegt die Einrichtung der staatlichen Behörden im Einzelnen der Landesregierung; nach Art. 83 II 1 SächsVerf. der Staatsregierung. Nach Art. 57 S. 2 HbgLVerf. grenzt der Senat die einzelnen Verwaltungszweige gegeneinander ab.

[23] Ebenso § 3 SaarlLOG; s. auch §§ 3 BWLVG, 5 I SHLVwG, die aber zusätzlich den Landesrechnungshof einbeziehen.

behörde kraft seiner Organisationsgewalt Aufbau und Gliederung der Anstalt fest. Die Organisationsgewalt verleiht die rechtliche Macht zur Bildung, Errichtung, Einrichtung, Änderung, Aufhebung und Abwicklung von Verwaltungsträgern, Behörden und anderen Verwaltungsstellen durch die Bestimmung ihrer Zuständigkeiten, ihrer Zusammenhänge und ihrer inneren Ordnung sowie durch persönliche und sachliche Ausstattung.[24] Aus rechtsstaatlichen Gründen ergeht eine Rechtsverordnung, die aber als Ausfluss der Organisationsgewalt keiner gesetzlichen Ermächtigung bedarf.[25] Die Organbildung greift nicht in die Rechts- und Freiheitssphäre der Einzelnen ein. Wohl aber muss dem Bürger erkennbar sein, dass der Staat das neu geschaffene Gebilde mit Hoheitsaufgaben betraut hat. Daher müssen aus der Rechtsverordnung die Selbständigkeit der Einrichtung, ihre Organstruktur und ihre Funktion hervorgehen. § 14 II NRWLOG[26] verlangt überdies, dass sich die einzelne Einrichtung aus dem Haushaltsplan ergibt. Aufgrund des Bepackungsverbots darf im Haushaltsplan jedoch nicht mehr als die Bezeichnung der Anstalt erscheinen, die Organisationsgewalt ist nicht etwa auf den Haushaltsgesetzgeber verlagert. Immerhin ist der Minister gehindert, die Sportverwaltung als nicht rechtsfähige Anstalt des öffentlichen Rechts zu gründen, solange im Haushaltsplan lediglich Mittel für die Sportförderung, nicht aber für die als zuständig genannte Anstalt ausgewiesen sind.

§ 14 NRWLOG könnte allerdings Art. 77 S. 1 NRWLVerf widersprechen.[27] Danach erfolgt die Regelung der Zuständigkeiten durch Gesetz. Dieser Gesetzesvorbehalt lässt sich freilich eng auslegen. Nur für die Bildung von Organen, die in die Rechtssphäre von Einzelpersonen ein-

---

[24] *Schmidt-De Caluwe,* JA 1993, 115 (116).

[25] Vgl. *OVG Hamburg* VerwRspr 10, 32 (38).

[26] Wie § 14 II SaarlLOG auch.

[27] Vgl. auch Art. 77 I 1 BayLVerf., der außer für die Organisation der allgemeinen Staatsverwaltung und für die Regelung der Zuständigkeit auch für die Art. der Bestellung der staatlichen Organe ein Gesetz fordert. In Baden-Württemberg regelt der Gesetzgeber Aufbau, räumliche Gliederung und Zuständigkeit der Landesverwaltung durch Gesetz (Art. 70 I 1 BWLVerf.). In Hamburg regelt das Gesetz Gliederung und Aufbau der Verwaltung (Art. 57 S. 1 HbgLVerf.). Die Berliner Verfassung überträgt nur die Zuständigkeitsregelung für die Hauptverwaltung und für die Verwaltung der Bezirke dem Gesetzgeber (Art. 67 III BlnLVerf.). In Art. 112 S. 1 SaarlVerf heißt es, die Organisation der allgemeinen Staatsverwaltung und die Regelung der Zuständigkeit erfolge durch Gesetz. Nach Art. 45 II der Verfassung von Schleswig-Holstein werden die Organisation der Verwaltung sowie die Zuständigkeiten und das Verfahren durch Gesetz bestimmt; ebenso verhält es sich nach Art. 96 I 1 BbgVerf. Nach Art. 70 II 1 Verf. MV werden Organisation, Zuständigkeit und Verfahren der öffentlichen Verwaltung durch Gesetz oder aufgrund eines Gesetzes geregelt. Nach Art. 86 II Verf. SachsAnh werden der allgemeine Aufbau der öffentlichen Verwaltung und ihre räumliche Gliederung durch Gesetz geregelt. Nach Art. 90 S. 2 ThürVerf. werden Aufbau, räumliche Gliederung und Zuständigkeiten auf Grund eines Gesetzes geregelt; ebenso verhält es sich nach Art. 83 I 1 SächsVerf.

greifen dürfen, soll der Vorbehalt gelten.[28] § 14 NRWLOG, der auf Einrichtungen gemünzt ist, denen nach herkömmlicher Auffassung keine Eingriffsbefugnisse zustehen, beruht auf einer einengenden Deutung des Art. 77 S. 1 NRWLVerf. Solange die Förderungsverwaltung auf freiwilliger Grundlage erfolgt, kann man schwerlich für die Zuständigkeit ein Gesetz verlangen. Eine abweichende Ansicht lässt sich aber durchaus begründen. Dann ist auch für die Festlegung der Zuständigkeit ein Gesetz notwendig.

Aus dem Bundesrecht ergibt sich keine Notwendigkeit eines Gesetzes. Das BVerfG hat seine Position noch nicht umgestoßen, dass Zuständigkeit und Verfahren der leistungsgewährenden Verwaltung nicht durch ein förmliches Gesetz normiert werden müssten. Das Gericht befürchtet eine zu große Schwerfälligkeit des Staatsapparats. Zuständigkeit und Verfahren lägen auch zu weit von Eingriffen in Freiheit und Eigentum entfernt, möge diese Formel auch im Sozialstaat fragwürdig geworden sein.[29]

Nach § 5 I 1 NRWLOG[30] leitet und beaufsichtigt der Minister im Rahmen seines Geschäftsbereichs die Landesverwaltung. Die Anstalt zur Sportförderung gehört zur Landesverwaltung, dementsprechend darf der Minister die gesamte Tätigkeit der Anstalt regeln, er ist nicht auf Weisungen in Wahrnehmung seiner Aufsichtsbefugnisse beschränkt.[31]

b) Die Sportverwaltung als Behörde

Will der Minister (Senator) die Sportverwaltung einer Landesbehörde anvertrauen, kommt in erster Linie eine Landesoberbehörde in Betracht, die für das ganze Land zuständig ist (§ 6 I NRWLOG).[32] Freilich dürfen neue Landesoberbehörden nur durch Gesetze oder aufgrund Gesetzes errichtet werden (§ 6 III NRWLOG).[33] Dahinter steckt das Gebot des Art. 77 S. 1 NRWLVerf., der dem rechtsstaatlichen Gesetzesvorbehalt für die Zuständigkeitsregelung Ausdruck verleiht.[34] Der nordrhein-westfälische Gesetzgeber ist offenbar von der Vorstellung ausgegangen,

---

[28] BVerfGE 40, 237 (250f.).

[29] BVerfGE 8, 155 (157f.); *BVerfG* NVwZ 2003, 595 (598).

[30] So auch § 5 I 1 SaarlLOG. Vgl. auch §§ 5 BWLVwG; 14 I, II SHLVwG.

[31] Soweit spezielle Bestimmungen fehlen, ergibt sich die gleiche Rechtslage in den anderen Bundesländern aus der Rechtsstellung nicht rechtsfähiger Anstalten.

[32] Im Saarland Landesamt genannt (§ 7 I SaarlLOG). Vgl. auch §§ 17 II BWLVwG, 6 SHLVwG.

[33] Landesämter im Saarland ebenfalls (§ 7 III SaarlLOG). In Bayern ist die Neuschaffung einer Behörde als Organisation der allgemeinen Staatsverwaltung i. S. v. Art. 77 I 1 BayLVerf anzusehen und unterliegt daher dem Gesetzesvorbehalt (*VerfGH Bayern* VerwRspr 16, 525 [529]). Die Forderung nach der „gesetzlichen Verwaltungsbehörde" erhob schon *Spanner,* DÖV 1957, 643. In Schleswig-Holstein genügt für die Errichtung eine Rechtsverordnung der Landesregierung (§ 8 LVwG). Vgl. auch § 19 I 1 BWLVwG.

[34] BVerfGE 40, 237 (250ff.); *Maurer,* § 21 Rn. 64; *Kube,* NVwZ 2003, 57 (58).

dass Behörden typischerweise Befugnisse ausüben, die unter den Begriff der Eingriffsverwaltung fallen. Da eine entsprechende Einschränkung aber nicht Eingang in das Gesetz gefunden hat, ist § 6 III NRWLOG auch auf Behörden anzuwenden, die lediglich Aufgaben der Leistungsverwaltung wahrnehmen. Wo eine gesetzliche Regelung dieser Art fehlt, darf die Exekutive hingegen eine Behörde der Leistungsverwaltung ebenso wie eine rechtsfähige Anstalt des öffentlichen Rechts ohne gesetzliche Grundlage schaffen.

In Nordrhein-Westfalen führt die Unterscheidung zwischen Einrichtungen und Behörden also zu unterschiedlichen Rechtsfolgen. Daher sind beide Untergliederungen der Staatsverwaltung voneinander abzugrenzen. Angesichts der Definition, die das Bundesverfassungsgericht gegeben hat, ist die Trennung aber außerordentlich schwierig. Unter einer Behörde versteht man danach eine in den Organismus der Staatsverwaltung eingeordnete organisatorische Einheit von Personen und sächlichen Mitteln, die, mit einer gewissen Selbständigkeit ausgestattet, dazu berufen ist, unter öffentlicher Autorität für die Erreichung der Zwecke des Staates oder von ihm geförderten Zwecke tätig zu sein.[35] Wie sich davon andere Verwaltungseinheiten wie Körperschaften, Anstalten und Stiftungen unterscheiden, lässt das BVerfG nicht erkennen. Man muss wohl auf den Grad der Selbständigkeit abstellen. Im Zweifel entscheidet die Benennung.

Ein Gesetz über die Errichtung einer Landesoberbehörde muss diese dem Typ nach festlegen und ihr eine Funktion zuweisen. Die übrige Behördenorganisation und die Regelung der Verwaltungsabläufe liegt beim Minister als Leitungs- und Aufsichtsorgan nach § 5 I 1 NRWLOG. Für untere Verwaltungsbehörden kommt der Gesetzesvorbehalt in Nordrhein-Westfalen ebenfalls zum Zuge (§§ 9 III i.V.m. 7 III NRWLOG).[36] Selbst wenn ein solches Gesetz erginge, könnte die Aufgabe der Sportförderung nicht zentral erledigt werden, wie es offenbar vom Minister beabsichtigt ist. Aus diesem Grund ist es auch keine geeignete Lösung, den Regierungspräsidenten mit der Aufgabe zu betrauen, für dessen Zuständigkeit an sich kein besonderes Gesetz erlassen werden müsste, da ihm § 8 III NRWLOG alle Aufgaben der Landesverwaltung zuweist, die nicht ausdrücklich anderen Behörden übertragen sind. Andere Landesmittelbehörden, die auch nur für einen Teil des Landes zuständig sein dürfen (§ 7 I NRWLOG),[37] sind wiederum nur durch Gesetz oder auf Grund eines Gesetzes zu schaffen (§ 7 III NRWLOG).[38]

---

[35] BVerfGE 10, 20 (48); s. auch BGHZ 40, 225 (228).

[36] Ebenso nach § 8 IV SaarlLOG im Saarland.

[37] In Baden-Württemberg ist eine Betrauung des Regierungspräsidenten mit neuen Aufgaben gem. § 5 III BWLVwG auch ohne Gesetz möglich. In Schleswig-Holstein genügt gemäß § 8 SHLVwG eine Rechtsverordnung der Landesregierung, um neue Landesmittelbehörden zu schaffen.

[38] Ebenso § 6 III SaarlLOG.

So bleibt nur die Möglichkeit für den Minister, sich selbst für zuständig zu erklären. Dem steht allerdings § 5 I 3 NRWLOG entgegen, wonach er Verwaltungsaufgaben in Einzelfällen nur wahrnehmen soll, soweit es die Leitung seines Geschäftsbereichs erfordert. Zu diesem Zweck ist keine Sportförderung notwendig. Ein besonderer Grund für die Abweichung von der Soll-Vorschrift ist nicht ersichtlich. Dem Minister ist daher nahe zu legen, eine nicht rechtsfähige Anstalt des öffentlichen Rechts zu gründen.

5. Privatrechtliche Gestaltung

Will der Minister ins Privatrecht ausweichen, müsste er einen eingetragenen Verein, eine Stiftung des Privatrechts, eine Gesellschaft mit beschränkter Haftung oder eine Aktiengesellschaft ins Leben rufen. Dieser juristischen Person des Privatrechts in der Hand des Staates obläge dann die Sportförderung. Die bei hoheitlicher Verwaltung festzusetzenden Auflagen wären in die Form privatrechtlicher Vertragsabreden zu kleiden, deren Einhaltung durch Vertragsstrafen gesichert werden könnte. Lange Zeit billigte man der öffentlichen Hand ein Wahlrecht zu, in welcher Rechtsform sie ihre Aufgaben erledigen möchte.[39] Dieses Wahlrecht geriet ins Zwielicht.[40] Der Staat darf sich seinen öffentlich-rechtlichen Bindungen nicht entziehen, indem er sich auf den Boden des Privatrechts begibt. Hier könnte man an den Vorbehalt des Gesetzes, an den Schutz der Grundrechte, an die Haftung des Hoheitsträgers und an den Rechtsschutz denken. Freilich kann das Privatrecht in einer vertraglichen Beziehung wie der vorliegenden gleichwertige Instrumente zugunsten der Sportler bereithalten. Der Hoheitsträger muss darauf achten, dass der Verein, die privatrechtliche Stiftung oder die Gesellschaft den Sportlern Rechte gewährt, die den Rechten bei öffentlich-rechtlicher Gestaltung entsprechen.

Im Übrigen fordert die staatliche Verantwortung für Verwaltungsaufgaben, dass die gesetzten Ziele effektiv und wirtschaftlich erreicht werden. Das Privatrecht könnte insoweit sogar einen Vorteil bieten.[41] Deshalb besteht breiter Raum für Privatisierungen.[42] Der Minister (Senator) muss aber vor der Gründung eines privatrechtlichen Trägers und der Übertragung von Verwaltungsaufgaben untersuchen, ob den dargestellten Anforderungen Genüge getan ist.

---

[39] *BGH* DÖV 1975, 824; BGHZ 91, 84 (95f.) m.w.N.

[40] *Pestalozza,* DÖV 1974, 188; ferner: *Ehlers,* Verwaltung in Privatrechtsform, 1984, 64ff.; *v. Zezschwitz,* NJW 1983, 1875f.

[41] Vgl. *Lecheler,* BayVBl 1994, 555 (557ff.).

[42] *Bauer,* VVDStRL 54 (1995), 243 (266, 270, 279); kritisch: *Faber*, NVwZ 2003, 1317ff.

II. Abwandlung: Die Sportverwaltung des Bundes

Die Verbandskompetenz zur Gesetzgebung für den Sport hat der Bund nicht inne.[43] Dennoch hält er sich für befugt, im Rahmen seines Haushaltsplans Gelder für Zwecke auszuwerfen, die grundsätzlich unter die Gesetzgebungsbefugnis der Länder fallen. So werden im Bundeshaushalt regelmäßig Mittel für die Sportförderung bereitgestellt.[44] Der Bund beruft sich dabei auf eine ungeschriebene Kompetenz zur Förderung des Hochleistungssports unter dem Gesichtspunkt seiner gesamtstaatlichen und nationalen Repräsentanz nach innen und außen.[45]

Will der Bund dafür eine eigene Sportverwaltung aufbauen, sind die Art. 83ff. GG zu beachten. Nach Art. 87 III 1 GG darf der Bund selbständige Bundesoberbehörden und neue bundesunmittelbare Körperschaften und Anstalten des öffentlichen Rechts nur errichten, wenn ihm die Gesetzgebungsbefugnis zusteht. Dies gilt erst recht für bundeseigene Mittel- und Unterbehörden (Art. 87 III 2 GG). Die durch das Grundgesetz geschaffenen oder zugelassenen bundeseigenen Verwaltungen umfassen nicht die Vergabe von Förderungsmitteln für den Sport. Die Bundesregierung regelt zwar gemäß Art. 86 S. 2 GG die Einrichtung der Behörden, wenn der Bund die Gesetze durch bundeseigene Verwaltung ausführt. Die Wahrnehmung dieser Organisationsgewalt setzt jedoch voraus, dass dem Bund nach dem Grundgesetz bundeseigene Verwaltung gestattet ist. Es bleibt also allenfalls die Übernahme dieser Aufgabe durch den Bundesinnenminister selbst,[46] wenn die Verwaltung nicht den Ländern überlassen werden soll. Der Bund kann aber auch auf eine juristische Person des Privatrechts ausweichen.[47]

Literaturhinweise

1. Zum Vorbehalt des Gesetzes im Bereich der Leistungsverwaltung

Erichsen, Hans-Uwe, Vorrang und Vorbehalt des Gesetzes, Jura 1995, 550; *Grosser, Hans-Dieter,* Die Spannungslage zwischen Verfassungsrecht und Verfassungswirklichkeit bei der Vergabe von staatlichen Wirtschaftssubventionen durch die öffentliche Hand, 1975; *Haverkate, Görg,* Rechtsfragen im Leistungsstaat, 1983; *Hill, Hermann,* Rechtsverhältnisse in der Leistungsverwaltung, NJW 1986, 2602; *Krebs, Walter,* Vorbehalt des Gesetzes und Grundrechte, 1975; *Stober, Rolf,* Der Vorbehalt des Gesetzes und Verwaltungsvorschriften im Subventionsrecht, GewArch 1993, 136.

---

[43] S. oben S. 2f.

[44] Einen Überblick über Umfang und Inhalt der Sportförderung durch den Bund gibt *Schmidt,* Voraussetzung und Formen staatlicher Sportförderung, in: *Tettinger* (Hrsg.), Subventionierung des Sports, 26ff.; siehe auch Fünfter Sportbericht der Bundesregierung, BTDrs. 9/1945.

[45] *Steiner,* NJW 1991, 2729 (2731); *Gottfried,* DVBl 2002, 857ff.

[46] Bedenken äußert insofern *Götz,* Recht der Wirtschaftssubventionen, 1966, 313.

[47] *Sachs,* Art. 86 Rn. 45.

2. Landesorganisation und Landesverwaltung

Laux, Eberhard, Landesressort – Grundsätze für Geschäftsverteilung und Organisation, DÖV 1986, 1; *Schnapp, Friedrich E.*, Dogmatische Überlegungen zu einer Theorie des Organisationsrechts, AöR 105 (1980), 243; *Schnoor, Herbert,* Die Lage der Länderverwaltung nach dreißig Jahren Grundgesetz, DÖV 1979, 355.

3. Zu den öffentlich- und privatrechtlichen Organisationsformen

von Arnim, Hans-Herbert, Rechtsfragen der Privatisierung, 1995; *Bauer, Hartmut,* Privatisierung von Verwaltungsaufgaben, VVDStRL, 54 (1995), 242; *Burgi, Martin,* Funktionale Privatisierung und Verwaltungshilfe, 1999; *Ehlers, Dirk,* Die Entscheidung der Kommunen für eine öffentlich-rechtliche oder privatrechtliche Organisation ihrer Einrichtungen und Unternehmen, DÖV 1986, 897; *Gusy, Christoph,* Die Bindung privatrechtlichen Verwaltungshandelns an das öffentliche Recht, DÖV 1984, 872; *ders.*, Privatisierung von Staatsaufgaben, 1998; *Lecheler, Helmut,* Privatisierung von Verwaltungsaufgaben, BayVBl 1994, 555; *Osterloh, Lerke,* Privatisierung von Verwaltungsaufgaben, VVDStRL 54 (1995), 204.

4. Kompetenzerweiterung des Bundes durch Finanzierung (am Beispiel der Sportförderung)

Kirchhof, Paul, Finanzierung des Leistungsstaates. Die verfassungsrechtlichen Grenzen staatlicher Aufgabenhoheit, Jura 1983, 505; *Steiner, Udo,* Verfassungsfragen des Sports, NJW 1991, 2729; *Tettinger, Peter J.* (Hrsg.), Subventionierung des Sports, 1987.

Fall 2. Die Gastwirtschaft im Ausländerviertel

Sachverhalt

Gastwirt *Gustav Gütlich (G)* betreibt im Ausländerviertel von Astadt eine Gastwirtschaft mit Erlaubnis der zuständigen Behörde. In der Gastwirtschaft werden Getränke ausgeschenkt und zubereitete Speisen zum Verzehr an Ort und Stelle angeboten. Unter den Gästen sind viele Ausländer. Zwischen zwei verfeindeten nationalen Gruppen kommt es häufig zu Streit, bei dem schon mehrere Male Gäste Verletzungen erlitten und Mobiliar zerschlagen wurde. Um seine deutschen Stammgäste nicht zu verlieren, bringt *G* an der Tür ein Schild an, das die Aufschrift trägt: „Kein Zutritt für Ausländer". Die zuständige Behörde erteilt *G* die Auflage, das Schild zu entfernen, weil sonst das friedliche Zusammenleben der Menschen gestört werden könnte. Ist diese Anordnung rechtmäßig?

Lösung

I. Die Auswahl der einschlägigen Rechtsgrundlage

Nach dem Grundsatz vom Vorbehalt des Gesetzes bedarf jede belastende Hoheitsmaßnahme einer gesetzlichen Grundlage. Die Regelung des friedlichen Zusammenlebens der Menschen, die sich die zuständige Behörde zum Ziel gesetzt hat, fällt in den Aufgabenbereich der Behörden, die zur Gefahrenabwehr berufen sind (§ 1 I NRWOBG).[1] Der Schluss von der Aufgabe auf die Befugnisse ist freilich nicht erlaubt.[2] Die polizeiliche (oder ordnungsbehördliche) Generalklausel[3] gibt jedoch eine weitgefasste Befugnis, um die Aufgabe der Gefahrenabwehr zu erfüllen. Allerdings darf auf die Generalklausel des Landes dann nicht zurückgegriffen werden, wenn eine höherrangige oder speziellere Rechtsgrundlage vorhanden ist. Sofern diese im Bundesrecht zu finden ist, verdrängt

---

[1] Ebenso: § 1 I NRWPolG; in den anderen Bundesländern: Art. 2 I BayPAG; § 1 BWPolG; 1 I BlnASOG; 1 I 1 BbgPolG; 1 I BremPolG; 3 I HbgSOG; 1 I HessSOG; 1 I SOG MV; 1 I 1 NdsSOG; 1 RhPfPOG; 1 II SaarlPolG; 1 I SächsPolG; 1 I SOG SachsAnh; 163 SHLVwG; 2 I ThürPAG.

[2] *Bull*, Die Staatsaufgaben nach dem Grundgesetz, 2. Aufl. (1977), 132.

[3] Ebenso: § 8 I NRWPolG; in den anderen Bundesländern: Art. 11 I BayPAG; § 3 BWPolG; 17 I BlnASOG; 10 I BbgPolG; 10 I BremPolG; 3 I HbgSOG; 1, 11 HessSOG; 13 SOG MV; 11 NdsSOG; 9 I RhPfPolG; 8 I SaarlPOG; 3 I SächsPolG; 13 SOG SachsAnh; 171 I SHLVwG; 12 I ThürPAG.

sie das Landesrecht aufgrund von Art. 31 GG. Als derartige Regelungen bieten sich hier § 5 I Nr. 1 und § 5 I Nr. 3 GaststG an, die Auflagen zum Schutz der Gäste gegen Gefahren für Leben und Gesundheit sowie zum Schutz der Allgemeinheit gegen erhebliche Nachteile, Gefahren oder Belästigungen ermöglichen.

II. Das Gaststättengesetz als Rechtsgrundlage

1. Auflagen nach § 5 GaststG

§ 5 GaststG könnte eine Rechtsgrundlage abgeben. Diese Bestimmung trägt die amtliche Überschrift „Auflagen". Darunter sind üblicherweise Nebenbestimmungen zu Verwaltungsakten zu verstehen (vgl. § 36 II Nr. 4 VwVfG). § 5 II GaststG befasst sich jedoch mit „Anordnungen" gegenüber Gewerbetreibenden, die ein erlaubnisfreies Gaststättengewerbe betreiben, so dass ein Verwaltungsakt fehlt, dem eine Nebenbestimmung beigefügt werden könnte. Der Begriff der „Auflagen" in der Überschrift hat also eine andere als die übliche Bedeutung. Sie könnten als nachträglich festgesetzte Nebenbestimmungen zur Gaststättenerlaubnis aufgefasst werden.[4] Freilich liegt wegen der Trennung der beiden Akte die Annahme näher, dass die nachträglich erteilte „Auflage" ein selbständiger Verwaltungsakt ist. In der Sache macht das keinen Unterschied, weil auch eine echte Auflage im Falle der nachträglichen Verhängung, die § 5 I GaststG gestattet, nicht derart mit dem Grundverwaltungsakt verknüpft ist, dass die Rechtmäßigkeit der Auflage nicht unabhängig von der Gaststättenerlaubnis beurteilt werden könnte. *G*, der sowohl Getränke als auch zubereitete Speisen zum Verzehr an Ort und Stelle verabreicht, fällt unter § 1 I Nr. 1 und 2 GaststG und bedarf gemäß § 2 I 1 GaststG einer Erlaubnis. Deshalb findet auf ihn § 5 I GaststG Anwendung.

Auflagen zum Schutz der Gäste gegen Ausbeutung oder Gefahren für die Sittlichkeit oder zum Schutze der im Betrieb Beschäftigten gegen Gefahren für Leben, Gesundheit oder Sittlichkeit nach Nr. 1 und 2 kommen nicht in Betracht. Die Behörde bezweckt nach ihrer Begründung mit der Auflage den Schutz des friedlichen Zusammenlebens der Menschen. Sollte man darin den Schutz einzelner ausländischer Gäste vor Verletzungen im Verlaufe von Auseinandersetzungen in der Gastwirtschaft erblicken, wäre der Einwand am Platze, dass Streit gerade hervorgerufen werden könnte, wenn man Angehörige verfeindeter Volksgruppen eine gemeinsame Gastwirtschaft besuchen lässt. Die Begründung kann daher nicht im Sinne von § 5 I Nr. 1 GaststG gedeutet werden. Es gilt auch nicht, schädliche Umwelteinwirkungen sowie erhebliche Nachteile, Gefahren oder Belästigungen für die Bewohner des Betriebsgrundstücks oder der Nachbargrundstücke abzuwehren, son-

---

[4] So: *Metzner*, § 5 Rn. 17.

dern es geht allein um den Schutz der Allgemeinheit vor erheblichen Nachteilen, Gefahren oder Belästigungen nach Nr. 3.

2. Verfassungskonforme Auslegung des § 5 I Nr. 3 GaststG

a) Das Erfordernis der Bestimmtheit

Die Anhäufung vager Begriffe in der anwendbaren Rechtsgrundlage als Tatbestandsvoraussetzungen für Eingriffe in die freie Betätigung eines Gewerbetreibenden gibt Anlass, die Verfassungsmäßigkeit der Bestimmung unter die Lupe zu nehmen. Aus rechtsstaatlichen Gründen muss die den Verwaltungsbehörden erteilte Ermächtigung zu belastenden Verwaltungsakten so begrenzt und bestimmt sein, dass vorausgesehen werden kann, in welchen Fällen und mit welchem Sinn und Zweck von der Ermächtigung Gebrauch gemacht wird und welchen Inhalt die aufgrund der Ermächtigung getroffenen Maßnahmen haben werden.[5] Erfüllt § 5 I Nr. 3 GaststG diese Anforderungen nicht, ist ein darauf gestützter Verwaltungsakt rechtswidrig. Die Behörde greift dann in die Ausübung des Berufs eines Gastwirts ein, ohne sich auf ein Gesetz im Sinne von Art. 12 I 2 GG berufen zu können.

In § 5 I Nr. 3 GaststG ist zum Unterschied von Nr. 1 und 2 nicht angegeben, für welche Schutzgüter ein Nachteil, eine Gefahr oder eine Belästigung vorhanden sein muss. Ohne die Eingrenzung auf einzelne Schutzgüter lässt sich irgendein Nachteil für die Allgemeinheit leicht konstruieren. Da also der Klausel in Nr. 3 die Bestimmtheit nach dem Wortlaut mangelt, ist in verfassungskonformer Auslegung zu ergründen, ob sich die Vorschrift nach dem Gesamtzusammenhang des Gesetzes und nach dem Sinngehalt der verwendeten Ausdrücke konkretisieren lässt. Sinn und Zweck der Vorschrift ist hauptsächlich der Schutz der Nachbarn.[6] Einschränkend wirkt weiterhin das Tatbestandsmerkmal der „erheblichen" Beeinträchtigung. Bei systematischer Auslegung lässt sich ferner aus Nr. 1 und 2 von § 5 I GaststG entnehmen, dass Leben, Gesundheit und Sittlichkeit auch im Rahmen von Nr. 3 als Schutzgüter herangezogen werden dürfen. Nur kann die Auflage im vorliegenden Falle nicht im Sinne des Schutzes vor Körperverletzungen aufgefasst werden.

b) Der Rückgriff auf die Generalklausel

Als Möglichkeit der Konkretisierung bleibt allein der Rückgriff auf die Ausdeutung der polizei- bzw. ordnungsbehördlichen Generalklausel, auf die vor allem der in § 5 I Nr. 1 GaststG verwendete Begriff der Gefahren hinweist. Hinzu kommt, dass die zuständige Behörde beim Vollzug des Gaststättengesetzes als Sonderordnungsbehörde im Rahmen

[5] BVerfGE 38, 348, (371 f.); 49, 168 (181 f.).

[6] *Michel/Kienzle*, GaststG, 14. Aufl. (2003), § 5 Rn. 11 f.

ihrer Aufgabe der Gefahrenabwehr tätig wird. Der geschützte Personenkreis der „Allgemeinheit“ trifft mit der Aufgabe der Polizei- und Ordnungsbehörden zusammen, Interessen einer unbestimmten Vielheit von Personen wahrzunehmen, was sich im Bestandteil des Öffentlichen in § 1 I NRWOBG wie in der Generalklausel niederschlägt.[7] Nach § 14 I 1 NRWOBG greifen die Ordnungsbehörden ein, um Gefahren abzuwehren, welche die öffentliche Sicherheit und Ordnung bedrohen. Es bestehen zwar grundsätzlich Bedenken dagegen, eine bundesrechtliche Rechtsnorm aus einer landesrechtlichen heraus auszulegen. Art. 13 IV, VII GG zeigt jedoch, dass die Formel der Gefahrenabwehr sogar Eingang ins Verfassungsrecht des Bundes gefunden hat, so dass ihr Inhalt als Ausdruck eines allgemeinen Rechtsgedankens betrachtet werden kann.

Freilich sind auch die Bezugspunkte der Gefahrenabwehr nach der Generalklausel – für sich genommen – kein Gewinn an Bestimmtheit, vermisst man doch gerade bei der Formel der öffentlichen Sicherheit oder Ordnung[8] einen Tatbestand, der hinreichend klar umschreibt und begrenzt, welche Leistungen von den Gewaltunterworfenen verlangt werden dürfen. Die Verteidiger der Generalklausel verweisen demgegenüber vor allem auf die Rechtsprechung, die der Klausel einen gefestigten Inhalt gegeben habe.[9] Die Rechtsprechung befasst sich aber nur mit einzelnen Fällen. Alle möglichen Fallgestaltungen sind nicht vorauszusehen. Es ist von den Betroffenen nicht zu erwarten, lange Reihen von Entscheidungssammlungen durchzuarbeiten, um zu ermitteln, welche Anforderungen auf sie zukommen können. Wohl aber lässt sich aus den Gerichtsentscheidungen entnehmen, zugunsten welcher Rechtsgüter die Verwaltungsbehörde einschreiten darf.

Es besteht Übereinstimmung darüber, dass der Bestandteil der öffentlichen Sicherheit den Schutz der gesamten Rechtsordnung meint. Dieser Schutz umschließt sowohl den Schutz der Rechte und Rechtsgüter des einzelnen als auch den Schutz des Gemeinwesens, seiner Normen und Einrichtungen. Private Rechte sind in den Schutz einbezogen, nur drängt das Subsidiaritätsprinzip die Tätigkeit der Verwaltung zurück. Allerdings entfällt die Subsidiarität, wenn die privaten Rechte zugleich durch öffentliches Recht, insbesondere Strafgesetze, mit Bußgeld bewehrte Tatbestände und verwaltungsrechtliche Spezialgesetze, geschützt sind.[10] Der Einzelne kann sich darauf einstellen, auf die Rechtsordnung Rücksicht zu nehmen, soweit sie ihn bindet. Die Verwaltung setzt nur die ohnehin bestehende Bindung durch.

---

[7] *Martens*, Öffentlich als Rechtsbegriff, 1969, 198.

[8] Im Bundesrecht wie z. B. in § 15 I VersG und in § 14 II Bundesgrenzschutzgesetz heißt es: öffentliche Sicherheit oder Ordnung. Baden-Württemberg verwendet die Formel Recht oder Ordnung. Lediglich in Bremen ist die öffentliche Ordnung nicht mehr Bestandteil der Generalklausel.

[9] *Pieroth/Schlink/Kniesel*, § 7 Rn. 5.

[10] *Götz*, § 6 Rn. 96.

3. Der Schutz der Rechtsordnung

Stützt man sich auf den Bestandteil der öffentlichen Sicherheit in der ordnungsbehördlichen Generalklausel, beziehen sich die Gefahren in § 5 I Nr. 3 GaststG auf die Wahrung der objektiven Rechtsordnung. Gefahr ist die erkennbare, objektive Wahrscheinlichkeit des Schadenseintritts. Von der Gefahr abzugrenzen sind bloße Nachteile und Belästigungen.[11] Nachteile sind objektive Beeinträchtigungen, die keinen Schaden darstellen, Belästigungen bloße Störungen des subjektiven Wohlbefindens. Den Nachteil in § 5 I Nr. 3 GaststG wird man freilich eher mit der in § 14 I NRWOBG genannten Störung der öffentlichen Sicherheit oder Ordnung gleichsetzen müssen, um die Unterbindung einer bereits eingetretenen Verletzung des geschützten Rechtsguts zu erfassen. Dies kann hier jedoch auf sich beruhen, weil die Behörde eine bevorstehende Störung zu verhindern trachtet, also eine Gefahr abwenden will, und damit weder eine bereits eingetretene Störung noch eine bloße Belästigung annimmt.

G kann demnach auferlegt werden, beim Besuch seiner Gaststätte im Ausländerviertel nicht nach der Nationalität zu unterscheiden, wenn die Rechtsordnung eine solche Diskriminierung verbietet. Weder im Strafgesetz noch in einem verwaltungsrechtlichen Spezialgesetz, etwa dem Ausländergesetz, ist indessen ein Diskriminierungsverbot dieser Art zu entdecken. Die Grundrechte wenden sich nach Art. 1 III GG an die Hoheitsträger, nur für Art. 9 III 1 GG gilt nach dessen Satz 2 eine Ausnahme. Inwieweit die Grundrechte darüber hinaus eine Drittwirkung entfalten, ist umstritten. Beim Gleichheitssatz ist weithin Zurückhaltung zu beobachten. Um die Freiheit nicht zu zerstören, wird man ihm allenfalls eine mittelbare Wirkung auf das Verhältnis der Bürger zueinander beimessen können.[12]

Auf völkerrechtlicher Ebene sind drei weitere Vorschriften in Betracht zu ziehen.[13] Nach Art. 26 IPbürgR[14] und Art. 14 EMRK[15] ist unter anderem jede Diskriminierung aus Gründen der nationalen Herkunft verboten. Konkreter noch verpflichtet Art. 5f. des Internationalen Übereinkommens zur Beseitigung jeder Form von Rassendiskriminierung[16] die Bundesrepublik Deutschland zu gewährleisten, dass jedermann ohne Unterschied der Rasse, der Hautfarbe, des nationalen Ursprungs oder

---

[11] *Pieroth/Schlink/Kniesel,* § 4 Rn. 3.

[12] *Hesse,* VerfR, Rn. 356f.; *Lücke*, JZ 1999, 377 (380); *Guckelberger,* JuS 2003, 1151 (1156).

[13] Die Kenntnis des Inhalts dieser Verträge kann nicht verlangt werden. Insofern handelt es sich nur um eine Information für die Leser.

[14] Internationaler Pakt über bürgerliche und politische Rechte, BGBl 1973 II, 1534 und 1976 II, 1068; abgedruckt in Sartorius II, Nr. 20.

[15] Europäische Konvention zum Schutze der Menschenrechte und Grundfreiheiten, BGBl 1952 II, 686; abgedruckt in Sartorius II, Nr. 130.

[16] BGBl 1969 II, 961 und 2211.

des Volkstums das Recht auf Zugang zu Gaststätten hat. Nach allgemeinen völkerrechtlichen Grundsätzen werden dadurch jedoch lediglich die Vertragsstaaten als Völkerrechtssubjekte verpflichtet.[17] Eine unmittelbar anwendbare Rechtsnorm fehlt daher.

Die Straftat der Volksverhetzung nach § 130 I StGB kommt grundsätzlich als Verbotsnorm für Diskriminierungen von Ausländern in Betracht.[18] Häufig werden aber die Tatbestandsmerkmale nicht erfüllt sein.[19] Im vorliegenden Fall will *G* seine Gaststätte frei von tätlichen Auseinandersetzungen halten. Er greift also die Menschenwürde nicht an. Damit scheidet Volksverhetzung aus. Ein Zutrittsverbot für Ausländer könnte eine Belästigung im Sinne von § 118 OWiG darstellen. Wiederum ist aber auf das Bestreben des *G* hinzuweisen, seinen deutschen Stammgästen handgreiflichen Streit zu ersparen. Weiterhin ist an einen Kontrahierungszwang auf der Grundlage des Privatrechts zu denken. Ein Gastwirt ist freilich kein marktbeherrschendes Unternehmen im Sinne von §§ 19, 20 GWB.[20] § 826 BGB wäre hingegen grundsätzlich geeignet, einen Kontrahierungszwang zu begründen.[21] Doch führt er nur zu einem zweiseitigen Verhältnis. Die Verpflichtung des Gastwirts, einen Gast einzulassen, muss erst mit den Mitteln des Zivilprozesses erkämpft werden. Eine Verbotsnorm ist so nicht vorhanden. Außerdem ist die Vertragsfreiheit zu beachten.[22] Angesichts der drohenden Streitigkeiten in der Gaststätte des *G* muss hier die Vertragsfreiheit den Vorrang genießen.

4. Die Konkretisierung der öffentlichen Ordnung durch Grund- und Menschenrechte

Als Ansatz zur Konkretisierung des § 5 I Nr. 3 GaststG verbleibt der weitere Bestandteil der Generalklausel: die öffentliche Ordnung.[23] Nach herkömmlicher Auffassung erfasst die öffentliche Ordnung die Gesamtheit der ungeschriebenen Regeln für das Verhalten des einzelnen in der Öffentlichkeit, deren Beachtung nach den jeweils herrschenden Anschauungen als unerlässliche Voraussetzung eines geordneten staatsbürgerlichen Zusammenlebens betrachtet wird. Rechtsnormen sind dabei ausgeklammert.[24] Auf diese Weise wird das behördliche Vorgehen an die

---

[17] *Stock*, ZAR 1999, 118f.

[18] *Stock*, ZAR 1999, 119ff.

[19] *Timme*, ZAR 1997, 130.

[20] *Timme*, ZAR 1997, 131f.

[21] *Timme*, ZAR 1997, 132.

[22] *Stock*, ZAR 1999, 125f.

[23] Soweit die Generalklausel in einem Bundesland nur die öffentliche Sicherheit anführt, sind die folgenden Überlegungen auf dieses Merkmal zu verlagern.

[24] *Schwerdtfeger*, Rn. 111; vgl. auch BVerwGE 64, 274 („Peepshow"-Urteil), bestätigt durch *BVerwG* NVwZ 1987, 411; *BVerfG* NJW 2004, 2814 (Versammlungen der NPD).

herrschenden Vorurteile und Gefühlswerte gekettet und den Polizei- und Ordnungsbehörden über die Rechtsordnung hinaus die Befugnis eingeräumt, menschliches Verhalten zu reglementieren. Die Kriterien für die Ermittlung der herrschenden Anschauungen sind zudem schwankend und erlauben keine verlässliche Feststellung, was vom einzelnen verlangt wird. Die öffentliche Ordnung als Rechtsgrundlage für belastende Maßnahmen ist denn auch zunehmend der Kritik ausgesetzt.[25] Als Konkretisierungsmaßstab für § 5 I Nr. 3 GaststG kommt die öffentliche Ordnung in der herkömmlichen Bedeutung daher nicht in Frage.

Folgt man den Kritikern der öffentlichen Ordnung als Bestandteil der Generalklausel des Polizei- und Ordnungsrechts, müsste man diesen Bestandteil eigentlich für verfassungswidrig halten, ein Ergebnis, das angesichts von Art. 13 III GG, der die Generalklausel in die Verfassung aufnimmt, unbefriedigend erscheint. Ein Ausweg wäre es, Sicherheit und Ordnung als zusammengehörigen Ausdruck aufzufassen, doch liefe das der bisherigen Trennung beider Bestandteile zuwider; in der Fassung „Sicherheit oder Ordnung" ließe sich die einheitliche Betrachtungsweise auch nicht mit dem Wortlaut in Einklang bringen, ebenso wenig in der Gestalt, die Baden-Württemberg der Generalklausel gegeben hat: Recht oder Ordnung.

Wenn die Grundrechte aber sogar als Ausdruck allgemeiner Wertvorstellungen das Privatrecht durchdringen, sollten sie erst recht der öffentlichen Ordnung festere Konturen geben.[26] Nicht von den herrschenden Anschauungen in der Bevölkerung, sondern von der Wertordnung der Grundrechte wird die öffentliche Ordnung geprägt.[27] Aus dieser Sicht kann die öffentliche Ordnung zur Konkretisierung des § 5 I Nr. 3 GaststG herangezogen werden.[28]

Die Annahme einer Drittwirkung des Gleichheitssatzes nach Art. 3 I GG stößt auf das Bedenken, dass die Freiheit wesentlich beeinträchtigt, wenn nicht gar in ihrem Wesenskern getroffen wird, wenn man vom Privatmann Gleichbehandlung seiner Mitbürger verlangt.[29] Deshalb kann sich der Gleichheitssatz allenfalls unter besonderen Umständen auf das Verhältnis Privater untereinander erstrecken.[30] Dazu gehört der Schutz persönlicher Freiheit gegen die Ausübung wirtschaftlicher oder sozialer

---

[25] *Götz,* § 6 Rn. 127ff.

[26] *Denninger,* in: *Lisken/Denninger,* Handbuch des Polizeirechts, 3. Aufl. (2001), Kap. E, Rn. 25ff.

[27] „Anlehnungstechnik" im Sinne von *Häberle,* Öffentliches Interesse als Juristisches Problem, 1970, 72, 578.

[28] Soweit in einem Land die öffentliche Ordnung in der Generalklausel nicht enthalten ist, ist auf die öffentliche Sicherheit zurückzugreifen. Dies ist möglich, weil die Grenzen zwischen Sicherheit und Ordnung verschwimmen; vgl. *Waechter*, NVwZ 1997, 733ff.

[29] Vgl. *Schwabe,* Die sog. Drittwirkung der Grundrechte, 1971, 150f.

[30] Vgl. *Classen,* AöR 122 (1997), 65.

Macht.[31] Freilich hat *G* eine derartige Machtposition nicht inne. Daher entfällt hier eine Drittwirkung des Gleichheitssatzes. Wohl aber gibt das Persönlichkeitsrecht, hergeleitet aus Art. 2 I i.V.m. Art. 1 I GG, der öffentlichen Ordnung Konturen.[32] Wenn bestimmte Gruppen der Bevölkerung von den Stätten ausgeschlossen werden, die gewöhnlich der Allgemeinheit geöffnet sind, leidet darunter die Achtung, die den betroffenen Personen gebührt. Jedermann kann beobachten, dass sie zurückgesetzt und nicht als gleichwertig angesehen werden. Wenn jemand sein Lokal der Öffentlichkeit zugänglich macht, um Gewinn zu erzielen, kann man ihm zumuten, zwischen seinen Gästen keinen Unterschied zu machen, es sei denn, ein sachlicher Grund rechtfertigt die Zurückweisung.

Die oben genannten völkerrechtlichen Verträge unterstützen die Folgerung aus dem Persönlichkeitsrecht. Mögen sie auch nicht unmittelbar anwendbar sein, lässt sich ihnen doch die Wirkung abgewinnen, unbestimmte Rechtsbegriffe des innerstaatlichen Rechts an den Schutzgütern der Verträge auszurichten.[33] Die öffentliche Ordnung des deutschen Polizei- und Ordnungsrechts umfasst daher das Verbot der Diskriminierung wegen der nationalen Herkunft und der Rasse. Allerdings kann eine Ungleichbehandlung wegen der Staatsangehörigkeit gerechtfertigt sein.

G bezweckt mit dem Anbringen des Schildes die Erhaltung seines Gewerbes. Zusätzlich ließe sich noch anführen, dass auch die Gäste geschützt und das Mobiliar geschont werden sollen. *G* hat also nicht von der Hand zu weisende Gründe für sein Vorgehen. Er könnte aber über das Ziel hinausgeschossen sein, indem er gegenüber allen Ausländern ein Verbot ausgesprochen hat, die Gastwirtschaft zu betreten. Man muss *G* freilich zugute halten, dass er schlecht zwischen den zerstrittenen nationalen Gruppen einerseits und sonstigen Ausländern andererseits unterscheiden kann. *G* kann jedoch auch nicht jeden Ausländer erkennen, der dem Verbot zuwiderhandelt. Außerdem ist die Annahme überzogen, in jedem Ausländer einen Störenfried zu sehen. Daher müsste das Verbot im Sinne des Grundsatzes der Verhältnismäßigkeit eingeengt werden.

Wie man sich dazu auch entscheidet, hätte die Behörde nicht nur die Gesichtspunkte in ihre Begründung aufnehmen dürfen, die dafür sprechen, dass die gesetzlichen Tatbestandsvoraussetzungen für ihr Einschreiten erfüllt sind. § 5 II GaststG gewährt Ermessen, wenn die Voraussetzungen vorliegen. Das Ermessen ist nicht richtig ausgeübt, wenn sich die Behörde lediglich auf die Tatbestandsvoraussetzungen stützt.[34] Aus diesem Grunde ist der Verwaltungsakt rechtswidrig.

---

31 *Hesse*, VerfR, Rn. 357.

32 Vgl. BVerfGE 84, 192 (194f.).

33 Vgl. *Tomuschat*, HStR VII, 1992, § 172 Rn. 27.

34 BVerwGE 15, 196 (199); *Maurer*, § 7 Rn. 13.

Literaturhinweise

1. Zur öffentlichen Sicherheit und Ordnung

Götz, Volkmar, Die Entwicklung des allgemeinen Polizei- und Ordnungsrechts (1994–1997), NVwZ 1998, 679; *Graulich, Kurt,* Die Novellierung des Hessischen Gesetzes über die öffentliche Sicherheit und Ordnung im Jahr 2004, NVwZ 2005, 271; *Schneider, Alfred,* Möglichkeiten behördlichen Einschreitens gegen Laserdrome- und Paintballanlagen, GewArch 2003, 312; *Störmer, Rainer,* Renaissance der öffentlichen Ordnung?, DV 30 (1997), 233; *Trute, Hans-Heinrich,* Das Polizei- und Ordnungsrecht im Spiegel der Rechtsprechung, DV 32 (1999), 73; *Waechter, Kay,* Die Schutzgüter des Polizeirechts, NVwZ 1997, 729.

2. Zur Drittwirkung

Classen, Claus Dieter, Die Drittwirkung der Grundrechte in der Rechtsprechung des Bundesverfassungsgerichts, AöR 122 (1997), 65; *Erichsen, Hans-Uwe,* Die Drittwirkung der Grundrechte, Jura 1996, 527; *Eschenbach, Jürgen/Niebaum, Frank,* Von der mittelbaren Drittwirkung unmittelbar zur staatlichen Bevormundung, NVwZ 1994, 1079; *Frenz Walter,* Kommunale wirtschaftliche Betätigung zwischen GO, GG und EG, GewArch 2006, 100; *Guckelberger, Annette,* Die Drittwirkung der Grundrechte, JuS 2003, 1157; *Langer, Thomas,* Die Problematik der Geltung der Grundrechte zwischen Privaten, 1998; *Lücke, Jörg,* Die Drittwirkung der Grundrechte an Hand des Art. 19 III GG, JZ 1999, 377; *v. Münch, Ingo/Salvador Coderch, Pablo/Ferrer i Riba, Joseph/Oeter, Stefan,* „Drittwirkung" der Grundrechte und die Autonomie des Privatrechts, AöR 119 (1994), 529.

Fall 3. Der Verkauf der Rotlichtlampe im Reisegewerbe

Sachverhalt

Der in Hamburg wohnhafte Deutsche *Heinrich Harms (H)* geht in Nordrhein-Westfalen von Tür zu Tür und bietet elektrische Geräte feil. Er führt eine von der Stadt Hamburg ausgestellte Reisegewerbekarte bei sich. Sein Prunkstück ist ein Gerät zur UV-Bestrahlung („Rotlichtlampe"), das er in großen Stückzahlen verkauft. In der kreisangehörigen Gemeinde Giesbach *(G)* beschweren sich allerdings einige der Angesprochenen bei der Kreisverwaltung von Linden *(L)*, dass Geräte zum Gesundheitsschutz an der Haustür verkauft werden. Aufgrund der Urlaubsregelungen des Landrates verfügt das Bauamt, dass *H* in *G* die Rotlichtlampe aus seinem Angebot zu streichen habe. Zur Begründung ist angegeben, in *G* seien die Einwohner offenbar gegenüber dem Verkauf solcher Geräte an der Haustür besonders empfindlich. Die Angesprochenen hätten allen Grund dazu; denn die Überwachung der medizinischen Versorgung sei im Haustürgeschäft kaum möglich. Das Schriftstück ist vom Beamten *Norbert Neu (N)* im Auftrage für den Landrat unterzeichnet. Dieser hat *N* vorher wegen seiner Unerfahrenheit angewiesen, keine Verfügungen im Rechtsverkehr nach außen zu erlassen.

Dem Bürgermeister von *G* erscheint die Anordnung nicht ausreichend. Er entzieht daher dem *H* die Reisegewerbekarte, weil dieser sich ordnungswidrig verhalten habe. *H* liefert seine Reisegewerbekarte ab und unternimmt innerhalb der in den Rechtsbehelfsbelehrungen bezeichneten Widerspruchsfrist nichts gegen die beiden Maßnahmen. Nach Ablauf der Frist beantragt er beim Landrat, die Nichtigkeit der Anordnung festzustellen, die Rotlichtlampe aus dem Angebot zu streichen. Zur Begründung gibt *H* an, er wolle seine elektrischen Geräte einschließlich der „Rotlichtlampe" doch wieder an der Haustür feilbieten. Besonders in *G* sei das Interesse groß. Er unterliege allenfalls der Kontrolle des Gewerbeaufsichtsamts in Hamburg. Außerdem sei die Rotlichtlampe nicht gesundheitsschädlich. Hat der Landrat dem Antrag zu entsprechen? Beim Bürgermeister stellt *H* den Antrag, die Nichtigkeit des Entzugs der Reisegewerbekarte festzustellen. Die Begründung ist inhaltlich gleich mit der des Antrags beim Landrat. Hat der Bürgermeister die Feststellung zu treffen?

Abwandlung: Wie ist die Rechtslage, wenn *H* seinen Wohnsitz nach Dänemark verlagert hat und seinen Aufenthaltsort im Bundesgebiet ständig wechselt?

Vermerk: Auf die Stadtstaaten trifft die Problematik des Falles nur ausschnittweise zu, die Rechtslage dort bleibt daher im Folgenden außer Betracht. Soweit Bundesländer die sachliche Zuständigkeit anders als in der nachfolgend abgedruckten Verordnung geregelt haben, ist die nordrhein-westfälische Regelung zu unterstellen.

Anhang: Auszug auf dem nordrhein-westfälischen Landesrecht

Verordnung zur Regelung von Zuständigkeiten auf dem Gebiet der Gewerbeüberwachung

§ 1 Sachliche Zuständigkeit. (1) Für die Wahrnehmung der in der Anlage zu dieser Verordnung aufgeführten Verwaltungsaufgaben sind die dort bezeichneten Behörden sachlich zuständig.

(2) Die für die Erteilung von Erlaubnissen, Bestellungen oder sonstigen Berechtigungen zuständigen Behörden sind auch für deren Versagung, Rücknahme, Widerruf oder Entziehung ... zuständig.

(3) ...

Anlage Nr. III 1.18 § 55 I (GewO)

Erteilung von Reisegewerbekarten

OrdB
(Örtliche Ordnungsbehörde)

Lösung

I. Die Rechtslage bei einem Wohnsitz in Deutschland

1. Die Feststellung der Nichtigkeit

Für die Feststellung der Nichtigkeit gilt das Verwaltungsverfahrensgesetz Nordrhein-Westfalens, weil die Voraussetzungen von § 1 III VwVfG gegeben sind.[1] Die gegen *H* getroffenen Maßnahmen dienen zum Vollzug der Gewerbeordnung, die in die konkurrierende Gesetzgebungsbefugnis des Bundes nach Art. 74 I Nr. 11 GG fällt. Dieses Gesetz wird von den Ländern als eigene Angelegenheit ausgeführt. In Nordrhein-Westfalen ist, wie in allen anderen Bundesländern auch, die öffentlich-rechtliche Verwaltungstätigkeit der Behörden landesrechtlich durch ein Verwaltungsverfahrensgesetz geregelt. Das nordrhein-westfälische Verwaltungsverfahrensgesetz ist anwendbar.

Nach § 44 V NRWVwVfG hat die Behörde die Nichtigkeit von Verwaltungsakten festzustellen, wenn der Antragsteller hieran ein berechtigtes Interesse hat. Sowohl die Anordnung, die Rotlichtlampe in *G* nicht mehr in das Angebot an Geräten aufzunehmen, als auch der Entzug der

---

[1] In den anderen Bundesländern gelten entsprechend die dortigen Landesverwaltungsverfahrensgesetze. In Schleswig-Holstein ist das Allgemeine Verwaltungsgesetz für das Land Schleswig-Holstein (LVwG) einschlägig.

Reisegewerbekarte erfüllen die Merkmale eines Verwaltungsakts nach § 35 S. 1 NRWVwVfG. *H* will seinem Reisegewerbe i.S.v. § 55 I GewO wieder nachgehen und sieht sich darin durch den Entzug der Reisegewerbekarte gehindert. Insbesondere möchte er auch die Rotlichtlampe in *G* an der Haustür feilhalten. Dem steht die Anordnung entgegen, die Rotlichtlampe aus dem Angebot an elektrischen Geräten zu streichen. Selbst wenn *H* die Reisegewerbekarte zurückerlangt, bleibt die Einschränkung für den Bereich von *G* bestehen. *H* hat also ein berechtigtes Interesse daran, dass die Nichtigkeit beider Verwaltungsakte festgestellt wird.

Zur Feststellung ist die Behörde berufen, die den Verwaltungsakt erlassen hat. Der in der Kreisverwaltung beschäftigte *N* tritt bei dem Verwaltungsakt zur Streichung der Rotlichtlampe aus dem Angebot für die Behörde auf, der er angehört. Die Kreisverwaltung mit dem Landrat an der Spitze (§ 26 I Buchst. d NRWKO) ist „personalisiert". Der Behördenleiter wird als Behörde betrachtet, er ist daher die zur Feststellung der Nichtigkeit verpflichtete Behörde.[2]

Den Entzug der Reisegewerbekarte hat der Bürgermeister von *G* verfügt. Ihm obliegt die Feststellung der Nichtigkeit des dazu ergangenen Verwaltungsakts.

2. Entzug der Reisegewerbekarte

a) Fehlende Zuständigkeit als Nichtigkeitsgrund

Die Nichtigkeit könnte auf fehlender Zuständigkeit beruhen. Für den Entzug der Reisegewerbekarte ist nach § 61 S. 1 GewO eine Behörde der Stadt Hamburg, in der *H* seinen Wohnsitz hat, örtlich zuständig. Da aber kein Fall des § 3 I Nr. 1 NRWVwVfG vorliegt, ist ein Verstoß des

---

[2] In Baden-Württemberg ist nach § 1 III BWLKO das Landratsamt Behörde, ebenso in Bayern nach Art. 37 I 1 BayLKO. In Brandenburg erfüllt der Landkreis gem. § 2 I BbgLKO in seinem Gebiet alle die Leistungsfähigkeit der kreisangehörigen Gemeinden und Ämter übersteigenden öffentlichen Aufgaben, nach § 50 S. 2 BbgLKO ist der Landrat rechtlicher Vertreter und Repräsentant des Landkreises. In Hessen wird nach § 55 HessLKO der Landrat als Behörde tätig, ebenso in Rheinland-Pfalz nach § 41 RhPfKO. In Mecklenburg-Vorpommern ist der Landrat gem. § 115 I 1 KV MV gesetzlicher Vertreter des Landkreises. In Niedersachsen sind die Landkreise nach § 2 I NdsLKO Träger der Verwaltung, die Landrätin oder der Landrat vertritt den Landkreis gem. § 58 I NdsLKO nach außen. Im Saarland erklärt § 175 II SaarlKSVG den Landrat zum gesetzlichen Vertreter des Landkreises. Nach § 47 I 2 SächsLKO vertritt der Landrat den Landkreis. In Sachsen-Anhalt ist der Landrat gem. § 52 V KO SachsAnh Vorgesetzter, Dienstvorgesetzter und oberste Dienstbehörde der Beigeordneten, Beamten, Angestellten und Arbeiter des Landkreises. In Schleswig-Holstein leitet nach § 7 SHKO der Kreisausschuss die Verwaltung des Kreises. Der Kreisausschuss ist der gesetzliche Vertreter des Kreises; für ihn handelt der Landrat (§ 48 I SHKO). Aufgaben, die dem Kreis zur Erledigung nach Weisung übertragen worden sind, führt der Landrat durch (§ 51 SHKO). In Thüringen vertritt der Landrat den Landkreis gem. § 109 I ThürKO nach außen.

Bürgermeisters von *G* gegen die Regelung der örtlichen Zuständigkeit nach § 44 II Nr. 3 NRWVwVfG kein Nichtigkeitsgrund.

Zu beachten ist indessen, dass die Anknüpfung der örtlichen Zuständigkeit an den Wohnsitz bei *H* die Zuständigkeit einer Behörde begründet, die einem anderen Verband angehört. Wer den Zuständigkeitsmangel allein nicht als Grund für die Rechtswidrigkeit eines Verwaltungsakts anerkennt, erachtet die Verletzung der Verbandskompetenz für schwerwiegend genug, um eine Ausnahme zu machen.[3] Zum Teil wird die mangelnde Verbandskompetenz sogar als Fehler angesehen, der unabhängig von seiner Offenkundigkeit die Nichtigkeit des Verwaltungsakts herbeiführt.[4] § 44 II NRWVwVfG erfasst jedoch diese Fallgestaltung nicht, so dass mangelnde Verbandskompetenz nur unter den Voraussetzungen des § 44 I NRWVwVfG die Nichtigkeit bewirkt.[5] Ist die Behörde eines anderen Bundeslandes zuständig, kann die Verwaltungstätigkeit unter Wahrung des Bundesrechts anders geregelt werden als in Nordrhein-Westfalen. Der zuständige Verband kann das ihm durch die Verwaltungsverfahrensgesetze eingeräumte Ermessen auf seine Weise handhaben. Der Verwaltungsakt leidet daher unter einem besonders schwerwiegenden Mangel.

Die fehlende Verbandskompetenz der Gemeinde *G* fällt bei einem Blick in § 61 GewO im Falle des *H* auch einem juristisch nicht vorgebildeten Bürger auf: Die Behörde des Bezirks, in dem der Betroffene seinen gewöhnlichen Aufenthalt hat, entscheidet. Hier gehört dieser Bezirk zu einem anderen Bundesland. Man kann davon ausgehen, dass jemand, der ein Reisegewerbe ausübt, die Aufteilung Deutschlands in Länder kennt. Der Mangel ist daher offenkundig. Der Bürgermeister hat die Nichtigkeit des Verwaltungsakts festzustellen.

Die Nichtigkeit könnte sich weiterhin aus der fehlenden sachlichen Zuständigkeit ergeben. Die Regelung der Zuständigkeit obliegt nach § 155 II GewO den Landesregierungen oder den von ihnen bestimmten Stellen, sofern das Bundesrecht nicht schon eine Regelung trifft. Die sachliche Zuständigkeit zur Entziehung der Reisegewerbekarte geht aus der Gewerbeordnung nicht hervor. Der Bezeichnung nach ließe sich an die Zuständigkeit der Staatlichen Ämter für Arbeitsschutz denken, die als besonderer Zweig der Landesverwaltung neben den allgemeinen staatlichen Verwaltungsbehörden geführt werden (§ 9 II NRWLOG).[6] Den Gewerbeaufsichtsämtern ist jedoch nicht die gesamte Gewerbeaufsicht übertragen. Vielmehr beschränken sich ihre Befugnisse auf die ihnen besonders zugewiesenen Aufgabengebiete.[7] Die Kontrolle der Einhal-

---

[3] *Mußgnug*, Das Recht auf den gesetzlichen Verwaltungsbeamten?, 1970, 47.

[4] So BGHZ 54, 157 (164).

[5] *Maurer*, § 10 Rn. 32.

[6] Auch in den übrigen Bundesländern ist die Gewerbeaufsicht einer Sonderverwaltung anvertraut, deren unterste Behörden die Gewerbeaufsichtsämter bilden.

[7] Vgl. z. B. §§ 24d, 139b, 139g GewO.

tung von Vorschriften für die Ausübung des Reisegewerbes gehört nicht dazu.

Um Verwechslungen zu vermeiden, spricht man nicht von Gewerbeaufsicht, sondern von Gewerbeüberwachung, wenn die gewerbliche Kontrolle anderen Behörden als den Gewerbeaufsichtsämtern obliegt.[8] Nach der Verordnung vom 10. 12. 1974 ist die Erteilung und Entziehung von Reisegewerbekarten für Inländer in Nordrhein-Westfalen den örtlichen Ordnungsbehörden zugewiesen.[9] Nach § 3 I NRWOBG nehmen die Gemeinden diese Aufgaben wahr, so dass allein die Gemeinden örtliche Ordnungsbehörde sind. Nach § 62 I NRWGO handelt bei einfachen Geschäften der laufenden Verwaltung der Bürgermeister für die Gemeinde.[10] Der Bürgermeister von *G* hat also seine sachliche Zuständigkeit nicht überschritten. Insoweit scheidet ein Nichtigkeitsgrund aus.

b) Gesetzlosigkeit und Gesetzesverstoß als Nichtigkeitsgrund

Die im Verhältnis zur ersten Anordnung umfassendere Maßnahme des Entzugs der Reisegewerbekarte könnte an einem Fehler leiden, der zur Nichtigkeit führt, wenn keine gesetzliche Grundlage aufzufinden wäre, auf die der Verwaltungsakt gestützt werden könnte.[11] In Gestalt der Vorschriften über die Aufhebung von Verwaltungsakten (§§ 48, 49 NRW-VwVfG) steht indessen eine Rechtsgrundlage zur Verfügung.

Ferner könnte ein Gesetzesverstoß schwerwiegend und offensichtlich sein. Der Bürgermeister führt lediglich an, dass sich *H* ordnungswidrig verhalten habe. Ist diese Anschuldigung schon ausgesprochen vage, zeigt § 56 I Buchst. f GewO an, dass sie mit dem Gesetz nicht im Einklang steht. Geräte mit unmittelbarer Wärmeeinwirkung sind vom Verbot des Vertriebs im Reisegewerbe ausgenommen. Es wiegt schwer, die Grundlage der Berufstätigkeit ohne Rücksicht auf die Gesetzeslage zu entziehen. Bei einem Blick ins Gesetz hätte selbst ein juristischer Laie erkennen können, dass das Verbot des § 56 GewO für Geräte mit unmittelbarer Wärmeeinwirkung nicht gilt. Daraus folgt, dass der Verwaltungsakt gemäß § 44 I NRWVwVfG nichtig ist. Der Bürgermeister muss die Nichtigkeit feststellen.

---

[8] S. z. B. § 3 I NRWOBG.

[9] Ebenso in Schleswig-Holstein nach § 1 I der Landesverordnung zur Bestimmung der zuständigen Behörden nach der Gewerbeordnung v. 6. 11. 1974 i. V. m. Nr. 3.5.3. des Zuständigkeitsverzeichnisses.

[10] In den anderen Bundesländern: Art. 37 I 1 BayGO (Bürgermeister); §§ 44 I BWGO (Bürgermeister); 61 I 1 BbgGO (Bürgermeister); 70 I HessGO (Bürgermeister); 38 II 2 KV MV (Bürgermeister); 62 I Nr. 3 NdsGO; nach Nr. 3 ist der Bürgermeister aber ausdrücklich für gewerberechtliche Genehmigungen zuständig; 47 I 3 RhPfGO (Bürgermeister); 59 III SaarlKSVG (Bürgermeister); 53 I SächsGO (Bürgermeister); 63 I GO SachsAnh (Bürgermeister); 50 I SHGO (Bürgermeister); 29 I, II ThürKO (Bürgermeister).

[11] *Wolff/Bachof/Stober*, § 30 II 2, Rdnr 9.

3. Die Anordnung der Herausnahme der Rotlichtlampe aus dem Angebot

a) Fehlende Zuständigkeit als Nichtigkeitsgrund

Der Landrat, für den *N* als Beamter im Bauamt des Kreises aufgetreten ist, wird als Organ des Kreises im Rahmen seiner Zuständigkeit für die Führung der Geschäfte der laufenden Verwaltung nach §§ 25 II i.V.m. 26 I Buchst. a NRWKO tätig.[12] Auf die örtliche Zuständigkeit des Landrates kommt es nach § 44 III Nr. 1 NRWVwVfG nicht an.

Die sachliche Zuständigkeit der Kreisordnungsbehörden muss aus einer besonderen gesetzlichen Vorschrift hervorgehen (§ 5 II NRWOBG). Maßnahmen zur Gefahrenabwehr fallen gemäß § 1 I NRWOBG in den Aufgabenbereich der Ordnungsbehörde.[13] Nach § 3 I NRWOBG nehmen auch Kreise Aufgaben der Gefahrenabwehr wahr.[14] Da keine besondere Zuweisung zu finden ist, greift die sachliche Zuständigkeit der örtlichen Ordnungsbehörden ein (§ 5 I NRWOBG),[15] deren Aufgaben die Gemeinden wahrnehmen.

Aus dem Umstand, dass der Landrat die nächsthöhere Behörde zu der zuständigen örtlichen Ordnungsbehörde von *G* ist, könnte sich allerdings etwas anderes ergeben. Hätte der für den Landrat handelnde Beamte nicht geglaubt, die Notwendigkeit zu einer Maßnahme gegen *H* beschränke sich auf das Gebiet der Gemeinde *G*, wäre es zweifelhaft, ob die örtlichen Ordnungsbehörden selbst bei koordiniertem Einsatz weitere Ordnungswidrigkeiten im gesamten Kreisgebiet vollständig verhindern könnten. Für solche Fälle erlaubt § 6 II NRWOBG eine begrenzte Kompetenzverschiebung.[16] Solange aber nur der Verwaltungs-

---

[12] In den anderen Bundesländern: Art. 34 I Nr. 1 BayKO; §§ 42 BWKO; 41, 44 HessLKO; 57 I Nr. 6 NdsLKO; 41 I 3 RhPflKO; 175 II SaarlKSVG; 49 I, II SächsLKO; 52 I LKO SachsAnh; 51 I SHKO; 107 I ThürKO. In Brandenburg kommt dem Landrat gem. § 52 c) BbgLKO eine Entscheidung auf dem Gebiet der Pflichtaufgaben zur Erfüllung nach Weisung zu, soweit es sich um Angelegenheiten der Gefahrenabwehr handelt. In Mecklenburg-Vorpommern ist das Gebiet des Landkreises gem. § 119 I KV MV zugleich der Zuständigkeitsbereich des Landrates als untere staatliche Verwaltungsbehörde.

[13] In den anderen Bundesländern: Art. 2 BayPAG; §§ 1 BWPolG; 1 BbgOBG; 1 I HessSOG; 1 II 1 NdsSOG; 1 RhPflPOG; 1 II SaarlPolG; 1, 64 SächsPolG; 84 SOG SachsAnh; 163 SHLVwG; 1 I ThürOBG.

[14] In den anderen Bundesländern: Art. 2 I BayPOG; §§ 67 i.V.m. 64 BWPolG; 3 I BbgOBG; 82 HessSOG; 98, 102 I NdsGefAG; 76 RhPflPOG; 75, 76 SaarlPolG; 163 i.V.m. 165 SHLVwG.

[15] In den anderen Bundesländern: Art. 3 BayPOG; §§ 1 I HessSOG; 97 i.V.m. 1 II 1 NdsSOG; 75 I RhPfLPOG; 166 II SHLVwG; 4 I ThürOBG. Im Saarland fehlt eine entsprechende Vorschrift.

[16] So auch §§ 69 BWPolG; 6 II BbgOBG; 85 I Nr. 4 HessSOG; 98 I Nr. 1, 100 II NdsSOG; 91 I Nr. 1 RhPflPOG; 70 IV 1 SächsPolG; 88 III 1 i.V.m. 86 I Nr. 1 SOG SachsAnh; 166 III SHLVwG. Im Saarland und in Thüringen fehlt eine entsprechende Vorschrift.

bezirk einer einzigen örtlichen Ordnungsbehörde betroffen ist, kann von Gefahr in Verzug, die zur Verschiebung der Zuständigkeit führt, nicht die Rede sein.

Manche wollen dem betroffenen Bürger verwehren, die sachliche Unzuständigkeit der nächsthöheren Behörde im Falle des gesetzlich nicht vorgesehenen Selbsteintritts zu rügen.[17] Andere beharren auf der genauen Wahrung der Kompetenzordnung.[18] Ermessensentscheidungen soll freilich auch nach den Verfechtern der ersten Auffassung die nächsthöhere Behörde nicht an sich ziehen können, um nicht den Verdacht eines Ermessensfehlers aufkommen zu lassen.[19] § 14 NRWOBG, auf den sich die örtlichen Ordnungsbehörden stützen können, gewährt Ermessen.[20] Der Landrat als Organ des Kreises darf den Gemeindeorganen ihre Ermessensentscheidungen daher nicht wegnehmen.

Nun ist der Landrat aber gleichzeitig untere staatliche Verwaltungsbehörde. In dieser Eigenschaft führt er die Aufsicht über die örtlichen Ordnungsbehörden (§ 7 I NRWOBG).[21] Als Aufsichtsbehörde kann er der untergebenen Behörde nach Maßgabe des § 9 NRWOBG Weisungen erteilen, die auch die zweckmäßige Erfüllung ordnungsbehördlicher Aufgaben sicherstellen sollen. Der Landrat darf also in den Ermessensbereich der Gemeinden eingreifen. § 10 I NRWOBG stellt jedoch klar, dass daraus nicht die Befugnis erwächst, die Entscheidung selbst zu treffen. Der Selbsteintritt setzt voraus, dass eine Weisung erteilt worden ist und dass diese innerhalb der angegebenen Frist fruchtlos bleibt. Dieses Verfahren wurde vom Landrat nicht eingeschlagen. Ein Selbsteintrittsrecht steht ihm also nicht zu. Dem Staat, für den der Landrat als untere staatliche Verwaltungsbehörde auftreten darf, mangelt es nicht nur an der sachlichen Zuständigkeit, sondern auch an der Verbandskompetenz. Da der Landrat aber den Ermessensbereich der Gemeinde zu beeinflussen vermag, ist der Zuständigkeitsfehler nicht besonders schwerwiegend. Grundsätzlich ist der Landrat auch in der Lage, die Zuständigkeit der Gemeindebehörde nach § 6 II NRWOBG zu verdrängen. Der Zuständigkeitsfehler ist also nicht offenkundig. Aufgrund von § 44 I NRW-VwVfG tritt keine Nichtigkeit ein.

Ein Zuständigkeitsmangel könnte noch darin liegen, dass ein Beamter aus dem Bauamt eine Verfügung im Sachbereich der Gewerbeüberwachung getroffen hat. Die Untergliederungen der Kreisverwaltung stellen

---

[17] *Wolff/Bachof/Stober*, § 30 II 2, Rdnr 11.

[18] *Scheideck*, JA 1994, 483 (486).

[19] *Mußgnug* (o. Fn. 3), 54.

[20] Ebenso die Rechtsgrundlagen in den übrigen Bundesländern.

[21] In den anderen Bundesländern: §§ 64 Nr. 3 Buchst. b i.V.m. 69 BWPolG; 7 I BbgOBG; 85 I Nr. 4 HessSOG i.V.m. 136 HessGO; 98 I Nr. 1 NdsSOG; 92 I RhPflPOG; 77 III i.V.m. 76 II Nr. 1 SaarlPOG; 66 Nr. 3 Buchst. b SächsPolG; 86 I Nr. 1 SOG SachsAnh; 17 III SHLVwG. In Bayern und in Thüringen fehlt eine besondere Regelung.

jedoch keine selbständigen Verwaltungseinheiten dar, sie bilden vielmehr nur Teile der Kreisverwaltung, denen der Landrat als Leiter die Außenvertretung für ein beliebiges Sachgebiet übertragen kann, wie es in *L* durch die Urlaubsregelung auch geschehen ist. Das Einschreiten des Bauamts anstelle anderer Abteilungen der Kreisverwaltung begründet somit keinen Zuständigkeitsmangel.

Der Landrat hat *N* nicht gestattet, Verfügungen im Rechtsverkehr nach außen zu erlassen. Man könnte versucht sein, aus dem Rechtsgedanken des § 14 BBG zu schließen, dass der Verstoß des *N* gegen die Anweisung seines Vorgesetzten die Rechtmäßigkeit des Verwaltungsakts nicht beeinträchtigt. Indessen ist die nichtige oder zurückgenommene Ernennung nicht ganz mit der Bestellung eines Beamten zur Vertretung nach außen zu vergleichen. Die interne Anweisung soll bewirken, dass nur zur Entscheidung fähige Beamte im Rechtsverkehr für die Behörde auftreten. Zum Schutze der Betroffenen, aber auch im Interesse einer funktionstüchtigen Verwaltung muss die Verletzung der internen Regeln über die Vertretungsbefugnis als Zuständigkeitsmangel betrachtet werden.

Fraglich ist jedoch, ob auch die Voraussetzungen der Nichtigkeit nach § 44 I NRWVwVfG gegeben sind. Die Amtsausübung durch einen ungeeigneten Beamten stellt einen besonders schwerwiegenden Fehler dar. Ferner müsste diese Fehlerhaftigkeit bei verständiger Würdigung aller in Betracht kommenden Umstände auch offenkundig sein. Dies ist der Fall, wenn einem unvoreingenommenen und verständigen Beobachter die Fehlerhaftigkeit ohne weiteres ersichtlich ist bzw. sie sich ihm geradezu aufdrängt.[22] Hier ist zwar dem Verwaltungsakt der Fehler nicht anzusehen, jedoch sind alle in Betracht kommenden Umstände heranzuziehen. Jeder verständige Betrachter zieht aus der Weisung des Landrates den Schluss, dass *N* keinen Verwaltungsakt erlassen darf. Die Anordnung gegenüber *H* ist aus diesem Grund nichtig.

b) Gesetzlosigkeit und Gesetzesverstoß als Nichtigkeitsgrund?

Für die Anordnung, die Rotlichtlampe aus dem Angebot an elektrischen Geräten zu streichen, ist § 14 I NRWOBG als Rechtsgrundlage vorhanden. *H* könnte gegen das Verbot des § 56 I Nr. 1f GewO verstoßen haben, elektromedizinische Geräte im Reisegewerbe zu vertreiben. Nach § 145 II Nr. 2a GewO handelt *H* dann ordnungswidrig. Es fällt aber ins Auge, dass Geräte mit unmittelbarer Wärmeeinwirkung vom Verbot ausgenommen sind. Wie beim Entzug der Reisegewerbekarte besteht daher ein Nichtigkeitsgrund. Der Landrat muss die Nichtigkeit des Verwaltungsakts feststellen.

---

[22] *OVG Lüneburg* DÖV 1986, 382; *Kopp/Ramsauer*, § 44 Rn. 9.

II. Abwandlung: Die Rechtslage bei einem Wohnsitz in Dänemark

Hat *H* seinen Wohnsitz in Dänemark, ändert sich an der Rechtslage bei der Anordnung zur Herausnahme der Rotlichtlampe aus dem Angebot nichts. Für den Entzug der Reisegewerbekarte kommt hingegen die Anknüpfung an den Wohnsitz nach § 61 GewO nicht in Betracht. Da *H* auch keinen ständigen Aufenthaltsort im Bundesgebiet besitzt, der ersatzweise als Anknüpfungspunkt eine Zuständigkeit begründen könnte, wird meist vertreten, dass der jeweilige („schlichte") Aufenthaltsort zur Zuständigkeit einer bestimmten Behörde führt.[23] Das Bedenken dagegen ist freilich, dass auf diese Weise eine fliegende Zuständigkeit entsteht, die Überschneidungen, aber auch Untätigkeit der Verwaltungsbehörden hervorrufen kann, weil sich entweder mehrere Stellen mit demselben Fall beschäftigen oder jede Stelle sich auf die andere verlässt. Als Ausweg steht die Zuständigkeit des Bundes aus der Natur der Sache für *„außerregionale Verwaltungsakte"* in der Diskussion.[24] Diese Lehrmeinung hat sich aber keineswegs zu einer festen Praxis verdichtet, so dass von einem offenkundigen Zuständigkeitsmangel wegen der Anknüpfung an den schlichten Aufenthalt des *H* im Kreis *L* keine Rede sein kann. Hat *H* seinen Wohnsitz in Dänemark, haftet der Anordnung des Bürgermeisters von *G* daher kein Mangel an, der zur Nichtigkeit führt.

Die Grundfreiheiten des Binnenmarkts im EG-Vertrag könnten allerdings der Entziehung der Reisegewerbekarte entgegenstehen. Wer von der Freizügigkeit der Unionsbürger nach Art. 18 EG Gebrauch gemacht hat, muss sich auch im Mitgliedstaat seiner Staatsangehörigkeit auf die Grundfreiheiten berufen können.[25] Soweit *H* seine Waren in Dänemark erworben hat, um sie in Deutschland zu verkaufen, kann er die Freiheit des Warenverkehrs nach Art. 28 EG in Anspruch nehmen. Soweit *H* die Waren in Deutschland einkauft, kommt ihm die Dienstleistungsfreiheit nach Art. 49 EG zugute. Der gemeinschaftsrechtliche Dienstleistungsbegriff erfasst gem. Art. 50 EG alle Leistungen, die in der Regel gegen Entgelt erbracht werden, soweit sie nicht den Vorschriften über den freien Waren- und Kapitalverkehr und über die Freizügigkeit der Personen unterliegen. Nach Abs. 2 lit. a) fallen hierunter insbesondere gewerbliche Tätigkeiten. Nach § 55 II GewO bedarf *H* der Reisegewerbekarte, um in Deutschland seiner gewerblichen Tätigkeit nachzugehen. Diese Regelung dient dem Verbraucherschutz und damit einem zwingenden Grund des Allgemeininteresses. Sie ist daher grundsätzlich eine gerechtfertigte Einschränkung der Grundfreiheiten.[26] Allerdings entfällt im freien Dienstleistungsverkehr die Rechtfertigung, wenn der Erbringer ei-

---

[23] *BGH* NJW 1983, 2771; *Landmann/Rohmer,* GewO, Kommentar, Loseblattausgabe, Bd. 1, Stand 1. Januar 1999, § 61 Rn. 54.

[24] Siehe *Bullinger,* JuS 1964, 231 m. w. N.

[25] *Cremer,* in: *Callies/Ruffert,* Kommentar zu EU- und EG-Vertrag, Art. 18 EG, Rn. 10.

[26] EuGH Slg. 1991, I-4007 ff., 4041; Slg. 1991, I-4069 ff., 4096.

ner Leistung im Staat, in dem er ansässig ist, einer gleichwertigen Regelung unterworfen ist.[27] Wendet sich jedoch ein Gewerbetreibender persönlich an die Verbraucher in einem anderen Mitgliedstaat, vermag auch eine Regelung des Wohnsitzstaats ihnen keinen Schutz zu gewähren. Die deutsche Regelung muss also keiner anderen Regelung weichen. Die Entziehung der Reisegewerbekarte ist eingeschlossen. Eine rechtmäßige Entziehung der Reisegewerbekarte steht so im Einklang mit Europäischem Gemeinschaftsrecht. Verletzen Verwaltungsakte deutscher Behörden das deutsche Recht, muss der Vorrang des europäischen Rechts vor mitgliedstaatlichem Recht nicht herangezogen werden, weil das deutsche Recht Rechtsschutz gewährt. Auch bei der Entziehung der Reisegewerbekarte des in Dänemark ansässigen *H* ändert sich somit nichts am Ergebnis, das bei einem Wohnsitz des *H* in Deutschland eintritt.

Literaturhinweise

1. Organisationsrecht

Achterberg, Norbert, Verwaltungsorganisationsrecht, JA 1980, 701; *Brohm, Winfried,* Zur Einführung: Strukturprobleme der planenden Verwaltung, JuS 1977, 500; *Eichhorn, Peter,* Öffentliche Aufgaben und Verwaltungsorganisation, FiWi 1996, 31; *Pitschas, Rainer,* Die Reform der öffentlichen Verwaltung als Organisationsentwicklung durch Fortbildung, VerwArch 72 (1981), 1; *Pohl, Heidrun,* Kategorien und Begriffe des Verwaltungsrechts und der Verwaltungsorganisation, DNV 1992, 32; *Ruffert, Matthias,* Interessenausgleich im Verwaltungsorganisationsrecht, DÖV 1998, 897; *Schnapp, Friedrich E.,* Grundbegriffe des öffentlichen Organisationsrechts, Jura 1980, 68; *ders.,* Dogmatische Überlegungen zu einer Theorie des Organisationsrechts, AöR 105 (1980), 243; *Schmidt-Aßmann, Eberhard,* Verwaltungsorganisationsrecht als Steuerungsressource, 1997; *Schmidt-De Caluwe, Raimund,* Verwaltungsorganisationsrecht, JA 1993, 77; *Schuppert, Gunnar Folke,* Verfassungsrecht und Verwaltungsorganisation, Der Staat 32, 581; *Steinbach, Nikolaus,* Grundzüge der Organisation in der öffentlichen Verwaltung, DÖD, 1985, 7.

2. Zuständigkeitsfehler

Bader, Johann, Die Heilung von Verfahrens- und Formfehlern im verwaltungsgerichtlichen Verfahren, NVwZ 1998, 674; *Birnbaum, Christian,* Die Rügepflicht des Prüflings, NVwZ 2006, 286; *Hill, Hermann,* Das fehlerhafte Verfahren und seine Folgen im Verwaltungsrecht, 1986; *Hufen, Friedhelm,* Fehler im Verwaltungsverfahren, 1998; *ders.,* Zur Systematik der Folgen von Verfahrensfehlern, eine Bestandsaufnahme nach zehn Jahren VwVfG, DVBl 1988, 69; *Meyer, Hans,* Die Kodifikation des Verwaltungsverfahrens und die Sanktion für Verfahrensfehler, NVwZ 1986, 513; *Schiedeck, Erich,* Die Nichtigkeit von Verwaltungsakten gemäß § 44 VwVfG, JA 1994, 483; *Schnapp, Friedrich E./Cordewener, Axel,* Welche Rechtsfolgen hat die Fehlerhaftigkeit eines Verwaltungsakts, JuS 1999, 147; *Schnapp, Friedrich E./Henkenötter, Sandra,* Wann ist ein Verwaltungsakt fehlerhaft?, JuS 1998, 624.

[27] EuGH Slg. 1991, I-4221 ff., 4244.

3. Dienstleistungsfreiheit

Becker, U., Voraussetzungen und Grenzen der Dienstleistungsfreiheit, NJW 1996, 179; *Daniele, Luigi*, Non-Discriminatory Restrictions to the Free Movement of Persons, ELR 22 (1997), 191; *Häußler, Ulf*, Dienstleistungsfreiheit für Drittstaatsangehörige?, ZAR 20 (2000), 24; *Hecker, Wolfgang*, Endet das Staatsmonopol für Sportwetten?, DÖV 2005, 943; *Kluth, Winfried*, in: *Callies/Ruffert*, Kommentar, EU- und EG-Vertrag, 1999, Art. 49–55 EG; *Kort, Michael*, Schranken der Dienstleistungsfreiheit im europäischen Recht, JZ 1996, 132; *Snell, J./Andenas, M.*, Exploring the Outer Limits – Restrictions on the Free Movement of Goods and Services, EBLR 10 (1999), 252; *Togersen, Ole-Andreas*, The Limitations of the Free Movement of Goods and the Freedom to Provide Services – in Search of a Common Approach, EBLR 10 (1999), 371; *Trautwein, Thomas*, Dienstleistungsfreiheit und Diskriminierungsverbot im Europäischen Gemeinschaftsrecht, Jura 1995, 191; *Weber, Claus*, Die Dienstleistungsfreiheit nach den Art. 59 ff. EGV – einheitliche Schranken für alle Formen der Dienstleistung, EWS 1995, 292.

Fall 4. Die umstrittene Ausübung des Vorkaufsrechts einer Gemeinde

Sachverhalt

In einer kreisangehörigen nordrhein-westfälischen Gemeinde, die eine große Einwohnerzahl hat und dicht besiedelt ist, besteht ein Bebauungsplan, in dem das Grundstück des *Valentin Vogel (V)* als Baugrundstück für den Gemeinbedarf ausgewiesen ist. V verkauft das Grundstück zum Preise von 100.000,– € durch notariellen Vertrag an *Klaus Kauz (K)*. Der Notar teilt den Verkauf der Gemeinde mit. Zwei Wochen später findet eine öffentliche Sitzung des Stadtrats statt. Er hält einhellig den Verkaufspreis für verkehrsüblich und beschließt mit zwei Stimmen Mehrheit, das Vorkaufsrecht für die Gemeinde auszuüben, um auf diesem und den benachbarten Grundstücken eine öffentliche Schule zu bauen. Der Bürgermeister teilt dies dem *V*, der als Zuhörer an der Stadtratssitzung teilgenommen hat, mündlich mit und bemerkt, die Gründe habe V in der Sitzung erfahren. Er dürfe zugunsten des *K* nicht über das Grundstück verfügen. Diesem gegenüber könne sich V auf das Verbot berufen. Wenn er wolle, könne er den Verwaltungsakt mit einem Widerspruch angreifen.

K, der von der Stadtratssitzung und dem Gegenstand der Beratung nichts wusste, erfährt von *V*, was geschehen ist. Über den Verlauf der Sitzung kann dieser aber nur ungenaue Angaben machen. In einem Brief an den Bürgermeister legt *K* Widerspruch ein. Er kann belegen, dass bei der Wahl des Stadtrats Unregelmäßigkeiten vorgekommen sind. Außerdem wirkte der Bruder des *K*, der mit diesem verfeindet ist, als Stadtverordneter bei der Abstimmung über die Ausübung des Vorkaufsrechts mit. An der Debatte beteiligte er sich nicht.

Welche Aussicht auf Erfolg hat *K?* Sollte der Widerspruch unzulässig sein, ist in einem Hilfsgutachten die Begründetheit zu erörtern.

Vermerk: In den anderen Bundesländern tritt ebenfalls der Bürgermeister auf, in Bayern der Erste Bürgermeister. Die Rechtslage in den Stadtstaaten bleibt außer Betracht.

Lösung

I. Zulässigkeit des Widerspruchs

1. Ausschluss des Widerspruchs?

a) Ausschluss nach Baugesetzbuch?

Nach §§ 68 I 1, 69 VwGO kann im Rahmen des Vorverfahrens zu einer Anfechtungsklage Widerspruch erhoben werden. Gemäß § 79 NRW-VwVfG, das gemäß § 1 III VwVfG hier Anwendung findet, gelten die Bestimmungen über den Widerspruch in der Verwaltungsgerichtsordnung auch für den Rechtsbehelf im Verwaltungsverfahren. § 68 I 2 VwGO lässt zu, dass ein Gesetz das Widerspruchsverfahren ausschließt. Dies ist nach § 217 I 1 BauGB für die Anfechtung von bestimmten Verwaltungsakten geschehen, die unmittelbar durch Antrag auf gerichtliche Entscheidung angreifbar sind. Die Länder[1] haben ein Vorverfahren aufgrund der Ermächtigung des § 212 I BauGB bislang lediglich für die Anfechtung von Verwaltungsakten, die aufgrund der §§ 45–84 BauGB ergangen sind, eingeführt.[2] Das gesetzliche Vorkaufsrecht der Gemeinde, das in den §§ 24–28 BauGB geregelt ist, wird davon nicht betroffen. § 28 III, VI BauGB, der in § 217 I 1 BauGB ebenfalls genannt ist, betrifft nicht die Ausübung des Vorkaufsrechts an sich, sondern lediglich Grund und Höhe von Entschädigungsansprüchen als Folge davon. Folglich ist das Widerspruchsverfahren nach dem Baugesetzbuch nicht ausgeschaltet.

b) Ausschluss nach dem nordrhein-westfälischen Ausführungsgesetz zur VwGO?

Das Widerspruchsverfahren könnte nach §§ 68 I 2 VwGO, 6 I NRW-AGVwGO ausgeschlossen sein.[3] Der Stadtrat ist ein Kollegialorgan der Gemeinde. Er hat den Beschluss über die Ausübung des Vorkaufsrechts gefasst. Selbst wenn der Bürgermeister dem V die Entscheidung übermittelt hätte, würde aus dem Kollegialbeschluss nicht etwa die Entscheidung einer monokratisch verfassten Behörde. Das Gesetz stellt darauf ab, wer beschließt, wer also die materielle Entscheidung fällt, nicht wer den Verwaltungsakt nach außen kundtut.[4] Erst recht wird aus dem Beschluss des Stadtrats kein Verwaltungsakt einer monokratisch verfassten Behörde, weil der Bürgermeister dem V den Beschluss verkündet. Der Bürgermeister führt lediglich den Vorsitz im Rat und vertritt den

[1] Außer Bremen.
[2] *Battis/Krautzberger/Löhr*, § 212 Rn. 2.
[3] Die Vorschrift hat keine Entsprechung in den anderen Bundesländern.
[4] Verkannt von *OVG Münster* OVGE 22, 267 (271).

Rat nach außen (§ 40 II 2 NRWGO).[5] Die Entscheidung trifft eine Kollegialbehörde.

Ein förmliches Verfahren gem. § 71 NRWVwVfG ersetzt nur dann das Vorverfahren, wenn sich dessen Zweck bereits im förmlichen Verfahren erreichen lässt. Der Betroffene muss seine Einwendungen daher in einem rechtssatzmäßig geregelten Verfahren vor einer Kollegialbehörde geltend machen können, in dem ihm volles rechtliches Gehör gewährt wird.[6] Der Zweck des Vorverfahrens, das Gericht zu entlasten, Rechtsschutz zu gewähren und der Selbstkontrolle der Verwaltung zu dienen,[7] wird weder durch die Gemeindeordnung noch durch die Vorschriften der §§ 24ff. BauGB, auf denen die Ausübung des Vorkaufsrechts der Gemeinde beruht, in vollem Umfang gewährleistet. Insbesondere räumt keine Rechtsnorm in den beiden Gesetzen dem eigentlich betroffenen *K*, der seinen Anspruch auf Übereignung nicht mehr verwirklichen kann, wenn das Vorkaufsrecht in rechtmäßiger Weise ausgeübt wird, volles rechtliches Gehör ein. § 6 I NRWAGVwGO greift daher nicht ein, der Widerspruch ist dem *K* nicht verwehrt.

2. Verwaltungsakt als Angriffsgegenstand

Es besteht Einigkeit darüber, dass Zulässigkeit und Begründetheit eines Widerspruchs wie bei einer verwaltungsgerichtlichen Klage zu beurteilen sind, soweit nicht für das Widerspruchsverfahren Besonderheiten bestehen. Die Zulässigkeit bei der verwaltungsgerichtlichen Klage knüpft an eine öffentlich-rechtliche Streitigkeit an (§ 40 I VwGO). Da Widerspruch nur gegen einen Verwaltungsakt eingelegt werden kann (§ 68 VwGO), dieser aber auf dem Gebiete des öffentlichen Rechts ergehen muss (§ 35 S. 1 NRWVwVfG), decken sich allgemeine und besondere Voraussetzungen in diesem Punkte.

Der Bürgermeister hat ein Verbot ausgesprochen, die Maßnahme ausdrücklich als Verwaltungsakt bezeichnet und auf die Möglichkeit des Widerspruchs hingewiesen. Die Gemeinde, als deren Organ der Bürgermeister tätig wird, ist daher als Hoheitsträger in Erscheinung getreten.

Der Beschluss des Stadtrats, auch wenn er in öffentlicher Sitzung gefasst ist, entfaltet keine Außenwirkung, solange er nicht zumindest einem Betroffenen amtlich bekannt gemacht wird. Der Bürgermeister hat den

---

[5] In den anderen Bundesländern sind folgende Vorschriften maßgeblich: Art. 36 S. 1 BayGO; §§ 42 I 1 BWGO; 41 BbgGO; 57 I, 71 I HessGO; 31 I i. V. m. 43 NdsGO (hiernach wählt der Rat für die Dauer der Wahlperiode einen Ratsvorsitzenden); 36 I, 47 I 2 RhPflGO; 42, 59 II SaarlKSVG; 29 I 1, 36 I, 51 I 1 SächsGO; 36 II GO SachsAnh; 33 SHGO (hiernach wählt die Gemeindevertretung aus ihrer Mitte den Vorsitzenden oder die Vorsitzende); 23 I 2 ThürKO.

[6] *Kopp/Ramsauer,* § 71 Rn. 10.

[7] *Weides,* Widerspruchsverf., S. 217; *Pietzner/Ronellenfitsch,* Assessorexamen, § 17 Rn. 2; *Kopp/Schenke,* Vor § 68 Rn. 1.

Beschluss dem V mitgeteilt, der nunmehr das Grundstück an die Stadt übereignen soll. V ist somit Betroffener im Sinne von § 41 I NRWVwVfG. Ob der Bürgermeister für die Eröffnung zuständig ist, spielt für die amtliche Bekanntgabe keine Rolle. Der zeitliche Zusammenhang und die Belehrung über den Rechtsbehelf ergeben jedenfalls, dass der Bürgermeister in amtlicher Eigenschaft handeln wollte. Der Widerspruch richtet sich somit gegen einen Verwaltungsakt.

3. Frist

K wurde keine Belehrung über den Rechtsbehelf erteilt. Die Frist für die Einlegung des Widerspruchs nach §§ 70, 58 I VwGO begann daher nicht zu laufen. Da der Verwaltungsakt dem *K* nicht einmal eröffnet worden ist, findet auch die Jahresfrist nach §§ 70 II, 58 II VwGO auf ihn keine Anwendung.

4. Form und Verfahren

§ 70 I 1 VwGO stellt für die Form zwei Möglichkeiten zur Wahl. *K* hat durch den Brief an den Bürgermeister die Schriftform gewählt.

K kann sich an die Behörde wenden, die den Verwaltungsakt erlassen hat (§ 70 I 1 VwGO). Als Behörde ist dem V gegenüber der Stadtrat aufgetreten, für den der Bürgermeister die Entscheidung übermittelt hat. Richtet sich der Brief an den Bürgermeister, ist erkennbar das Gremium gemeint, für das dieser nach außen auftritt (§ 40 II 2 NRWGO).[8] Der für die Einlegung des Widerspruchs vorgeschriebene Weg ist also eingehalten.

5. Widerspruchsbefugnis

§ 42 II VwGO fordert für die Anfechtungsklage eine besondere Klagebefugnis. Analog § 42 II VwGO muss auch derjenige, der Widerspruch erhebt, geltend machen, durch den Verwaltungsakt in seinen Rechten verletzt zu sein.[9] Durch den Kaufvertrag hat *K* einen zivilrechtlichen Anspruch erlangt. Die Ausübung des Vorkaufsrechts lässt zwar den Kaufvertrag mit V unberührt, nimmt *K* aber seinen Erfüllungsanspruch nach § 433 I BGB. Selbst wenn man private Rechte nicht genügen lässt,[10] fällt der Anspruch als vermögenswertes Recht unter den Schutz von Art. 14 I GG, der für die Widerspruchsbefugnis ausreicht.

---

[8] In den anderen Bundesländern: Art. 36 BayGO, §§ 42 I 2 BWGO; 71 I HessGO; 31 I NdsGO. In Brandenburg ist in § 67 I BbgGO nur explizit geregelt, dass der Bürgermeister die Gemeinde vertritt, aber nicht den Rat. Das Gleiche gilt gem. §§ 47 I RhPflGO; 59 I, II SaarlKSVG; 51 I 2 SächsGO; 33 VIII SHGO; 31 I ThürKO (hiernach vertritt der Bürgermeister die Gemeinde nach außen). Nach § 28 II 1 KV MV erfolgt die Vertretung durch den Vorsitzenden der Gemeindevertretung. In Sachsen-Anhalt fehlt eine entsprechende Regelung.

[9] *Weides* (Fn. 7), 217f.

[10] So beispielsweise *Kopp/Schenke*, § 42 Rn. 81.

6. Rechtsschutzbedürfnis

Das Rechtsschutzbedürfnis für den Widerspruch des Käufers könnte wegen eines Schadensersatzanspruchs gegen den Verkäufer fehlen. Dieser ist für den Käufer aber kein vollwertiger Ersatz für das Eigentum an dem Grundstück. Entgegen einer verbreiteten Auffassung erwächst dem Käufer auch gar kein Schadensersatzanspruch bei Ausübung des Vorkaufsrechts der öffentlichen Hand. Der Verkäufer wird vielmehr nach § 275 BGB von der Verpflichtung zur Leistung frei. Rechte Dritter, die der Verkäufer nicht beseitigen kann und für die er auch keine Entschädigung erhält, fallen nicht unter § 434 BGB. Diese Bestimmung geht davon aus, dass dem Verkäufer die Beseitigung des rechtlichen Hindernisses zuzumuten ist.[11] Will man dennoch am Schadensersatzanspruch festhalten, erlischt die Pflicht des Verkäufers aufgrund von § 28 III 2 BauGB mit der Unanfechtbarkeit des Bescheids über die Ausübung des Vorkaufsrechts. *K* hat deshalb ein Rechtsschutzbedürfnis für die Einlegung des Widerspruchs. Der Widerspruch ist zulässig.

II. Zuständigkeit zur Entscheidung über den Widerspruch

Da das gemeindliche Vorkaufsrecht der Sicherung der Bauleitplanung dient, fällt seine Ausübung in den Bereich des Selbstverwaltungsrechts der Gemeinde. Gemäß § 73 I Nr. 3 VwGO entscheidet daher die Gemeinde selbst über den Widerspruch.[12] Als Behörde ist der Stadtrat aufgetreten, er muss erneut einen Beschluss fassen.

III. Begründetheit des Widerspruchs

1. Rechtsgrundlage

Die Rechtsgrundlage für die Ausübung des Vorkaufsrechts ist in § 24 I Nr. 1 BauGB zu finden. Der Streit, ob ein Verwaltungsakt auf diese Bestimmung gestützt werden darf,[13] hat sich mit Inkrafttreten des Baugesetzbuchs erledigt. Nach § 28 II 1 BauGB wird das Vorkaufsrecht durch Verwaltungsakt ausgeübt. Das fragliche Grundstück ist im Bebauungsplan als Baugrundstück für den Gemeinbedarf ausgewiesen. Der Bau von Schulen dient dem Wohl der Allgemeinheit. Die Voraussetzungen des § 24 I Nr. 1, III BauGB sind also erfüllt.

---

[11] Vgl. *Zuleeg*, DVBl 1966, 240.

[12] In den anderen Bundesländern sind folgende Vorschriften maßgeblich: Art. 119 BayGO; §§ 8 I BWAGVwGO; 6 HessAGVwGO; 57 III NdsGO; 6ff. RhPflAGVwGO; 7ff. SaarlAGVwGO; 124 ThürKO. In Brandenburg, Mecklenburg-Vorpommern, Sachsen-Anhalt und Schleswig-Holstein ist keine vom Bundesrecht abweichende Regelung getroffen worden.

[13] Verneinend noch *BGH* DVBl 1973, 790 (791), der eine bürgerlich-rechtliche Willenserklärung annimmt.

2. Zuständigkeit

Die Zuständigkeit des Rates müsste gegeben sein. Das Vorkaufsrecht steht der Gemeinde zu. Nach der Größe der Stadt und dem Arbeitsanfall aufgrund der dichten Besiedelung ist die Ausübung des Vorkaufsrechts bei Grundstücken mit geringerem Wert zu den einfachen Geschäften der laufenden Verwaltung zu zählen,[14] die der Bürgermeister erledigt. Der Rat hat aber gemäß § 41 III NRWGO das Recht, die Entscheidung für einen Einzelfall an sich zu ziehen.[15] Somit ist der Rat hier zuständig.

3. Form

a) Schriftform

Der Beschluss des Rates wurde dem V mündlich übermittelt. Nach § 56 I 1 NRWGO bedürfen Verpflichtungserklärungen für die Gemeinde aber der Schriftform.[16] Die Formvorschrift gilt auch für öffentlich-rechtliche Maßnahmen. Der Verwaltungsakt hat zwar ausschließlich rechtsgestaltende Wirkung und enthält damit selbst keine Verpflichtungserklärung. Das durch den Verwaltungsakt unmittelbar begründete zivilrechtliche Rechtsverhältnis verpflichtet indessen die Gemeinde zur Zahlung des Kaufpreises nach § 433 II BGB. Deshalb bedarf es doch grundsätzlich der Form des § 56 I 1 NRWGO.[17] Für einfache Geschäfte der laufenden Verwaltung macht freilich § 56 II NRWGO eine Ausnahme.[18] Daher ist die Schriftform im vorliegenden Falle entbehrlich. Die §§ 28 II 2 BauGB, 464 I 2 BGB stellen ausdrücklich klar, dass die Ausübung des Vorkaufsrechts nicht der für den Kaufvertrag bestimmten Form bedarf.

b) Begründung

Der Verwaltungsakt entbehrt der Begründung. Die Verweisung auf die Stadtratssitzung überfordert ersichtlich die Beteiligten. Immerhin geht daraus aber hervor, zu welchem Zweck die Gemeinde das Grundstück

---

[14] Vgl. *BGH* VerwRspr 14 (1962), Nr. 58, 215 (217).

[15] In den anderen Bundesländern: §§ 35 III 1 i.V.m. 63 I Buchst. e BbgGO; 50 I 5 HessGO; 22 II 2 KV MV; 62 I Nr. 6 i.V.m. 41 II 1 NdsGO; 27 I 2 SHGO. Art. 37 II 2 BayGO und § 29 IV 2 ThürKO sehen nur eine generelle Entziehung vor. In Baden-Württemberg, Rheinland-Pfalz, im Saarland, Sachsen und Sachsen-Anhalt fehlt eine entsprechende Vorschrift.

[16] In den anderen Bundesländern: Art. 38 II BayGO; §§ 54 I BWGO; 67 II BbgGO; 71 II 1 HessGO; 37 VI 1 KV MV; 63 II NdsGO; 49 I RhPflGO; 62 I 1 SaarlKSVG; 60 I SächsGO; 70 I GO SachsAnh; 51 II 1 SHGO; 31 II ThürKO.

[17] *BGH* NJW 1960, 1805 (1806).

[18] In den anderen Bundesländern: Art. 38 II BayGO; §§ 54 IV BWGO; 67 III BbgGO; 71 II 3 HessGO; 37 VI 4 KV MV; 63 IV NdsGO; 49 III RhPflGO; 62 III SaarlKSVG; 60 IV SächsGO; 70 IV GO SachsAnh; 51 IV SHGO. In Thüringen fehlt eine entsprechende Vorschrift.

verwenden will. Die Angabe des Verwendungszwecks ist nach § 24 III 2 BauGB vorgeschrieben. Dass sich V dem *K* gegenüber nicht mehr an den Verwendungszweck erinnern kann, lässt die Einhaltung der Formvorschrift unberührt. Weitere Gründe sind aber nicht erkennbar. Wird der Betroffene durch das Fehlen der Begründung in der Beurteilung der Sach- und Rechtslage wesentlich behindert, ist der Verwaltungsakt rechtswidrig.[19] Insbesondere muss die Begründung einer Ermessensentscheidung die für die Ausübung des Ermessens wesentlichen Umstände und Überlegungen erkennen lassen (§ 39 I 2, 3 NRWVwVfG).

Bei einem mündlich ergangenen Verwaltungsakt ist es aber gestattet, die Begründung nachträglich beizubringen, wie aus § 39 I 1 NRWVwVfG hervorgeht. *K* kann nach § 37 II 2 NRWVwVfG eine schriftliche Bestätigung des Verwaltungsakts verlangen, die dann schriftlich zu begründen ist (§ 39 II 1 NRWVwVfG). Zu diesem Zweck kann auf das Protokoll der Ratssitzung zurückgegriffen werden. Gibt es keine hinlängliche Auskunft, lässt sich die fehlende Begründung noch nachholen, solange das Vorverfahren nicht zum Abschluss gelangt ist (§ 45 I Nr. 2, II NRW-VwVfG). *K* kann also eine Begründung verlangen, der Verwaltungsakt kann aber im Widerspruchsverfahren nicht etwa wegen ungenügender Angabe von Gründen als rechtswidrig aufgehoben werden.

c) Rechtsbehelfsbelehrung

Die dem V erteilte Belehrung über den Rechtsbehelf ist nach § 58 I VwGO unvollständig. Gegenüber *K* fehlt sie überhaupt. Die Belehrung hat für den Ablauf der Frist nach § 58 II VwGO Bedeutung. Diese Frist beginnt hier aber erst gar nicht zu laufen (s. o.).

4. Verfahren

a) Frist

Die Monatsfrist für die Ausübung des Vorkaufsrechts nach § 28 II 1 BauGB ist gewahrt.

b) Bekanntgabe

Nach § 28 II 1 BauGB ist der Verwaltungsakt an den Veräußerer zu richten. Dies ist gegenüber V auch geschehen. Eine Zustellung nach dem nordrhein-westfälischen Landeszustellungsgesetz ist allerdings unterblieben. § 1 I NRWLZG regelt aber nur die Art und Weise der Zustellung, sagt jedoch nichts darüber aus, in welchen Fällen zuzustellen ist.[20]

---

[19] *Kopp/Ramsauer*, § 39 Rn. 56; *Meyer/Borgs*, VwVfG, § 39 Rn. 32.

[20] In den anderen Bundesländern: Art. 1 V BayVwZVG; §§ 1 II BWVwZG; 1 II Bbg-LZG; 2 HessVwZG; 94 III VwVfG MV; 2 NdsVwZG; 1 III RhPflVwZG; 2 SaarlG betreffend die Anwendung der Verwaltungszustellung; 1 III SächsVwZG; 2 VwZG SachsAnh; 146 I SHLVwG; 1 VI ThürVwZVG.

Für die Ausübung des Vorkaufsrechts ist die Zustellung nicht angeordnet.

§ 41 I 1 NRWVwVfG lässt der Behörde die Wahl, den Verwaltungsakt demjenigen Beteiligten zu eröffnen, für den er bestimmt ist oder der von ihm betroffen wird. *K* ist nach § 13 I VwVfG noch nicht einmal Beteiligter. Aus dem Grundsatz der Rechtssicherheit folgt indessen, dass die Erklärung der Ausübung auch dem *K* als Betroffenem amtlich bekannt zu geben ist.[21] Unterlässt dies die Behörde, ist der Verwaltungsakt, der durch amtliche Bekanntgabe an einen anderen Betroffenen wirksam geworden ist, freilich nicht fehlerhaft. Die Rechtsfolge ist nur, dass die Widerspruchsfrist nach § 70 I VwGO nicht zu laufen beginnt.

c) Zusammensetzung der Behörde

Wenn ein Kollegialorgan entscheidet, kann als Verfahrensmangel gerügt werden, dass die Behörde nicht richtig zusammengesetzt gewesen sei.[22] Jedoch begründet die fehlerhafte Zusammensetzung keineswegs immer die Rechtswidrigkeit der Entscheidung. Vielmehr kommt hier den Grundsätzen der Rechtssicherheit und Funktionsfähigkeit des Staates entscheidende Bedeutung zu.[23] Diese haben ihre positiv-rechtliche Ausprägung in den §§ 39ff. NRWKWahlG[24] gefunden, die für die Anfechtung der Wahl des Gemeinderates ein besonderes Verfahren der Wahlprüfung statuieren, das an eine Frist gebunden ist. Gemäß § 37 Nr. 4 NRWKWahlG verliert ein Vertreter seinen Sitz, wenn aufgrund einer im Wahlprüfungsverfahren ergangenen Entscheidung feststeht, dass seine Wahl ungültig war. Ein solches Verfahren hat hier aber nicht stattgefunden. Selbst bei einem derartigen Ausschluss legt § 40 III 2 NRWKWahlG ausdrücklich fest, dass die Rechtswirksamkeit der Tätigkeit der Gemeindevertreter durch ihr späteres Ausscheiden nicht berührt wird.[25] Daher kann sich *K* anlässlich einer Entscheidung des Stadtrats nicht auf die Unregelmäßigkeiten bei der Wahl berufen.

Wohl aber kann ein Verfahrensmangel beachtlich sein, der aus der Abstimmung eines persönlichen Beteiligten herrührt.[26] Der Bruder des *K* ist allerdings nicht selbst beteiligt. § 20 I Nr. 2 NRWVwVfG dehnt aber den Ausschluss auf die Angehörigen eines Beteiligten aus, zu denen nach

[21] *Maurer*, § 9 Rn. 65.

[22] *Kopp/Ramsauer*, § 90 Rn. 4.

[23] *Maurer*, Die verfassungswidrige Bundestagswahl, 1969, 26.

[24] Art. 36ff. BayGWahlG; §§ 29ff. BWKWahlG; 55ff. BbgKWahlG; 25ff. HessKWahlG; 43ff. KWahlG MV; 46ff. NdsKWahlG; 48ff. RhPflKWahlG; 47ff. SaarlKWahlG; 25ff. SächsKWahlG; 50ff. KWahlG SachsAnh i.V.m. 71 II GO SachsAnh; 38ff. SHGKWahlG; 31ff. ThürKWahlG.

[25] Ebenso: Art. 38 II BayGWahlG; §§ 58 III BbgKWahlG; 29 HessKWahlG; 47 KWahlG MV; 33 II ThürKWG. In den anderen Bundesländern findet sich keine ausdrückliche Regelung. Im Ergebnis ändert dies aber nichts.

[26] *Dagtoglou*, in: FS Forsthoff, 1967, 72, 101.

§ 20 V Nr. 4 NRWVwVfG die Geschwister zählen. Freilich ist *K* nicht Beteiligter, solange ihn die Behörde nicht hinzugezogen hat (§ 13 I NRWVwVfG). § 20 I 2 NRWVwVfG stellt aber denjenigen einem Beteiligten gleich, der durch die Entscheidung einen unmittelbaren Vorteil oder Nachteil erlangen kann. Dies ist bei *K* der Fall.

Das Vorgehen bei Mitgliedern eines Ausschusses ergibt sich zunächst aus der allgemeinen Regelung des § 20 IV NRWVwVfG. Zu den Ausschüssen zählt nach § 88 I 1 NRWVwVfG jede kollegiale Einrichtung, also auch der Stadtrat. Auf kommunaler Ebene gilt als Spezialgesetz das Mitwirkungsverbot nach § 31 I NRWGO, das über § 43 II NRWGO auch für Ratsmitglieder gilt. Im Ergebnis ziehen beide Vorschriften die gleichen Rechtsfolgen nach sich.

Der Rat kann den Ausschluss nur feststellen, wenn das Ratsmitglied seiner Offenbarungspflicht nachgekommen ist. Selbst dann wirkt jedoch der Ratsbeschluss nicht konstitutiv. *K* kann also die Mitwirkung seines Bruders beanstanden, obwohl der Rat keinen Beschluss darüber gefasst hat. Der Verfahrensmangel könnte aber nach § 46 NRWVwVfG unerheblich sein. Doch ist die Ausübung des Vorkaufsrechts eine Ermessensentscheidung, es hätte durchaus in der Sache eine andere Entscheidung getroffen werden können. Hat jemand unberechtigterweise an einem Beschluss eines Kollegialorgans mitgewirkt, haftet der Entscheidung indessen nur dann ein beachtlicher Verfahrensmangel an, wenn die Entscheidung vom Verhalten des persönlich Beteiligten abhängt.[27] In der Debatte hat der Bruder geschwiegen, er konnte also die anderen Stadtratsmitglieder nicht beeinflussen. Hätte er nicht mit abgestimmt, wäre die Mehrheit auf 3 Stimmen angestiegen oder aber – im wahrscheinlicheren Falle – auf eine Stimme zusammengeschrumpft. Am Ergebnis hätte sich nichts geändert.

d) Rechtliches Gehör

Ein weiterer Verfahrensmangel könnte in der Verletzung des rechtlichen Gehörs liegen. Der Grundsatz des rechtlichen Gehörs hat seinen gesetzlichen Niederschlag in § 28 I NRWVwVfG gefunden. Sinn und Zweck der Vorschriften ist es, dem Betroffenen die Möglichkeit zu geben, zur umfassenden Sachaufklärung beitragen zu können. Die für ihn sprechenden Gesichtspunkte wird er am ehesten vorbringen, sollten sie der Verwaltung entgangen sein.

K wurde keine Gelegenheit gegeben, seinen Standpunkt kundzutun, bevor die Entscheidung gefällt wurde. Die Anhörung konnte nicht nach § 28 II, III NRWVwVfG unterbleiben, weil deren Voraussetzungen nicht vorliegen. Nicht jeder Verstoß gegen den Grundsatz des rechtlichen Gehörs führt freilich zur Rechtswidrigkeit des Verwaltungsakts. § 46 NRW-VwVfG greift allerdings bei einer Ermessensentscheidung nicht ein.

---

[27] *Weides* (Fn. 7), 1.

Darüber hinaus lässt sich die Auffassung finden, dass im einzelnen Falle der Verwaltung die Möglichkeit offen stehen müsse, anders zu entscheiden, sonst wäre der Mangel nicht erheblich.[28] *K* kann gegenwärtig keine Gründe vorbringen, die zu einer anderen Sachentscheidung Anlass geben. Demnach wäre der Verfahrensmangel ohne Bedeutung. Diese Rechtsauffassung wird indessen heftig angegriffen.[29] Der Streit kann hier jedoch auf sich beruhen; denn selbst wenn *K* noch Gründe einfallen sollten, kann er sie im Rahmen des Widerspruchsverfahrens vortragen. Da die Gemeinde über den Widerspruch befindet, können sie in vollem Umfange berücksichtigt werden. Die Verletzung der Verfahrensvorschrift ist dann nach § 45 I Nr. 3, II NRWVwVfG unbeachtlich. Der Widerspruch hat somit keinen Erfolg.

Literaturhinweise

1. Zu den Verfahrensfehlern

Bader, Johann, Die Heilung von Verfahrens- und Formfehlern im verwaltungsgerichtlichen Verfahren, NVwZ 1998, 674; *Bell, Albrecht/Rehak, Heinrich,* Erheblichkeit von Abwägungsmängeln, UPR 2004, 296; *Diekoetter, Ulrich,* Die Auswirkung von Verfahrensfehlern auf die Rechtsbeständigkeit von Ermessensentscheidungen, 1997; *Grimm, Fritz,* Verfahrensfehler als Grundrechtsverstöße, NVwZ 1985, 865; *Hufen, Friedhelm,* Fehler im Verwaltungsverfahren, 3. Aufl. 1998; *Messerschmidt, Lothar,* Zur Heilung und Folgenlosigkeit von Verfahrens- und Formfehlern bei Verwaltungsakten gemäß §§ 45 und 46 VwVfG, NVwZ 1985, 877; *Neumann, Werner,* Die Entwicklung des Verwaltungsverfahrensrechts, NVwZ 2000, 1244; *Schnapp, Friedrich E./Cordewener, Axel,* Welche Rechtsfolgen hat die Fehlerhaftigkeit eines Verwaltungsakts, JuS 1999, 39 und 147; *Schnapp, Friedrich E./Henkenötter, Sandra,* Wann ist ein Verwaltungsakt fehlerhaft, JuS 1998, 624; *Ziekow, Jan,* Von der Reanimation des Verfahrensrechts, NVwZ 2005, 263.

2. Zum Widerspruchsverfahren

Engelbrecht, Knut, Die Hauptsacheerledigung im Widerspruchsverfahren, JuS 1997, 550; *Guenther, Albert,* Das Widerspruchsverfahren, 3. Aufl. 1997; *Hain, Karl-E.,* Zur Frage des Zusammenhangs von Prüfungsumfang, Antragsbefugnis, Begründetheit und Kostenentscheidung in Widerspruchsverfahren, DVBl 1990, 1544; *Jaede, Henning,* Verwaltungsverfahren, Widerspruchsverfahren, Verwaltungsprozess, 3. Aufl. 1997; *Jaroschek, Marcus,* Die reformatio in peius im Widerspruchsverfahren, JA 1997, 668; *v. Mutius, Albert,* Das Widerspruchsverfahren der VwGO, Jura-Extra 1981, 65; *Oberrath, Jörg/Hahn, Oliver,* Das Widerspruchsverfahren, JA 1996, 152; *dies.,* Die Abhilfeentscheidung im Widerspruchsverfahren, JA 1995, 886; *Pietzner, Rainer/Ronellenfitsch, Michael,* Das Assessorexamen im öffentlichen Recht: Widerspruchsverfahren und Verwaltungsprozess, 9. Aufl. 1996; *Rabe, Klaus,* Die Verwerfungskompetenz der Widerspruchsbehörde, ZfBR 2003, 329; *Schenke, Wolf-Rüdiger,* Der Anspruch des Widerspruchsführers auf Erlaß eines Widerspruchsbescheids und seine gerichtliche Durchsetzung, DÖV 1996, 529; *Weides, Peter,* Verwaltungsverfahren und Widerspruchsverfahren, 3. Aufl. 1993.

---

[28] BVerwGE 29, 282 (283 f.).

[29] Vgl. *Kopp/Ramsauer,* § 46 Rn. 17.

Fall 5. Der Selbstmordversuch des Angestellten im Waffengeschäft

Sachverhalt

Der Waffenhändler *Wolfgang Wolf (W)* betreibt mit Erlaubnis der zuständigen Behörde ein Waffengeschäft in der nordrhein-westfälischen kreisfreien Stadt Dalberg *(D)*. In seinem Waffengeschäft ist *Anton Abel (A)* als Angestellter tätig. Dieser unternimmt aus Liebeskummer mit einer Schusswaffe aus dem Geschäft des *W* einen Selbstmordversuch. *A* vermeidet dabei sorgfältig jede Gefährdung eines anderen. Der Versuch misslingt. Der Polizeipräsident untersagt dem *A* daraufhin die Ausübung der tatsächlichen Gewalt über Schusswaffen und Munition mit der Begründung, der Selbstmordversuch habe gezeigt, dass *A* nicht die nötige Achtung vor dem Leben habe, die für einen Umgang mit Waffen erforderlich sei. Er habe die Schusswaffe bereits einmal missbräuchlich verwendet. Um weiteren Missbrauch auszuschließen, sei nach § 40 I WaffG das Verbot angezeigt.

A legt Widerspruch bei dem für *D* zuständigen Regierungspräsidenten ein und bringt vor, die Anordnung käme einem Berufsverbot gleich. Er habe inzwischen eine andere Frau kennen gelernt, die seine Neigung erwidere. Ein weiterer Selbstmordversuch sei daher nicht zu erwarten, auf andere Menschen werde er schon gar nicht schießen. Das hätte er auch nie im Sinn gehabt. Im Übrigen habe der Polizeipräsident einem Waffenhändler weder die Erlaubnis entzogen noch ein Verbot erteilt, der in einem Anfall geistiger Umnachtung auf einen Angestellten geschossen habe. Diese Behauptung trifft zu.

Ist die Anordnung des Polizeipräsidenten rechtmäßig? Was unternimmt der Regierungspräsident, wenn er zu der Auffassung gelangt, die Anordnung sei auf der Grundlage von § 40 I WaffG einwandfrei, dieser verstoße aber gegen den Bestimmtheitsgrundsatz?

Vermerk: In den übrigen Bundesländern ist davon auszugehen, dass die zuständige Verwaltungsbehörde die Anordnung erlassen hat.

Lösung

I. Die Rechtmäßigkeit der Anordnung

1. Der Vorbehalt des Gesetzes

a) Missbrauch im Sinne von § 40 I WaffG

Der Polizeipräsident stützt seine Anordnung auf § 40 I WaffG. Seine Annahme, dass *A* Schusswaffen und Munition missbräuchlich verwendet, gründet sich auf den misslungenen Selbstmordversuch. *A* hat dazu eine Schusswaffe benutzt. Ist in diesem Verhalten ein Missbrauch zu erblicken, besteht ein Anlass zu Maßnahmen gegen *A*.

Was aber ist ein Missbrauch? Das Waffengesetz gibt dazu keine nähere Erläuterung. In § 5 I Nr. 2 a WaffG ist lediglich als Voraussetzung der Zuverlässigkeit genannt, dass von einer Person nicht die Gefahr ausgeht, Waffen und Munition missbräuchlich oder leichtfertig zu verwenden. Eine Begriffsbestimmung findet sich auch an dieser Stelle nicht. Aus den Regelbeispielen für die Unzuverlässigkeit des § 5 II WaffG lässt sich aber schließen, dass der Staatsschutz, der Schutz von Leben, Gesundheit und Eigentum und der Schutz vor Straftaten Gesetzeszwecke sind. Das Waffengesetz deckt also einen wichtigen Ausschnitt des Sicherheits- und Ordnungsrechts ab. Daher lassen sich die allgemeinen Grundsätze dieses Rechtsgebiets zur Konkretisierung des Begriffs Missbrauch heranziehen.

b) Der Schutz des Lebens

Das Leben ist das höchste Schutzgut der Polizei und der Ordnungsverwaltung. Ein anderes Leben als das des *A* ist nicht in Gefahr. Unternimmt er einen neuen Selbstmordversuch, ist nicht anzunehmen, dass er weniger umsichtig als das erste Mal Verletzungen anderer zu vermeiden trachtet. Aus dem Angriff auf das eigene Leben ist nach aller Erfahrung der Schluss nicht erlaubt, dass jemand, der einer solchen Tat fähig ist, geneigt wäre, auch das Leben anderer aufs Spiel zu setzen.

Ausschließliche Selbstgefährdung wird dem Einzelnen zugestanden, sofern er sich der Tragweite seines Tuns bewusst sein kann.[1] Beim Selbstmord soll die Grenze allerdings überschritten sein, wobei die Verankerung in der öffentlichen Ordnung[2] nicht sehr fest erscheint. Warum sollte es zu den unerlässlichen Voraussetzungen eines geordneten staatsbürgerlichen Zusammenlebens gehören, nicht aus der Gesellschaft für immer auszuscheiden, zumal dann, wenn dies nicht in der Öffentlichkeit geschieht? Die Missbilligung des Selbstmords durch die Gesellschaft reicht nicht aus, um das Einschreiten der Polizei- und Ordnungsbehörden zu

---

[1] *Götz*, § 6 Rn. 104.
[2] *Götz*, § 6 Rn. 109.

rechtfertigen. Diese können sich vielmehr auf die öffentliche Sicherheit berufen, wenn es gilt, das menschliche Leben zu retten. Die Selbstgefährdung allein löst den Einsatz der Sicherheitskräfte nicht aus, weil die Verwirklichung der Freiheit das Risiko des Fehlschlags mit umfasst. Wird das Leben jedoch gänzlich ausgelöscht, fällt die Abwägung zwischen Freiheit und Leben zu Gunsten des Letzteren aus. Zwar ist Selbstmord nicht verboten, aber der Schutz des höchsten Rechtsguts ist unabhängig von Ge- und Verboten. Die Freiheit tritt einmal deswegen zurück, weil in der Grenzsituation nicht gewährleistet ist, dass der zum Selbstmord Entschlossene die volle Einsicht in sein Verhalten hat.[3] Zum anderen ist die Gesellschaft auf die Mitwirkung ihrer Glieder angewiesen. Sorgt der Selbstmordkandidat etwa allein für seine Familie, wälzt er diese Sorge auf die Allgemeinheit ab.[4] Gewiss kann man ihn auf die Dauer nicht davon abhalten, dennoch aus dem Leben zu scheiden, wenn es ihm um diesen Wunsch ernst ist, aber durch die Rettung und Verhütung weiterer Versuche wird ihm die Gelegenheit gegeben, sein Vorhaben zu überdenken. Mancher fehlgeschlagene Selbstmordversuch wurde nicht wiederholt. Die Polizei- und Ordnungsverwaltung darf also auch Angriffe auf das eigene Leben abwehren und verhüten. Der Missbrauch im Sinne von § 40 I WaffG umfasst die Selbsttötung.

c) Die Gefahr

Bei der Verwendung von Schusswaffen, Munition und Geschossen mit pyrotechnischer Wirkung ist die Schutzzone ausgedehnt. Nach § 40 I WaffG ist keine unmittelbar bevorstehende Gefahr nötig, es genügt die bloße Annahme einer missbräuchlichen Verwendung, wenn Tatsachen dafür ins Feld zu führen sind. Wer einen Selbstmordversuch unternommen hat, zeigt dadurch an, dass die Schwelle zur Bedrohung des eigenen Lebens bei ihm leichter überschritten wird als bei anderen Menschen. *A* wendet allerdings ein, nunmehr Bindungen zu einer anderen Frau zu haben, die seine Neigung erwidere. Das mag die Versuchung ausschließen, Selbstmord zu verüben, solange die Gemeinschaft mit der neuen Gefährtin hält. Der Polizeipräsident kann sich aber nicht darauf verlassen, dass die Lebensbeziehung von Dauer ist. Verlässt die neue Freundin den *A* ebenfalls, droht wiederum eine Gefahrenlage.

Für eine unmittelbar bevorstehende Verletzung des Schutzguts reicht diese Voraussage allerdings nicht aus. Die Fälle sind nicht selten, in denen der Entschluss zu einem zweiten Anschlag auf das eigene Leben nicht gefasst wird. Andererseits trifft man aber auf Personen mit einer Neigung zum Selbstmord, die beim ersten Versuch nicht stehen bleiben. Die Annahme einer Wiederholung hat daher gute Gründe für sich. Für § 40 I WaffG reicht diese Überlegung zur Gefahrenlage aus.

---

[3] *Pieroth/Schlink/Kniesel*, § 8 Rn. 31–33.

[4] Vgl. dazu BVerfGE 59, 275 (279).

d) Der Ordnungspflichtige

§ 4 III WaffG rechnet die Ausübung der tatsächlichen Gewalt dem Erlaubnisinhaber zu, wenn jemand im Rahmen eines Erwerbsgeschäfts mit Waffen, Munition und sonstigen gefährlichen Gegenständen im Sinne des Waffengesetzes umgeht. Die Zurechnung bezieht sich aber auf den Erwerb und das Überlassen eines Gegenstands, wie aus § 4 I, II WaffG hervorgeht. Im Übrigen ist es nicht ausgeschlossen, den Bediensteten als Inhaber der tatsächlichen Gewalt zu betrachten. Die Ausübung dieser Gewalt kann *A* daher nach § 40 I WaffG untersagt werden.

2. Die Zuständigkeit

Die örtliche Zuständigkeit des Polizeipräsidiums von *D* ergibt sich aus §§ 3 I Nr. 1, II, 7 I NRWPOG.[5] Die sachliche Zuständigkeit zu einer Maßnahme nach § 40 I WaffG bestimmt die Landesregierung oder eine von ihr beauftragte Stelle. In Nordrhein-Westfalen ist die Kreispolizeibehörde nach § 1 der VO zur Durchführung des Waffengesetzes zuständig. Dies ist das Polizeipräsidium (§ 3 NRWPolG).

3. Der Vorrang des Gesetzes

a) Alleinige Verantwortlichkeit des Erlaubnisinhabers?

Auch wenn die Voraussetzungen des Einschreitens erfüllt sind, kann der Verwaltungsakt nach dem Grundsatz vom Vorrang des Gesetzes[6] auf Grund einer gesetzlichen Bestimmung nicht ergehen dürfen, die den Anwendungsbereich der Ermächtigungsgrundlage einengt, ohne sie ganz auszuschalten. § 4 III WaffG legt die Annahme nahe, dass beim Missbrauch von Waffen oder Munition durch Bedienstete eines Erlaubnisinhabers diesen allein die Verantwortlichkeit trifft, soweit der Bedienstete an Waffen oder Munition im Geschäftsbereich herankommt. Der Bedienstete selbst wäre dann von der Verantwortlichkeit nach § 40 I WaffG frei. Befürchtet die zuständige Behörde den Missbrauch, müsste sie dem Erlaubnisinhaber die Erlaubnis entziehen. Die Folge wäre, dass sich die Behörde immer an einen Privatmann richten müsste, um eine Gefahr zu bekämpfen, die von einer anderen Person ausgeht. Es besteht aber kein Anlass, der Behörde den unmittelbaren Zugriff zu verwehren. Die Behörde darf nicht darauf angewiesen sein zu warten, bis sich der Erlaubnisinhaber von seinem Arbeitnehmer trennt. Selbst wenn dieser eine Gefahrenquelle darstellt, solange er mit Waffen und Munition umgeht, wird

---

[5] Hinweis: In Nordrhein-Westfalen sind für den Bereich des Polizei- und Ordnungsrechts drei verschiedene Gesetze bedeutsam: das Ordnungsbehördengesetz (NRWOBG) (in der Gesetzessammlung *v. Hippel/Rehborn* Nr. 55), das Polizeigesetz (NRWPolG) (*v. Hippel/Rehborn* Nr. 51) und das Polizeiorganisationsgesetz (NRWPOG) (*v. Hippel/Rehborn* Nr. 50). In der Fallbearbeitung ist das jeweils einschlägige Gesetz zu zitieren.

[6] Dazu *Pietzcker*, JuS 1979, 710; *Wolff/Bachof/Stober*, § 30 Rn. 5.

dadurch nicht unter allen Umständen die Zuverlässigkeit des Arbeitgebers in Mitleidenschaft gezogen. § 4 III WaffG begründet keine unbegrenzte Gefahrtragung des Erlaubnisinhabers für seine Bediensteten. Dementsprechend schließt die Möglichkeit, dem Erlaubnisinhaber die Erlaubnis zu entziehen, die Anwendung des § 4 I WaffG nicht aus.

b) Gleichheitssatz

A weist auf den Waffenhändler hin, der auf einen Angestellten geschossen hat. Die Behörde könnte sich selbst gebunden haben und bei Abweichung gegen den Gleichheitssatz verstoßen. Die Selbstbindung der Verwaltung erwächst aus einer Reihe von Entscheidungen, die alle das Ermessen in bestimmter Weise festlegen, wenn der gleiche Sachverhalt vorliegt.[7]

Anders als beim Selbstmord bedarf es keiner langen Überlegungen, um die Gefahr im Sinne des Polizei- und Ordnungsrechts darzulegen, wenn jemand auf einen anderen geschossen und dadurch dessen Leben bedroht hat. Die mangelnde Schuld ist lediglich für die strafrechtliche Beurteilung von Belang. Im Falle des Waffenhändlers bestand also zum Schutz des Lebens wie bei *A* Anlass zum Einschreiten. Dies hat die Behörde jedoch unterlassen. Freilich hat sie damit nur einen Fall entschieden und auf diese Weise noch keine Bindung herbeigeführt. Allenfalls könnte man sich auf den Standpunkt stellen, dass bei der Gefährdung des Lebens anderer eine Ordnungsmaßnahme dringender als bei der bloßen Selbstgefährdung sei. Hier ist jedoch auch § 45 WaffG zu beachten. Der Widerruf nach § 45 II 1 WaffG ist zwingend, wenn nachträglich Tatsachen eintreten, die, wie die missbräuchliche Verwendung von Schusswaffen und Munition, zur Versagung der Erlaubnis hätten führen müssen (§ 8 I WaffG). Die Behörde hatte also gar keinen Spielraum, sie musste die Erlaubnis widerrufen. Tut sie dies nicht, ist die Entscheidung rechtswidrig. Auf ein rechtswidriges Handeln lässt sich die Selbstbindung aber nicht bauen, es sei denn, jemand genießt Vertrauensschutz.[8] Dieser scheidet für *A* ohne weiteres aus. Er kann sich nicht darauf verlassen, die Behörde werde ihn wie eine Person behandeln, die im Zustand geistiger Umnachtung auf Menschen geschossen hat. Art. 3 I GG macht die Anwendung von § 40 I WaffG gegenüber *A* daher nicht rechtswidrig.

c) Die Berufsfreiheit

Für *A* wirkt sich die Maßnahme so aus, dass er seinem Beruf nicht mehr nachgehen kann. Obwohl § 40 WaffG gewöhnlich nicht an die berufliche Betätigung anknüpft, weil dafür die Sonderregelung über die Erlaubnispflicht besteht, wird hier doch die Fortführung des Berufs un-

---

[7] *BVerwG* NJW 1996, 1766 (1767); *Scheuing*, VVDStRL 40 (1982), 164f.

[8] *Randelzhofer*, JZ 1983, 544.

möglich gemacht. Dann ist nicht die Vorschrift, sondern die darauf gestützte Maßnahme an Art. 12 I GG zu messen.

Im Falle des Ausschlusses vom Beruf könnte man daran denken, die bloße Möglichkeit der Selbsttötung genügen zu lassen, um eine Maßnahme zu rechtfertigen, die das höchste Schutzgut des Polizei- und Ordnungsrechts bewahrt. Der Grundsatz der Verhältnismäßigkeit gebietet aber, dass die ergriffene Maßnahme der Verwaltung zu dem angestrebten Zweck auch geeignet ist. Die Anordnung nach § 40 I WaffG soll einen abermaligen Selbstmordversuch des *A* verhüten. Gewiss mag es nahe liegen, dass dieser zu einer Schusswaffe greift, wenn er Zugang dazu hat. Doch gibt es vielfältige und ebenso leicht zu beschaffende Mittel zum Selbstmord, die vom Verbot der Ausübung tatsächlicher Gewalt über Schusswaffen unberührt bleiben. *A* kann nicht von Messern, Stricken, Schlaftabletten und manchen anderen Instrumenten, mit denen man Hand an sich zu legen vermag, ferngehalten werden. Die ausgesprochene Rechtsfolge ist daher untauglich, den verfolgten Zweck zu erreichen. Der Verwaltungsakt ist somit rechtswidrig und von der Widerspruchsbehörde aufzuheben.

II. Normenkontrolle durch die Verwaltung

1. Die Prüfungsbefugnis der Verwaltungsbehörde

Hält der Regierungspräsident die Anordnung auf der Grundlage von § 40 I WaffG für einwandfrei, ist entscheidend, ob seine Annahme zutrifft, die Vorschrift verstoße gegen den Bestimmtheitsgrundsatz. Sie steht dann als Ermächtigungsgrundlage für belastende Verwaltungsakte nicht im Einklang mit Art. 2 I GG und ist nichtig.[9] Ein darauf gestützter Verwaltungsakt ist rechtswidrig.

Der Regierungspräsident nimmt im Rahmen des Widerspruchsverfahrens die Befugnis in Anspruch, die von der Polizeibehörde als Rechtsgrundlage herangezogene Vorschrift auf ihre Verfassungsmäßigkeit hin zu prüfen. Diese Befugnis wird der Verwaltung bisweilen noch abgesprochen.[10] Verlangt man aber vom Beamten, für die Rechtmäßigkeit seiner dienstlichen Handlungen die volle persönliche Verantwortung zu übernehmen (§ 59 I NRWLBG),[11] gehört im Rechtsstaat auch die Prüfung der Verfassungsmäßigkeit zu den Amtspflichten. Der Verwaltungsbeamte könnte sonst auch keine Vorschrift verfassungskonform auslegen. Die Bindung an Gesetz und Recht im Sinne von Art. 20 III GG nimmt die Verfassung nicht aus. Man wird aus diesem Verfassungsgebot sogar eine Prüfungspflicht der Verwaltung herleiten müssen, wenn auch nur in einem Maße, das mit der raschen und ordnungsgemäßen Erledigung der Verwaltungsaufgaben in Einklang zu bringen ist.[12]

---

[9] BVerfGE 20, 150 (157f.).

[10] So *VGH München* BayVBl 1982, 654; a. A.: *Kopp,* DVBl 1983, 823ff. m. w. N.

[11] Vgl. auch §§ 56 I BBG, 38 II BRRG.

[12] *Maurer,* § 4 Rn. 46.

Mit Rücksicht auf die Antragsbefugnis der Bundes- und Landesregierung im Verfahren der abstrakten Normenkontrolle nach Art. 93 I Nr. 2 GG könnten Prüfungsrecht und Prüfungspflicht allein der Regierung zustehen.[13] Da diese nicht allwissend sein kann, würde es aber dem umfassenden Verfassungsgebot des Art. 20 III GG nicht entsprechen, den unteren Verwaltungsbehörden die Nachprüfung zu verwehren. Selbst wenn sie der Regierung nur Anregungen geben wollen, müssen sie ein Prüfungsrecht besitzen.

2. Die Verwerfungsbefugnis der Verwaltungsbehörde

a) Einwände gegen die Verwerfungsbefugnis

§ 76 Nr. 2 BVerfGG geht davon aus, dass eine Verwaltungsbehörde die Unvereinbarkeit mit dem Grundgesetz nicht nur feststellen darf, sie kann sogar die Anwendung verweigern. Dennoch wird die Verwerfungskompetenz der Verwaltung vielfach verneint. Begründet man dies mit der Gewaltenteilung,[14] übersieht man die Kontrolle, die von der vollziehenden Gewalt über die gesetzgebende Gewalt ausgeübt wird. Die Verschränkung der Gewalten unter dem Dach der Verfassung dient gerade dem Sinngehalt des Verfassungsgrundsatzes. Allerdings darf eine Gewalt nicht in den Kernbereich der anderen eindringen.[15] Unterbleibt die Anwendung einer Rechtsnorm, ist darin jedoch keine Rechtsetzung zu erblicken.

Wollte man das Verwerfungsmonopol des BVerfG im Verhältnis zu anderen Gerichten nach Art. 100 I GG aber auf die Verwaltungsbehörden ausdehnen,[16] müsste man der Verwaltung auch ein Vorlagerecht an das BVerfG zugestehen, sonst blieben Prüfungsrecht und -pflicht ohne Konsequenz und das Verfassungsgebot des Art. 20 III GG liefe leer. Wenn trotz der Anhaltspunkte im Grundgesetz und im Bundesverfassungsgerichtsgesetz für eine Verwerfungskompetenz der Verwaltung Zurückhaltung gegenüber dieser Lösung zu beobachten ist, liegt der Grund hierfür hauptsächlich darin, dass die einfachen Gesetze in der Regel genauere Anweisungen an die Verwaltung enthalten als das Grundgesetz. Ist der einzelne Verwaltungsbeamte befugt, das einfache Gesetz wegen seiner Verfassungswidrigkeit zu verwerfen, weicht gewöhnlich der klarere Befehl einer sehr vage gehaltenen Regelung. Der Verwaltung stünde also ein weiter Entscheidungsspielraum zu, den sie gegen den Gesetzgeber ausspielen könnte.[17] Um diesem die Vorrangstellung zu sichern, billigen manche der Verwaltung nur die Befugnis zur Aussetzung des Vollzugs

---

[13] *Kopp*, DVBl 1983, 825.

[14] *Hall*, DÖV 1965, 258, 262; anders BVerfGE 12, 180 (186); *Wehr*, Inzidente Normverwerfung durch die Exekutive, S. 63 ff.; *Ossenbühl*, in: HStR III, § 64 Rn. 74.

[15] BVerfGE 9, 268 (280).

[16] So wiederum *Hall*, DÖV 1965, 260 f.; *Wehr* (s. o. Fn. 14), S. 39 ff.

[17] Vgl. *Schefold*, JuS 1972, 6; *Wehr* (s. o. Fn. 14), S. 65 ff.

zu.[18] Folgert man daraus die Untätigkeit der Verwaltung, könnte diese die Sicherheitsrisiken im Umgang mit Waffen nicht bekämpfen. Vielmehr müsste sie die Hände in den Schoß legen, bis die Zweifelsfragen um die strittige Bestimmung geklärt wären.[19]

Die Lehre von der Suspension wirkt sich freilich nicht immer aus. Die Verwaltung ist nicht gehindert, sich auf verfassungsrechtlich unbedenkliche Teile des Waffengesetzes und auf andere gesetzliche Grundlagen zu stützen, insbesondere auf die Generalklausel des Polizei- und Ordnungsrechts. Mag die Schlagkraft dadurch auch vermindert sein, etwa durch das Erfordernis einer konkreten Gefahr, ist die Verwaltung doch nicht zur völligen Untätigkeit verdammt. Bei der Annahme einer Verwerfungskompetenz liegen die Dinge nicht anders. Daher ist die Auseinandersetzung um Suspension oder Verwerfung wohl eher ein Streit um Worte.

b) Einschränkung der Verwerfungsbefugnis?

Will man die Verwerfungskompetenz – gestützt auf die Vermutung der Verfassungsmäßigkeit förmlicher Gesetze – auf offensichtliche Fälle der Verfassungswidrigkeit beschränken,[20] muss man schon objektive Richtpunkte einführen, wie den Spruch des Verfassungsgerichts zu einem ähnlich gelagerten Sachverhalt,[21] sonst müsste der jeweils tätige Beamte über die Überzeugungskraft seiner eigenen Rechtsauffassung urteilen. Dieser Maßstab ist zu schwankend, um die Verwerfungskompetenz davon abhängig zu machen. Da zu § 40 I WaffG oder zu ähnlichen Regelungen keine verfassungsgerichtlichen Erkenntnisse vorliegen, scheidet offensichtliche Verfassungswidrigkeit aus.

c) Die Einschaltung vorgesetzter Stellen

In entsprechender Anwendung der §§ 56 II BBG, 38 II BRRG könnte die Verwerfungskompetenz der Verwaltungsspitze vorbehalten sein. Jeder Weisungsabhängige muss dann die Rechtsansicht seines Vorgesetzten einholen. Teilt dieser die Meinung, kann er die Landes- bzw. Bundesregierung zur abstrakten Normenkontrolle veranlassen.[22] Die Einleitung dieses Verfahrens ist allerdings in das Ermessen der Regierung gestellt (Art. 93 I Nr. 2 GG). Dennoch ist diese Lösung der unbegrenzten Verwerfungsbefugnis aller Verwaltungsbehörden vorzuziehen; denn die Einschaltung mehrerer Stellen, die sich Gedanken über das Problem machen, trägt dazu bei, dem Autoritätsanspruch des Gesetzes Rechnung

---

[18] *Hoffmann,* JZ 1961, 201.

[19] Diesen Vorwurf erhebt *Bachof,* AöR 87 (1962), 10f.

[20] *Pietzcker,* AöR 101 (1976), 396.

[21] *Wolff/Bachof/Stober,* § 28 Rn. 21.

[22] *H. Götz,* NJW 1960, 1181; *Battis,* BBG, 2. Aufl. 1997, § 56 Rn. 4; *Loschelder,* in: HStR, Band III, § 68 Rn. 95ff.

zu tragen. Nur nach wiederholter Prüfung schöpft die Verwaltung den Entscheidungsspielraum aus, der aus der Unbestimmtheit verfassungsrechtlicher Normen entspringt. Der Regierungspräsident muss daher die Frage seiner vorgesetzten Dienststelle, dem Landesinnenminister, vorlegen und dessen Weisung abwarten. Auf diese Weise besteht die Möglichkeit, wenn nicht gar die Wahrscheinlichkeit, dass eine eingehende verfassungsrechtliche Überprüfung im Landesinnenministerium den Ausweg der verfassungskonformen Auslegung des § 40 I WaffG über die allgemeinen Grundsätze des Polizei- und Ordnungsrechts aufzeigt. Selbst wenn der Landesinnenminister zu einer gegenteiligen Auffassung gelangen sollte, bleibt immer noch die Anrufung der Landesregierung, um ihr Gelegenheit zu geben, über die Einleitung eines Normenkontrollverfahrens zu befinden.

Literaturhinweise

1. Zur Verwerfungskompetenz der Verwaltung

Bachof, Otto, Die Prüfungs- und Verwerfungskompetenz der Verwaltung gegenüber dem verfassungswidrigen und dem bundesrechtswidrigen Gesetz, AöR 87 (1962), 1; *Kopp, Ferdinand O.,* Das Gesetzes- und Verordnungsprüfungsrecht der Behörden, DVBl 1983, 821; *Pietzcker, Jost,* Zur Inzidentverwerfung untergesetzlicher Normen durch die vollziehende Gewalt, AöR 101 (1976), 374; *Reiter, Arnold,* Verwerfungskompetenz?, HGZ 1987, 393; *Schmiemann, Klaus,* Behandlung rechtsfehlerhafter Bauleitpläne im Baugenehmigungsverfahren – Plankontrolle und Verwerfungskompetenz, FS für Weyreuther, 1993, 235; *Wehr, Matthias,* Inzidente Normverwerfung durch die Exekutive, 1998.

2. Selbstbindungen der Verwaltung

Hoffmann-Riem, Wolfgang, Selbstbindungen der Verwaltung, VVDStRL 40 (1982), 187; *Maunz, Theodor,* Selbstbindungen der Verwaltung, DÖV 1981, 497; *Ossenbühl, Fritz,* Selbstbindungen der Verwaltung, DVBl 1981, 857; *Pietzcker, Jost,* Selbstbindungen der Verwaltung, NJW 1981, 2087; *Raschauer, Bernhard,* Selbstbindung der Verwaltung, VVDStRL 40 (1982), 240; *Scheuing, Dieter H.,* Selbstbindungen der Verwaltung, VVDStRL 40 (1982), 153.

3. Polizeirecht und Selbsttötung

Bottke, Wilfried, Das Recht auf Suizid und Suizidverhütung, GA 1982, 346; *Fink, Udo,* Selbstbestimmung und Selbsttötung, 1992; *Knemeyer, Franz-Ludwig,* Der Schutz der Allgemeinheit und der individuellen Rechte durch die polizei- und ordnungsrechtlichen Handlungsvollmachten der Exekutive, VVDStRL 35 (1977), 221 (253 ff.); *v. Münch, Ingo,* Grundrechtsschutz gegen sich selbst, in: Festschr. f. Ipsen, 1977, 113; *Schnupp, Günther,* Selbsttötung zu verhindern ist eine polizeiliche Aufgabe, Die Polizei 1980, 341.

Fall 6. Die Einberufung des Eingebürgerten

Sachverhalt

Andrej Antov (A) wohnt mit seinem Vater *Victor Antov (V)* in einer nordrhein-westfälischen Stadt. Beide sind Ausländer. Die Mutter lebt nicht mehr. V möchte zusammen mit seinem Sohn die deutsche Staatsangehörigkeit erlangen, legt aber Wert darauf, die bisherige Staatsangehörigkeit nicht beizubehalten. Daher erkundigt sich V bei einem Landsmann, der ihm wider besseres Wissen die Auskunft gibt, nach den Gesetzen ihres Heimatstaates verliere man dessen Staatsangehörigkeit mit dem Erwerb einer neuen. In Wahrheit aber berührt eine Einbürgerung in der Bundesrepublik Deutschland die ursprüngliche Staatsangehörigkeit von V und *A* nicht. Der zuständige Beamte der Einbürgerungsbehörde teilt dem V mit, mit dem Erwerb der neuen sei üblicherweise der Verlust der bisherigen Staatsangehörigkeit verknüpft. V stellt daraufhin für sich und als gesetzlicher Vertreter für seinen Sohn *A*, der zu dieser Zeit 15 Jahre alt ist, den Antrag, die deutsche Staatsangehörigkeit zu erwerben. Nach Vollendung des 16. Lebensjahres protestiert *A* bei der Einbürgerungsbehörde gegen seine Einbürgerung, weil er befürchtet, zweimal zum Wehrdienst eingezogen zu werden. Die Behörde hält sich aber an den Antrag des V gebunden und bürgert V und *A* ein. Die hierüber ausgefertigte Urkunde wird V überreicht. Dieser erfährt erst jetzt von dem Protest seines Sohnes und verzichtet schriftlich für *A* auf dessen deutsche Staatsangehörigkeit unter der Voraussetzung, dass dieser seine ursprüngliche Staatsangehörigkeit nicht verloren habe. Das deutsche Vormundschaftsgericht stimmt dem zu. Danach vollendet *A* sein 18. Lebensjahr. Die zuständige Behörde erteilt nunmehr die Genehmigung zum Verzicht. Die Verzichtsurkunde wird V ausgehändigt. Erst jetzt erhält dieser von der wahren Rechtslage Kenntnis und ficht vorsichtshalber seinen Antrag auf Einbürgerung des *A* gegenüber der Einbürgerungsbehörde an. Dennoch wird *A* gemustert, der dagegen keine Einwände erhebt. Das zuständige Kreiswehrersatzamt beruft *A* als Deutschen gemäß § 21 WehrpflG zum Wehrdienst ein. Ist diese Maßnahme rechtmäßig?

Lösung

I. Die Einbürgerung

1. Wehrpflicht und Staatsangehörigkeit

Der Verwaltungsakt der Einberufung nach § 21 I WehrpflG ist rechtmäßig, wenn *A* wehrpflichtig ist. Da *A* das 18. Lebensjahr vollendet hat und sein ständiger Aufenthaltsort im Geltungsbereich des Wehrpflichtgesetzes liegt, könnte die Wehrpflicht nur noch an der Voraussetzung des § 1 I WehrpflG scheitern, Deutscher im Sinne des Grundgesetzes zu sein. Der Begriff des Deutschen in Art. 116 I GG umfasst alle deutschen Staatsangehörigen. *A* könnte diesen Status durch Einbürgerung erlangt haben. Die zuständige Behörde hat eine Entscheidung nach § 8 StAG getroffen; gemäß § 16 I 1 StAG wird die Einbürgerung durch Aushändigung der hierüber ausgefertigten Urkunde wirksam.

2. Die Antragsberechtigung für die Einbürgerung

Der Verwaltungsakt der Verleihung der deutschen Staatsangehörigkeit könnte wegen Nichtigkeit seiner Wirkung beraubt sein (§ 43 III VwVfG). Die Einbürgerung hat V für *A* betrieben. Die fehlende Mitwirkung des Betroffenen führt aber gemäß § 44 I VwVfG nur dann zur Nichtigkeit, wenn darin ein besonders schwerer Fehler zu erblicken ist und diese Fehlerhaftigkeit bei verständiger Würdigung aller in Betracht kommenden Umstände offenkundig ist. Die Einbürgerung erfordert nach § 8 I StAG einen Antrag. Für den minderjährigen *A* wurde der Antrag von seinem gesetzlichen Vertreter gestellt. Dies entspricht § 8 I Nr. 1 i.V.m. § 7 S. 2 StAG, solange *A* noch nicht 16 Jahre alt ist. Mit Vollendung des 16. Lebensjahres darf er selbst den Antrag stellen, wenn er die Zustimmung seines gesetzlichen Vertreters beibringt. Ein Antrag des *A* liegt nicht vor. Dies hätte aber keine Auswirkung, wenn für die Person des Antragstellers die Lage zur Zeit der Erhebung des Antrags maßgeblich wäre. Zu dieser Zeit verändert sich der Status des Betroffenen aber noch nicht. Er sollte die Gelegenheit besitzen, auf die für ihn einschneidende Regelung Einfluss zu nehmen, sobald er einen rechtserheblichen Willen dazu äußern kann. Es kommt daher auf den Zeitpunkt der Entscheidung durch die Behörde an.

Aus dem Wortlaut des Gesetzes geht nicht klar hervor, ob der gesetzliche Vertreter neben dem Minderjährigen noch antragsbefugt ist, wenn dieser das 16., aber noch nicht das 18. Lebensjahr vollendet hat. Nach dem Sinn von § 8 I Nr. 1 i.V.m. § 7 S. 2 StAG soll sichergestellt sein, dass der Wille des Minderjährigen Beachtung findet. Die Zustimmungsbedürftigkeit seines Antrags zeigt aber andererseits, dass der Betroffene noch nicht völlig in die eigene Verantwortlichkeit entlassen ist. Wer die Initiative ergreift, ist unter diesen Umständen nicht so wesentlich. Daher wird man dem gesetzlichen Vertreter nach wie vor die Antragsberechtigung zugestehen können, der Antrag des V bleibt daher aufrechterhalten. Der Wille des über 16jährigen Minderjährigen darf aber keinesfalls übergangen werden. *A* bringt mit seinem Protest zum Ausdruck, dass er mit der Einbürgerung nicht einverstanden ist. Damit fehlt die nach § 8 I Nr. 1 i.V.m. § 7 S. 2 StAG notwendige Mitwirkung des Betroffenen. Statusveränderungen gegen den rechtserheblichen Willen des Betroffenen wiegen wegen der damit verbundenen einschneidenden Rechtsfolgen besonders schwer. Ein verständiger Betrachter erkennt auch, dass der Protest des *A* nicht außer Acht gelassen werden durfte. Der Verwaltungsakt der Einbürgerung ist daher nichtig, soweit er sich auf *A* bezieht.

3. Einbürgerung kraft Gesetzes

Nach § 16 II 1 StAG erstreckt sich eine Einbürgerung des V auf *A* als minderjähriges Kind des *V*, dessen gesetzliche Vertretung diesem kraft elterlicher Gewalt zusteht. Ein abweichender Vorbehalt i.S.v. § 16 II 1 StAG ist in der Urkunde nicht gemacht worden. Demnach bleibt für die Person des V der Verwaltungsakt der Einbürgerung, an dem das Gesetz anknüpft, aufrechterhalten, weil seine Einbürgerung nicht vom Status des *A* abhängt. Weiterhin ist hier der Grundsatz der Familieneinheit relevant, der in § 16 II 1 StAG seine Ausprägung gefunden hat. Danach ist eine einheitliche Staatsangehörigkeit in der Familie wünschenswert, weil sie den familiären Zusammenhalt fördert und möglichen Loyalitätskonflikten vorbeugt.[1] Dieser Grundsatz vermag im vorliegenden Fall den entgegenstehenden Willen des *A* zu überspielen. Somit hat *A* die deutsche Staatsangehörigkeit kraft Gesetzes gemäß § 16 II 1 StAG erworben.

4. Die Anfechtung des Antrags

Die Einbürgerung kraft Gesetzes könnte nur noch entfallen, wenn auch der Verwaltungsakt gegenüber V nichtig wäre. Als Nichtigkeitsgrund kommt wiederum die fehlende Mitwirkung des Betroffenen in Betracht. Voraussetzung dafür ist, dass der nach § 8 I StAG erforderliche Antrag des V infolge der Anfechtung unwirksam geworden ist und dies die Nichtigkeit der Einbürgerung zur Folge gehabt hat. V unterlag einem Irrtum im Beweggrund. Er ging davon aus, dass *A* seine ursprüngliche Staatsangehörigkeit verlöre. Grundsätzlich bleibt der Irrtum im Beweggrund nach bürgerlichem Recht ohne Rechtsfolge. Dieser Gedanke lässt sich auf das öffentliche Recht übertragen.[2] Freilich hat hier der Beamte den V in seiner Haltung bestärkt. Der Beamte äußerte zwar nur eine Mutmaßung, diese hat aber das Gewicht einer amtlichen Belehrung für sich. Der Beamte ist dabei zu sorgfältiger Nachforschung verpflichtet. Unterlässt er dies, obwohl er erkennt, dass der Antragsteller seine Willenserklärung davon abhängig macht, muss der auf diese Weise verursachte Irrtum im Beweggrund Rechtsfolgen zeitigen können.[3] Hinzu kommt, dass V von seinem Landsmann getäuscht worden ist. Eine Täuschung bei der Abgabe von Willenserklärungen eines Privaten im öffentlichen Recht ist zu beachten, wenn nicht eine besondere Vorschrift die Erheblichkeit ausschließt.

---

[1] Eingehend dazu *Meyer*, NVwZ 1987, 21 ff. m. w. N.

[2] *Musielak*, BGB, Rn. 333; *Wolff/Bachof/Stober*, VerwR I, § 36 II 3, Rn. 12; *OVG Koblenz* NVwZ 1984, 316 (317).

[3] *Stichlberger*, BayVBl 1980, 393 ff.

Wie im Privatrecht bedarf es bei Irrtum und Täuschung einer Anfechtung, die V auch erklärt hat. Rechtsfolge einer solchen wirksamen Anfechtung ist in entsprechender Anwendung von § 142 I BGB die Unwirksamkeit des Antrags mit der Wirkung ex tunc.[4] Dies ändert jedoch an der Wirksamkeit des Verwaltungsakts nichts. Für die Nichtigkeit desselben spricht zwar, dass der Verwaltungsakt dann an einem besonders schweren Fehler im Sinne von § 44 I VwVfG leidet, dieser ist jedoch im maßgeblichen Zeitpunkt des Wirksamwerdens nicht offenkundig, da die Anfechtungserklärung erst nach Erlass des Verwaltungsakts bei der Behörde einging. Im vorliegenden Fall kommt hinzu, dass V zwar getäuscht wurde, diese Täuschung aber nicht von der Verwaltung ausging. Allerdings hat der Beamte der Einbürgerungsbehörde durch seine ungenaue Auskunft den Irrtum des V nicht aufgeklärt. Entscheidend ist jedoch, dass der Beamte lediglich eine Vermutung äußert. V hätte sich also noch nach der wahren Rechtslage erkundigen können. Als Einbürgerungswilliger muss er auch über genügend deutsche Sprachkenntnisse verfügen, um die Belehrung des Beamten verstehen zu können. Die Anfechtung vermag daher die Wirksamkeit des Verwaltungsakts nicht zu berühren. Eine Nichtigkeit der Einbürgerung wegen fehlender Mitwirkung des V scheidet aus.

5. Nichtigkeit wegen eines Ermessensfehlers

Ein Irrtum des Beamten bei der Entscheidung nach § 8 StAG über die Einbürgerung des V berührt die Rechtmäßigkeit des Verwaltungsaktes nicht, es sei denn, der Irrtum schlägt sich in einem Ermessensfehler nieder. § 8 StAG räumt der Behörde Ermessen ein. Bei der Einbürgerung ist es das Bestreben der Behörde, doppelte Staatsangehörigkeiten zu vermeiden.[5] Die mangelnde Nachforschung im Falle des V und des *A* könnte also einen Ermessensfehler begründen. Die spezifischen Ermessensfehler werden aber nicht als besonders schwerwiegend i.S.v. § 44 I VwVfG angesehen. Zudem lässt sich das Maß der Nachforschungspflicht nicht genau bestimmen, so dass der Ermessensfehler auch nicht offenkundig ist. Somit tritt nach § 44 I VwVfG keine Nichtigkeit ein. Der Verwaltungsakt der Einbürgerung des V bleibt daher erhalten und erstreckt seine Wirkung kraft Gesetzes auf *A*.

---

[4] *Brox*, Rn. 438.

[5] Dieses Anliegen hat in einem Übereinkommen vom 6. 6. 1963 über die Verringerung der Mehrstaatigkeit und über die Wehrpflicht von Mehrstaatern (Gesetz zu dem Übereinkommen vom 29. 9. 1969, BGBl II, 1953, geänd. durch Gesetz v. 20. 12. 1974, BGBl I, 3714) seinen Ausdruck gefunden; vgl. auch *Meyer*, NVwZ 1987, 21.

II. Der Verzicht

1. Die Berechtigung zum Verzicht

A könnte seine deutsche Staatsangehörigkeit infolge eines Verzichts wieder verloren haben. Voraussetzung ist nach § 26 I StAG, dass der Betroffene mehrere Staatsangehörigkeiten besitzt. Dies ist bei *A* der Fall. Die schriftliche Erklärung nach § 26 I 2 StAG hat aber nicht *A*, sondern V abgegeben. Solange *A* noch minderjährig ist, steht V als gesetzlichem Vertreter gemäß § 26 IV, 19 I 1 StAG das Recht zur Erklärung des Verzichts für *A* zu. Die erforderliche Genehmigung des deutschen Vormundschaftsgerichts liegt vor. Ist der Zeitpunkt der Erklärung für die Berechtigung zur Abgabe maßgeblich, könnte der Verzicht durch die nachfolgende Genehmigung seitens der Genehmigungsbehörde und die Aushändigung der Verzichtsurkunde wirksam geworden sein (§ 26 II, III StAG).

Aufgrund der Wortwahl des Gesetzgebers könnte man anders als beim antragsbedürftigen Verwaltungsakt das Schwergewicht auf die Willenserklärung des Privaten und nicht auf den Verwaltungsakt legen. Verzicht deutet auf eine selbständige Entscheidung hin, zu der die Genehmigung als akzessorisches Element hinzutritt. Die Verweisung des § 26 IV auf § 19 StAG, in dem vom Antrag die Rede ist, zeigt aber, dass der Unterschied in der Sache nicht groß ist. Daher ist beim Verzicht ebenfalls der Zeitpunkt entscheidend, zu dem der Verwaltungsakt der Genehmigung nach § 26 III StAG ergeht. Zu dieser Zeit war *A* nach § 2 BGB bereits volljährig, er hätte den Verzicht daher aussprechen müssen.

Ist demnach die Genehmigung des Verzichts ein mitwirkungsbedürftiger Verwaltungsakt wie andere auch, sind mangels Anfechtung oder Aufhebung für die Wirksamkeit des Verzichts die Regeln über die Nichtigkeit von Verwaltungsakten anwendbar. Die Genehmigung könnte wegen unterbliebener Mitwirkung des Betroffenen fehlerhaft sein. Unter den Voraussetzungen des § 44 I VwVfG wäre der Verwaltungsakt dann nichtig.

2. Heilung der mangelnden Mitwirkung des Betroffenen durch Genehmigung?

Die Erklärung des Verzichts durch V bewirkt, dass der Verwaltungsakt der Genehmigungsbehörde fehlerhaft ist. *A* könnte seine mangelnde Mitwirkung aber durch eine Genehmigung der Willenserklärung des V geheilt haben. Die Vorschriften des bürgerlichen Rechts über die Vertretung finden auf die Willenserklärungen Privater im öffentlichen Recht entsprechend Anwendung.[6] V ist zwar als gesetzlicher Vertreter aufgetreten, die Vertretungsmacht wirkte aber nicht über den Eintritt der Volljährigkeit hinaus.

---

[6] *Krause*, VerwArch 61 (1970), 314.

Da die Verzichtserklärung nicht persönlich abzugeben ist, lässt sich die Handlung für *A* in eine gewillkürte Stellvertretung umdeuten. V verfügt über keine Vollmacht des *A* aus der Zeit nach Eintritt seiner Volljährigkeit. Die von V abgegebene einseitige Willenserklärung ist daher in entsprechender Anwendung der §§ 180 S. 1, 134 BGB nichtig, es sei denn, der Erklärungsgegner hat sich im Sinne von § 180 S. 2 BGB verhalten. Die Behörde vertraute indessen nicht auf eine behauptete Vertretungsmacht des V und nahm auch nicht eine Vertretung ohne Vertretungsmacht an. Vielmehr erteilte sie die nach § 26 II 1 StAG erforderliche Genehmigung in der irrigen Annahme, für die Berechtigung zum Verzicht sei der Zeitpunkt der Erklärung entscheidend. Der Vertretene könnte indes ein Interesse daran haben, die Wirkung der Willenserklärung für sich offen zu halten. Man wird daher das Vertrauen auf eine gesetzliche Vertretungsbefugnis mit dem Glauben an eine behauptete Vollmacht gleichsetzen können.

Da aber die Behörde Zweifel an der Vertretungsmacht durch Nachforschungen beseitigen kann, ist die Ansicht anzutreffen, dass der Rechtsgedanke des § 180 BGB auf empfangsbedürftige Willenserklärungen gegenüber Behörden nicht anzuwenden sei.[7] Diese Ansicht berücksichtigt aber nicht genügend das Interesse des Betroffenen, eine ihm günstig erscheinende Willenserklärung, die ein anderer für ihn abgegeben hat, für sich gelten zu lassen. Die Behörde ist im Stande, Gewissheit über die Rechtslage durch Rückfrage beim Betroffenen herbeizuführen. Eine ohne Vertretungsmacht abgegebene Willenserklärung ist daher in entsprechender Anwendung des § 177 BGB, auf den § 180 S. 2 BGB verweist, im öffentlichen Recht genehmigungsfähig.[8] Der von V für *A* erklärte Verzicht ist somit schwebend unwirksam.

Die Genehmigung kann nach § 182 II BGB formlos gegenüber der Behörde oder gegenüber V erklärt werden. Eine ausdrückliche Willenserklärung des *A* fehlt. Ob eine Willenserklärung vorliegt und welchen Inhalt sie hat, bemisst sich grundsätzlich nach den Bestimmungen des Zivilrechts. Sie können allerdings nicht ohne gewisse Modifikationen Anwendung finden. So kommt bei der Auslegung verwaltungsrechtlicher Willenserklärungen des Bürgers hinzu, dass der in den §§ 24, 25 VwVfG enthaltene Grundsatz, möglichst dem erkennbaren Anliegen des Bürgers Rechnung zu tragen, zu beachten ist.[9]

A ließ sich ohne Einwände mustern. Die Musterung erstreckt sich nur auf Wehrpflichtige. Daraus könnte man schließen, dass sich *A* mit der Beibehaltung seiner deutschen Staatsangehörigkeit abgefunden hat. Demnach wäre die Genehmigung zum Verzicht verweigert. Es ist aber

---

[7] *LG Frankfurt* Rpfleger 1958, 126ff.; a.A. *Leptien,* in: *Soergel,* BGB, 13. Aufl. (1999), § 180 Rn. 3 m.w.N.

[8] Inwiefern § 180 S. 2 BGB im öffentlichen Recht Anwendung findet, ist str.; vgl. *Thiele,* in: MünchKomm, 3. Aufl. (1993), § 180 Rn. 3.

[9] *Erichsen/Ehlers,* § 22 III Rn. 13.

nicht mit Sicherheit anzunehmen, dass *A* mit seinem Verhalten bei der Musterung zum Ausdruck bringen will, an der deutschen Staatsangehörigkeit festzuhalten. Womöglich ist er der Auffassung, im Verfahren der Musterung käme es auf die Staatsangehörigkeit nicht an. Zudem nehmen weder die Behörde, die über die Genehmigung des Verzichts entscheidet, noch V von dem Verhalten des *A* unmittelbar Kenntnis. Hinsichtlich der Frage, ob die Genehmigung verweigert worden ist, lässt sich der Verhaltensweise des *A* eine Willenserklärung durch schlüssige Handlung somit nicht entnehmen.

Selbst wenn man dies zu Grunde legen wollte, wäre fraglich, ob bei der Genehmigung eines Verzichts nicht ausnahmsweise eine ausdrückliche Erklärung erforderlich sein könnte. Die Behörde muss sich vergewissern, ob der Betreffende tatsächlich gewillt ist, sein Recht aufzugeben. Bei einer Erklärung durch konkludentes Verhalten ist dies nicht mit der nötigen Sicherheit anzunehmen. Der Verzicht ist somit weiterhin schwebend unwirksam. Die fehlende Mitwirkung des Betroffenen ist also nicht durch Genehmigung geheilt.

Der Verwaltungsakt der Genehmigungsbehörde ist somit fehlerhaft. Die Ausübung des Rechts zum Verzicht auf die Staatsangehörigkeit durch einen nicht dazu Berechtigten ist auch besonders schwerwiegend. Wegen der komplizierten Rechtslage ist die Fehlerhaftigkeit aber keineswegs offenkundig. Aus diesem Grunde scheidet eine Nichtigkeit des Verwaltungsakts aus (§ 44 I VwVfG).

3. Die Bedingungsfeindlichkeit der Mitwirkung des Betroffenen

V hat den Verzicht mit einer Einschränkung versehen. Falls darin eine Bedingung zu erblicken ist, könnte die Mitwirkung des Betroffenen aus diesem Grunde fehlerhaft sein. Die Willenserklärung des Privaten, die zu einem mitwirkungsbedürftigen Verwaltungsakt hinzutritt, ist bedingungsfeindlich.[10] *V* macht freilich einen Umstand zur Voraussetzung, der ohnehin geltendem Recht entspricht. Eine Verweisung auf die geltende Rechtslage, mag sie auch dem Beteiligten unklar sein, ist keine Bedingung im Rechtssinne und daher unschädlich.

4. Die fehlende Mitwirkung einer anderen Behörde

Nach §§ 26 II, 22 I Nr. 2 StAG darf die Genehmigung für den wehrpflichtigen *A* nur erteilt werden, wenn der Bundesminister der Verteidigung oder die von ihm bezeichnete Stelle erklärt, dass keine Bedenken gegen den Verzicht auf die deutsche Staatsangehörigkeit bestehen. Diese Mitwirkung einer anderen Behörde ist unterblieben. Nach § 44 III Nr. 4 VwVfG führt dieser Fehler jedoch grundsätzlich nicht zur Nichtigkeit.

---

[10] *Krause* (Fn. 6), 315.

5. Die Aushändigung der Verzichtsurkunde

A könnte gleichwohl die deutsche Staatsangehörigkeit verloren haben, weil nach § 26 III StAG mit Aushändigung der von der Genehmigungsbehörde ausgefertigten Verzichtsurkunde der Verlust der Staatsangehörigkeit eintritt. Diese Rechtsfolge ergibt sich freilich nur, wenn der zugrunde liegende Verwaltungsakt der Genehmigung nach § 26 II 1 StAG rechtswirksam ist. Durch die Aushändigung der Verzichtsurkunde wird die Genehmigung amtlich verkündet. Gemäß §§ 41 I, 43 I VwVfG wird der Verwaltungsakt aber erst wirksam, wenn er dem handlungsfähigen Adressaten, hier also dem *A*, bekannt gegeben worden ist.[11] Die Bekanntgabe an den nicht zur Vertretung befugten V reicht nicht aus, um den Verwaltungsakt wirksam werden zu lassen.

Nach dem Rechtsgedanken des § 180 S. 3 i.V.m. § 177 BGB könnte der Verwaltungsakt zwar schwebend unwirksam sein, so dass *A* durch eine Genehmigung die Wirksamkeit herbeiführen könnte. Dies stößt jedoch auf Bedenken, weil sich schwer feststellen lässt, ob der Verwaltungsakt durch Genehmigung der Bekanntgabe an einen anderen wirksam geworden ist. Die Rechtssicherheit gebietet es vielmehr, den Verwaltungsakt noch einmal amtlich bekannt zu geben, wenn sich die Behörde das erste Mal nicht an die richtige Person gewandt hat. Im vorliegenden Fall ist daher gemäß § 43 I 1 VwVfG die Genehmigung des Verzichts auf die deutsche Staatsangehörigkeit dem *A* gegenüber nicht wirksam geworden. *A* ist Deutscher geblieben. Im Ergebnis ist somit die Einberufung zum Wehrdienst rechtmäßig.

Literaturhinweise

1. Zur Einbürgerung

Bönning, Christina, Staatsangehörigkeit und Einbürgerung nach dem neuen Gesetz zur Reform, JA 2000, 257; *Bultmann, Peter Friedrich,* Lokale Gerechtigkeit im Einbürgerungsrecht, 1999; *Hailbronner, Kay/Renner, Günter,* Staatsangehörigkeit, Komm., 2. Aufl. 1998; *Wallrabenstein, Astrid,* Das Verfassungsrecht der Staatsangehörigkeit, 1999; *Ziemske, Burkhardt,* Die deutsche Staatsangehörigkeit nach dem Grundgesetz, 1995; *Zuleeg, Manfred/Kadelbach, Stefan,* Die abgelehnte Einbürgerung, JuS 1989, 922.

2. Zu Willenserklärungen im öffentlichen Recht

Gusy, Christoph, Der Antrag im Verwaltungsverfahren, BayVBl 1985, 485; *Kluth, Winfried,* Rechtsfragen der verwaltungsrechtlichen Willenserklärung, NVwZ 1990, 608; *Kurz, Volker,* Anfechtung öffentlichrechtlicher Willenserklärungen durch Private,

---

[11] *Stelkens/Bonk/Sachs,* § 41 Rn. 56; *BayObLG* DÖV 1979, 62; *VGH München* NJW 1984, 2845; *OVG Münster* NJW 1989, 120 (121); *VGH Mannheim* VBlBW 1992, 474.

BayVBl 1980, 587; *Middel, Dieter,* Öffentlichrechtliche Willenserklärungen von Privatpersonen, 1971; *Schnell, Martin,* Der Antrag im Verwaltungsverfahren, 1986; *Stichlberger, Günter,* Anfechtung öffentlichrechtlicher Willenserklärungen durch Private, BayVBl 1980, 393.

Fall 7. Das Jugendheim an der Bundesstraße

Sachverhalt

In der kreisangehörigen Gemeinde Gießbach *(G)* in Nordrhein-Westfalen steht außerhalb des bebauten Gebietes eine Villa, die durch eine Zufahrt mit der zehn Meter entfernt vorbeiführenden Bundesstraße verbunden ist. Das Gelände an der Bundesstraße ist in diesem Abschnitt nicht zur Bebauung vorgesehen und nicht in einen Bebauungsplan einbezogen. Die Bundesstraße ist dort wenig befahren. Die Villa brennt ab. Die in einem eingetragenen Verein zusammengeschlossenen „Wanderfreunde" kaufen das Grundstück, um das abgebrannte Gebäude wieder aufzubauen und in dreißig Meter Entfernung von der Bundesstraße ein neues zu errichten. Für beide Gebäude ist eine Nutzung als Jugendheim vorgesehen. Der Verein reicht nun bei der Gemeinde einen ordnungsgemäß mit den nötigen Unterlagen versehenen Antrag auf Erteilung der Baugenehmigung für die beiden Gebäude ein. Die Gemeinde spricht sich in ihrer Stellungnahme gegen die Erteilung der Baugenehmigung aus, weil an dieser Stelle besser eine Autoreparaturwerkstatt errichtet werden könne. Der Landrat weist den Verein vergeblich darauf hin, dass er beim Minister für Wirtschaft, Mittelstand und Verkehr um eine besondere Genehmigung nach § 9 BFStrG nachsuchen müsse. Dennoch leitet der Landrat die Akten an den Minister weiter. Dieser erteilt dem Verein die Ausnahmegenehmigung vom Bauverbot nach § 9 I BFStrG für die beiden Gebäude mit der Begründung, die Villa habe auch nicht gestört. Das zweite Gebäude sei noch weiter entfernt von der Straße und bringe daher keine zusätzlichen Behinderungen für den Verkehr auf der Bundesstraße mit sich.

Der Landrat verweigert die Baugenehmigung zu beiden Gebäuden, weil er an die ablehnende Stellungnahme der Gemeinde nach § 36 I 1 BauGB gebunden sei, obwohl er den Platz für besonders geeignet zur Errichtung eines Jugendheims hielte, wenn die Bundesstraße nicht in der Nähe läge. Die Gefährdung der Jugendlichen bei der Fahrt zum und vom Jugendheim sei aber zu groß. Nach erfolglosem Widerspruch erhebt der Verein vor dem zuständigen Verwaltungsgericht Klage gegen den Bürgermeister auf Erteilung der Zustimmung und gegen den Landrat auf Erteilung der Baugenehmigung für beide Gebäude. Wie ist zu entscheiden?

Vermerk: Der Fall betrifft nur die Rechtslage in den Flächenstaaten. Die Rechtslage in den Stadtstaaten bleibt außer Betracht.

Lösung

1. Teil: Die Klage gegen den Bürgermeister

I. Öffentlichrechtliche Streitigkeit

Der Verein begehrt vom Bürgermeister[1] den Erlass einer Willenserklärung, die dieser im Rahmen des öffentlich-rechtlich geregelten Verfahrens nach § 36 I 1 BauGB namens der Gemeinde abgibt. Für die Entscheidung über diese öffentlich-rechtliche Streitigkeit ist der Rechtsweg zu den Verwaltungsgerichten gemäß § 40 I 1 VwGO eröffnet.

II. Verpflichtungsklage

Es könnte sich bei der Klage des Vereins um eine Verpflichtungsklage gemäß § 42 I VwGO handeln. Dann müsste sich das Begehren des Vereins auf die Verurteilung zum Erlass eines Verwaltungsakts gemäß § 35 S. 1 NRWVwVfG richten. Ein Rechtsakt der Verwaltung, der keine unmittelbare Außenwirkung entfaltet, ist kein Verwaltungsakt. Im vorliegenden Fall liegt die Entscheidung nach § 36 I 1 BauGB bei der Baugenehmigungsbehörde, die dem Verein gegenüber amtlich auftritt. Von der ablehnenden Stellungnahme der Gemeinde erfährt der Verein nur über den Landrat, der allenfalls als Bote der Gemeinde angesehen werden könnte.[2] Hingegen geht aus § 36 I 1 BauGB hervor, dass die Gemeinde nicht getrennt von der Baugenehmigungsbehörde handeln soll. Vielmehr verbindet das Erfordernis eines Einvernehmens die Entscheidungen der beiden Verwaltungsträger. Die Stellungnahme der Gemeinde muss in die Entscheidung der Baugenehmigungsbehörde einfließen, wie es tatsächlich auch geschehen ist. Der Landrat ist somit nicht bloßer Bote. Mangels unmittelbarer Außenwirkung liegt daher insoweit kein Verwaltungsakt vor.

Wollte man dennoch zwei verschiedene Verwaltungsakte konstruieren, wäre der Rechtsschutz für den Betroffenen unnötig erschwert. Die Verwaltung ist ihm gegenüber als Einheit aufgetreten, er müsste sich somit darüber den Kopf zerbrechen, welche der beteiligten Stellen ihn nun belastet; die Gemeinde durch ihre ablehnende Stellungnahme oder der Landrat, der die Stellungnahme übernommen hat, aber auch noch einen anderen Gesichtspunkt für die Ablehnung des Antrags ins Feld führt. Effektiver Rechtsschutz ist nur gewährleistet, wenn die Verwaltung so betrachtet wird, wie sie dem Bürger gegenüber auftritt: als Einheit. Versagt die Baugenehmigungsbehörde die Genehmigung, ist es für den

---

[1] In Baden-Württemberg, Bayern, Hessen, Rheinland-Pfalz, Sachsen und Thüringen ist die Klage gegen die Gemeinde zu richten, weil dort Behörden nicht für beteiligungsfähig erklärt sind.

[2] *Menger,* VerwArch 50 (1959), 396.

Rechtsschutz ausreichend, einen Rechtsstreit gegen die Genehmigungsbehörde zu führen. Fasst man die Klage gegen den Bürgermeister als Verpflichtungsklage auf, ist sie unzulässig, weil die Erklärung des Einverständnisses keinen Verwaltungsakt i.S.v. § 35 S. 1 NRWVwVfG darstellt.[3]

III. Allgemeine Leistungsklage

Die Klage könnte aber als allgemeine Leistungsklage auf Abgabe einer verwaltungsinternen Willenserklärung zulässig sein. Aufgrund der verwaltungsgerichtlichen Generalklausel ist die Leistungsklage nicht auf die Verpflichtungsklage beschränkt.[4] Dem Begehren des Vereins kann jedoch im Rechtsstreit gegen die Baugenehmigungsbehörde in vollem Umfang Rechnung getragen werden. Zwar könnte die Gemeinde in einem besonderen Prozess selbst ihre Auffassung vortragen, aber das rechtfertigt keineswegs den Aufwand eines besonderen Verwaltungsstreitverfahrens. Die Anliegen der Gemeinde sind durch die Möglichkeit der Beiladung[5] zum Rechtsstreit zwischen dem Verein und der Baugenehmigungsbehörde gewahrt. Selbst wenn man das abstreitet, hat im Prozess gegen den Bürgermeister nur der Beklagte ein Interesse daran, den Prozess zu führen, nicht aber der Kläger, dessen Rechtsschutz auch ohne diesen Rechtsstreit gesichert ist. Die Klage ist daher mangels Rechtsschutzbedürfnisses als unzulässig abzuweisen.

2. Teil: Die Klage gegen den Landrat

I. Zulässigkeit der Klage

Die Erteilung der Baugenehmigung stellt einen Verwaltungsakt dar. Der Verein erhebt also eine Verpflichtungsklage nach § 42 I VwGO. Der Verein begehrt beim zuständigen Verwaltungsgericht, den Landrat zur Erteilung beider Genehmigungen zu verpflichten; denn die Baugenehmigungen sollen die Errichtung des Jugendheims als zusammenhängende Anlage ermöglichen. Daher kann der Verein gemäß § 44 VwGO beide Klagebegehren in einer Klage zusammenfassen. Die Klagebefugnis nach § 42 II VwGO leitet sich aus der Baufreiheit ab, die als Ausfluss des Eigentumsrechts angesehen wird.[6] Das nach § 68 II VwGO erforderliche Vorverfahren hat der Verein durchlaufen.

Der Landrat erlässt als Organ des Kreises nach §§ 59, 58 I, III NRWKO die Verwaltungsakte im Namen der Körperschaft, die nach § 62 i.V.m. § 60 I Nr. 3 Buchst. b NRWBauO zur Erteilung der Baugenehmigungen zuständig ist.[7] Der Landrat ist daher i.S.d. §§ 78 I Nr. 2 VwGO, 5 II 1

---

[3] *BVerwG* JuS 1977, 554 Nr. 10; BGHZ 65, 182 (185); *Maurer,* § 9 Rn. 30.

[4] Dazu: *Steiner,* JuS 1984, 853.

[5] Dazu: *v. Mutius,* Jura 1988, 273; *Mußgnug,* NVwZ 1988, 33.

[6] BVerwGE 2, 172 (174), st. Rspr.

[7] In den anderen Bundesländern: Art. 65 I 1, 67 I BayBauO, 37 I 2 BayKO (Landrat); §§ 48 I, 46 I Nr. 3 BWBauO, 13 I, III BWLVerwG, 37 I 1, 2, 42 III BWKO (Land-

NRWAGVwGO Klagegegner. Als Behörde ist er nach § 5 I NRWAG-VwGO fähig, Beteiligter eines Verwaltungsstreitverfahrens zu sein.[8] Die Klage ist daher zulässig.

II. Begründetheit der Klage

1. Hindernisse aus dem Straßenrecht

a) Das an Stelle der abgebrannten Villa geplante Gebäude

Die Errichtung der beiden Gebäude ist nach §§ 63 I, 1 I, 2 I RWBauO genehmigungspflichtig.[9] Stehen den beantragten Baugenehmigungen keine öffentlich-rechtlichen Hindernisse entgegen, sind sie von der zuständigen Behörde, dem Landrat, zu erteilen (§ 75 I 1 NRWBauO), andernfalls wäre der Verein in seinem Eigentumsrecht verletzt.[10]

Die Genehmigung für das an Stelle der abgebrannten Villa geplante Gebäude ist zu versagen, wenn das Straßenrecht dem Bau entgegensteht. Es könnte an der erforderlichen Mitwirkung anderer Behörden fehlen. Das Grundstück ist zwar der Bundesstraße schon durch eine Zufahrt verbunden, so dass § 9 I Nr. 2 BFStrG nicht eingreift. Das an Stelle der abgebrannten Villa geplante Gebäude soll aber nur zehn Meter von der Bundesstraße entfernt erbaut werden. Es befindet sich dann innerhalb des Streifens von zwanzig Metern, in dem § 9 I Nr. 1 BFStrG jegliche Hochbauten verbietet, sofern das Grundstück nicht an einem Teil der Ortsdurchfahrt liegt, der zur Erschließung anliegender Grundstücke bestimmt ist. Hier gehört das Grundstück des Vereins jedoch nicht mehr zu dem für die Bebauung vorgesehenen Gelände. Der Verein benötigt daher eine Ausnahme vom Verbot des § 9 I BFStrG, wenn der Wiederaufbau des zerstörten Gebäudes eine Errichtung im Sinne der Vorschrift darstellt.

Das neue Gebäude könnte in seiner Gestaltung vom alten abweichen und leichter vom Verkehrsgeschehen ablenken als die vorher vorhandene

---

rat); 51 I 2, 52 BbgBauO; 52 I, II HessBauO, 44 I, 45 I HessKO (Landrat); 59 I Nr. 1, 61 I BauO MV; 63 I, 65 II, III NdsBauO, 57 II NdsKO; 58, 60 RhPfBauO, 41 RhPfKO (Landrat); 57, 59 SaarlBauO; 57 I Nr. 3, 58 SächsBauO; 56 I Nr. 3, 57 II BauO SachsAnh; 58 I Nr. 2, 65 I Nr. 2 SHBauO (Landrat); 59 I Nr. 1, 61 I ThürBauO.

[8] In den anderen Bundesländern: §§ 8 BbgVwGG; 5 NdsAGVwGO, 19 SaarlAGVwGO, 6 SHAGVwGO. Soweit die Länder von der Ermächtigung des § 78 I Nr. 2 VwGO keinen Gebrauch gemacht haben (so Baden-Württemberg, Bayern, Hessen, Mecklenburg-Vorpommern, Rheinland-Pfalz, Sachsen, Sachsen-Anhalt und Thüringen), ist die Klage gegen die Körperschaft zu richten, für die der Landrat aufgetreten ist; zur Bezeichnung der beklagten Körperschaft genügt jedoch die Angabe der Behörde (§ 78 I Nr. 1 VwGO).

[9] Art. 62 , 2 I BayBauO; §§ 49 I, 2 I BWBauO; 54 I , 2 I BbgBauO; 54 I, 2 I HessBauO; 62 I, 2 I BauO MV; 68 NdsBauO; 61, 2 I RhPfBauO; 60 I, 2 I SaarlBauO; 59, 2 I SächsBauO; 58 I, 2 I BauO SachsAnh; 60, 2 I SHBauO; 62 I, 2 I ThürBauO.

[10] Allgemein zur Zulässigkeit von Bauvorhaben: *Hager*, Grundfälle zur Zulässigkeit von Bauvorhaben, JuS 1989, 382; *v. Mutius*, Jura 1989, 245.

Villa. Um die Sicherheit des Verkehrs auch für solche Fälle zu gewährleisten, erstreckt sich das Verbot auch auf den Wiederaufbau zerstörter Gebäude.[11] Entspricht das neue Gebäude hingegen weitgehend oder sogar völlig dem alten, eröffnet die Ausnahmegenehmigung nach § 9 VIII BFStrG die Möglichkeit, eine offenbar nicht beabsichtigte Härte zu vermeiden, die darin läge, dass der Geschädigte zur Behebung des Schadens nicht in der Lage wäre.

Das für das Straßenwesen zuständige Ministerium als oberste Landesstraßenbaubehörde nach § 56 I NRWStrG[12] hat eine Ausnahmegenehmigung erteilt, die sich auf die zwei geplanten Gebäude bezieht. Für die Entscheidung über die Ausnahmen vom Verbot des § 9 I BFStrG ist anders als in § 36 I 1 BauGB kein verknüpftes Vorgehen der beteiligten Behörden vorgeschrieben. Die oberste Straßenbaubehörde ist in der Lage, durch eine selbständige Verfügung unmittelbar gegenüber dem Bauherrn tätig zu werden. Der Minister hat von dieser Möglichkeit Gebrauch gemacht. Die Ausnahmegenehmigung nach § 9 VIII BFStrG ist als selbständiger Verwaltungsakt[13] rechtswirksam, es sei denn, dem Verwaltungsakt haften Nichtigkeitsgründe an.

Mangelt es an der vorgeschriebenen Mitwirkung des Betroffenen, könnte Nichtigkeit die Folge sein. Die Begünstigung durch eine Ausnahmegenehmigung wird man dem Einzelnen zwar nicht aufnötigen können. In dem Antrag auf Baugenehmigung ist aber stillschweigend der Antrag enthalten, eine Ausnahme von einem Verbot zu bewilligen, das der Genehmigung im Wege steht.[14] Der Landrat hat daher die Akten zu Recht auch ohne ausdrücklichen Antrag des Vereins an den Minister weitergeleitet und dieser hat zu Recht eine Entscheidung getroffen.

Wenn der Landrat die Gefährdung der Jugendlichen für die Versagung der Baugenehmigung anführt, hält er die Sicherheit des Verkehrs auf der Bundesstraße im Zusammenhang mit dem geplanten Jugendheim nicht für ausreichend gewährleistet. Der Landrat stützt sich also auf einen Gesichtspunkt, der für die Entscheidung der obersten Landesstraßenbaubehörde nach § 9 VIII BFStrG maßgeblich ist, die an der Gefährdung

---

[11] *Marschall/Schroeter/Kastner*, § 9 Rn. 7.

[12] Art. 58 I 1 BayStrWG (oberste Baubehörde ist das Bayerische Staatsministerium des Innern); §§ 50 I BWStrG (Ministerium für Umwelt und Verkehr); 46 I BbgStrG (der für den Straßenbau zuständige Minister); 46 IV HessStrG (der für den Straßenbau zuständige Minister); 57 I StrWG MV (Wirtschaftsminister); 43 I 1 NdsStrG (Träger der Straßenbaulast ist das Land, sofern es sich um Landesstraßen handelt); 49 I RhPfStrG (Minister für Straßenbau); 56 I SaarlStrG (Minister für Wirtschaft); 47 I SächsStrG (Staatsministerium für Wirtschaft und Arbeit); 1. Buchst. a des Beschlusses der Landesregierung Sachsen-Anhalt über den Aufbau der Straßenbauverwaltung (Ministerium für Wirtschaft, Technologie und Verkehr); § 55 I SHStrG (Minister für Wirtschaft, Arbeit und Verkehr); 46 I ThürStrG (Thüringer Ministerium für Wirtschaft und Verkehr).

[13] *BVerwG* DVBl 1964, 186 (187); *Marschall/Schroeter/Kastner*, § 9 Rn. 20.

[14] *OVG Münster* DÖV 1960, 517.

der Jugendlichen auf der Bundesstraße keinen Anstoß genommen hat. Die Wahrung der für die Ausnahmegenehmigung ausschlaggebenden Interessen obliegt jedoch nach der Regelung des § 9 BFStrG ausschließlich der obersten Landesstraßenbaubehörde. Der Landrat maßt sich somit eine ihm nicht zustehende Befugnis an, wenn er die Ablehnung der Baugenehmigungen mit der Sicherheit des Verkehrs begründet.

Die öffentlichen Belange i.S.v. § 9 VIII BFStrG bilden indessen einen unbestimmten Rechtsbegriff, der der Verwaltung keinen Beurteilungsspielraum lässt.[15] Das Gericht kann also selbst nachprüfen, ob die Gefährdung der Jugendlichen im Verkehr der Errichtung eines Jugendheims an der Bundesstraße im Wege steht. Über irgendeine Straße müssen die Jugendlichen zum Heim gelangen können. Dabei sind sie in jedem Fall einer Gefahr ausgesetzt. Eine Bundesstraße erweist sich dann als besonders gefährlich, wenn auf ihr starker Verkehr herrscht. Der Landrat stellt hingegen auf die rechtliche Einordnung der Straße ab, ohne zu berücksichtigen, dass sie wenig befahren ist. Die Folge seiner Auffassung wäre es, dass der Verein das Jugendheim an anderer Stelle errichten dürfte, wenn dort keine Bundes-, Landes- oder Kreisstraße vorbeiführt, die Gefährdung der Jugendlichen aber höher ist. Die §§ 9 BFStrG, 25 NRWLStrWG[16] greifen nämlich nur bei Bundes-, Landes- oder Kreisstraßen ein. Die Gefährdung der Jugendlichen trägt also die Zurückweisung des Antrags nicht.

b) Das weitere geplante Gebäude

Das zweite geplante Gebäude soll dreißig Meter entfernt von der Bundesstraße entstehen und fällt daher unter § 9 II Nr. 1 BFStrG. Die oberste Landesstraßenbaubehörde hat dem Verein die Zustimmung auch zu diesem Bau in einem besonderen Verwaltungsakt gewährt. Bedeutsam ist, dass § 9 V BFStrG im Gegensatz zu § 9 II BFStrG nicht von einer Zustimmung, sondern von einer Genehmigung spricht. Dies betrifft die Fälle, in denen eine Baugenehmigung nicht erforderlich ist, eine andere Behörde als die Straßenbaubehörde also auch nicht tätig werden muss. Aus diesem begrifflichen Unterschied ist zu schließen, dass die Zustimmung auf ein Zusammenwirken von zwei Behörden abgestellt ist, während die Genehmigung eine selbständige Maßnahme einer einzigen Behörde darstellt. Die Genehmigung nach § 9 V BFStrG ist daher ein Verwaltungsakt, die Zustimmung nach § 9 II BFStrG hingegen ein verwaltungsinterner Vorgang.[17]

---

[15] Vgl. BVerwGE *16,* 116 (129) zu § 9 II, III BFStrG, deren Schutzzweck auch für die Abs. 1 und 8 gilt; s. auch *Marschall/Schroeter/Kastner,* § 9 Rn. 19.

[16] In den übrigen Bundesländern: Art. 23 BayStrWG; §§ 22 BWStrG; 24 BbgStrG; 23 HessStrG; 31 I StrWG MV; 24 NdsStrG, 22 RhPfStrG; 24 SaarlStrG; 24 SächsStrG; 24 StrG SachsAnh; 29 SHStrWG; 24 ThürStrG.

[17] BVerwGE 16, 116 (118); *Marschall/Schroeter/Kastner,* § 9 Rn. 36.

Die oberste Landesstraßenbaubehörde handelt daher rechtswidrig, wenn sie die nach § 9 II BFStrG notwendige Zustimmung in der Form eines Verwaltungsakts erlässt. Für einen selbständigen Rechtsakt gibt die Vorschrift keine Rechtsgrundlage ab. Die Verbindung der Ausnahmegenehmigung nach § 9 VIII BFStrG, die als selbständiger Verwaltungsakt ergeht, mit der Zustimmung nach § 9 II BFStrG begründet keine Abweichung, weil sich die Entscheidungen ohne weiteres trennen lassen.

Im vorliegenden Fall ist aber die Zustimmung in Gestalt eines selbständigen Verwaltungsakts in der Welt. Die irrige Annahme einer Rechtsgrundlage in § 9 II BFStrG ist kein Nichtigkeitsgrund. Der Verein kann sich daher auf eine rechtswirksame Zustimmung berufen. Damit ist aber noch nicht gesagt, dass auch der Landrat an die Zustimmung gebunden ist. Dies ist nur dann anzunehmen, wenn die durch § 9 III BFStrG geschützten Interessen der obersten Landesstraßenbaubehörde zur ausschließlichen Wahrnehmung übertragen worden sind. Wie bei der Ausnahme vom Verbot des § 9 I BFStrG sprechen dafür gute Gründe. Das Bundesverwaltungsgericht will aber die Baugenehmigungsbehörde nur an die Versagung der Zustimmung binden, im Übrigen jedoch der Behörde freie Hand lassen, die Voraussetzungen des § 9 II, III BFStrG zu prüfen und zur Ablehnung der Baugenehmigung heranzuziehen.[18] Der Landrat führt indessen nur die Gefährdung der Jugendlichen auf der Bundesstraße als Grund an, der bei der Zustimmung nach § 9 II BFStrG ebenso wenig durchgreifen kann wie beim Verbot nach § 9 I BFStrG. Darüber hinaus ist kein Anhaltspunkt ersichtlich, der die Beurteilung der obersten Landesstraßenbaubehörde entkräften könnte.

Fehlt die Genehmigung zu einer Sondernutzung der Bundesstraße für die Zufahrt, kann die Baugenehmigung nicht erteilt werden. Im Baugenehmigungsverfahren sind alle öffentlich-rechtlichen Vorschriften zu beachten. Nach § 8a I 1 BFStrG gelten Änderungen der Zufahrt als Sondernutzung. Ein Jugendheim führt wahrscheinlich zu einem erheblich größeren, mit Sicherheit zu einem andersartigen Verkehr i.S.v. § 8a I 2 BFStrG als bei einem Wohnhaus. Nach § 8a II Nr. 1 BFStrG erübrigt sich jedoch die Genehmigung für die Sondernutzung, wenn eine Zustimmung nach § 9 II BFStrG vorliegt. Dass die Zustimmung in die falsche Form gekleidet ist, bleibt auf den Wegfall der Genehmigungspflicht für die Sondernutzung ohne Einfluss. Unter diesen Umständen stehen dem Anspruch des Vereins keine Hindernisse aus dem Straßenrecht entgegen.

2. Hindernisse aus dem Baurecht

Den geplanten Bauwerken könnten Hindernisse aus dem Baurecht entgegenstehen. Das Grundstück, auf dem die beiden Gebäude errichtet

---

[18] BVerwGE 16, 116 (123); s. auch *Marschall/Schroeter/Kastner*, § 9 Rn. 31.

werden sollen, befindet sich gemäß § 35 BauGB im Außenbereich. Das Jugendheim fällt nicht unter die Ausnahmen nach § 35 I BauGB. Bauvorhaben können daher auf dem Grundstück nur nach Maßgabe des § 35 II, III BauGB zugelassen werden. Über die Beeinträchtigung öffentlicher Belange ist im Baugenehmigungsverfahren zu entscheiden. Hier liegt die nach § 36 I 1 BauGB erforderliche Zustimmung der Gemeinde nicht vor. Das Bundesverwaltungsgericht will die Baugenehmigungsbehörde an die Versagung der Zustimmung binden, selbst wenn diese rechtswidrig sein sollte.[19] In dem Verwaltungsstreitverfahren, das der Baubewerber daraufhin anstrengt, soll das Gericht freilich voll überprüfen können, ob die Verweigerung der Zustimmung rechtswidrig ist.[20] Die Baugenehmigungsbehörde sieht sich also gezwungen, die rechtswidrige Handlungsweise der Gemeinde hinzunehmen und dem Bürger das Risiko und die Mühe eines Prozesses aufzubürden. Allenfalls steht über die Rechtsaufsicht, neuerdings auch über § 36 II 3 BauGB, ein Weg offen, den Fehler innerhalb der Verwaltung zu beheben. Der Verein beschritt aber bereits den Weg zum Gericht, das die Rechtmäßigkeit der Weigerung der Gemeinde nachzuprüfen hat. Es kann also dahingestellt bleiben, ob die Baugenehmigungsbehörde an die Weigerung der Gemeinde gebunden ist.

Das Einvernehmen der Gemeinde im Genehmigungsverfahren nach § 36 I 1 BauGB beruht zwar auf der gemeindlichen Planungshoheit; damit wird der Gemeinde jedoch kein Ermessen hinsichtlich ihrer Entscheidung eingeräumt. Die Gemeinde ist vielmehr zur Erteilung ihres Einvernehmens verpflichtet, soweit nach den §§ 33–35 BauGB ein Rechtsanspruch auf Zulassung des Vorhabens besteht.[21] Im vorliegenden Fall hat die Gemeinde aus sachlich nicht nachvollziehbaren Gründen die Erteilung ihres Einvernehmens verweigert. Sie kann sich nicht darauf berufen, dass ein Jugendheim am geplanten Standort aus Gründen einer geordneten städtebaulichen Entwicklung nicht erwünscht sei. Das Gericht hat die Verweigerung der Zustimmung seitens der Gemeinde daher nicht zu beachten.

§ 36 I 4 BauGB schreibt in den Fällen des § 35 II BauGB außerdem die Zustimmung der höheren Verwaltungsbehörde vor. Der Landrat hat diese Zustimmung nicht eingeholt, obwohl er von Amts wegen dazu verpflichtet ist. Fraglich ist, welche Auswirkungen dies im verwaltungsgerichtlichen Verfahren hat. Da das Verwaltungsgericht im Rahmen der Klage auf Erteilung der Baugenehmigung neben der Gemeinde auch die höhere Verwaltungsbehörde gemäß § 65 II VwGO notwendig beizuladen hat,[22] ersetzt das Urteil im Falle einer Verpflichtung der Baugenehmigungsbehörde zur Erteilung der Baugenehmigung die Zustimmung

---

[19] *BVerwG* BayVBl 1986, 729.
[20] BVerwGE 28, 145 (148).
[21] BVerwGE 18, 247 (249ff.).
[22] BVerwGE 74, 19 (21); *Ernst/Zinkahn/Bielenberg/Krautzberger,* § 36 Rn. 46.

gemäß § 36 I 4 BauGB.[23] Somit wird die Baugenehmigungsbehörde nicht durch § 36 I BauGB gehindert, dem Urteil des Verwaltungsgerichts Folge zu leisten. Das Gericht muss daher die fehlende Zustimmung außer Betracht lassen. Im Ergebnis ist der Landrat zu verpflichten, dem Antrag des Vereins auf Erteilung der Baugenehmigung für die beiden geplanten Bauwerke stattzugeben.

Literaturhinweise

Grupp, Klaus, Mitwirkungspflichten im Verwaltungsverfahren, VerwArch 1989, 44; *Hufen, Friedhelm,* Fehler im Verwaltungsverfahren, 2. Aufl. 1998, 125 ff.; *ders.,* Zur Systematik der Folgen von Verfahrensfehlern – eine Bestandsaufnahme nach zehn Jahren Verwaltungsverfahrensgesetz, DVBl 1988, 69; *Roth, Wolfgang,* Fehler im Verwaltungsverfahren, NVwZ 2000, 178; *Weides, Peter,* Verwaltungsverfahren und Widerspruchsverfahren, 3. Aufl. 1993, 65 ff.

---

[23] *Brügelmann,* BauGB, Stand: April 1996, § 36 Rn. 29 m. w. N.

Fall 8. Der Abriss des Mietshauses

Sachverhalt

Erich Eck (E) und seine Frau *Frieda (F)* sind Miteigentümer von zwei Grundstücken in der zu einer kreisfreien Gemeinde in Nordrhein-Westfalen gehörigen Glückstraße. Auf jedem Grundstück befindet sich ein altes Mietshaus. Die Häuser tragen die Nummern 11 und 13. Das Haus Glückstraße Nr. 11 steht leer. Der Oberbürgermeister erlässt eine Verfügung an *E*, das Haus abzureißen, weil es baufällig sein könnte. Die Verfügung enthält eine ordnungsgemäße Belehrung über den Rechtsbehelf. Kurz nach Ablauf der Monatsfrist für den Widerspruch stirbt *E*. Erben sind seine Frau *F* und die Kinder *Anton (A)* und *Bruno (B)*. Alle drei erhalten ein Schreiben des Oberbürgermeisters zugestellt, in dem für den Abriss eine Frist von zwei Wochen festgesetzt ist. Geschehe dies nicht, müsse die Stadt im Wege der Ersatzvornahme ein Abbruchunternehmen mit dem Abriss beauftragen. Der Kostenbetrag ist vorläufig auf 100.000,– EUR veranschlagt. Die finanziellen Mittel der drei reichen dafür nur aus, wenn sie den Gewerbebetrieb einstellen, von dem sich die Familie ernährt. In einem Brief an den Oberbürgermeister erklärt sich *F* zum Abriss bereit, bittet aber um Aufschub. Was können *F*, *A* und *B* gegen das Schreiben des Oberbürgermeisters unternehmen?

Abwandlung: In Haus Nr. 11 wohnt die Familie *Cik (C)*, die soeben ein Urteil des ordentlichen Gerichts erstritten hat, durch das die Fortsetzung des Mietverhältnisses nach §§ 574, 574a BGB auf unbegrenzte Zeit angeordnet wird. Der Oberbürgermeister weist *E* in der Verfügung, die den Abriss von Haus Nr. 11 gebietet, gleichzeitig an, Familie *C* in eine Wohnung aufzunehmen, die in Glückstraße Nr. 13 gerade freisteht. Der für das Haus Nr. 11 abgeschlossene Mietvertrag gelte in allen seinen Bestandteilen für diese Wohnung. Wenn Familie *C* nicht freiwillig bereit sei, müsse *E* ihr eben Strom und Wasser absperren. Familie *C* erklärt sich einverstanden, nach Haus Nr. 13 umzuziehen, weigert sich aber, die bisherige Wohnung zu verlassen, wenn die Ersatzwohnung in Nr. 13 nicht zur Verfügung stehe. Nach dem Tode des *E* verwahren sich *F*, *A* und *B* dagegen, dass *C* die Wohnung in Haus Nr. 13 bezieht, die für wesentlich höhere Miete als die von *C* jetzt bewohnten Räume vermietet werden könnte. Der Oberbürgermeister schreibt daraufhin an Familie *C*, sie dürfe dem geordneten Verwaltungsvollzug keine Schwierigkeiten bereiten. Was können *F*, *A* und *B* unternehmen?

Vermerk: In den Stadtstaaten ist an die Stelle des Oberbürgermeisters das Bezirks- oder Ortsamt zu setzen.

Lösung

I. Die Rechtslage ohne Mieter

1. Der geeignete Rechtsbehelf

F, *A* und *B* könnten Anfechtungsklage gegen die Verfügung, die die Ersatzvornahme androht, erheben. Die Androhung eines Zwangsmittels ist ein selbständig anfechtbarer Verwaltungsakt i.S.v. §§ 42 I VwGO, 35 S. 1 NRWVwVfG.[1] *F*, *A* und *B* sind als Adressaten auch gemäß § 42 II VwGO klagebefugt. Vor Erhebung der Klage müssen die drei jedoch nach § 68 I VwGO das Widerspruchsverfahren durchführen. Da Widerspruch und Anfechtungsklage im Verfahren der Verwaltungsvollstreckung nach §§ 80 I S. 1 Nr. 3 VwGO, 8 S. 1 NRWAGVwGO[2] keine aufschiebende Wirkung entfalten, könnte die Verwaltung vollendete Tatsachen schaffen, ohne dass die drei Betroffenen dagegen rechtzeitig Rechtsschutz durch Widerspruch oder Klage erlangen würden. Daher ist ein Antrag auf Anordnung der aufschiebenden Wirkung nach § 80 V 1 VwGO vordringlich, der nach § 8 S. 2 NRWAGVwGO entsprechend anwendbar ist.

Bei der Beurteilung, ob die Vollstreckung ausgesetzt werden soll, hat das Gericht auch auf die Erfolgsaussichten eines eingelegten Rechtsbehelfs und im Falle des § 80 V 2 VwGO, also vor Erhebung der Anfechtungsklage, einer später einzureichenden Klage, abzustellen. Dabei ist die Rechtslage eingehend zu untersuchen; nur für die tatsächlichen Umstände, die für den Erfolg des Begehrens maßgeblich sind, genügt eine summarische Prüfung.[3]

2. Die Androhung der Zwangsvollstreckung

a) Die Rechtsgrundlage

Die Androhung der Zwangsvollstreckung durch Ersatzvornahme beruht auf § 63 NRWVwVG.[4] Sie bezieht sich auf ein bestimmtes Zwangsmittel, nämlich die Ersatzvornahme nach § 59 NRWVwVG.[5] Der Kos-

---

[1] In Rspr. und Lit. übereinstimmend anerkannt: siehe *VGH Kassel* GewArch 1983, 263 und *Erichsen/Ehlers*, § 21 Rn. 18.

[2] Ebenso nach Art. 21 a BayVwZVG, 75 BremVwVG, §§ 12 BWVwVG, 4 BlnAGVwGO, 39 BbgVwVG, 75 HbgVwVG, 16 HessAGVwGO, 20 SaarlAGVwGO, 11 SächsVwVG, 9 AGVwGO SachsAnh, 322 i.V.m. 248 SHLVwG, 30 ThürVwZVG.

[3] *Schoch/Schmitt-Aßmann/Pietzner*, § 80 Rn. 76.

[4] In den anderen Bundesländern: Art. 36 BayVwZVG, §§ 20 BWLVwVG; 5 a BlnVwVfG i.V.m. 13 BlnVwVG; 23 BbgVwVG, 17 BremVwVG; 18 II HbgVwVG (sinngemäß); 69 HessVwVG, 87 SOG MV, 70 NdsVwVG i.V.m. 70 NdsSOG; 66 RhPflVwVG; 19 SaarlVwVG; 20 SächsVwVG, 71 I VwVG SachsAnh i.V.m. 59 SOG SachsAnh, 236 SHLVwG, 46 ThürVwZVG.

[5] In den anderen Bundesländern: Art. 32 BayVwZVG; §§ 25 BWLVwVG; 5a BlnVwVfG i.V.m. 10 BlnVwVG; 15 BremVwVG; 19 BbgVwVG; 14 Buchst. a Hbg-

tenbetrag ist dafür vorläufig in der Verfügung veranschlagt. Für den Vollzug des Verwaltungsakts, der den Abriss des Hauses aufgibt, ist der Oberbürgermeister als Behörde zuständig, die den Verwaltungsakt erlassen hat (§ 56 I NRWVwVG).[6] Die vorgeschriebene Schriftform ist eingehalten, das Schriftstück wurde zugestellt, eine Frist zur Erfüllung der Verpflichtung gesetzt.

Hingegen erscheint die Kürze der Frist im vorliegenden Fall bedenklich. § 63 I 2 NRWVwVG verlangt, dass der Vollzug dem Pflichtigen innerhalb der Frist billigerweise zugemutet werden kann. Die Bestimmung enthält also eine gesetzliche Ausgestaltung des Verhältnismäßigkeitsgrundsatzes. Es erscheint eher unwahrscheinlich, dass *F*, *A* und *B* ein Abbruchunternehmen finden, das innerhalb von zwei Wochen das Gebäude niederreißt. Nach dem Sinn und Zweck der Androhung wird es aber bereits ausreichen, wenn im Laufe der zwei Wochen ein Abbruchunternehmen mit den Arbeiten beginnt. Die Ersatzvornahme könnte nur dazu führen, ein Unternehmen zu verpflichten, das den Abriss des Gebäudes in Angriff nimmt. Selbst wenn der Abbruch nach Ablauf von zwei Wochen noch nicht beendet sein sollte, bedarf es jedenfalls dann keiner zusätzlichen Einschaltung eines Abbruchunternehmens, wenn *F*, *A* und *B* der Verfügung innerhalb der Frist nachkommen. § 63 I 2 NRW-VwVG ist somit hinreichend beachtet.

Zur Zeit der Androhung muss die Grundverfügung noch nicht unanfechtbar sein, sonst könnte die Androhung nicht nach § 63 II 1 NRW-VwVG mit dem Verwaltungsakt verbunden werden. Wohl aber muss die Frist so bemessen sein, dass im Zeitpunkt der Ausführung die zugrunde liegende Abrissverfügung gemäß § 55 I NRWVwVG[7] unanfechtbar ist. *E*, an den sich die Verfügung richtete, ist nach Ablauf der Widerspruchsfrist gemäß § 70 I VwGO von einem Monat gestorben, ohne vorher etwas gegen den Verwaltungsakt unternommen zu haben. Der Oberbürgermeister hat eine ordnungsgemäße Rechtsbehelfsbelehrung im Sinne von §§ 70 II, 58 I VwGO erteilt. Der Verwaltungsakt ist also bereits vor der Androhung eines Zwangsmittels unanfechtbar geworden.

VwVG; 74 HessVwVG; 89 SOG MV; 63 RhPflVwVG; 21 SaarlVwVG; 24 SächsVwVG; 71 I VwVG SachsAnh i. V. m. 55 SOG SachsAnh; 238 SHLVwG; 50 ThürVwZVG.

[6] In den anderen Bundesländern: Art. 30 I BayVwZVG; §§ 4 I BWLVwVG; 7 I BlnVwVG; 16 I BbgVwVG; 12 I BremVwVG; 4 S. 1 HbgVwVG (Senat bestimmt die Vollstreckungsbehörde); 68 I HessVwVG; 82 SOG MV; 70 II NdsVwVG; 4 II RhPflVwVG; 14 I SaarlVwVG; 4 I Nr. 2 SächsVwVG (im Regelfall die Behörde, die den Verwaltungsakt erlassen hat); 71 II 1 VwVG SachsAnh; 231 SHLVwG; 43 I ThürVwZVG.

[7] In den anderen Bundesländern: Art. 19 I BayVwZVG; §§ 2 BWVwVG; 5 a BlnVwVfG i. V. m. 6 I BlnVwVG, 11 I 2 BremVwVG; 18 I HbgVwVG; 2 HessVwVG; 80 I SOG MV, 70 I NdsVwVG i. V. m. 64 I NdsSOG; 2 RhPflVwVG, 18 I SaarlVwVG; 2 SächsVwVG, 53 I SOG SachsAnh i. V. m. 71 I VwVG SachsAnh, 229 I SHLVwG, 44 I i. V. m. 19 ThürVwZVG.

b) Ist der verlangte Abriss zumutbar?

Er könnte hier unzumutbar sein, weil *F*, *A* und *B* ihren Gewerbebetrieb einstellen müssen, um die Kosten für den Abriss zu bestreiten. Damit wäre der Familie die wirtschaftliche Existenzgrundlage entzogen. Die Folgen der finanziellen Belastung einer Verwaltungsmaßnahme sind zu berücksichtigen. Wirtschaftliche Aufwendungen sind dem Betroffenen grundsätzlich nicht zumutbar, wenn sein Leistungsvermögen überstiegen wird oder wenn die Erfüllung der Verpflichtung die wirtschaftliche Existenz zunichte macht.[8] Dieses Hindernis ist auch im Vollstreckungsverfahren zu beachten, weil dem Betroffenen im Rechtsstaat nicht etwas Unmögliches aufgegeben werden darf, ohne dass es auf die Grundverfügung ankäme.[9]

Freilich ist die wirtschaftliche Unzumutbarkeit nicht schlechthin eine Grenze des Verwaltungshandelns. Es bedarf vielmehr einer Abwägung des Privatinteresses gegen das öffentliche Interesse am Vollzug des in Frage stehenden Verwaltungsakts. Insofern ist auch die Grundverfügung einzubeziehen. Die Abbruchverfügung ergeht hier im Rahmen der Aufgabe der Gefahrenabwehr. Die Eigentümer *F*, *A* und *B* sind nach § 18 I NRWOBG[10] für den Zustand des Gebäudes verantwortlich. Wird diese Verantwortlichkeit durch Verwaltungsakt konkretisiert, müssen die wirtschaftlichen Folgen für den Eigentümer gegenüber der Gefahr für die Allgemeinheit zurückstehen, sonst könnte er die mit seinem Eigentum einhergehenden Belastungen auf die Allgemeinheit abwälzen, die Vorteile aber genießen. Die Sozialbindung gemäß Art. 14 II GG gebietet dem Eigentümer, alles in seiner Macht Stehende zu tun, um Schaden von der Allgemeinheit abzuwenden, der von seinem Eigentum auszugehen droht.[11] Der Abriss um den Preis der wirtschaftlichen Existenz ist im vorliegenden Fall somit zumutbar.

3. Die Grundverfügung

a) Rechtsnachfolge der Erben

Mit dem Tode des *E* erledigt sich die Grundverfügung, wenn die Erben nicht in die Verpflichtungen des Erblassers nachfolgen. Sie darf dann auch nicht vollstreckt werden. Überkommener Auffassung entspricht es, Ordnungspflichten und die darauf beruhenden Verwaltungsakte immer als höchstpersönliche Verpflichtungen anzusehen.[12] Bei sachbezogenen

---

[8] *Engelhardt/App*, § 9 VwVG, Rn. 3.

[9] *Erbel*, Die Unmöglichkeit von Verwaltungsakten, 1972, 158.

[10] In den anderen Bundesländern: Art. 8 II BayPAG; §§ 7 BWPolG; 14 I, III Bln-ASOG; 17 I 1 BbgOBG, 6 I BremPolG; 9 I HbgSOG; 7 II 1 HessSOG; 70 I SOG MV, 7 II NdsSOG; 5 II RhPflPOG; 5 II SaarlPolG; 8 II SOG SachsAnh, 219 I SHLVwG, 11 II ThürOBG.

[11] BVerfGE 20, 351 (359).

[12] *OVG Münster* OVGE 24, 91; *VGH München* BayVBl 1970, 328 (329).

Verpflichtungen ist jedoch kein durchgreifender Grund ersichtlich, die Ordnungspflicht des Verstorbenen erlöschen und das Verwaltungsverfahren noch einmal ablaufen zu lassen. Die Verantwortlichkeit für den Zustand einer Sache stellt eine sachbezogene Ordnungspflicht dar.[13] Gewiss kann eine Beseitigungsanordnung auch von persönlichen Verhältnissen des Pflichtigen abhängen, soweit jedoch sachbezogene Merkmale ausschlaggebend sind, erwächst die Verfügung in Bestandskraft.[14] Ein Verwaltungsakt, der vertretbare Handlungen anordnet, die durch Ersatzvornahme erzwungen werden können, begründet demnach keine höchstpersönlichen Pflichten.[15] Nach dem Rechtsgedanken des § 1967 BGB[16] trifft die Verpflichtung die Erben. Daher richtet sich die Abrissverfügung nach dem Tode des *E* gegen *F*, *A* und *B*, denen die Existenz und die Verbindlichkeit des Verwaltungsakts durch die Androhung der Ersatzvornahme von der Behörde bekannt gegeben worden ist.

b) Nichtigkeit der Grundverfügung?

Möglicherweise ist die Grundverfügung im vorliegenden Fall jedoch nichtig. Auch nach Eintritt der Unanfechtbarkeit darf ein nichtiger Verwaltungsakt nicht vollstreckt werden. Der Oberbürgermeister gibt keine Rechtsgrundlage für seine Verfügung an und legt lediglich die Möglichkeit zugrunde, dass das Haus baufällig sein könnte, ohne dies näher zu überprüfen. Ob die Behörde die richtige Rechtsgrundlage herangezogen und ob sie die nötigen tatsächlichen Nachprüfungen angestellt hat, ist nach Eintritt der Bestandskraft jedoch unerheblich.

Ein Nichtigkeitsgrund könnte aber darin liegen, dass der Verwaltungsakt nur an *E* und nicht auch an die Miteigentümerin *F* gerichtet war. Verweigert die Miteigentümerin die Zustimmung, ist der Adressat des Verwaltungsakts rechtlich nur in der Lage, dem behördlichen Gebot nachzukommen, wenn auch die Miteigentümerin verpflichtet wird.[17] Es muss zumindest noch eine Duldungsverfügung an sie ergehen.[18] Das rechtliche Schicksal der Grundverfügung bleibt jedoch davon unberührt. Die Behörde kann sich schrittweise die Voraussetzungen für die Durchsetzung ihrer Anordnung schaffen.[19]

4. Das Einverständnis des Miteigentümers in der Zwangsvollstreckung

Die Zustimmung des Miteigentümers oder eine Abbruch- bzw. Duldungsverfügung gegen ihn ist für die Zwangsvollstreckung unerläss-

---

[13] Mittlerweile in einigen Landesbauordnungen positivrechtlich anerkannt, siehe Art. 60 II S. 3 BayBO; § 89 II 3 NdsBauO.

[14] *Schoch,* BauR 1983, 532 (540 ff.).

[15] *Scholler,* POR, 217 ff.

[16] *OVG Münster* NVwZ 1987, 427; vgl. auch *VGH Kassel* NuR 1986, 126.

[17] BVerwGE 40, 101 (103).

[18] *Götz,* POR, Rn. 252.

[19] *OVG Münster* BRS 24, Nr. 194 (308 ff.).

lich.[20] Die Androhung eines Zwangsmittels stellt bereits eine Vollstreckungsmaßnahme dar. Weder hat *F* zu diesem Zeitpunkt zugestimmt noch liegt eine Abbruch- oder Duldungsverfügung gegen sie vor. Die Androhung war zunächst rechtswidrig.[21]

In ihrem Brief erklärt sich *F* zum Abriss bereit. Darin liegt eine nachträgliche Zustimmung. Das Vollstreckungshindernis entfällt somit. Der Mangel des Verwaltungsakts wird geheilt. Eine Anfechtungsklage gegen den Verwaltungsakt der Androhung hätte keinen Erfolg.

5. Die Prüfung der Zweckmäßigkeit

Im Rahmen des Widerspruchsverfahrens ist gemäß § 68 I 1 VwGO auch die Zweckmäßigkeit des Verwaltungsakts nachzuprüfen. *F*, *A* und *B* können vorbringen, dass die Baufälligkeit vom Oberbürgermeister unterstellt wurde. Die Widerspruchsbehörde könnte die Vollstreckungsmaßnahme, die im Ermessen der Vollstreckungsbehörde steht, aufheben, weil die tatsächlichen Grundlagen des Verwaltungsakts nicht hinreichend sorgfältig erforscht worden sind. Ob die Widerspruchsbehörde von dieser Möglichkeit Gebrauch macht, ist wiederum eine Frage des Ermessens. Angesichts des Umstands, dass für die Familie *Eck* die wirtschaftliche Existenz auf dem Spiele steht, muss man eine Ermessensbindung der Widerspruchsbehörde annehmen, die tatsächlichen Grundlagen der Grundverfügung zu erforschen, auch wenn diese bestandskräftig ist. Daran ändert auch die Bereitschaft der *F* zum Abriss nichts, weil sie nicht die alleinige Eigentümerin ist. Im Rahmen der Ermessensüberlegungen lässt sich die mangelhafte Aufklärung der Tatsachen durch den Oberbürgermeister noch berücksichtigen. Um dieser Überprüfung nicht den Boden zu entziehen, wird das Verwaltungsgericht gemäß § 80 V VwGO aufschiebende Wirkung anordnen. *F*, *A* und *B* ist daher zu raten, beim Verwaltungsgericht einen Antrag nach § 80 V 1 VwGO zu stellen und gegen die Androhung der Ersatzvornahme Widerspruch einzulegen.

II. Abwandlung: Die Rechtslage bei Vermietung

1. Die Auswirkung des Mietverhältnisses

Um der Anordnung des Oberbürgermeisters nachzukommen, sind *F*, *A* und *B* gezwungen, den Mietvertrag zu verletzen. Eine fristlose Kündigung durch den Vermieter ist nur unter den Voraussetzungen der §§ 543, 569 BGB möglich, die hier allerdings nicht erfüllt sind. Die Kündigung unter Einhaltung der im Mietvertrag vorgesehenen Frist ist durch die gerichtlich angeordnete Fortsetzung des Mietverhältnisses auf unbestimmte Zeit nicht ausgeschlossen, nach § 574c II 1 BGB kann der Mieter aber widersprechen. Der Eintritt der Baufälligkeit wäre ein Umstand,

---

[20] BVerwGE 40, 101 (103).
[21] *OVG Münster* BRS 28, Nr. 151 (319).

der für die Fortsetzung des Mietverhältnisses bestimmend sein könnte. § 574c II 2 BGB findet § 574 BGB Anwendung. In dem dort vorgesehenen Verfahren reicht aber die bloße Möglichkeit der Baufälligkeit nicht aus. Der gegen *E* ergangene Verwaltungsakt bindet Familie *C* nicht. *F, A* und *B* können also allenfalls nach geraumer Zeit die Familie *C* auf zivilrechtlichem Wege zum Verlassen der Wohnung in der Glückstraße 11 anhalten. Innerhalb der kurzen Frist, die in der Vollstreckungsverfügung gesetzt ist, können *F, A* und *B* die Abrissverfügung nicht befolgen, ohne gegen das Mietverhältnis mit *C* zu verstoßen. Die Grundverfügung ist wegen der vertraglichen Bindung rechtlich unmöglich, es sei denn, die Familie *C* kann auf anderem Wege zum Auszug veranlasst werden.

2. Die Aufforderung zur Sperre von Strom und Wasser

Der Oberbürgermeister fordert *E* auf, Strom und Wasser abzusperren. Wollten *F, A* und *B* dies ausführen, würden sie sich möglicherweise einer Nötigung nach § 240 StGB schuldig machen.[22] Ein Verwaltungsakt, der dem Bürger ein Verhalten aufträgt, das gegen die Strafgesetze verstößt, ist nichtig (§ 44 II Nr. 5 VwVfG).[23] Auf jeden Fall ist es sittenwidrig, wenn die Verwaltung einen Bürger dazu veranlasst einem anderen ein Übel zuzufügen, das die Verwaltung wegen sachwidriger Koppelung aus eigenem Recht nicht einsetzen dürfte.[24] Verwaltungsakte, die gegen die guten Sitten verstoßen, sind gemäß § 44 II Nr. 6 NRWVwVfG nichtig. Die Aufforderung stellt jedoch nur einen Teil der Abrissverfügung dar, der ohne Schaden für die übrigen Bestandteile herausgelöst werden kann. Der Verwaltungsakt ist somit gemäß § 44 IV NRWVwVfG nur teilweise nichtig. Er kann jedoch nicht als Rechtfertigung für die Absperrung von Strom und Wasser dienen.

3. Die Einweisung der Mieter in das zweite Mietshaus

Der Oberbürgermeister hat Familie *C* mit ihrem Einverständnis in Haus Nr. 13 eingewiesen, *F, A* und *B* sprechen sich aber dagegen aus. Eine Lösung des Problems auf freiwilliger Grundlage scheidet also aus. Nach Beendigung der Wohnraumbewirtschaftung ist für die Begründung eines Mietverhältnisses an der Wohnung in Haus Nr. 13 keine Rechtsgrundlage aufzufinden. Die Verwaltung würde sich in evidenter Weise über den Willen des Gesetzgebers hinwegsetzen, wollte man ihr die Befugnis zugestehen, aufgrund der polizeilichen Generalklausel privatrechtliche Rechtsverhältnisse zu gestalten. Sofern keine gesetzliche Grundlage vorhanden ist, auf die der Verwaltungsakt vernünftigerweise gestützt werden könnte, nimmt man Gesetzlosigkeit an. Ein solcher gesetzloser Ver-

---

[22] Bejahend: *OLG Karlsruhe* MDR 1959, 233; ablehnend *BayObLG* NJW 1959, 495 und *OLG Neustadt* MDR 1957, 309.

[23] § 113 II Nr. 5 SHLVwG.

[24] *Kopp/Ramsauer,* § 44 Rn. 50.

waltungsakt ist rechtswidrig, aber nicht ohne weiteres auch nichtig.[25] Für eine Nichtigkeit müssen weitere besondere Gründe i.S.v. § 44 I VwVfG hinzutreten.[26] Im vorliegenden Fall leidet die Einweisungsverfügung an einem besonders schwerwiegenden und offenkundigen Fehler. Es handelt sich somit um einen nichtigen Verwaltungsakt. Die Einweisungsverfügung ist unwirksam.

4. Verwaltungsakte gegen die Mieter

Der Oberbürgermeister hätte an Familie *C* eine Duldungsanordnung erlassen müssen, um den Widerstand gegen den Auszug zu überwinden. Die Duldungsanordnung kann der Abrissverfügung zeitlich nachfolgen und heilt dann rückwirkend die aus der fehlenden Zustimmung entspringende Rechtswidrigkeit der Abrissverfügung,[27] wenn man trotz der Möglichkeit, schrittweise die Voraussetzungen für die Vollziehung zu schaffen, überhaupt Rechtswidrigkeit der Grundverfügung annehmen will.

Der Oberbürgermeister hat zwar an die Familie *C* geschrieben, aber aus dem Schreiben wird nicht klar, was vom Empfänger verlangt wird. Familie *C* kann ihre Bereitschaft zum Umzug nach Haus Nr. 13 als Anzeichen dafür anführen, dass dem geordneten Verwaltungsvollzug keine Hindernisse in den Weg gelegt werden. Eine Duldungsverfügung ist demnach aus dem Schreiben nicht mit Sicherheit herauszulesen. Es geht aber auch nicht daraus hervor, was die Behörde sonst im Sinn gehabt haben könnte. Ein Verwaltungsakt, dem der Adressat nicht entnehmen kann, was die Behörde von ihm verlangt, kann folglich auch nicht ausgeführt werden. Dem Verwaltungsakt fehlt es somit an der gemäß § 37 I NRWVwVfG erforderlichen hinreichenden Bestimmtheit. Dies ist im vorliegenden Fall auch offenkundig, so dass die an Familie *C* gerichtete Verfügung gemäß § 44 I NRWVwVfG nichtig ist.

Die Duldungsverfügung muss im Zeitpunkt der Vollstreckung vorhanden sein. Andernfalls ist die Androhung eines Zwangsmittels wegen rechtlicher Unmöglichkeit ebenfalls nach § 44 I NRWVwVfG nichtig.[28] Eine Vollstreckung gegen einen nicht Beteiligten ist besonders schwerwiegend; bei einem Grundstück ist der Kreis der Betroffenen offenkundig. Selbst wenn aber noch eine Duldungsverfügung erginge, liefe sie dem Urteil zuwider, durch das die Fortsetzung des Mietverhältnisses angeordnet wird. Die Missachtung eines zivilrechtlichen Urteils durch die Verwaltung führt gemäß § 44 I NRWVwVfG erneut zur Nichtigkeit des Verwaltungsakts.[29] Mit einer bloßen Duldungsverfügung, die mit der

---

[25] BVerwGE 19, 284 (287).
[26] *Kopp/Ramsauer*, § 44 Rn. 30.
[27] *OVG Saarlouis* OVGE 10, 370 (371).
[28] *VGH Kassel* BRS 22, Nr. 211 (294).
[29] Vgl. BVerwGE 20, 124 (126).

Abrissverfügung an den Vermieter gekoppelt ist, kann es also nicht sein Bewenden haben. Gegen die Familie *C* müsste vielmehr ein selbständiger Verwaltungsakt erlassen werden, der sie zum Verlassen der Wohnung zwingt. *F*, *A* und *B* sind somit nicht zum Abriss des Hauses Nr. 11 verpflichtet.

Sie können mit Aussicht auf Erfolg Widerspruch einlegen. Sollte dieser dennoch erfolglos bleiben, können sie Klage gegen die Androhung der Ersatzvornahme erheben, das Verwaltungsgericht hat den Verwaltungsakt aufzuheben. Dementsprechend verspricht auch ein Antrag auf Anordnung der aufschiebenden Wirkung gemäß § 80 V 1 VwGO Erfolg. Dem Interesse von *F*, *A* und *B*, das Gebäude in der Glückstraße Nr. 11 einstweilen stehen zu lassen, kann kein öffentliches Interesse entgegengesetzt werden.

Literaturhinweise

Nolte, Martin/Niestedt, Marian, Grundfälle zur Rechtsnachfolge im Öffentlichen Recht, JuS 2000, 1071, 1172; *Rau, Markus,* Die Rechtsnachfolge in Polizei- und Ordnungspflichten, Jura 2000, 37.

Fall 9. Das Gerüst und der Schaukasten auf dem Bürgersteig

Sachverhalt

Die kreisangehörige Gemeinde Astadt *(A)* in Nordrhein-Westfalen zählt 60.000 Einwohner. Dort besteht eine „Bürgerinitiative Gemeinsinn“, deren Vorsitzender *Bernd Burkhardt (B)* ist. *B* erbt ein Grundstück, das an einer Gemeindestraße in *A* liegt. Auf dem Grundstück steht ein Haus, dessen Vorderseite unmittelbar an den Bürgersteig angrenzt. *B* entschließt sich, das Haus umzubauen und eine Buchhandlung darin einzurichten. Der zuständige Landrat erteilt die Baugenehmigung. *B* tritt an die Gemeinde *A* heran, um die Erlaubnis zur Errichtung eines Gerüsts auf dem Bürgersteig zu erhalten. Das Gerüst ist für den Umbau notwendig. Ferner beantragt *B* die Erlaubnis für einen 50 cm in den Straßenraum hineinragenden Schaukasten an der Hauswand, der die Passanten auf die im Laden angebotenen Bücher aufmerksam machen soll. Bürgermeister *Stadtmann (S),* den die Bürgerinitiative wegen seiner Amtsführung heftig angegriffen hatte, äußert sich gegenüber Bekannten, *B* hätte wohl auch nicht geglaubt, einmal auf die Stadtverwaltung angewiesen zu sein. *S* lehnt die Erlaubnis zur Errichtung des Gerüsts auf dem Bürgersteig mit der Begründung ab, der Verkehr werde während des Baus stark behindert. Das Haus könne auch ohne Umbau als Buchhandlung eingerichtet werden. Den Fußgängern sei es nicht zuzumuten, auf die Fahrbahn auszuweichen. Zwar habe die Stadt in vergleichbaren Situationen bisher stets die Erlaubnis gewährt, der gestiegene Verkehr lasse dies aber nicht mehr länger zu. Von jetzt ab gestatte die Stadt nur noch Gerüstbauten auf der Straße für besonders wichtige Bauvorhaben.

S erteilt die Erlaubnis zur Anbringung des Schaukastens unter der Auflage, keine verfassungsfeindlichen oder anstößigen Schriften in dem Kasten auszustellen, weil sonst ein Menschenauflauf entstehen könne. Aufgrund einer ordnungsgemäß zustande gekommenen Satzung der Gemeinde setzt *S* gleichzeitig laufende Gebühren für die Sondernutzung nach den in der Satzung angegebenen Maßstäben fest. Kann *B* mit Aussicht auf Erfolg rechtliche Schritte gegen die Entscheidungen des *S* unternehmen?

Vermerk: In den Stadtstaaten ist an die Stelle des Bürgermeisters das Bezirks- oder Ordnungsamt zu setzen, in den übrigen Bundesländern ebenfalls der Bürgermeister.

Lösung

1. Teil: Die Ablehnung der Erlaubnis zur Errichtung des Baugerüsts

I. Die Zulässigkeit der Klage

1. Bestimmung der einschlägigen Rechtsschutzform

B könnte möglicherweise Klage vor dem Verwaltungsgericht erheben. Dies setzt gemäß § 40 I 1 VwGO voraus, dass es sich um eine öffentlich-rechtliche Streitigkeit nichtverfassungsrechtlicher Art handelt. Hier lehnt *S* als Bürgermeister von *A* den Antrag des *B* auf Erteilung einer Erlaubnis zur Errichtung eines Baugerüsts ab. Die Maßnahme bewegt sich gemäß § 23 I NRWStrWG auf dem Gebiete des bürgerlichen Rechts, wenn dem *B* ein Recht zur Benutzung der Gemeindestraße verweigert wird, das den Gemeingebrauch nicht beeinträchtigt.[1] Im vorliegenden Fall will *B* jedoch Straßenraum in Anspruch nehmen, der dem Fußgängerverkehr dient. Solange das Baugerüst steht, können die Fußgänger den Bürgersteig nicht mehr benutzen. Der Gemeingebrauch nach § 14 I 1 NRW-StrWG[2] ist also vorübergehend ausgeschlossen, wenn *B* die begehrte Erlaubnis erteilt wird. Damit ist nicht mehr ausschließlich nur der privatrechtliche Bereich betroffen, sondern es werden auch öffentlich-rechtliche Belange tangiert.[3] Die Ablehnung des Antrags durch *S* stellt eine Maßnahme auf dem Gebiete des öffentlichen Rechts dar. Die Voraussetzungen von § 35 S. 1 NRWVwVfG sind erfüllt, es handelt sich mithin um einen Verwaltungsakt. Einschlägige Klageart ist gemäß § 42 I Alt. 2 VwGO die Verpflichtungsklage in Form der Versagungsklage.

2. Klagebefugnis

Ferner müsste *B* gemäß § 42 II VwGO auch klagebefugt sein. Die Erlaubnis zu Sondernutzungen an Gemeindestraßen bestimmt sich nach § 18 I NRWStrWG. Die Vorschrift ist gesetzestechnisch als Verbot mit Erlaubnisvorbehalt ausgestaltet. Möglicherweise lässt sich die Klagebe-

---

[1] In den anderen Bundesländern: Art. 22 I BayStrWG, §§ 21 I BWStrG, 10 I BlnStrG (sinngemäß), 23 I BbgStrG, 19 BremStrG, 20 I HessStrG, 30 I StrWG MV, 23 I NdsStrG, 45 I RhPfStrG, 22 SaarlStrG, 23 I SächsStrG, 23 I StrG SachsAnh, 23 II SHStrWG, 23 I ThürStrG. In Hamburg und Berlin fehlen entsprechende Vorschriften.

[2] In den anderen Bundesländern: Art. 14 I BayStrWG, §§ 13 I BWStrG, 10 II Bln-StrG, 14 I BbgStrG, 15 I BremStrG, 16 I HbgWG, 14 HessStrG, 21 I StrWG MV, 14 I NdsStrG, 34 I RhPflStrG, 14 I SaarlStrG, 14 I SächsStrG, 14 I StrG SachsAnh, 20 I SHStrWG, 14 I ThürStrG.

[3] Die Frage, ob darin tatsächlich eine Sondernutzung zu erblicken ist, braucht (nicht zuletzt aus klausurtechnischen Gründen) hier noch nicht entschieden zu werden. Jedenfalls ist *B* der Ansicht, dass er für sein Vorhaben einer Sondernutzungserlaubnis bedarf, sonst hätte er keinen Antrag gestellt.

fugnis aus einem subjektiv-öffentlichen Recht auf Erteilung dieser Erlaubnis herleiten. § 18 I NRWStrWG lässt aber keine Bindung der Erlaubnis erkennen. Andererseits liegt aber auch keine ausdrückliche Ausgestaltung als Kann- oder Soll-Vorschrift vor, aus der sich ablesen ließe, dass der Verwaltung Ermessen eingeräumt wird. Näheren Aufschluss über das Ausmaß der Bindung des Trägers der Straßenbaulast gibt § 18 II 1, VI NRWStrWG. Wenn Befristung oder Widerruf zwingend angeordnet ist und der Widerruf ersatzlos ausgesprochen werden darf, wird ein Rechtsanspruch auf Erteilung der Sondernutzungserlaubnis nicht gewährt. Somit steht dem Träger der Straßenbaulast gemäß § 18 I NRW-StrWG ein Ermessensspielraum zu. Zwar hat *B* kein Recht auf Erteilung der Erlaubnis, wohl aber einen Anspruch auf Ausübung fehlerfreien Ermessens. Er findet seine Wurzeln im Rechtsstaatsprinzip und ist heute allgemein anerkannt.[4] Dies vermag die Klagebefugnis des *B* i.S.v. § 42 II VwGO zu begründen.

3. Vorverfahren und Klagegegner

Nach § 68 II VwGO ist vor Erhebung der Verpflichtungsklage ein Vorverfahren durchzuführen. Über Sondernutzungen an Gemeindestraßen entscheidet die Gemeinde als Selbstverwaltungskörperschaft. Damit erlässt gemäß § 73 II Nr. 3 VwGO das für sie auftretende Organ den Widerspruchsbescheid. Sofern *B* auf diesem Wege erfolglos bleibt, ist die Verpflichtungsklage zulässig. Richtiger Klagegegner ist nach den §§ 78 I Nr. 2 VwGO, 5 II NRWAGVwGO der Bürgermeister von *A*.[5]

II. Begründetheit der Verpflichtungsklage

1. Erlaubnispflicht

Eine Verpflichtung des Bürgermeisters ist lediglich dann notwendig, wenn *B* überhaupt eine Erlaubnis benötigt. Dies bemisst sich danach, ob sich die Errichtung von Baugerüsten als Gemeingebrauch oder Sondernutzung darstellt. Aus der Überlegung, dass das Aufstellen eines Baugerüsts Ausdruck der Anliegernutzung ist, ohne die notwendige bauliche Maßnahme an Gebäuden nicht durchzuführen sind,[6] könnte man schließen, dass insoweit eine Sondernutzung bereits begrifflich nicht vorliegt. Andererseits fällt selbst bei extensiver Auslegung des Begriffs Verkehr i.S.v. § 14 III NRWStrWG schwerlich eine Vorrichtung darunter, die dem Umbau eines Gebäudes dient. Der Anbau an der Straße vermittelt auch nicht die Verbindung des Anliegers zur Umwelt. Selbst wenn man auf den verfassungsrechtlich gewährleisteten und in § 14a NRWStrWG

---

[4] *Erichsen/Ehlers*, § 10 Rn. 22; *VGH München* NVwZ 1985, 207.

[5] Ebenso §§ 8 II BbgVwGG; 8 II Nds AGVwGO, 19 II SaarlAGVwGO, 6 S. 2 SH-AGVwGO; in den übrigen Bundesländern ist die Klage gegen die Stadt zu richten (§ 78 I Nr. 1 VwGO).

[6] Vgl. *Kodal/Krämer*, Kap. 25, Rn. 103ff.; *Maurer*, DÖV 1975, 227.

einfachgesetzlich zum Ausdruck gekommenen Anliegerschutz[7] zurückgreift, braucht sich dieser nicht unbedingt in einer Erweiterung des Gemeingebrauchs zu äußern. Jedenfalls ist bei einer Straßenbenutzung, bei der für einen wesentlichen Teil der Straße jeglicher Verkehr abgesperrt ist, die Schwelle zur Sondernutzung überschritten.[8] Die verfassungsrechtlichen Bindungen sind im Rahmen der Ermessenserwägung bei der Entscheidung über die Erteilung oder Versagung der Erlaubnis zu beachten. *B* benötigt somit eine Sondernutzungserlaubnis.

Das Verbot mit Erlaubnisvorbehalt in § 18 I NRWStrWG enthält keine Angaben darüber, von welchen Voraussetzungen eine Erlaubnis abhängt. Die verfassungsrechtlich erforderliche Bestimmtheit des Ermessenstatbestandes ergibt sich indessen aus § 18 II 2 NRWStrWG. Wenn die Einschränkung der Erlaubnis durch Bedingungen und Auflagen an die Erfordernisse der Sicherheit und Leichtigkeit des Verkehrs sowie den Schutz der Straße geknüpft ist, richtet sich auch die Verweigerung der Erlaubnis nach diesen Gesichtspunkten, denen das mit dem Antrag verfolgte Interesse an der Erlaubnis gegenüberzustellen ist. Die Rechtsgrundlage für die Ermessensausübung ist somit verfassungsmäßig.

2. Zuständigkeit

Über die Erlaubnis nach § 18 I NRWStrWG entscheidet der Träger der Straßenbaulast. Für die Gemeindestraßen sind gemäß § 47 I NRW-StrWG[9] die Gemeinden Träger der Straßenbaulast. In einer Stadt mit 60.000 Einwohnern fällt die Erteilung von Sondernutzungserlaubnissen für ein kleines Stück des Bürgersteigs einer Gemeindestraße unter die einfachen Geschäfte der laufenden Verwaltung. Demnach ist gemäß § 62 I, III NRWGO der Bürgermeister das zuständige Organ der Gemeinde.[10]

3. Rechtmäßigkeit der Ermessensausübung

a) Umfang der Prüfungsbefugnis des Gerichts

Hat *S* durch die Ablehnung der Erlaubnis die gesetzlichen Grenzen des Ermessens überschritten oder vom Ermessen in einer dem Zweck der Ermächtigung nicht entsprechenden Weise Gebrauch gemacht,[11] spricht

---

[7] *BVerwG* NJW 1983, 770 m.w.N.; *Papier,* Recht der öffentlichen Sachen, 3. Aufl. 1998, 88.

[8] *BVerwG* NJW 1983, 770 (771); *Schmidt,* NVwZ 1985, 168.

[9] In den anderen Bundesländern: Art. 47 I BayStrWG, §§ 44 BWStrG, 7 I BlnStrG, 9 IV 3 BbgStrG, 11 BremStrG, 12 HbgWG, 43 HessStrG, 14 StrWG MV, 48 NdsStrG, 14 RhPflStrG, 50 SaarlStrG, 44 I 2 SächsStrG, 42 I 3 StrG SachsAnh, 13 SHStrWG, 43 I 3 ThürStrG.

[10] In den anderen Bundesländern: Art. 37 I 1 Nr. 1 BayGO, §§ 44 II BWGO, 63 I Buchst. e BbgGO, 70 II HessGO, 38 III 2 KV MV, 62 I Nr. 6 NdsGO, 47 I Nr. 3 RhPflGO, 59 III 1 SaarlKSVG, 53 II 1 SächsGO, 63 I 2 GO SachsAnh, 55 I 2 SHGO, 29 II Nr. 1 ThürGKO.

[11] Überblick zur Ermessensfehlerlehre bei *Proppe,* JA 1997, 418; *Alexy,* JZ 1986, 701.

das Verwaltungsgericht nach §§ 113 V 2, 114 VwGO die Verpflichtung des Bürgermeisters aus, *B* unter Beachtung der Rechtsauffassung des Gerichts zu bescheiden. *S* muss dann sein Ermessen erneut ausüben. Lediglich im Falle der Ermessensreduzierung auf Null, bei der dem Bürgermeister keine andere Entscheidung mehr bleibt, spricht das Gericht nach § 113 V 2 VwGO die Verpflichtung aus, den beantragten Verwaltungsakt zu erlassen.[12]

b) Der Ermessensmissbrauch

Die persönliche Feindschaft zwischen *S* und *B* legt den Gedanken an einen Ermessensmissbrauch nahe. Wie aus der Äußerung des *S* gegenüber Bekannten hervorgeht, fühlt er sich von den heftigen Angriffen der Bürgerinitiative gegen seine Person betroffen. Dies allein lässt aber noch nicht darauf schließen, dass *S* aus unsachlichen Beweggründen entscheiden wird. Er hebt allerdings die Angewiesenheit des *B* auf die Stadtverwaltung hervor, doch bringt *S* damit nicht zum Ausdruck, eine Abhängigkeit des *B* von seiner Ermessensentscheidung ausnützen zu wollen. Daraus ergeben sich somit keine durchgreifenden tatsächlichen Anhaltspunkte für eine fehlerhafte Ermessensbetätigung. Ein Ermessensmissbrauch ist *S* somit nicht anzulasten.

c) Ermessensunterlassung

S versagt die Erlaubnis, weil der Verkehr während des Baus stark behindert werde. Wer eine Sondernutzung in Anspruch nimmt, beeinträchtigt andere in der Benutzung der Straße. Eine Behinderung des Verkehrs ist demnach mit einer Sondernutzung immer verbunden. *S* beruft sich also auf eine Voraussetzung der Ausübung seines Ermessens. Er hat somit sein Ermessen gar nicht walten lassen. Dies stellt einen Ermessensfehler dar.[13] Allenfalls könnte man *S* zugute halten, dass er eine starke Behinderung geltend macht. Damit geht er über die bloße Voraussetzung seines Ermessens hinaus, wenn auch nur mit einer sehr verwaschenen zusätzlichen Angabe. Doch auch dieser Zusatz reicht nicht aus, weil die nach der gesetzlichen Grundlage erforderliche Abwägung gegen das mit dem Antrag verfolgte Interesse nicht stattgefunden hat.[14] Isoliert betrachtet hält somit die erste Erwägung des Bürgermeisters einer Überprüfung auf Ermessensfehler nicht stand.

d) Abwägungsgebot

S bestreitet die Notwendigkeit des Umbaus. Dadurch bringt er das Interesse des *B* ins Spiel. Setzt man diesen Gesichtspunkt in Verbindung zu der Intensität der Verkehrsbeeinträchtigung, könnte man in diesem Zu-

---

[12] Vgl. *Gern,* DVBl 1987, 1194.
[13] *OVG Münster* DÖV 1985, 205.
[14] *Erichsen/Ehlers,* § 10 Rn. 16.

sammenhang die vorgeschriebene Abwägung erblicken. Die Ermessensüberlegungen müssen aber sowohl mit den Wertentscheidungen der Verfassung als auch mit sonstigen Gesetzen in Einklang stehen. Die in § 14a NRWStrWG[15] einfachgesetzlich geschützte Anliegernutzung greift zwar über das Grundstück des Anliegers hinaus, ermöglicht aber in der Regel erst die angemessene Verwendung desselben und ist daher auch dem nach Art. 14 I GG geschützten Eigentum zuzurechnen.[16]

Dies bedeutet freilich noch nicht, dass *S* unter allen Umständen eine Sondernutzung des Anliegers zulassen müsste; denn das Eigentum unterliegt in besonderem Maße der Sozialbindung, wenn die Ausstrahlungen in den Bereich einer öffentlichen Sache in Frage stehen. Immerhin lässt sich eine angemessene Nutzung nur mit gewichtigen Gründen überspielen. Angemessen ist die Nutzung, die sowohl nach der Rechtslage als auch nach den tatsächlichen Gegebenheiten aus dem Grundstück als Bedürfnis hervorgeht.[17] Wenn der Bürgermeister die Notwendigkeit des Umbaus zur Einrichtung einer Buchhandlung ableugnet, hat er offenbar dieses Bedürfnis im Auge. Doch verkennt *S*, dass Art. 14 I GG eine Freiheitsverbürgung enthält. Will *B* umbauen, sieht er sich gezwungen, auf Straßengrund auszuweichen, weil das Haus unmittelbar an die Straße angrenzt. *B* kann seine Freiheit in dem ihm ausschließlich zugewiesenen Bereich auf dem Grundstück somit nur verwirklichen, wenn die Erlaubnis zur Sondernutzung erteilt wird. Das Bedürfnis kann daher im Lichte des Grundrechts nicht so bestimmt werden, dass die Behörde ihre Entscheidungen an die Stelle der Entscheidungen des Bürgers setzt. Der Wille des Eigentümers ist zu berücksichtigen. Dessen freie Entscheidung wird allerdings eingegrenzt durch die in der Sache angelegte Eignung für bestimmte Verwendungszwecke, die für einen außenstehenden Beobachter deutlich erkennbar sind. *S* vermag als Außenstehender aber nicht ohne weiteres zu beurteilen, ob der Umbau zur Einrichtung einer Buchhandlung notwendig ist. Der Bürgermeister könnte nur anführen, dass dem Bedürfnis des *B* übergeordnete Interessen entgegenstehen. Die Stärke der Behinderung des Verkehrs ist gegenüber dem grundrechtlich verankerten Bedürfnis des *B* hingegen ein zu wenig bestimmbares Argument.

e) Grundsatz der Erforderlichkeit

S beanstandet, dass die Fußgänger auf die Fahrbahn überwechseln müssen. Er setzt also die Gefährdung der Fußgänger dem Bedürfnis des *B* entgegen. Nach dem Grundsatz der Erforderlichkeit, der einfachgesetzlich in § 15 I NRWOBG seinen Niederschlag gefunden hat, aber nicht nur für die Ordnungsbehörden, sondern kraft Verfassungsrechts für alle

---

[15] Art. 17 BayStrG, §§ 15 BWStrG, 10 III BlnStrG, 14 IV BbgStrG, 17 HbgWG, 20 NdsStrG, 39 RhPflStrG, 14 IV StrG SachsAnh; 17 SaarlStrG; 14 IV ThürStrG.

[16] *BVerwG* NJW 1983, 770.

[17] *BVerwG* DÖV 1971, 100; vgl. auch *Schmidt*, NVwZ 1985, 168.

Behörden gilt, die Ermessen in der Wahl der Mittel besitzen, muss *S* das am wenigsten einschneidende Mittel wählen, um die Gefahr zu beseitigen. Mit Hilfe einer Auflage könnte er sicherstellen, dass eine überdachte Fußgängerüberführung unter dem Gerüst geschaffen oder der Fußgängerweg auf der Fahrbahn behelfsmäßig befestigt wird. Da diese Mittel, die den *B* wesentlich geringer belasten als die Verweigerung der Sondernutzung, zur Verfügung stehen, verstößt die Ablehnung des Antrags gegen den Grundsatz der Erforderlichkeit. Der von *S* erlassene Verwaltungsakt ist somit rechtswidrig. *S* muss erneut sein Ermessen walten lassen, es sei denn, das Gericht erachtet das Ermessen für so stark gebunden, dass dem Bürgermeister keine andere Entscheidung als die Erteilung der Erlaubnis bleibt.

f) Ermessensreduzierung

Eine Ermessensreduzierung könnte sich aus der Selbstbindung der Verwaltung ergeben. *S* selbst weist auf die bisherige Übung der Stadtverwaltung hin, in vergleichbaren Situationen die Erlaubnis zu gewähren. Die Gleichmäßigkeit des Ermessensgebrauchs begründet einen Maßstab für die Verwaltung, von dem nicht ohne sachlichen Grund abgewichen werden darf, ansonsten wäre der Gleichheitssatz des Art. 3 I GG verletzt.[18] Die Verwaltung kann freilich nicht gezwungen werden, die Änderung wesentlicher tatsächlicher Umstände und die Einsicht, dass die bisherige Übung unzweckmäßig ist, außer Acht zu lassen. Die Behörde darf dann aber nicht in einem einzelnen Fall anders verfahren, sondern muss ihre gesamte Übung umstellen.[19] Das hat *S* auch im Sinn.

Der gestiegene Verkehr stellt nur dann eine wesentliche Änderung der Umstände dar, wenn seine Auswirkung zu den Gerüstbauten in Beziehung gesetzt wird. Das ist hier jedoch nicht geschehen. Zudem wird die Ausnahme zugunsten besonders wichtiger Bauvorhaben den Wertungen der Verfassung nicht gerecht. Dem durch Art. 14 I GG geschützten Bedürfnis nach Benutzung des Straßenraums ist nur Rechnung getragen, wenn das überwiegende öffentliche Interesse, das die Verwirklichung des Bedürfnisses scheitern lässt, dargetan wird. *S* hat die ständige Übung der Stadtverwaltung, die Erlaubnis in vergleichbaren Situationen zu erteilen, nicht wirksam durchbrochen. Dennoch bestehen Bedenken dagegen, die Ermessensfreiheit des *S* aufgrund dieser Überlegungen völlig auszuschließen. In einer neuen Entscheidung kann er möglicherweise stichhaltige Gründe anführen, die eine Änderung der Verwaltungspraxis rechtfertigen. Zumindest aber wäre die Sicherung der Fußgänger nicht in einer Auflage verankert, wenn das Gericht den Bürgermeister zur Erteilung der Erlaubnis verurteilen würde. Daher spricht das Gericht die Verpflichtung aus, *B* unter Beachtung der gerichtlichen Rechtsauffassung erneut zu bescheiden.

---

[18] *Ossenbühl,* DVBl 1981, 860; *Pietzcker,* NJW 1981, 2089.

[19] *Wallerath,* Die Selbstbindung der Verwaltung, 1968, 63.

2. Teil: Die Erteilung der Erlaubnis für den Schaukasten

I. Zulässigkeit eines Rechtsbehelfs

Es kommt eine Anfechtungsklage nach § 42 I Alt. 1 VwGO in Betracht, wenn der vorherige Widerspruch nach § 68 I VwGO erfolglos bleibt. Der von *S* erlassene Verwaltungsakt, durch den eine Erlaubnis für den Schaukasten erteilt wird, belastet *B* in zweierlei Hinsicht: Einmal ist die Begünstigung mit einer Auflage verbunden, zum anderen hat *S* Gebühren festgesetzt. Entfällt die Erlaubnis, sind die daran geknüpften Belastungen nicht mehr aufrechtzuerhalten. Lassen sich aber die Bestandteile des Verwaltungsakts, die eine Beschwer enthalten, getrennt anfechten, fehlt die Klagebefugnis nach § 42 II VwGO zur Anfechtung des gesamten Verwaltungsakts, der die Begünstigung umschließt.[20]

Eine Auflage ist selbständig anfechtbar.[21] Aus § 113 I 1 VwGO geht hervor, dass eine Teilanfechtung grundsätzlich zulässig ist, wenn der Kläger nur einen Teil des Verwaltungsakts für rechtswidrig hält.[22] Hier ist aber die Erlaubnis rechtswidrig, wenn es einer solchen zur Anbringung des Schaukastens gar nicht bedarf. Um weitere Belastungen aus der Erlaubnis auszuschließen, ist dem *B* die Befugnis zuzugestehen, gegen den gesamten Verwaltungsakt vorzugehen. Sollte das nicht Erfolg versprechend sein, besteht doch die Möglichkeit einer getrennten Anfechtung der Auflage.

II. Die Begründetheit einer Anfechtungsklage

1. Erlaubnispflicht

Die Erlaubnis samt den damit verbundenen Belastungen ist dann rechtswidrig und verletzt *B* in der freien Entfaltung seiner Persönlichkeit nach Art. 2 I GG, wenn der Schaukasten angebracht werden darf, ohne dass es einer Erlaubnis bedürfe. Die Erlaubnispflicht aufgrund von § 18 I NRWStrWG richtet sich danach, ob in der Anbringung des Schaukastens, der in den Verkehrsraum hineinragt, eine Sondernutzung zu erblicken ist. Da § 14 III NRWStrWG die Benutzung der Straßen zu anderen Zwecken als zum Verkehr nicht mehr dem Gemeingebrauch zurechnet, kann sich nur noch aus dem nach § 14a NRWStrWG[23] geschützten Anliegergebrauch ergeben, dass Gemeingebrauch vorliegt. Der dieser Vorschrift zugrunde liegende Gedanke der angemessenen Nutzung des Eigentums umfasst auch die Möglichkeit, für einen Gewerbebetrieb zur Straße hin zu werben. Schiebt der Gewerbetreibende jedoch den ihm ausschließlich zur Verfügung stehenden Herrschaftsbereich zum Zwecke der gewerblichen Nutzung in den öffentlichen Straßenraum vor, muss

---

[20] Vgl. BVerwGE 36, 145 (153); a. A. *Kopp/Schenke*, § 42 Rn. 21 ff.

[21] BVerwGE 65, 139 (140 ff.); 112, 221; *BVerwG* NVwZ-RR 1997, 317 (318).

[22] *Schmitt Glaeser/Horn*, Rn. 142.

[23] S. oben Fn. 15.

zumindest die Kontrollmöglichkeit bestehen zu überprüfen, ob der Anlieger auf diese Weise nicht übergeordnete öffentliche Interessen verletzt. Allenfalls bei geringfügiger Überschreitung der Grenze wird man noch Gemeingebrauch bejahen können, nicht aber bei einem Schaukasten, der 50 cm tief in den öffentlichen Straßenraum hineinragt.[24] *B* will folglich eine Sondernutzung in Anspruch nehmen; er bedarf dazu einer Erlaubnis. Der Bürgermeister hat auf den Antrag des *B* hin von dem ihm zustehenden Ermessen Gebrauch gemacht.

2. Die Gebührenforderung

An die Erlaubnis kann nach § 19a I 1 NRWStrWG die Forderung einer Benutzungsgebühr geknüpft werden.[25] Die Forderung öffentlicher Abgaben kann grundsätzlich nicht dem Ermessen der Verwaltung im Einzelfall überlassen bleiben, sonst wäre der Gleichheitssatz verletzt. § 19a II 2 NRWStrWG reicht für sich allein daher als Rechtsgrundlage nicht aus.[26] Das Gebot der Bestimmtheit erfordert eine normative Regelung in Form einer Rechtsverordnung oder gemeindlichen Satzung.[27] Diesem Ziel dient im vorliegenden Fall die Satzung der Gemeinde, die Maßstäbe für die Bemessung der Gebühr aufstellt. Die Gebührenforderung begegnet daher keinen rechtlichen Bedenken.

3. Die Auflage

Fraglich ist, ob die mit der Erlaubnis verbundene Auflage, keine verfassungsfeindlichen oder anstößigen Schriften in dem Kasten auszustellen, rechtmäßig ist. Rechtsgrundlage könnte § 18 II 2 NRWStrWG sein, wonach Auflagen und Bedingungen für die Sicherheit und Leichtigkeit des Verkehrs oder für den Schutz der Straße zulässig sind. *S* gibt auch einen Grund an, der dem äußeren Anschein nach vom Zweck der Ermächtigung gedeckt wird. Entstehen Menschenaufläufe vor dem Schaukasten, ist die Leichtigkeit des Verkehrs auf dem Bürgersteig beeinträchtigt. Doch ist weder ein Anhaltspunkt vorhanden, dass *B* verfassungsfeindliche oder anstößige Schriften auslegen wird, noch lässt es sich belegen, dass sich in diesem Fall Trauben von Menschen vor dem Schaukasten versammeln werden. Daraus geht hervor, dass *S* sich in Wahrheit die Kontrolle über die Auslagen im Schaukasten vorbehalten will und dies auch dadurch durchzusetzen vermag, dass ihm das Gesetz die Möglich-

---

[24] Vgl. *BVerwG* DÖV 1971, 100, wonach eine Sondernutzung bereits vorliegen soll, wenn Warenautomaten 12,5 bzw. 14,5 cm weit herausragen; siehe auch: *Pappermann/Löhr,* JuS 1980, 581 ff.

[25] In den anderen Bundesländern: Art. 18 II a BayStrWG, §§ 19 BWStrG, 11 IX BlnStrG, 21 BbgStrG, 18 X BremLStrG, 19 III HbgWG, 18 HessStrG, 28 StrWG MV, 21 NdsStrG, 47 I RhPflStrG, 18 III SaarlStrG, 21 SächsStrG, 21 StrG SachsAnh, 26 SHStrWG, 21 ThürStrG.

[26] *Schmidt,* JuS 1989, 898.

[27] *Kodal/Krämer,* Kap. 26, Rn. 19.

keit einräumt, die Erlaubnis zu widerrufen, wenn die Auflage nicht erfüllt wird. Zum Zweck der Überwachung des angebotenen Schrifttums ist der Verwaltung aber nicht die Befugnis eingeräumt, mit der Erlaubnis Auflagen zu verbinden. Sonst könnte sich die Verwaltung die Möglichkeit verschaffen, eine Zensur auszuüben. Der Auflage liegt somit ein Ermessensmissbrauch zugrunde, der den Verwaltungsakt rechtswidrig macht. Da das Schicksal der Erlaubnis nicht untrennbar mit der Auflage verbunden ist, kann diese gesondert vom Gericht aufgehoben werden.

Literaturhinweise

1. Ermessenslehre

Beaucamp, Guy, Ermessen der Verwaltung: Frei? Pflichtgemäß? Reduziert? Intendiert? – Eine Bestandsaufnahme, JA 2006, 74; *ders.*, Fallgruppen des Beurteilungsspielraums, JA 2002, 314; *Proppe, Günter,* Die gerichtliche Überprüfung behördlicher Ermessensentscheidungen, JA 1997, 418; *Rößler, Gerhard,* Ausübung des Verwaltungsermessens, DStZ 1997, 613; *Smeddinck, Ulrich,* Der unbestimmte Rechtsbegriff – strikte Bindung oder Tatbestandsermessen? DÖV 1998, 370; *Schoch, Friedrich,* Das verwaltungsbehördliche Ermessen, Jura 2004, 462; *Sieckmann, Jan,* Beurteilungsspielräume und richterliche Kontrollkompetenzen, DVBl 1997, 101.

2. Nebenbestimmungen zu Verwaltungsakten

Axer, Peter, Nebenbestimmungen im Verwaltungsrecht, Jura 2001, 748; *Hufen, Friehelm/Bickenbach, Christian,* Der Rechtsschutz gegen Nebenbestimmungen zum Verwaltungsakt, JuS 2004, 867, 966; *Schmidt, Jörg,* Rechtsschutz gegen Nebenbestimmungen, VBlBW 2004, 81; *Sproll, Hans-Dieter,* Rechtsschutz gegen Nebenbestimmungen eines Verwaltungsakts, NJW 2002, 3221.

Weitere Literatur hierzu siehe Fall 15.

3. Zur Selbstbindung der Verwaltung

Seibel, Mark, Die Bedeutung allgemeiner Verwaltungsvorschriften für die gerichtliche Beurteilung unbestimmter Rechtsbegriffe, BauR 2004, 1245; *Schoch, Friedrich,* Das verwaltungsbehördliche Ermessen, Jura 2004, 462.

4. Gemeingebrauch und Sondernutzung

Battis, Ulrich, Straßenplanung/Anliegergebrauch/Inhalt und Schranken des Eigentums/Abwehrrecht/Verkehrsinsel/Gemeingebrauch, NJ 1999, 662; *Dahmen, Thomas,* Aktuelle Probleme des Straßenbenutzungsrechtes – Gemeingebrauch und Sondernutzung –, ZAP 1999, 421; *Hobe, Stefan,* Die dogmatische Verortung des Anliegergebrauchs als eigenständiges Rechtsinstitut zwischen Gemeingebrauch und Sondernutzung, DÖV 1997, 323; *Merli, Franz,* Öffentliche Nutzungsrechte und Gemeingebrauch, 1995; *Schwab, Siegfried,* Anliegergebrauch – Gemeingebrauch – Sondernutzung – eine Rechtsprechungsübersicht, VD 1995, 101; *Siems, Thomas,* Gemeingebrauch und Sondernutzung im Recht der öffentlichen Straßen, Jura 2003, 587; *Steinberg, Rudolf/Herbert, Georg,* Grenzen politischer Meinungsäußerung auf der Straße, JuS 1980, 108.

Fall 10. Die missglückte Erste Juristische Pflichtfachprüfung

Sachverhalt

Prüfling *Peter Panther (P)* unterzieht sich in Nordrhein-Westfalen der staatlichen Pflichtfachprüfung im Ersten Juristischen Examen. Sämtliche Schriftliche Arbeiten sind bindend mit vier Punkten (ausreichend) bewertet. Im Vorstellungsgespräch meldet *P* dem Vorsitzenden gegenüber Bedenken gegen den Prüfer im öffentlichen Recht, Professor *Dr. Öhm (Ö),* an. *P* bringt vor, als Studentenvertreter mit Ö des Öfteren eine Auseinandersetzung gehabt zu haben. Der aus vier Personen bestehende Prüfungsausschuss einschließlich des Ö hält die Bedenken jedoch für unbegründet.

In der mündlichen Prüfung legt Ö als Prüfer für das Fachgebiet öffentliches Recht dem *P* folgenden Fall vor:

Die Bundesprüfstelle nach dem Jugendschutzgesetz führt ein Verfahren zur Prüfung der Veröffentlichung „Die ungezügelte Gewalt" des Schriftstellers *Schreiber (S)* durch. In der Schrift sind in primitiver Sprache Grausamkeiten an Häftlingen geschildert. Der Verfasser gibt an, die genaue Wiedergabe der Folterszenen und die Primitivität der Sprache als künstlerische Stilmittel eingesetzt zu haben, um das Gewissen der Leser wachzurütteln und gegen Folterungen in aller Welt Sturm zu laufen. Die Bundesprüfstelle vertritt den Standpunkt, dass die bis in die Einzelheiten gehende Darstellung von Gewalttätigkeiten ohne Wertung nur dazu ermuntere, andere Menschen zu quälen. Wegen des niedrigen Niveaus der Sprache könne von Kunst keine Rede sein. Die Bundesprüfstelle nimmt die Veröffentlichung in die Liste der jugendgefährdenden Medien auf.

S, der der Auffassung ist, bei seinem Werk handle es sich um Kunst, erhebt dagegen Anfechtungsklage. Wird er damit erfolgreich sein?

P antwortet: Was Kunst sei, könne kein Gericht sagen. Es komme ausschließlich darauf an, dass *S* seine Schrift für Kunst halte. Daran sei die Prüfstelle gebunden, so dass sie die Veröffentlichung nicht in die Liste aufnehmen könne. Die Anfechtungsklage habe Erfolg. Eine weitere Frage beantwortet *P* zur Zufriedenheit der Prüfer.

Die Prüfung im öffentlichen Recht dauert insgesamt 60 Minuten. Ein Protokoll wird nicht geführt. Das heimlich von einem Zuhörer aufgenommene Tonband ergibt, dass auf *P* fünf Minuten Prüfungsdauer entfallen, auf die übrigen fünf Prüflinge die restliche Zeit. Die mündlichen Leistungen des *P* bewertet der Prüfungsausschuss im Vortrag sowie im ersten und zweiten Abschnitt des Prüfungsgesprächs mit vier Punkten (ausreichend), im dritten Abschnitt aber, der dem öffentlichen Recht gewidmet ist, mit zwei Punkten (mangelhaft).

P erreicht somit eine Endnote von 3,84 Punkten. Daraufhin verkündet der Vorsitzende des Prüfungsausschusses dem *P*, dass er die staatliche Pflichtfachprüfung nicht bestanden habe. Dieses Ergebnis wird *P* später vom Justizprüfungsamt zugestellt. Er erhebt Verpflichtungsklage gegen das Justizprüfungsamt mit dem Antrag, die staatliche Pflichtfachprüfung für bestanden zu erklären. Er begründet dies damit, dass der Prüfer *Ö* spätestens nach Kenntnis seiner Bedenken voreingenommen gewesen sei. Jedenfalls rechtfertige die eine Antwort im öffentlich-rechtlichen Abschnitt des Prüfungsgesprächs, die offenbar den Prüfern missfallen habe, ein „mangelhaft" nicht. Schließlich rügt *P* auch noch die kurze Zeit, die ihm für das Fachgebiet öffentliches Recht zur Verfügung gestanden habe. Wie ist zu entscheiden?

Wie ist die wiedergegebene Frage im öffentlich-rechtlichen Abschnitt des Prüfungsgesprächs zu beantworten?

Anhang: Auszug aus dem nordrhein-westfälischen Landesrecht

Juristenausbildungsgesetz (JAG) vom 11. 3. 2003

§ 2 (Prüfungsabschnitte; Zweck der Prüfung). (1) [1] Die erste Prüfung besteht aus einer universitären Schwerpunktbereichsprüfung und einer staatlichen Pflichtfachprüfung. [2] Sie hat die Aufgabe festzustellen, ob der Prüfling das rechtswissenschaftliche Studienziel erreicht hat und damit für den juristischen Vorbereitungsdienst fachlich geeignet ist.

(2) [1] Die Prüfung soll zeigen, dass der Prüfling das Recht mit Verständnis erfassen und anwenden kann und über die hierzu erforderlichen Rechtskenntnisse in den Prüfungsfächern mit ihren europarechtlichen, wirtschaftlichen und politischen Bezügen, ihren rechtswissenschaftlichen Methoden sowie philosophischen, geschichtlichen und gesellschaftlichen Grundlagen verfügt. (...)

§ 3 (Justizprüfungsämter). (1) (...)

(3) [1] Die Vorsitzenden führen die Aufsicht über den Geschäftsbetrieb ihres Justizprüfungsamtes. [2] Sie sind für alle Entscheidungen und sonstigen Maßnahmen im Rahmen des Prüfungsverfahrens zuständig, soweit keine andere Regelung getroffen ist. Sie wählen insbesondere die Aufgaben für Prüfungsarbeiten aus, bestimmen die Prüferinnen oder Prüfer und stellen die Zeugnisse über das Bestehen der Prüfung aus. [3] Eine Übertragung der Aufgaben nach Sätzen 2 und 3 auf Bedienstete des Justizprüfungsamtes ist zulässig. [4] Das Justizprüfungsamt untersteht der Dienstaufsicht der Präsidentin oder des Präsidenten des Oberlandesgerichts.

§ 5 (Unabhängigkeit). Die Prüferinnen und Prüfer sind in ihrer Prüfertätigkeit unabhängig.

§ 10 (Prüfungsabschnitte). (1) [1] Die staatliche Pflichtfachprüfung besteht aus einem schriftlichen und einem mündlichen Teil; der schriftliche Teil geht dem mündlichen voraus. (...)

(3) [1] Der mündliche Teil besteht aus einem Vortrag und einem Prüfungsgespräch. [2] Der Vortrag geht dem Prüfungsgespräch voraus. [3] Die Aufgabenstellung für den Vortrag ist dem Bürgerlichen Recht (...), dem Strafrecht (...) oder dem Öffentlichen Recht (...), jeweils unter Einschluss der dazugehörenden Verfahrensrechte, zu entnehmen. Das Prüfungsgespräch erstreckt sich auf die in § 11 genannten Gegenstände.

§ 11 (Gegenstände der Prüfung). (1) [1] Die Gegenstände der staatlichen Prüfung sind die Pflichtfächer. Andere Rechtsgebiete dürfen nur insoweit zum Gegenstand der Prüfung gemacht werden, als lediglich Verständnis und Arbeitsmethode festgestellt werden sollen und Einzelwissen nicht vorausgesetzt wird.

(2) Pflichtfächer sind (...)

§ 14 (Bewertung der Aufsichtsarbeiten). (...)

§ 15 (Mündliche Prüfung). (1) [1] Die mündliche Prüfung wird vor einem Prüfungsausschuss abgelegt, der aus drei Prüferinnen oder Prüfern einschließlich der oder des Vorsitzenden besteht. (...)

(5) [1] Die Gesamtdauer des Prüfungsgesprächs beträgt je erschienenem Prüfling etwa 30 Minuten. [2] Sie ist durch eine angemessene Pause zu unterbrechen. [3] An der mündlichen Prüfung beteiligen sich alle Prüferinnen und Prüfer.

(6) [1] Die oder der Vorsitzende des Justizprüfungsamtes kann Studierenden der Rechtswissenschaft und mit der Juristenausbildung oder Prüfung befassten Personen gestatten, bei der mündlichen Prüfung zuzuhören. [2] Die Verkündung der Entscheidung des Prüfungsausschusses findet unter Ausschluss der Zuhörenden statt, wenn mindestens ein Prüfling dies beantragt.

§ 16 (Entscheidungen des Prüfungsausschusses). (1) [1] Alle Entscheidungen über Prüfungsleistungen, insbesondere die Entscheidung über das Prüfungsergebnis trifft – abgesehen von § 14 Abs. 1 – der Prüfungsausschuss. (...)

§ 17 (Prüfungsnoten). (1) [1] Die einzelnen Prüfungsleistungen sind mit einer der folgenden Noten und Punktzahlen zu bewerten:

sehr gut:	eine besonders hervorragende Leistung	= 16–18 Punkte
gut:	eine erheblich über den durchschnittlichen Anforderungen liegende Leistung	= 13–15 Punkte
vollbefriedigend:	eine über den durchschnittlichen Anforderungen liegende Leistung	= 10–12 Punkte
befriedigend:	eine Leistung, die in jeder Hinsicht durchschnittlichen Anforderungen entspricht	= 7–9 Punkte
ausreichend:	eine Leistung, die trotz ihrer Mängel durchschnittlichen Anforderungen noch entspricht	= 4–6 Punkte
mangelhaft:	eine an erheblichen Mängeln leidende, im ganzen nicht mehr brauchbare Leistung	= 1–3 Punkte
ungenügend:	eine völlig unbrauchbare Leistung	= 0 Punkte.

Zwischennoten und von vollen Zahlenwerten abweichende Punktzahlen dürfen nicht verwendet werden.

(2) Soweit Einzelbewertungen rechnerisch zu Gesamtbewertungen zusammengefasst werden, entsprechen den ermittelten Punkten folgende Notenbezeichnungen:

14,00–18,00 Punkte	sehr gut
11,50–13,99 Punkte	gut
9,00–11,49 Punkte	vollbefriedigend
6,50– 8,99 Punkte	befriedigend
4,00– 6,49 Punkte	ausreichend
1,50– 3,99 Punkte	mangelhaft
0 – 1,49 Punkte	ungenügend.

§ 18 (Schlussentscheidung nach mündlicher Prüfung). (1) [1] Entsprechen die Leistungen des Prüflings insgesamt den Anforderungen, so ist die staatliche Pflichtfachprüfung für bestanden zu erklären, und zwar als „ausreichend“, „befriedigend“, „vollbefriedigend“, „gut“ oder „sehr gut“. [2]Entsprechen die Leistungen nicht den Anforderungen, so ist die Prüfung für nicht bestanden zu erklären.

(2) Die Leistungen des Prüflings entsprechen in der Gesamtbeurteilung (Gesamtnote) den Anforderungen, wenn der Punktwert 4,00 Punkte nicht unterschreitet.

(3) [1]Die Punktwerte für die Gesamtnote der staatlichen Pflichtfachprüfung und für die einzelnen Prüfungsabschnitte sind rechnerisch zu ermitteln. [2]Es sind die Aufsichtsarbeiten mit einem Anteil von insgesamt 60 v.H., der Vortrag mit 10 v.H. und die Leistungen im Prüfungsgespräch mit einem Anteil von insgesamt 30 v.H. zu berücksichtigen. [3]Der Punktwert für die Gesamtnote wird errechnet, indem die Punktzahl der Bewertung jeder Aufsichtsarbeit sowie des Vortrags mit 10 und die der Leistung im Prüfungsgespräch mit 30 vervielfältigt und sodann die Summe durch 100 geteilt wird. [4]Sind dem Prüfling Prüfungsleistungen nach § 24 Abs. 3 erlassen worden, so sind die entsprechenden Prüfungsleistungen aus dem vorhergehenden Prüfungsverfahren zu berücksichtigen. [5]Alle Punktwerte sind bis auf zwei Dezimalstellen ohne Auf- oder Abrundung rechnerisch zu ermitteln.

(4) Der Prüfungsausschuss kann bei der Entscheidung über das Ergebnis der staatlichen Pflichtfachprüfung von dem rechnerisch ermittelten Wert für die Gesamtnote um bis zu einem Punkt abweichen, wenn dies aufgrund des Gesamteindrucks den Leistungsstand des Prüflings besser kennzeichnet und die Abweichung auf das Bestehen keinen Einfluss hat.

(5) [1]Fehler bei der Notenbezeichnung für die Gesamtnote und bei der Errechnung des Punktwertes können von Amts wegen durch das Justizprüfungsamt berichtigt werden. [2]Die Berichtigung der Punktwerte und eine durch sie bewirkte Änderung in der Notenbezeichnung sind auf der Prüfungsniederschrift zu vermerken. [3]Das unrichtige Zeugnis ist einzuziehen und durch ein richtiges zu ersetzen.

(6) [1]Die Entscheidung des Prüfungsausschusses über das Ergebnis der staatlichen Pflichtfachprüfung ist zu verkünden. [2]Sie ist dem Prüfling mit einer Rechtsbehelfsbelehrung schriftlich bekannt zu geben.

Gesetz zur Ausführung der Verwaltungsgerichtsordnung im Lande Nordrhein-Westfalen (AGVwGO)

§ 5 (Behörden als Verfahrensbeteiligte). (1) Behörden sind fähig, am Verfahren vor den Gerichten der allgemeinen Verwaltungsgerichtsbarkeit beteiligt zu sein.

(2) [1]Anfechtungsklagen und Verpflichtungsklagen sind gegen die Behörde zu richten, die den angefochtenen Verwaltungsakt erlassen oder den beantragten Verwaltungsakt unterlassen hat. [2]Dies gilt nicht für Klagen im Sinne des § 52 Nr. 4 der Verwaltungsgerichtsordnung.

§ 6 (Entscheidungen von Kollegialbehörden). Einer Nachprüfung in einem Vorverfahren im Sinne des § 68 der Verwaltungsgerichtsordnung bedarf es nicht, wenn eine Kollegialbehörde den angefochtenen Verwaltungsakt oder die Ablehnung eines Verwaltungsaktes in einem förmlichen Verfahren beschlossen hat.

Auszug aus dem (Bundes-)Jugendschutzgesetz (JuSchG)

§ 1 Begriffsbestimmungen. (1) (...)

(2) [1]Trägermedien im Sinne dieses Gesetzes sind Medien mit Texten, Bildern oder Tönen auf gegenständlichen Trägern, die zur Weitergabe geeignet, zur unmittelbaren Wahrnehmung bestimmt oder in einem Vorführ- oder Spielgerät eingebaut sind. (...)

§ 15 Jugendgefährdende Trägermedien. (1) Trägermedien, deren Aufnahme in die Liste jugendgefährdender Medien (...) bekannt gemacht ist, dürfen nicht

1. einem Kind oder einer jugendlichen Person angeboten, überlassen oder sonst zugänglich gemacht werden,
2. an einem Ort, der Kindern oder Jugendlichen zugänglich ist oder von ihnen eingesehen werden kann, ausgestellt, angeschlagen, vorgeführt oder sonst zugänglich gemacht werden,
3. im Einzelhandel außerhalb von Geschäftsräumen, in Kiosken oder anderen Verkaufsstellen, die Kunden nicht zu betreten pflegen, im Versandhandel oder in gewerblichen Leihbüchereien oder Lesezirkeln einer anderen Person angeboten oder überlassen werden,
4. im Wege gewerblicher Vermietung oder vergleichbarer gewerblicher Gewährung des Gebrauchs, ausgenommen in Ladengeschäften, die Kindern und Jugendlichen nicht zugänglich sind und von ihnen nicht eingesehen werden können, einer anderen Person angeboten oder überlassen werden,
5. im Wege des Versandhandels eingeführt werden,
6. öffentlich an einem Ort, der Kindern oder Jugendlichen zugänglich ist oder von ihnen eingesehen werden kann, oder durch Verbreiten von Träger- oder Telemedien außerhalb des Geschäftsverkehrs mit dem einschlägigen Handel angeboten, angekündigt oder angepriesen werden,
7. hergestellt, bezogen, geliefert, vorrätig gehalten oder eingeführt werden, um sie oder aus ihnen gewonnene Stücke im Sinne der Nummern 1 bis 6 zu verwenden oder einer anderen Person eine solche Verwendung zu ermöglichen.

(5) Bei geschäftlicher Werbung darf nicht darauf hingewiesen werden, dass ein Verfahren zur Aufnahme des Trägermediums oder eines inhaltsgleichen Telemediums in die Liste anhängig ist oder gewesen ist.

§ 18 Liste jugendgefährdender Medien. (1) [1] Träger- und Telemedien, die geeignet sind, die Entwicklung von Kindern oder Jugendlichen oder ihre Erziehung zu einer eigenverantwortlichen und gemeinschaftsfähigen Persönlichkeit zu gefährden, sind von der Bundesprüfstelle für jugendgefährdende Medien in eine Liste jugendgefährdender Medien aufzunehmen. [2] Dazu zählen vor allem unsittliche, verrohend wirkende, zu Gewalttätigkeit, Verbrechen oder Rassenhass anreizende Medien. (...)

(3) Ein Medium darf nicht in die Liste aufgenommen werden (...)

2. wenn es der Kunst oder der Wissenschaft, der Forschung oder der Lehre dient;
3. wenn es im öffentlichen Interesse liegt, es sei denn, dass die Art der Darstellung zu beanstanden ist. (...)

§ 19 Personelle Besetzung. (1) [1] Die Bundesprüfstelle für jugendgefährdende Medien besteht aus einer oder einem von dem Bundesministerium für Familie, Senioren, Frauen und Jugend ernannten Vorsitzenden, je einer oder einem von jeder Landesregierung zu ernennenden Beisitzerin oder Beisitzer und weiteren von dem Bundesministerium für Familie, Senioren, Frauen und Jugend zu ernennenden Beisitzerinnen oder Beisitzern. [2] Für die Vorsitzende oder den Vorsitzenden und die Beisitzerinnen oder Beisitzer ist mindestens je eine Stellvertreterin oder ein Stellvertreter zu ernennen.

(2) [1] Die von dem Bundesministerium für Familie, Senioren, Frauen und Jugend zu ernennenden Beisitzerinnen und Beisitzer sind den Kreisen

1. der Kunst,
2. der Literatur,
3. des Buchhandels und der Verlegerschaft,

4. der Anbieter von Bildträgern und von Telemedien,
5. der Träger der freien Jugendhilfe,
6. der Träger der öffentlichen Jugendhilfe,
7. der Lehrerschaft und
8. der Kirchen, der jüdischen Kultusgemeinden und anderer Religionsgemeinschaften, die Körperschaften des öffentlichen Rechts sind,

auf Vorschlag der genannten Gruppen zu entnehmen. (...)

(5) [1] Die Bundesprüfstelle für jugendgefährdende Medien entscheidet in der Besetzung von zwölf Mitgliedern, die aus der oder dem Vorsitzenden, drei Beisitzerinnen oder Beisitzern der Länder und je einer Beisitzerin oder einem Beisitzer aus den in Absatz 2 genannten Gruppen bestehen. (...)

Bearbeitervermerk: Die für die Falllösung maßgeblichen Vorschriften des nordrhein-westfälischen VwVfG entsprechen inhaltlich dem VwVfG des Bundes.

Lösung

I. Die Klage gegen das Justizprüfungsamt

1. Zulässigkeit der Klage

P strebt an, dass seine Prüfung für bestanden erklärt wird. Er begehrt also den Erlass eines Verwaltungsakts i.S.v. § 35 S. 1 NRWVwVfG. Nach §§ 40 I, 42 I VwGO steht der Rechtsweg zu den Verwaltungsgerichten offen, wobei die Verpflichtungsklage die einschlägige Rechtsschutzform ist. Die nach § 42 II VwGO erforderliche Klagebefugnis folgt hier aus § 18 I NRWJAG, der ein Recht begründet, wenn die Leistungen des Prüflings insgesamt den Anforderungen entsprechen. Obwohl der Prüfungsausschuss die Prüfung für nicht bestanden erklärt, also einen ablehnenden Verwaltungsakt erlassen hat, ist ein Vorverfahren gemäß § 68 II VwGO entbehrlich. Fraglich ist, wer der richtige Klagegegner ist. Der Prüfungsausschuss ist lediglich ein unselbständiger Teil des Justizprüfungsamtes, der für die Bewertung der Hausarbeiten und für die Abnahme der mündlichen Prüfung zusammentritt. Die Klage ist daher nach §§ 78 I 2 VwGO, 5 II NRWAGVwGO gegen das Justizprüfungsamt zu richten.

2. Die Begründetheit der Klage

a) Die Prüfungsbefugnis des Gerichts

Das Justizprüfungsamt ist zu verpflichten, die Prüfung des *P* für bestanden zu erklären, wenn seine Leistungen insgesamt den Anforderungen entsprechen. Wäre die Note des *P* im öffentlich-rechtlichen Abschnitt der mündlichen Prüfung um zwei Punkte besser ausgefallen, hätte er soeben noch die Anforderungen erfüllt. Dann hätte der erzielte Punktwert nämlich nicht die unterste Grenze von 4,00 Punkten nach § 17 II NRWJAG unterschritten.

Die Verpflichtung des Justizprüfungsamtes hängt davon ab, ob das Gericht die Behörde zur Änderung des Punktwerts für den öffentlichrechtlichen Abschnitt der mündlichen Prüfung anhalten kann. Sofern dem Prüfungsausschuss als der zur Entscheidung berufenen Untergliederung des Justizprüfungsamtes Ermessen eingeräumt ist, darf das Gericht die Entscheidung nur auf Ermessensfehler hin überprüfen. Zur Vornahme darf es nur verurteilen, wenn keine andere Entscheidung ermessensfehlerfrei wäre. Folgt man der Auffassung, die unter Ermessen Wahlfreiheit in der Anordnung einer Rechtsfolge oder in der Bestimmung des Inhalts der Rechtsfolge versteht,[1] könnte das Gesetz dem Prüfungsausschuss allenfalls bei der Festsetzung des Punktwertes, nicht aber bei der Beurteilung der Leistungen des Prüflings Ermessen einräumen. Bei einer Prüfung muss jedoch Chancengleichheit herrschen.[2] Es wäre ein Verstoß gegen den Gleichheitssatz, wollte man der Behörde Auswahlfreiheit in der Rechtsfolge überlassen. Dementsprechend gewährt § 18 I NRWJAG dem Kandidaten ein Recht, wenn die gestellten Anforderungen erfüllt sind. Diese Überlegung spricht für die volle Nachprüfungsbefugnis des Gerichts.

Andererseits wird der Prüfungsausschuss aber gerade eingesetzt, um Personen die Entscheidung anzuvertrauen, die für besonders sachverständig zur Prüfung und zur Bewertung von Prüfungsleistungen gehalten werden. Will sich das Gericht an die Stelle der ausgewählten Fachleute setzen, ist es gewöhnlich auf Sachverständige angewiesen, die durch ihre Beurteilung den Ausgang des Rechtsstreits maßgeblich beeinflussen. Die Auswahl der fachlich am besten geeigneten Personen soll aber der Verwaltung überlassen bleiben. Daher billigt man dem fachlich ausgesuchten Gremium innerhalb der Verwaltung, das zur Prüfung und zur Bewertung von Prüfungsleistungen berufen ist, gemeinhin einen Beurteilungsspielraum zu.[3] Teilweise wird dafür auch der Begriff der „Einschätzungsprärogative“ der Verwaltung verwendet.[4]

Bei der Prüfung von Juristen könnte man auf den Gedanken kommen, dass die höchstpersönliche Abnahme der Prüfung durch ausgewählte Prüfer nicht unabdingbar ist, weil das Gericht selbst als sachverständig bezeichnet werden kann. Doch sollen in der Prüfungskommission verschiedene Fachrichtungen vertreten sein, Wissenschaft und Praxis sind zu beteiligen. Hinzu kommt, dass der Prüfling in die besondere Prüfungssituation hineingestellt wird, die vor Gericht nicht beliebig wiederholt werden kann. Da der Hergang der Prüfung nicht protokolliert

---

[1] *Maurer,* § 7 Rn. 7.

[2] BVerfGE 84, 34 (50); BVerwGE 14, 31 (34); vgl. auch *Huber,* JA 1985, 416 ff.

[3] *Sieckmann,* DVBl 1997, 101; *Seebass,* NVwZ 1985, 525 ff. m. w. N.

[4] *BVerwG* NJW 1987, 1429 (1431); BVerwGE 91, 211 (213).

wird, können die Richter die Bewertung nicht im erforderlichen Umfang nachvollziehen, selbst wenn man darüber hinwegsieht, dass sie nicht für die Prüfung ausgesucht sind. Der Beurteilungsspielraum besteht deshalb auch bei juristischen Prüfungen.[5] Aufgrund dieses Beurteilungsspielraums gesteht man den ausgewählten Prüfern weitgehend freie Hand zu, wie sie die Leistungen des Prüflings bewerten. Zwar steht die auf Grund dieser Bewertung auszusprechende Rechtsfolge fest, doch ist durch die mangelnde Überprüfbarkeit der Entscheidung, wie die Leistungen im Einzelnen einzustufen sind, eine Bandbreite verschiedener Ergebnisse denkbar, je nachdem, welcher Prüfungsausschuss eingesetzt ist.

Eine Zeitlang hat man Beurteilungsspielraum und Ermessen streng auseinander gehalten. Dennoch stand fest, dass die Gerichte überprüfen dürfen, ob die Verwaltung die Grenzen des Beurteilungsspielraums eingehalten hat, ob das Verfahren mangelhaft war, ob Tatsachen verkannt oder übersehen, ob allgemeine Bewertungsgrundsätze missachtet worden sind, ob sachfremde Erwägungen bestimmend waren oder ob gegen Art. 3 III GG verstoßen oder der Gleichheitssatz in anderer Weise verletzt wurde.[6] Diese Fehlergründe unterscheiden sich kaum von den Fehlern, deren Prüfung dem Gericht auch bei den herkömmlichen Ermessensentscheidungen zusteht. Allenfalls ist der Rahmen beim Beurteilungsspielraum enger gezogen. So bilden die allgemeinen Bewertungsgrundsätze beim Ermessen im engeren Sinne keine Fehlerquelle.

b) Allgemeine Bewertungsgrundsätze

Das Verwaltungsgericht darf somit nicht die Bewertung der mündlichen Prüfungsleistung des *P* im öffentlichen Recht seitens der Prüfungskommission durch eine eigene Bewertung ersetzen. Demzufolge unterliegt es nicht richterlicher Nachprüfung, wie die Lösung des Falles, der vor der Bundesprüfstelle spielt, in der Bewertungsskala einzuordnen ist. Man wird es aber als allgemeinen Bewertungsgrundsatz ansehen dürfen, dass für die Fachwelt ein gewichtiger Mangel erkennbar sein muss, wenn die Antwort des Kandidaten ausschlaggebend dafür ist, dass der gesamte Abschnitt der mündlichen Prüfung als nicht mehr ausreichend betrachtet wird. Das Verwaltungsgericht hat also eine eingeschränkte Nachprüfungsbefugnis.

Nach § 18 III Nr. 2 des Jugendschutzgesetzes (JuSchG) darf ein Medium nicht in die Liste aufgenommen werden, wenn es der Kunst dient. Darauf stützt sich offenbar *P* bei seiner Antwort. Es ist umstritten, ob die Verwaltungsgerichte die Befugnis zur vollen künstlerischen Bewertung haben. Früher gestand das Bundesverwaltungsgericht den Untergerichten die Beurteilung in vollem Umfange zu.[7] Dann änderte das Bundes-

---

[5] *BVerwG* NVwZ 1985, 187; BVerfGE 84, 34 (49ff.).

[6] *Bull*, § 7 Rn. 376ff.; zur Entwicklung: *Maurer*, § 7 Rn. 31ff.

[7] BVerwGE 23, 112 (114).

verwaltungsgericht seine Rechtsprechung[8] und billigt seitdem der Bundesprüfstelle einen Beurteilungsspielraum in zweifacher Hinsicht zu: Zum einen entscheidet sie über die Eignung eines Mediums zur Jugendgefährdung, zum anderen über dessen Eigenschaft als Kunstwerk.[9] Im vorliegenden Fall hat *P* noch nicht einmal eine dieser Rechtsansichten wiedergegeben. Vielmehr vertraut er die Einschätzung, was unter Kunst zu verstehen ist, allein dem angeblichen Künstler an. Zwar ist eine eindeutige und klare Bestimmung des Begriffs Kunst nicht möglich;[10] dennoch hat die Rechtsprechung diesen Begriff mittlerweile näher konkretisiert. So geht das Bundesverwaltungsgericht davon aus, dass der Kunstbegriff des Art. 5 III 1 GG mit dem des § 18 III Nr. 2 JuSchG übereinstimmt.[11] Dabei ist der vom Bundesverfassungsgericht vertretene weite, mehrdimensionale Kunstbegriff[12] zugrunde zu legen. Danach sind verschiedene Kriterien heranzuziehen, um die Eigenschaft als Kunstwerk festzustellen. Die Auffassung, es käme dabei ausschließlich auf die subjektive Behauptung des „Künstlers“ an, führt jedoch zur völligen Auflösung des Rechtsbegriffs Kunst und damit zu dessen juristischer Unbrauchbarkeit.[13] Der Verfasser einer Schrift, die dem Verfahren vor der Bundesprüfstelle unterworfen wird, brauchte sich nämlich nur darauf zu berufen, eine künstlerische Leistung hervorgebracht zu haben, um das Verfahren zu unterlaufen. Es widerspricht daher nicht allgemeinen Bewertungsgrundsätzen, die Antwort des *P* für mangelhaft zu halten.

Möglicherweise kann aber darin ein Verstoß gegen allgemeine Bewertungsgrundsätze gesehen werden, dass die Prüfer dieser einen mangelhaften Antwort offensichtlich ein dermaßen großes Gewicht zumaßen, dass sie den gesamten öffentlich-rechtlichen Prüfungsabschnitt mit mangelhaft bewerteten. Die Gesamtnote aus der unzutreffenden und der zur Zufriedenheit der Prüfer ausgefallenen Antwort des *P* im öffentlich-rechtlichen Teil der mündlichen Prüfung muss jedoch nicht arithmetisch ermittelt werden. Die beiden Fragen können von unterschiedlicher Bedeutung gewesen sein, so dass die Antwort auf die eine Frage durchaus zu einem insgesamt schlechten Ergebnis führen kann. Die Gewichtung liegt mithin innerhalb des Beurteilungsspielraums der Prüfer.

c) Verfahrensmängel

P hält den Prüfer *Ö* für voreingenommen. Freilich ist nicht erkennbar, dass etwa sachfremde Erwägungen für die Benotung der Leistungen des

---

[8] BVerwGE 39, 197 (203, 209).

[9] *BVerwG* NJW 1987, 1429 (1431); BVerwGE 91, 211 (213ff.); *Lutz,* NJW 1988, 3195.

[10] *Picasso:* „Kunst? Wenn ich wüsste, was das ist, würde ich das für mich behalten“, in: *Böhm,* Bildnerisches Gestalten, 1974, 12.

[11] Vgl. *BVerwG* NJW 1987, 1429ff.

[12] BVerfGE 67, 213 (224ff.) im Anschluss an BVerfGE 30, 173 (183ff.).

[13] *v. Münch,* in: *ders.,* GG, Art. 5 Rn. 91.

P im öffentlichen Recht maßgeblich gewesen wären. Immerhin aber hegte *P* die Besorgnis, Ö könne ihm sein Verhalten während der Auseinandersetzungen an der Universität übel genommen haben. Auf die Mitteilung dieses Umstandes hin musste der Prüfungsausschuss einen Beschluss fassen, ob begründete Besorgnis der Befangenheit besteht. Dies geschah auch, jedoch wirkte Ö bei diesem Beschluss mit. Er darf aber nach § 20 IV 3 NRWVwVfG nicht selbst darüber befinden, ob Misstrauen gegen seine Amtsführung angebracht ist. Die Mitwirkung des Ö an der Beschlussfassung stellt mithin einen Verfahrensfehler dar. Zwar begründet die Ablehnung des Ö als Prüfer noch nicht die Besorgnis der Befangenheit, weil sonst jeder dem Kandidaten missliebige Prüfer ausgeschlossen werden könnte, aber der Verfahrensfehler bewirkt, dass der Verdacht einer Befangenheit nicht einwandfrei ausgeräumt worden ist. Die unparteiische Amtsführung muss über jeden Zweifel erhaben sein. Daher haftet der gesamten mündlichen Prüfung des *P* ein wesentlicher Verfahrensfehler an, der die Rechtswidrigkeit des Prüfungsergebnisses zur Folge hat.[14] Dies kann indessen nicht dazu führen, dass das Verwaltungsgericht die Prüfung nun für bestanden zu erklären hat, denn der Fehler rechtfertigt nur, einen neuen mündlichen Prüfungstermin für *P* anzuberaumen.

Dieser rügt ferner, dass er nicht ein gleiches Maß an Zeit wie die anderen Prüflinge im öffentlich-rechtlichen Abschnitt zur Verfügung gehabt habe. Aus dem Grundsatz der Chancengleichheit folgt, dass möglichst gleichmäßige Voraussetzungen für alle Prüflinge zu schaffen sind.[15] Allen Prüflingen sind gleiche Erfolgschancen zu gewähren.[16] Daraus erwächst insbesondere die Pflicht, jedem Prüfling ungefähr die gleiche Zeit zu widmen. Die im wesentlichen gleiche Prüfungsdauer soll jedem Kandidaten die Gelegenheit geben, die Zeit auszuschöpfen, in der er seine Kenntnisse dem Prüfungsausschuss zeigen kann.[17] Gewiss mag es nun Abweichungen geben, wenn ein Prüfling nicht in der Lage oder nicht willens ist, die ihm gebotenen Gelegenheiten auszunutzen, so dass eine Stille entstünde, wenn der Prüfer sich nicht einem anderen Kandidaten zuwenden würde. Indes sind für eine solche Sachlage hier keine Anhaltspunkte vorhanden. Daher ist *P* durch die ins Auge fallende Verkürzung der öffentlich-rechtlichen Prüfung im Verhältnis zu den anderen Kandidaten in rechtswidriger Weise benachteiligt.

Die Aufteilung der Zeit auf die einzelnen Prüflinge geht im vorliegenden Fall aber nur aus einem heimlich aufgenommenen Tonband hervor. Andere Personen als Prüfer und Prüflinge sind nach § 15 VI 1 NRWJAG nur als Zuhörer zugelassen. Von einem Verbot, Tonbandaufnahmen zu machen, ist zwar nicht die Rede, aber die Zulassung von Zuhörern dient

---

[14] *Rozek*, JA 1989, 238.
[15] *BVerwG* NVwZ 1985, 187.
[16] *BVerwG* DÖV 1973, 420.
[17] *VG Freiburg* DÖV 1973, 422.

Informationszwecken und nicht der Beweissicherung. Der Vorsitzende des Prüfungsausschusses hätte also die Aufnahme verbieten dürfen, wenn er etwas davon bemerkt hätte. Freilich ist dies kein Grund, die auf der heimlichen Aufnahme beruhenden tatsächlichen Angaben der Entscheidung des Gerichts nicht zugrunde zu legen. Wegen Verletzungen der Chancengleichheit ist daher die mündliche Prüfung im öffentlichen Recht fehlerhaft abgelaufen. Wiederum besteht kein Anlass, die Prüfung deswegen für bestanden zu erklären. *P* muss erneut die Möglichkeit erhalten, seine Kenntnisse in der für alle Prüflinge etwa gleichen Zeitdauer vortragen zu können. Dies gilt allerdings nur für die Prüfung im öffentlichen Recht. Wäre jedoch lediglich diese ohne die anderen Abschnitte der mündlichen Prüfung zu wiederholen, läge darin ein Vorteil für *P*, der sich nicht so lange konzentrieren müsste wie andere Prüflinge. Deshalb muss *P* wegen des Fehlers im öffentlich-rechtlichen Teil die gesamte mündliche Prüfung nochmals absolvieren.

Schließlich könnte ein Verfahrensfehler auch noch darin liegen, dass über den Hergang der Prüfung kein Protokoll aufgenommen wurde. Sinn eines solchen Protokolls könnte es sein, als Grundlage für die gerichtliche Überprüfung zu dienen. Mittelbar können dadurch die Prüfer zu genauer Beachtung der Prüfungsvorschriften angehalten werden. Ist die Prüfung einer Kommission anvertraut, kann das Gericht die nötigen Angaben von den Mitgliedern selbst erfahren. Es ist nicht auf die Aussagen einer einzigen Person angewiesen, die möglicherweise voreingenommen oder lückenhaft berichten könnte, sondern kann sich ein weniger subjektiv gefärbtes Bild aus verschiedenen Darstellungen machen. Die Mitglieder der Kommission können sich auch gegenseitig überwachen. Insbesondere ist der Vorsitzende verpflichtet, auf die Einhaltung der Bestimmungen zu achten. Manche Einzelheiten der Prüfung wie etwa die Hilfe durch Gesten entziehen sich in jedem Fall einer Protokollierung. Wegen der begrenzten Nachprüfung durch das Gericht ist eine vollständige Niederschrift der Fragen und Antworten ohnehin von geringem Wert. Ein Protokoll ist daher nicht unerlässlich.[18]

d) Der sachdienliche Antrag

Im Ergebnis wird das Verwaltungsgericht der Klage des *K* nicht stattgeben, wenn er seinen Antrag nicht umstellt. Gemäß § 86 III VwGO hat der Vorsitzende aber darauf hinzuwirken, dass sachdienliche Anträge gestellt werden. *P* hat ein Recht darauf, eine neue Gelegenheit zur mündlichen Prüfung zu erhalten. § 113 V 2 VwGO sieht jedoch nur die Verpflichtung der Behörde vor, den Kläger unter Beachtung der Rechtsauffassung des Gerichts neu zu bescheiden. Da ein neuer Bescheid nur ergehen kann, wenn die Entscheidungsgrundlage in Gestalt einer mündlichen Prüfung vorhanden ist, bringt ein Bescheidungsurteil die Ver-

---

[18] *VGH Kassel* SPE 470, Nr. 14.

pflichtung des Justizprüfungsamts mit sich, dem *P* einen neuen mündlichen Prüfungstermin zuzuteilen, der zur Vermeidung der Befangenheit vor einem anderen Prüfungsausschuss stattfinden muss.[19] Der Antrag des *P* muss daher lauten, das Justizprüfungsamt zu verpflichten, einen neuen Bescheid zu erlassen. Die darin liegende Klageänderung ist nach § 91 I VwGO sachdienlich.

II. Die Antwort auf die Frage im öffentlich-rechtlichen Teil der mündlichen Prüfung

1. Zulässigkeit der Anfechtungsklage

Möglicherweise ist gegen die Maßnahme der Bundesprüfstelle eine Anfechtungsklage nach §§ 40 I 1, 42 I Alt. 1 VwGO zulässig. Die Aufnahme der Schrift des *S* „Die ungezügelte Gewalt" in die Liste jugendgefährdender Medien ist ein Verwaltungsakt, weil die Aufnahme nach § 15 JuSchG zur Folge hat, dass Verbreitungsverbote und eine Beschränkung der Werbung bestehen. *S* wird in der Freiheit der Meinungsäußerung nach Art. 5 I 1 und möglicherweise auch in der Kunstfreiheit nach Art. 5 III 1 GG beeinträchtigt. Er besitzt daher die Klagebefugnis nach § 42 II VwGO. Eines Vorverfahrens bedarf es nach §§ 68 I 1 VwGO, 6 I LAG-VwGO nicht, weil die Bundesprüfstelle als Kollegialbehörde entscheidet (§ 19 I JuSchG). Die Anfechtungsklage ist somit zulässig.

2. Begründetheit der Anfechtungsklage

Fraglich ist, ob die Veröffentlichung „Die ungezügelte Gewalt" tatsächlich i.S.v. § 18 I JuSchG geeignet ist, die Entwicklung von Kindern und Jugendlichen oder ihre Erziehung zu einer eigenverantwortlichen und gemeinschaftsfähigen Persönlichkeit zu gefährden, weil sie verrohend wirkt oder zu Gewalttätigkeiten oder Verbrechen anreizt. Dies ist von einem nach § 19 JuSchG besonders zusammengesetzten Ausschuss der Bundesprüfstelle zu beurteilen, der aus sachverständigen Personen besteht. Die im Kollegium gefasste Entscheidung vermag das Gericht aufgrund der fehlenden Kontrollkompetenz nicht in vollem Umfang nachzuvollziehen.[20]

Die Aufnahme in die Liste ist eine letztverbindliche Verwaltungsentscheidung, so dass die Gefährdung, die von einer Schrift ausgeht, vom BVerwG zu Recht dem Beurteilungsspielraum der Bundesprüfstelle anheim gegeben wird.[21] Wenn auch Bedenken dagegen nicht völlig auszuräumen sind, die Anprangerung von Unrecht mit Verboten und Beschränkungen zu belegen, ist doch die Möglichkeit nicht ausgeschlossen, dass Kinder und Jugendliche die Zweckrichtung der Schrift missverste-

---

[19] *Stüer,* DÖV 1974, 263.
[20] *BVerwG* NJW 1987, 1429ff.
[21] S. oben Fn. 9.

hen, wenn keine Erläuterung beigefügt ist. Die Entscheidung der Prüfstelle bleibt insoweit innerhalb des Beurteilungsspielraums.

Die Aufnahme in die Liste muss jedoch nach § 18 III Nr. 2 JuSchG dann unterbleiben, wenn *S* ein Kunstwerk geschaffen hat. Was der Kunst dient, hat ebenfalls die Bundesprüfstelle aufgrund ihrer besonderen Befähigung zu beurteilen. Eine uneingeschränkte gerichtliche Kontrolle besteht insoweit lediglich hinsichtlich der richtigen Auslegung des Rechtsbegriffs Kunst und des Ausgehens von einem zutreffenden Sachverhalt. Hingegen kann das Gericht nur eingeschränkt, nämlich auf das Vorliegen von Willkür, überprüfen, ob die Prüfstelle die konkrete Schrift zu Recht oder Unrecht als Kunst gewürdigt hat.[22] Im vorliegenden Fall muss Primitivität der Sprache nicht unbedingt ein Zeichen für mangelnde Kunst sein. Es kann sich darin auch Gestaltungsvermögen ausdrücken. Der Autor selbst bezeichnet zwar die Primitivität der Sprache als künstlerisches Gestaltungsmittel, gibt aber zugleich an, dass er damit einen politischen und moralischen Erfolg erringen wolle. Die künstlerische Qualität wird dadurch freilich nicht notwendig ausgeschlossen. Andererseits sind allgemeine Bewertungsgrundsätze aber nicht verletzt, wenn die Bundesprüfstelle zu dem Schluss kommt, dass die Primitivität der Sprache nicht in erster Linie aus künstlerischen, sondern aus politischen und moralischen Gründen verwendet würde. Jedenfalls handelt es sich dabei nicht um eine willkürliche, aus sachlichen Gründen heraus nicht mehr verständliche Würdigung. Die Bundesprüfstelle beachtet insoweit den Rahmen ihres Beurteilungsspielraums.

Nach § 18 III Nr. 3 JuSchG ist es auch untersagt, eine Schrift in die Liste aufzunehmen, wenn ein öffentliches Interesse an der Verbreitung anzunehmen ist. Dieser Frage ist die Bundesprüfstelle nicht nachgegangen. Zumindest lässt die Begründung darüber nichts verlauten. Ein Verfahrensfehler ist es auch, nicht alle gesetzlich vorgeschriebenen Erwägungen anzustellen, die vom Sachverhalt her nahe liegen. Die Verbreitung einer Schrift, die sich gegen Folterungen wendet, kann im öffentlichen Interesse liegen. Zwar besteht ausnahmsweise doch die Möglichkeit, die Schrift in die Liste aufzunehmen, wenn die Art der Darstellung zu beanstanden ist, die Bundesprüfstelle hat aber nicht zu erkennen gegeben, dass sie sich darüber Gedanken gemacht hätte. Ihr ist daher ein Verfahrensfehler anzulasten. Die Anfechtungsklage hat Erfolg.

Literaturhinweise

1. Zum Prüfungsrecht

Goerlich, Helmut, Zur Reichweite der verfahrensrechtlichen Kontrolle von Prüfungsentscheidungen in Bezug auf die Anforderungen an die Begründung von Prüfungsno-

[22] *Lutz,* NJW 1988, 3195.

ten, JZ 1993, 803; *Hoffmann, Christian*, Der Beitrag der neueren Rechtsprechung des BVerfG zur Dogmatik des Beurteilungsspielraums, NVwZ 1995, 740; *Hufen, Friedhelm,* Kontrolldichte bei Prüfungsentscheidungen, JuS 1992, 606; *ders.*, Beurteilungsspielraum bei Prüfungsentscheidungen und beamtenrechtlicher Leistungsbewertung, JuS 1999, 924; *Kotulla, Michael/Birkenmeyer, Claas,* Das verunglückte Prädikat – Zur verwaltungsgerichtlichen Kontrolle von Prüfungsentscheidungen, NWVBl 2002, 120; *Muckel, Stefan,* Neues zum Rechtsschutz gegenüber Prüfungsentscheidungen – BVerfG, NJW 1991, 2005 und 2008, JuS 1992, 201; *von Mutius, Albert von/Sperlich, Klaus,* Prüfungen auf dem Prüfstand – Die Beschlüsse des Bundesverfassungsgerichts vom 17. 4. 1991 zur gerichtlichen Kontrolle von Prüfungsentscheidungen, DÖV 1993, 45; *Pieroth, Bodo/Kemm, Siegmar,* Beurteilungsspielraum und Verwaltungsgerichtliche Kontrolldichte bei der Anerkennung eines besonderen pädagogischen Interesses an privaten Grundschulen – BVerfGE 88, 40, JuS 1995, 780; *Rauschning, Dietrich,* Kontrolle der Leistungsbewertung im juristischen Staatsexamen – OVG Münster, NVwZ 1993, 94 und 95, JuS 1993, 551; *Rozek, Jochen,* Neubestimmung der Justitiabilität von Prüfungsentscheidungen – Der prüfungsrechtliche Bewertungsspielraum in der Rechtsprechung des BVerfG, NVwZ 1992, 343; *Sieckmann, Jan-R.*, Beurteilungsspielräume und richterliche Kontrollkompetenzen, DVBl 1997, 101.

2. Zum Jugendschutz

Frenzel, Eike Michael, Von Josefine Mutzenbacher zu American Psycho – Das Jugendschutzgesetz 2002 und das Ende des Gesetzes über die Verbreitung jugendgefährdender Schriften und Medieninhalte?, AfP 2002, 191; *Geis, Max-Emanuel,* Zum Kunstbegriff in der Rechtsprechung des BVerwG und zur Reichweite der Einschätzungsprärogative der Bundesprüfstelle für jugendgefährdende Schriften, JZ 1993, 792; *Gusy, Christoph,* Zur Funktion der Bundesprüfstelle für jugendgefährdende Schriften und zur von ihr vorzunehmenden Abwägung zwischen Kunstfreiheit und Jugendschutz, JZ 1993, 796; *Hoffmann, Josef,* Zur Nachbesserungspflicht der Bundesprüfstelle für jugendgefährdende Schriften bei Entfallen des Gefährdungspotentials einer Schrift, ZUM 1996, 478; *Hufen, Friedhelm,* Rechtsprechungsübersicht – Indizierung jugendgefährdender Videofilme, JuS 1999, 1016; *Reinwald, Gerhard,* Jugendschutz und neue Medien – Anwendbarkeit des Gesetzes über die Verbreitung jugendgefährdender Schriften (GjS) auf Internetangebot und Rundfunk auch unter Berücksichtigung der geplanten Änderung des Schriftenbegriffs in GjS und StGB, ZUM 1997, 450; *Weber, Hermann,* Kunst in der Rechtsprechung des Bundesverwaltungsgerichts, in: Schmidt-Aßmann, Eberhardt u. a. (Hrsg.), Festgabe 50 Jahre Bundesverwaltungsgericht, 2003, S. 991; *Wente, Jürgen K.*, Rechtsschutz gegen Indizierungsentscheidungen der Bundesprüfstelle für jugendgefährdende Schriften, ZUM 1991, 561.

Fall 11. Die Virenkulturen im Keller

Sachverhalt

Der Arzt *Dr. Medicus (M)* richtet im Keller seines Hauses ein Labor ein. Zu diesem Zwecke lässt *M* einen Umbau vornehmen, bei dem auch tragende Wände im Kellergeschoss verändert werden. Die technische Ausführung des Umbaus ist nicht zu beanstanden. *M* züchtet im Labor Viren, um ihre Mutationsfähigkeit zu beobachten. Nach einiger Zeit erkrankt die Laborangestellte *Leidig (L)* an einer rätselhaften Krankheit.

Die Bürgermeisterin der kreisangehörigen Gemeinde, in der *M* lebt, fordert diesen auf, für seine Virenkulturen eine Unbedenklichkeitsbescheinigung des Gesundheitsamtes oder einer Universitätsklinik beizubringen, sonst müsse das Labor geschlossen werden. *M* weigert sich. Daraufhin ordnet die Bürgermeisterin an, das gesamte Labor einschließlich der Virenkulturen gefahrlos zu beseitigen und den ursprünglichen Zustand des Bauwerks wieder herzustellen. Eine Rechtsgrundlage ist nicht angegeben.

M legt Widerspruch gegen die Anordnungen ein. Die Landrätin als Widerspruchsbehörde ergänzt die beiden Anordnungen um die Rechtsgrundlage des § 14 I NRWOBG. Um Gesundheitsschäden zu vermeiden, müsse sich die Bürgermeisterin vergewissern, dass von den Virenkulturen keine Gefahr ausgehe. Stehe das nicht fest, sei die Beseitigung des Labors unabweisbar. Eine Erlaubnis nach § 44 Infektionsschutzgesetz (IfSG) zum Umgang mit Krankheitserregern nicht eingeholt. Außerdem habe *M* keine Erlaubnis zum Umbau gehabt. Die Anordnungen bleiben aufrechterhalten, obwohl sich herausstellt, dass *L* an einer psychisch bedingten Krankheit leidet.

M erhebt Anfechtungsklage. Im Laufe des Verfahrens weist die beklagte Bürgermeisterin mit Hilfe des Gesundheitsamts nach, dass *M* mit Viren arbeitet, die die Papageienkrankheit (Ornithose) hervorrufen. Die Bürgermeisterin beantragt daher Abweisung der Klage. Hilfsweise beantragt sie, den Verwaltungsakt mit dem Verlangen aufrechtzuerhalten, die Virenkulturen stillzulegen. Wie ist zu entscheiden?

Vermerk: In den Stadtstaaten gehen Aufforderung und Anordnung vom Bezirks- bzw. Polizeiamt aus, den Widerspruchsbescheid erlässt der zuständige Senator. Die Zuständigkeit ist für alle Länder nicht zu prüfen.

Lösung

I. Zulässigkeit der Klage

Die Bürgermeisterin hat gegenüber *M* Verwaltungsakte im Sinne von § 35 S. 1 NRWVwVfG erlassen. Dagegen kann *M* Anfechtungsklage vor dem Verwaltungsgericht gemäß §§ 40 I, 42 I Alt. 1 VwGO erheben. Die Klagebefugnis nach § 42 II VwGO folgt aus Art. 14 I, 2 I GG. Das Widerspruchsverfahren ist erfolglos durchlaufen. Die Klage ist zulässig.

II. Begründetheit der Klage

1. Die nachträglich eingefügte Rechtsgrundlage für die Anordnungen

Grundsätzlich ist die Rechtmäßigkeit eines Verwaltungsakts nach der zur Zeit seines Erlasses maßgeblichen Sach- und Rechtslage zu beurteilen. Die Landrätin veränderte auf den Widerspruch des *M* hin die von der Bürgermeisterin erlassenen Anordnungen. Nach § 79 I Nr. 1 VwGO ist zwar der ursprüngliche Verwaltungsakt Gegenstand der Anfechtungsklage, aber in der Gestalt, die er durch den Widerspruchsbescheid gefunden hat. Das Ausmaß der Abwandlung ist dadurch nicht vorgezeichnet.

Die Bürgermeisterin gab keine Rechtsgrundlage an. Belastende Verwaltungsakte bedürfen aber einer solchen Grundlage. Dieses Erfordernis ist aus dem Demokratieprinzip, dem Rechtsstaatsprinzip und den Grundrechten herzuleiten.[1] Die Landrätin ergänzte die Anordnungen um die Rechtsgrundlage des § 14 I NRWOBG.[2] Die Rechtsgrundlage ist also nachträglich hinzugefügt. Die Angabe der Rechtsgrundlage gehört in die Begründung von Verwaltungsakten. Eigentlich müsste daher die Rechtsgrundlage der Begründung der ursprünglichen Anordnungen zu entnehmen sein. Die Bürgermeisterin fügt ihren Anordnungen aber keine Begründung bei. § 45 I Nr. 2, II NRWVwVfG gestattet jedoch, die fehlende Begründung bis zum Abschluss des verwaltungsgerichtlichem Verfahren nachzuliefern. Dies geschieht durch die Landrätin im Widerspruchsbescheid. Der Fehler der Bürgermeisterin ist damit geheilt.

2. Die Voraussetzungen der eingefügten Rechtsgrundlage vor dem Widerspruch

Die Voraussetzungen der Rechtsgrundlage müssen erfüllt sein. § 14 I NRWOBG fordert, dass die öffentliche Sicherheit in Gefahr ist. Die

---

[1] *Maurer,* § 6 Rn. 3 ff.

[2] In den anderen Bundesländern: Art. 11 I i.V.m. 2 I BayPAG; §§ 1, 3 BWPolG; 1 I, 17 I BlnASOG; 1 I i.V.m. 10 I BbgPolG; 1, 10 BremPolG; 3 I HbgSOG; 1 I i.V.m. 11 HessSOG; 1 I i.V.m. 13 SOG MV; 1 I, 11 NdsSOG; 1 I i.V.m. 9 I RhPflPolG; 1 II i.V.m. 8 SaarlPolG; 1 i.V.m. 3 I SächsPolG; 1 I i.V.m. 13 SOG SachsAnh; 163 I, 165, 168 I Nr. 3, 174 SHLVerwG; 2 I i.V.m. 12 I ThürPAG.

Gesundheit ist ein wichtiges Schutzgut im Anwendungsbereich der Bestimmung. Es muss eine konkrete Gefahr für die Gesundheit vorliegen. Die Erkrankung der *L* könnte den Ausbruch einer unbekannten ansteckenden Krankheit bedeuten. Angesichts schwerer Fälle einer Ansteckung mit lebensgefährdenden Viren in der Vergangenheit ist die Gefahr hinlänglich deutlich gemacht. Wenn *M* die Gefahrenlage nicht überblicken kann, wie die Bürgermeisterin meint, ist keine wirkungsvolle Abwehr einer Ausbreitung von Krankheitserregern möglich.

Die Aufforderung, sich die Unbedenklichkeit des Laborbetriebs bescheinigen zu lassen, bekämpft die Gefahr nicht. Wohl aber kann die verlangte Untersuchung die Sachlage aufklären. § 14 I NRWOBG gibt indessen nicht die Befugnis, dem Bürger den Nachweis aufzubürden, dass ein bestimmtes Verhalten keine konkrete Gefahr für die Allgemeinheit mit sich bringt. Die zuständige Behörde muss den Sachverhalt von Amts wegen ermitteln (§ 24 I 1 NRWVwVfG). Der Vorbehalt des Gesetzes verlangt für eine Abweichung davon eine gesetzliche Grundlage, sonst könnte die Verwaltung das Risiko einer gescheiterten Entlastung und die Kosten der Untersuchung auf die Einzelnen abwälzen. Das angebliche Unvermögen des *M*, einer Krankheitsgefahr entgegenzutreten, lässt sich nicht mit einer abschätzigen Kennzeichnung belegen. § 14 I NRWOBG trägt somit nicht die Aufforderung, eine Unbedenklichkeitsbescheinigung vorzulegen. Die erste Anordnung ist rechtswidrig.

Die zweite Anordnung ist eng mit der ersten verklammert. Das Ansinnen, das gesamte Labor einschließlich der Virenkulturen gefahrlos zu beseitigen und den ursprünglichen Zustand des Bauwerks wieder herzustellen, stützt sich auf den fehlenden Nachweis der Unbedenklichkeit. *M* muss ihn jedoch nicht liefern. Damit ist auch die zweite Anordnung rechtswidrig, wenn nicht eine spätere Abänderung Abhilfe schafft.

2. Das Nachschieben von Gründen im Widerspruchsverfahren

a) Die Zulässigkeit des Nachschiebens von Gründen

Die Landrätin hat die Begründung der zweiten Anordnung der Bürgermeisterin umgestaltet und angereichert. Man spricht vom Nachschieben von Gründen, wenn der Verwaltungsakt nicht um eine fehlende Begründung ergänzt wird, sondern eine einwandfreie Begründung an die Stelle der fehlerhaften treten soll. Die Bürgermeisterin hat sich auf den fehlenden Nachweis der Unbedenklichkeit berufen. Eine Begründung war also vorhanden. Die Landrätin hat noch andere Gründe hinzugefügt. Nach einer verbreiteten Formel setzt das Nachschieben von Gründen voraus, dass die nachträglich vorgebrachten Gesichtspunkte schon bei Erlass des Verwaltungsakts vorlagen, dieser dadurch nicht in seinem Wesen geändert und der Betroffene nicht in seiner Rechtsverteidigung beeinträchtigt wird.[3] Seit geraumer Zeit entfällt allerdings die Annahme, dass die Situation zur Zeit des Erlasses maßgeblich ist.[4]

b) Der Gesundheitsschutz als Bestandteil des Ordnungsrechts

Die Landrätin greift die Abwehr einer Gefahr für die Gesundheit der Allgemeinheit wieder auf. Die Erkrankung der *L* erweckt den Anschein, dass das Labor einen Herd für eine ansteckende Virenkrankheit bildet. Zur Ausschaltung einer konkreten Gefahr dürfte die Ordnungsbehörde einschreiten. Im Laufe des Vorverfahrens stellte es sich aber heraus, dass nur eine Scheingefahr bestand.[5] Die Erkrankung der *L* rechtfertigt also nicht, die Anordnungen gegen *M* aufrecht zu erhalten.

c) Die Erweiterung der Begründung durch Seuchenrecht

Die Landrätin weist ferner auf § 44 IfSG hin. *M* betreibt das Labor nicht, um Untersuchungen für die unmittelbare Behandlung der eigenen Patienten für die eigene Praxis als Arzt durchzuführen. Er kann sich also nicht auf die Erlaubnisfreiheit nach § 45 I IfSG berufen, wenn er mit Krankheitserregern arbeitet. Bei Ornithose-Viren handelt es sich um derartige Krankheitserreger.[6] *M* bedurfte also der Erlaubnis. Solange er sie nicht hat, besteht ein Verbot, das nur aufgehoben werden darf, wenn die Gefahrenmomente anhand der Voraussetzungen für die Erlaubnis nach § 47 IfSG geprüft und – soweit wie möglich – ausgeräumt sind. Zur Sicherheit der Bevölkerung darf die Ordnungsbehörde nach § 14 I NRW-OBG einschreiten, wenn verbotswidrig mit lebenden Krankheitserregern gearbeitet wird. Kraft gesetzlicher Regelung genügt also die abstrakte Gefahr. Sie war bereits im Zeitpunkt des Erlasses der Beseitigungsverfügung vorhanden.

d) Die Erweiterung der Begründung durch das Baurecht

Für den Umbau des Kellers bedurfte *M* einer Baugenehmigung, weil tragende Wände innerhalb des Bauwerks geändert wurden (§ 63 I NRW-BauO).[7] An der Ausführung des Baus ist nichts zu beanstanden, so dass der Bau den gesetzlich vorgeschriebenen inhaltlichen Anforderungen

---

[3] BVerwGE 61, 200 (210); *BVerwG* DVBl 1983, 1105 (1107).

[4] *Maurer*, § 10 Rn. 40.

[5] Gebräuchlich ist auch der Begriff: Putativgefahr; zu den Rechtsfolgen: *Gerhardt*, Jura 1987, 525.

[6] In § 19 I Nr. 1 lit. a des durch das IfSG abgelösten BSeuchG war der Ornithose-Erreger noch ausdrücklich aufgeführt. In der Neuregelung des § 44 IfSG ist er im allgemeinen Terminus des „Krankheitserregers" (s. hierzu die Begriffsbestimmungen in § 2 Nr. 1–3 IfSG) aufgegangen.

[7] In den anderen Bundesländern: Art. 62 BayBO; §§ 49 I BWBauO; 60 I BlnBauO; 54 BbgBauO; 64 I BremLBO; 59 I HbgBauO; 54 I HessBauO; 62 I LBO MV; 68 I i. V. m. 2 V NdsBauO; 61 RhPflBauO; 60 I SaarlBauO; 59 I SächsBauO; 58 I BauO SachsAnh; 68 I SHBauO; 62 I ThürBauO.

genügt und insoweit rechtmäßig ist. Wegen der Verletzung der vorgeschriebenen Form begeht *M* eine Ordnungswidrigkeit nach § 84 I Nr. 13 NRWBauO,[8] die Beseitigung der Anlage und die Wiederherstellung des früheren Zustands kann aber aus Gründen der Verhältnismäßigkeit nicht verlangt werden. Eine Störung der öffentlichen Sicherheit i.S.v. § 14 I NRWOBG gilt es nicht zu beheben. Somit kommt es auch nicht auf die Streitfrage an, ob statt dessen §§ 61 I, 3 I NRWBauO als Rechtsgrundlage heranzuziehen sind.[9]

e) Die Voraussetzungen des Nachschiebens von Gründen

Der Verwaltungsakt wird jedenfalls dann in seinem Wesen verändert, wenn an die Stelle eines gebundenen Verwaltungsakts eine Ermessensentscheidung gesetzt wird und umgekehrt. § 14 I NRWOBG gewährt der Verwaltungsbehörde Ermessen. Die Änderungen der Anordnungen verwandeln diese nicht in gebundene Rechtsakte. Selbst im verwaltungsgerichtlichen Verfahren ist *M* nicht die Möglichkeit genommen, Gründe anzuführen, die den auf § 14 I NRWOBG gestützten Verwaltungsakt zu Fall bringen können (§ 114 S. 2 VwGO). Die Rechtsverteidigung des *M* ist also nicht beeinträchtigt.

3. Das Nachschieben von Gründen im Verwaltungsprozess

Im Widerspruchsverfahren war noch nicht geklärt, um welche Art von Viren es sich handelt, mit denen *M* experimentiert. Wenn die Bürgermeisterin in den Prozess die nachträglich gewonnene Erkenntnis einführt, dass sich *M* in seinem Labor mit Erregern der Papageienkrankheit beschäftigt, liegt in diesem Vorgehen ein Nachschieben tatsächlicher Gründe. *M* hat von Anfang an mit den Viren der Papageienkrankheit gearbeitet. Durch die Einführung des Nachweises, welche Viren im Keller des *M* gezüchtet werden, stellt die Behörde unabhängig vom IfSG nachträglich den Verwaltungsakt auf eine tragfähige tatsächliche Grundlage.

§ 45 I Nr. 2, II VwVfG könnte dem Nachschieben von Gründen im Verwaltungsprozess entgegenstehen.[10] Bei wortlautgetreuer Auslegung

---

[8] In den anderen Bundesländern: Art. 89 I Nr. 10 BayBO; §§ 75 I Nr. 8 BWBauO; 83 I Nr. 7 BlnBauO; 79 I Nr. 1 BbgBauO; 88 I Nr. 3 BremLBO; 80 I Nr. 8 HbgBauO; 79 I Nr. 12 HessBauO; 84 I Nr. 3 LBO MV; 91 I Nr. 1 i. V. m. 2 V NdsBauO; 89 I RhPflBauO; 87 I Nr. 7 SaarlBauO; 87 I Nr. 3 SächsBauO; 83 I Nr. 3 BauO SachsAnh; 90 I Nr. 2 SHBauO; 81 I Nr. 3 ThürBauO.

[9] Dazu *Gubelt,* Fälle, 137 ff. In den anderen Bundesländern: Art. 60 II, 3 I BayBO; §§ 47 I i. V. m. 3 I BWBauO; 58 I i. V. m. 3 I, IV BlnBauO; 52 II 1 i. V. m. 3 I Nr. 1 BbgBauO; 61 I i. V. m. 3 I BremLBO; 58 I i. V. m. 3 I HbgBauO; 53 II i. V. m. 3 I HessBauO; 60 I i. V. m. 3 I LBO MV; 65 I i. V. m. 1 I NdsBauO; 59 I i. V. m. 3 I RhPflBauO; 57 II i. V. m. 3 I Nr. 1 SaarlBauO; 58 II i. V. m. 3 I SächsBauO; 57 II i. V. m. 3 I BauO SachsAnh; 66 I, 3 I SHBauO; 60 II i. V. m. 3 I ThürBauO.

[10] Nach § 1 II 1 VwVfG gilt beim Vollzug des IfSG das VwVfG des Bundes.

könnte man die Vorschrift lediglich auf die Fälle beschränken, in denen die Behörde einen Verwaltungsakt überhaupt nicht begründet.[11] Das BVerwG geht jedoch davon aus, dass § 45 I Nr. 2, II VwVfG einer Erweiterung oder Ergänzung einer mangelhaften Begründung im Verwaltungsgerichtsverfahren dann nicht entgegensteht, wenn die Prozesspartei dadurch nicht in ihrer Rechtsverteidigung beeinträchtigt wird. Eine Heilung des Begründungsmangels ist nur in den Fällen ausgeschlossen, in denen dem Verwaltungsakt überhaupt keine Begründung gegeben worden ist, nicht aber, wenn die Begründung lediglich unzulänglich ist.[12] Im vorliegenden Fall hat *M* noch die Möglichkeit, Einwände zu erheben. Der Rechtsschutz des Betroffenen ist somit nicht geschmälert. Das Nachschieben der Gründe ist daher hier zulässig.

4. Die Wahl der Mittel

a) Der Grundsatz der Erforderlichkeit

M kann nach wie vor beanstanden, dass die Behörde von ihrem Ermessen nicht fehlerfrei Gebrauch gemacht hat. Für die Wahl der Mittel gilt nach § 15 I NRWOBG[13] der Grundsatz der Erforderlichkeit. Die Bürgermeisterin verlangt die Beseitigung des ganzen Labors, um die von den Viren ausgehenden Gefahren zu bekämpfen. An Stelle der Beseitigung kann auch eine Stilllegung treten. Dann kann die Einrichtung erhalten bleiben. Die Gefahrenträger sind nur die Viren. Wenn *M* die gesamte Einrichtung wegschaffen müsste, wäre er wesentlich stärker belastet als bei der bloßen Entfernung der Viren. Der Gefahr kann auf diese Weise ebenso gut begegnet werden. Mit der Anordnung der Beseitigung des Labors hat die Bürgermeisterin ein schärferes Mittel gewählt, als zur Bekämpfung der Gefahr erforderlich gewesen wäre. Die Anordnung ist insoweit rechtswidrig.

b) Die Geeignetheit des Mittels

Die Bürgermeisterin verlangt außerdem die Wiederherstellung des ursprünglichen Zustands im Kellergeschoss. Neben dem Grundsatz der Verhältnismäßigkeit im engeren Sinne, wie er in § 15 I NRWOBG niedergelegt ist, und dem Grundsatz der Erforderlichkeit gehört zum Grundsatz der Verhältnismäßigkeit im weiteren Sinne, dass der Einsatz des Mittels geeignet ist, den bezweckten Erfolg herbeizuführen. Die Behörde will die Gefahrenquelle ausschalten, die von den Virenkulturen ausgeht. Wird der ursprüngliche Zustand des Bauwerks durch einen er-

---

[11] *Schoch*, DÖV 1984, 408.
[12] BVerwGE 68, 143 (150 f.).
[13] In den anderen Bundesländern: Art. 4 I BayPAG; §§ 5 I BWPolG; 11 I Bln ASOG; 3 I BremPolG; 3 I BbgPolG; 4 II HbgSOG; 4 I HessSOG; 15 I SOG MV; 4 I NdsSOG; 2 I RhPflPolG; 2 I SaarlPolG; 3 II SächsPolG; 5 I SOG SachsAnh; 73 III SHLVwG; 4 I ThürPAG.

neuten Umbau wieder herbeigeführt, ändert sich allenfalls etwas, wenn sich die Experimente im Keller des Hauses wegen Platzmangels oder aus anderen Gründen nicht mehr unternehmen lassen. Soll *M* daran gehindert werden zu experimentieren, ist das von der Bürgermeisterin verwandte Mittel nicht geeignet, das gesetzte Ziel zu erreichen. Bildet der erneute Umbau ein Hindernis für die Versuche des *M*, verstößt dies wiederum gegen den Grundsatz der Erforderlichkeit, da die Einstellung der Arbeiten mit den Virenkulturen bereits durch die Beseitigung der Viren selbst erreicht werden kann. Kostspieliger Baumaßnahmen bedarf es dazu nicht. Der gesamte Verwaltungsakt ist daher rechtswidrig.

5. Umdeutung

Im Hilfsantrag stellt die beklagte Bürgermeisterin die Anforderungen um, die sie *M* auferlegt. Darin könnte die Umdeutung eines mangelhaften in einen fehlerfreien Verwaltungsakt liegen. Einer Umdeutung sind nicht nur nichtige, sondern auch lediglich rechtswidrige Verwaltungsakte fähig.[14] Ansonsten könnte ein Rechtsakt mit schwerwiegenden Fehlern aufrecht erhalten bleiben, ein Rechtsakt mit geringeren Fehlern hingegen nicht. Die Umdeutung setzt gemäß § 47 I NRWVwVfG voraus, dass der rechtswidrige Verwaltungsakt einen anderen enthält, der von der handelnden Behörde in der geschehenen Verfahrensweise und Form rechtmäßig hätte erlassen werden können. Zum Unterschied von der Heilung wird der Verwaltungsakt in der ausgesprochenen Rechtsfolge verändert. Von der ursprünglichen Fassung muss aber gemäß § 47 II 1 NRWVwVfG die neue Rechtsfolge bereits umfasst sein, um den Betroffenen nicht stärker zu belasten. Wenn *M* das ganze Labor gefahrlos beseitigen müsste, hätte er auch die Virenkulturen unschädlich zu machen, wie es bei der Stilllegung geschieht. Die Beseitigungsverfügung schließt also die Stilllegung ein. Die Rechtsgrundlage des § 14 I NRWOVBG trägt demnach die Anordnung der Stilllegung, ohne dass ein Ermessensfehler erkennbar wäre. Auch gegen den Hilfsantrag kann *M* noch Einwände erheben, so dass er in seiner Rechtsverteidigung nicht beeinträchtigt ist. Der Verwaltungsakt bleibt eine Ermessensentscheidung, die Umdeutung verändert ihn nicht in seinem Wesen, so dass § 47 III NRW-VwVfG beachtet ist.

Die Umdeutung ist in einem Hilfsantrag ausgesprochen und ist somit von einer Bedingung abhängig. Die Notwendigkeit, klare Rechtsverhältnisse zu schaffen, steht an sich einer Bedingung für die Umdeutung entgegen. Der Hilfsantrag kommt jedoch lediglich dann zum Zuge, wenn der Hauptantrag scheitert. Dieser geht auf Abweisung der Klage. Das Gericht fällt ein abweisendes Urteil, wenn der Verwaltungsakt rechtmäßig ist. Voraussetzung für die Umdeutung ist hingegen eine rechtswidrige Maßnahme. Die Umdeutung ist deshalb an eine unschädliche Rechtsbedingung geknüpft.

---

[14] *BVerwG* DÖV 1985, 152.

Die Bürgermeisterin bringt die Umdeutung im Prozess vor. Für den Streitgegenstand ist hingegen nicht sein Antrag, sondern der klägerische Antrag maßgeblich. In der Umdeutung liegt daher keine Klageänderung. Das Gericht weist die Klage des *M* somit als unbegründet ab. Aus den Urteilsgründen hat hervorzugehen, dass der ursprüngliche Verwaltungsakt in der Gestalt fortbesteht, die er durch die Umdeutung gefunden hat.

Literaturhinweise

1. Rechtsgrundlage

Detterbeck, Steffen, Vorrang und Vorbehalt des Gesetzes, Jura 2002, 235; *Klement, Jan Henrik,* Der Vorbehalt des Gesetzes für das Unvorhersehbare, DÖV 2005, 507; *Wehr Matthias,* Grundfälle zu Vorrang und Vorbehalt des Gesetzes, JuS 1997, 419ff.

2. Nachschieben von Gründen

Bader, Johann, Die Ergänzung von Ermessenserwägungen im verwaltungsgerichtlichen Verfahren, NVwZ 1999, 120; *Brandner, Thilo,* Nachschieben von Ermessenserwägungen, NJ 1999, 220; *Brischke, Hans-Jürgen,* Heilung fehlerhafter Verwaltungsakte im verwaltungsgerichtlichen Verfahren, DVBl 2002, 429; *Decker, Andreas,* Die Nachbesserung von Ermessensentscheidungen im Verwaltungsprozeßrecht und ihre verfahrensrechtliche Behandlung gem. § 114 S. 2 VwGO, JA 1999, 154; *Dolderer, Michael,* Die neu eingeführte „Ergänzung von Ermessenserwägungen" im Verwaltungsprozeß – Ein weiterer Schritt zum „Abbau des Rechtsstaats"?, DÖV 1999, 104; *Horn, Hans-Detlef,* Das Nachschieben von Gründen und die Rechtmäßigkeit von Verwaltungsakten, DV 1992, 203; *Löhning, Martin,* Nachschieben von Gründen, Probleme bei der Anwendung des neuen § 114 S. 2 VwGO, JA 1998, 700; *Schenke, Ralf Peter,* Das Nachschieben von Gründen nach dem 6. VwGO-Änderungsgesetz, VerwArch 1999, 232.

3. Verhältnismäßigkeitsprinzip

Bleckmann, Albert, Begründung und Anwendungsbereich des Verhältnismäßigkeitsprinzips, JuS 1994, 177; *Grabitz, Eberhard,* Der Grundsatz der Verhältnismäßigkeit in der Rechtsprechung des Bundesverfassungsgerichts, AöR 98 (1973), 568; *Michael, Lothar,* Die drei Argumentationsstrukturen des Grundsatzes der Verhältnismäßigkeit – Zur Dogmatik des Über- und Untermaßverbotes und der Gleichheitssätze, JuS 2001, 148; *Ossenbühl, Fritz,* Der Grundsatz der Verhältnismäßigkeit (Übermaßverbot) in der Rechtsprechung der Verwaltungsgerichte, Jura 1997, 617.

4. Umdeutung

Brischke, Hans-Jürgen, Heilung fehlerhafter Verwaltungsakte im verwaltungsgerichtlichen Verfahren, DVBl 2002, 429; *Laubinger, Hans-Werner,* Die Umdeutung von Verwaltungsakten, VerwArch 78 (1987), 207; *Osterloh, Lerke,* Umdeutung eines Verwaltungsakts, Urteilsanm. zu BVerwG, NVwZ 1984, 645, in: JuS 1986, 73; *Schenke, Wolf-Rüdiger,* Die Umdeutung von Verwaltungsakten, DVBl 1987, 461 *Weyreuther, Felix,* Zur richterlichen Umdeutung von Verwaltungsakten, DÖV 1985, 126; *Wirth, Peter Nikolaus,* Umdeutung fehlerhafter Verwaltungsakte, 1991.

5. Gefahrenbegriff

Brandt, Edmund, Smeddinck, Ulrich, Der Gefahrenbegriff im Polizeirecht, Jura 1994, 225; *Gerhardt, Hans-Jürgen,* Anscheinsgefahr, Gefahrenverdacht und Putativgefahr im Polizei- und Ordnungsrecht, Jura 1987, 521; *Schoch, Friedrich,* Die „Gefahr" im Polizei- und Ordnungsrecht, Jura 2003, 472.

Fall 12. Die Bootswerften am Rhein

Sachverhalt

Ewald Eigen (E) ist Eigentümer eines Grundstücks am Rhein in der nordrhein-westfälischen kreisfreien Stadt Rheinau *(R)*. Auf dem Grundstück steht ein Wohnhaus, das *E* selbst bewohnt. Das nach Norden gelegene Nachbargrundstück am Stromufer gehört *Norbert Nacht (N)*, das nach Süden gelegene Nachbargrundstück dessen Bruder *Sigismund Nacht (S)*. Für das Gebiet, in dem sich die drei Grundstücke befinden, besteht ein Bebauungsplan, der es als Gewerbegebiet ausweist. Der Ortsteil ist im Zusammenhang bebaut, nur da und dort klaffen noch einige Lücken. In einem Rechtsstreit, an dem *E, N* und *S* nicht beteiligt sind, hält das Verwaltungsgericht den Bebauungsplan für nichtig, weil die Gemeinde das Interesse der Bewohner an einer ruhigen Wohnlage nach § 1 VI 2 Nr. 1 BauGB nicht genügend gewürdigt habe. Auf Anfrage des *E* erklärt die Oberbürgermeisterin schriftlich, die Gemeinde ginge fortan von der Nichtigkeit des Bebauungsplans aus. Baugenehmigungen erteile die Stadt in dem fraglichen Gebiet unter Beachtung aller öffentlichen und nachbarrechtlichen Belange. Der Stadt *R* ist die Bauaufsicht übertragen.

Die beiden Brüder *N* und *S* sind Bootsbauer und beabsichtigen, auf ihren Grundstücken Bootswerften zu errichten. *N* will die Schiffskörper aus Metall anfertigen, *S* aus Holz. *N* beantragt beim zuständigen Gewerbeaufsichtsamt die Genehmigung nach §§ 4 I BImSchG, 1 I 1 4. BImSchV, Nr. 3.18 Anhang zur 4. BImSchV. *E* erhebt im Genehmigungsverfahren fristgerecht zur Niederschrift der Behörde eine Einwendung gegen die geplante Errichtung der Werft, weil er schwer nervenkrank sei, und der Lärm, der auf einer Bootswerft entstehe, binnen kurzer Zeit für ihn unerträglich werde. Im Erörterungstermin betont die Behördenvertreterin, dass es jetzt vordringlich sei, Arbeitsplätze zu schaffen. Die Behörde verweist *E* auf den Rechtsweg vor den ordentlichen Gerichten. Das Gewerbeaufsichtsamt erteilt dem *N* die beantragte Genehmigung. Der Widerspruch des *E* dagegen bleibt erfolglos.

S beantragt bei der Stadt *R* die Erteilung der Baugenehmigung für seine Bootswerft. *E* führt auch in diesem Verfahren seine Nervenkrankheit an. Wegen des Lärms sei das Bauvorhaben nicht unbedenklich im Sinne von § 34 BauGB. Ferner beruft er sich auf die Erklärung der Oberbürgermeisterin. Zumindest müssten dem *S* nach Ansicht des *E* gemäß § 22 I BImSchG Vorkehrungen gegen den Lärm zur Pflicht gemacht werden. Die Oberbürgermeisterin erteilt die Baugenehmigung ohne Einschränkungen. In der Begründung steht u.a., dass *E* seinen Anspruch auf Schutzvorkehrungen vor dem ordentlichen Gericht verfolgen könne. Der Widerspruch des *E* wird als unbegründet abgewiesen. *E* will gegen die Erteilung der Genehmigungen Klage erheben. Hat er Aussicht auf Erfolg?

Vermerk: In den Stadtstaaten ist an die Stelle der Oberbürgermeisterin das Bezirks- bzw. Ortsamt zu setzen. Im Saarland tritt an die Stelle der kreisfreien Stadt R die Stadt Saarbrücken.

Lösung

I. Die Klage gegen die dem *N* erteilte Genehmigung

1. Die Zulässigkeit der Klage

E kann gegen die Genehmigung zur Errichtung einer Anlage i.S.d. §§ 4 I BImSchG, 1 I 1 4. BImSchV, Nr. 3.18. Anh. 4. BImSchV nach §§ 40 I, 42 I VwGO Anfechtungsklage vor dem zuständigen Verwaltungsgericht erheben, wenn er i.S.v. § 42 II VwGO klagebefugt ist.

E kann ein Recht aus dem BImSchG herleiten, wenn dessen Bestimmungen auch zum Schutze des Nachbarn dienen. In § 1 BImSchG ist allgemein vom Schutz der Menschen vor schädlichen Umwelteinwirkungen die Rede. Auch im Abschnitt über genehmigungsbedürftige Anlagen werden die Belange der Nachbarschaft ausdrücklich einbezogen. Am Verfahren nach § 10 BImSchG können sich auch die Nachbarn beteiligen. Die Pflicht zur Bekanntmachung des Vorhabens im Bereich des Standorts zur Anlage nach § 10 III 1 BImSchG zeigt an, dass in erster Linie die Nachbarn diejenigen sind, die Einwendungen erheben können. Vor allem aber kommt in § 5 I Nr. 1 BImSchG der Nachbarschutz ganz deutlich zum Ausdruck. Diese Vorschrift entfaltet anerkanntermaßen drittschützende Wirkung.[1] *E* kann als Nachbar daher aus § 5 I Nr. 1 BImSchG ein subjektives Recht herleiten, das durch die Genehmigungsbehörde verletzt sein könnte. *E* macht geltend, dass das Gewerbeaufsichtsamt die Genehmigung unter Missachtung dieser Vorschrift erteilt habe.

Nach herrschender Auffassung gewährt § 5 I Nr. 2 BImSchG kein subjektives Recht, weil die Bestimmung nicht drittschützend sei.[2] Die oben genannten Bestimmungen legen indessen nahe, den Nachbarn aus § 5 I Nr. 2 BImSchG ebenfalls ein Recht zuzugestehen. Diese Vorschrift bekämpft schädliche Umwelteinwirkungen. Trifft die zuständige Behörde rechtswidrig keine Vorkehrungen zum Schutz der Betroffenen, gebührt diesen die Fähigkeit, ihren Schutz einzuklagen. Womöglich steckt hinter der Ablehnung eines subjektiven Rechts die Vielfalt der Vorsorgemaß-

---

[1] BVerwGE 65, 313 (320); *Stich/Porger,* Immissionsschutzrecht, Bd. 1, § 5 BImSchG, Anm. 21.

[2] BVerwGE 65, 313, 320; *Jarass,* Bundes-Immissionsschutzgesetz, 6. Aufl., 2005, § 5 Rn. 121 f.

nahmen. Häufig lässt sich die Art der Vorsorge konkretisieren, wie die in der Bestimmung genannten Maßnahmen zur Emissionsbegrenzung zeigen. Fehlt die Angabe, welche Maßnahmen ergriffen werden sollen, kann doch die Verwaltung angehalten werden, eine Genehmigung zu verweigern, wenn der Betreiber die gebotene Vorsorge unterlässt. Hier macht *E* ein solches Verhalten geltend. Er hat daher ein Recht auf Überprüfung.

Das nach § 68 I 1 VwGO erforderliche Vorverfahren ist erfolglos durchlaufen. Die Anfechtungsklage ist somit zulässig.

2. Die Begründetheit der Anfechtungsklage

Die Rechte des *E* sind verletzt, wenn die Behörde die §§ 4ff. BImSchG nicht eingehalten hat. Der von *N* geplante Betrieb unterliegt nach § 1 I 1 4. BImSchV i.V.m. Nr. 3.18. Anh. 4. BImSchV, die auf § 4 I 3 BImSchG beruht, der Genehmigungspflicht. Für eine gewerbliche Anlage wie die des *N* sind die Einschränkungen des § 4 I 2 BImSchG unbeachtlich. Als Hindernis für die Erteilung der Genehmigung nach § 6 Nr. 1 BImSchG kommt in Betracht, dass *N* die Pflichten nach § 5 I Nr. 1 BImSchG nicht erfüllt. Einwendungen des *E*, die sich darauf stützen, könnten allerdings nach § 10 III 3 BImSchG ausgeschlossen sein. *E* hat jedoch fristgerecht unter Wahrung der vorgeschriebenen Form seine Einwendung vorgebracht.

Geräusche sind nach § 3 II BImSchG Immissionen im Sinne des Gesetzes. Unter den Voraussetzungen des § 3 I BImSchG werden die Geräusche zu schädlichen Umwelteinwirkungen. Die 4. BImSchV geht davon aus, dass eine Schiffswerft, auf der Schiffskörper aus Metall hergestellt werden, schädliche Umwelteinwirkungen hervorruft, auf die § 4 I BImSchG in erster Linie die Genehmigungspflicht gründet. Die besonderen Anforderungen bei Metallverarbeitung werden auf den dabei erzeugten Lärm zurückzuführen sein. *E* befürchtet jedenfalls schädliche Umwelteinwirkungen dieser Art. Das Gewerbeaufsichtsamt als zuständige Behörde hat sicherzustellen, dass die geplante Schiffswerft keine schädlichen Umwelteinwirkungen zur Folge hat. Nach § 5 I Nr. 2 BImSchG ist darüber hinaus Vorsorge gegen schädliche Umwelteinwirkungen zu treffen. Die Schaffung von Arbeitsplätzen darf demgegenüber nicht für vordringlich gehalten werden, der Behördenvertreter verkennt insoweit die Tragweite des Gesetzes. Mag vielleicht auf die besondere Empfindlichkeit des *E* letzten Endes keine Rücksicht zu nehmen sein, darf die Behörde den Umweltschutz doch nicht einfach unberücksichtigt lassen.

Wird *E* auf den Rechtsweg vor den ordentlichen Gerichten verwiesen, sind seine Interessen nicht dem Gesetz entsprechend gewahrt. Die Verweisung an die ordentlichen Gerichte sieht § 10 VI 2 BImSchG nur für besondere privatrechtliche Titel vor. Ein solcher Titel steht *E* nicht zu. Die Behörde hat mit der Erteilung der Genehmigung gegen die §§ 6

Nr. 1 i.V.m. 5 I Nr. 1 und 2 BImSchG verstoßen. Der Verwaltungsakt ist somit rechtswidrig Dadurch ist *E* auch in seinem subjektiv-öffentlichen Recht aus § 5 I Nr. 1 und 2 BImSchG verletzt. Die Voraussetzungen des Obsiegens nach § 113 I VwGO. sind damit erfüllt. Der Verwaltungsakt ist aufzuheben, die Anfechtungsklage hat Erfolg.

II. Die Klage gegen die dem *S* erteilte Genehmigung

1. Die Zulässigkeit der Klage

a) Die Voraussetzungen der Klagebefugnis i.S.v. § 42 II VwGO

Gegen die dem *S* erteilte Baugenehmigung kann *E* nach §§ 40 I, 42 I Alt. 1 VwGO Anfechtungsklage erheben, wenn er gemäß § 42 II VwGO klagebefugt ist. Es muss somit die Möglichkeit bestehen, dass der Verwaltungsakt den *E* in einem ihm zustehenden Recht verletzt. Dabei ist die Klagebefugnis lediglich dann nicht gegeben, wenn offensichtlich und eindeutig nach keiner Betrachtungsweise die vom Kläger behaupteten Rechte bestehen oder ihm zustehen können.[3] Den Vorschriften, die bei der Erteilung der Baugenehmigung eine Rolle spielen, sind wiederum nur dann Rechte des Nachbarn zu entnehmen, wenn sie zumindest auch dem Schutze des Nachbarn zu dienen bestimmt sind.[4] Die Baugenehmigung ist gemäß § 75 I 1 NRWBauO[5] zu erteilen, wenn keine öffentlich-rechtlichen Vorschriften entgegenstehen. Das Bauaufsichtsamt hat also nicht nur die besonderen baurechtlichen Bestimmungen zu beachten, sondern auch andere öffentlich-rechtliche Spezialnormen.

b) Recht aus dem Bebauungsplan

Möglicherweise könnte *E* aus dem Bebauungsplan ein Recht zustehen. Auch wenn das Verwaltungsgericht die Satzung der Gemeinde, durch die der Bebauungsplan nach § 10 BauGB in Kraft gesetzt wird, nicht mit Wirkung für und gegen alle für nichtig erklärt hat, kann der Bebauungsplan außer acht gelassen werden, wenn das Gericht Nichtigkeit angenommen hat und die Verwaltung die Rechtsansicht des Gerichts übernimmt. Eine derartige Auskunft hat die Oberbürgermeisterin erteilt. Aus dem Bebauungsplan kann *E* folglich kein Recht herleiten.

c) Recht aus dem Baugesetzbuch

Möglicherweise gewährt das Baugesetzbuch dem *E* ein subjektiv-öffentliches Recht. Ein das gesamte Baurecht umfassendes, außergesetzliches

---

[3] BVerwGE 44, 1 (3).

[4] *Muckel,* JuS 2000, 132.

[5] In den anderen Bundesländern: Art. 72 I BayBO; §§ 58 I 1 BWBauO; 71 I BlnBauO; 67 I 1 BbgBauO; 74 I BremLBO; 72 I HbgBauO; 64 I HessBauO; 72 I 1 LBauO MV; 75 I 1 NdsBauO; 70 I 1 RhPflBauO; 73 I 1 SaarlBauO; 72 I SächsBauO; 71 I LBauO SachsAnh; 78 I 1 SHBauO; 70 I ThürBauO.

Gebot der Rücksichtnahme, das drittschützende Wirkung entfalten könnte, gibt es nicht.[6] Somit sind die gesetzlichen Vorschriften daraufhin zu untersuchen, ob sie nachbarschützende Wirkung entfalten. Im vorliegenden Fall liegen die Grundstücke von *E*, *N* und *S* wegen des Wegfalls der Satzung in einem Gebiet, für das die Gemeinde noch nicht beschlossen hat, einen Bebauungsplan aufzustellen. Dabei hindern einige Baulücken nicht, den Ortsteil als im Zusammenhang bebaut anzusehen. Damit kommt § 34 BauGB zum Zuge. Fraglich ist somit, ob § 34 I BauGB Drittschutz vermittelt. Aus dem ausdrücklichen Wortlaut der Vorschrift lässt sich dies nicht mit hinreichender Deutlichkeit entnehmen. Die Norm ist daher auszulegen. Dabei kommt dem Sinn und Zweck der Vorschrift entscheidende Bedeutung zu. Das BVerwG beurteilt die Frage nach dem Vorliegen eines so genannten Drittschutzes anhand von drei Gesichtspunkten. Zum einen muss das Merkmal der Individualisierung in dem Sinne gegeben sein, dass sich aus individualisierenden Tatbestandsmerkmalen der Norm ein Personenkreis entnehmen lässt, der sich von der Allgemeinheit unterscheidet. Ferner muss der Gesichtspunkt der Qualifizierung gegeben sein, d.h. Drittschutz ist lediglich bei qualifizierten Verstößen, die zu unzumutbaren Beeinträchtigungen führen, anzunehmen. Qualifizierung und Individualisierung müssen drittens dahin führen, dass die Nachteile das Maß dessen übersteigen, was dem Drittgeschützten noch zumutbar ist.[7] Bei Vorliegen dieser Voraussetzungen entfaltet § 34 I BauGB nachbarschützende Wirkung.[8] Es ist somit möglich, dass *E* in eigenen Rechten aus § 34 BauGB verletzt ist.

d) Recht aus dem Bundesimmissionsschutzgesetz

Möglicherweise ergibt sich auch aus dem Bundesimmissionsschutzgesetz ein subjektiv-öffentliches Recht des *E*. Die Schiffswerft des *S* ist als Betriebsstätte eine Anlage im Sinne von § 3 V Nr. 1 BImSchG, für die keine Genehmigungspflicht nach der Verordnung über genehmigungspflichtige Anlagen besteht. Dies bedeutet hingegen nicht, dass die Nachbarn völlig ungeschützt sind. Vielmehr schreibt § 22 I BImSchG vor, auf welche Weise schädliche Umwelteinwirkungen zu bekämpfen sind. Unter Berücksichtigung des in § 1 BImSchG festgelegten Gesetzeszwecks, nämlich Menschen vor schädlichen Umwelteinwirkungen zu schützen, ist mittlerweile weitgehend anerkannt, dass zumindest § 22 I Nr. 1 und 2 BImSchG nachbarschützende Wirkung entfaltet.[9] *E* steht somit auch aus dieser Vorschrift ein subjektiv-öffentliches Recht zu.

---

6 *BVerwG* NVwZ 1987, 409 (410).

7 *BVerwG* NVwZ 1987, 409 ff.

8 *BVerwG* DVBl 1981, 929; *BVerwG* DÖV 1986, 571.

9 BVerwGE 68, 62 (66 ff.); *Seiler*, Die Rechtslage der nicht genehmigungsbedürftigen Anlagen im Sinne von §§ 22 ff. BImSchG, 1985, 91 ff.

e) Recht aus einer Zusage

Ferner könnte dem *E* möglicherweise auch ein Recht aus der Mitteilung der Oberbürgermeisterin zukommen, dass die Stadt Baugenehmigungen unter Beachtung aller öffentlichen und nachbarrechtlichen Belange erteile. Die Oberbürgermeisterin hat damit einer bestimmten Person gegenüber zum Ausdruck gebracht, Vorschriften, die nicht ausschließlich dem Schutz dieser Person dienen, einzuhalten. Darin liegt eine Zusage.[10] *E* kann sich infolgedessen sogar auf Vorschriften stützen, die an sich nicht unmittelbar subjektiv-öffentliche Rechte begründen. Weil die Zusage nicht auf Erlass oder Unterlassung eines Verwaltungsakts gerichtet ist, fällt sie nicht unter die Formvorschrift des § 38 I 1 NRWVwVfG, die sich auf Zusicherungen beschränkt. *E* kann bei der Anfechtung der Baugenehmigung diese Zusage ebenfalls anführen, um die Klagebefugnis zu begründen.

f) Recht aus Art. 14 GG

Schließlich könnte noch Art. 14 I GG ein Recht i.S.v. § 42 II VwGO darstellen, dessen Verletzung *E* geltend machen kann. Nach der Rechtsprechung des BVerwG schützt Art. 14 I GG den Nachbarn aber lediglich davor, dass das Gebrauchmachen von einer Baugenehmigung die vorgegebene Grundstückssituation nachhaltig verändert und dadurch den Nachbarn schwer und unerträglich trifft.[11] Selbst diese eingeschränkte Schutzwirkung tritt angeblich hinter die nachbarschützenden Vorschriften des einfachen Rechts zurück.[12] Eine Zusage, alle öffentlich-rechtlichen Vorschriften einzuhalten, gewährt größeren Schutz. Im Ergebnis steht *E* somit die Klagebefugnis zu. Da der Widerspruch erfolglos geblieben ist, sind alle Zulässigkeitsvoraussetzungen für eine Klage gegeben.

2. Begründetheit der Klage

a) Beachtung immissionsschutzrechtlicher Standards bei der Erteilung der Baugenehmigung

Die Anfechtungsklage ist gemäß § 113 I 1 VwGO begründet, wenn die dem *S* erteilte Baugenehmigung rechtswidrig und *E* dadurch in seinen Rechten verletzt ist. In formeller Hinsicht ist die Baugenehmigung jedenfalls dann rechtswidrig, wenn eine unzuständige Behörde gehandelt hat. Im vorliegenden Fall hat die Oberbürgermeisterin die Baugenehmigung erteilt. Die Bauaufsicht ist hier der kreisfreien Stadt *R*. übertragen. Dies ist nach § 60 I Nr. 3a und 62 NRWBauO zulässig.[13] Nach § 62

---

[10] Dazu: BVerwGE 64, 24 (26); *Jakobs*, Jura 1985, 234; *Krebs*, VerwArch 69 (1978), 85.

[11] BVerwGE 67, 334 (336ff.).

[12] Zahlreiche Nachweise bei *Maurer*, §8 Rn. 10–14.

[13] In den anderen Bundesländern: Art. 59 I, 60 I, 61 I BayBO i.V.m. Art. 9 I BayGO; §§46 II 1 Nr. 1, 48 I BWBauO; 51 I 2, 52 I 2 BbgBauO; 52 I 1 Nr. 1 lit. a, 3 Hess-

NRWBauO ist die untere Bauaufsichtsbehörde für die Erteilung der Baugenehmigung zuständig,[14] da nichts Gegenteiliges festgelegt ist. Für Maßnahmen nach §§ 24, 25 BImSchG sind allerdings die Gewerbeaufsichtsämter zuständig.[15] Dies ändert aber nichts daran, dass gemäß § 75 I 1 NRWBauO alle öffentlich-rechtlichen Vorschriften, also auch die des Bundesimmissionsschutzgesetzes, in die Prüfung einzubeziehen sind. Für die kreisfreie Stadt tritt nach §§ 63 I 1, 40 II 2 NRWGO der Oberbürgermeister auf.[16] Die Zuständigkeit und die ordnungsgemäße Vertretung unterliegen keinen Bedenken. Mangels entgegenstehender Anhaltspunkte im Sachverhalt ist davon auszugehen, dass die Verfahrens- und Formvorschriften hier beachtet sind. Formell ist der Verwaltungsakt somit rechtmäßig.

Materiell durfte die Baugenehmigung nach § 75 I 1 NRWBauO nur erteilt werden, wenn dem Vorhaben keine öffentlich-rechtlichen Vorschriften entgegenstehen. Im vorliegenden Fall macht *E* eine Gesundheitsgefährdung geltend. Die Erteilung der Baugenehmigung für die Bootswerft des *S* könnte somit gegen § 22 I Nr. 1 und 2 BImSchG verstoßen. Danach sind Schutzvorkehrungen zu treffen, um die nach dem Stande der Technik vermeidbaren schädlichen Umwelteinwirkungen zu verhindern und die nach dem Stande der Technik unvermeidbaren schädlichen Umwelteinwirkungen auf ein Mindestmaß herabzudrücken. Bei der Auslegung dieser Vorschrift ist § 25 II BImSchG ergänzend heranzuziehen.[17] Daraus ist zu entnehmen, dass der Schutz des Lebens oder der Gesundheit von Menschen vor schädlichen Umwelteinwirkungen sogar die Untersagung einer nicht genehmigungsbedürftigen Anlage rechtfertigen kann. Dem liegt die allgemeine Pflicht eines jeden zugrunde, keine Gefahren für die öffentliche Sicherheit zu verursachen. § 22 I BImSchG gestattet es mithin nicht, technisch unvermeidbare schädliche Umwelteinwirkungen hervorzurufen, wenn sie Gefahren für die Allgemeinheit herbeiführen.[18]

BauO; 59 I 1 Nr. 1, 61 I LBauO MV; 63 I, 65 III 1 NdsBauO; 58 I Nr. 3, 60 RhPflBauO; 58 I, 59 I SaarlBauO; 57 I 1 (Nr. 1), 2 SächsBauO; 56 I 1 (Nr. 1), 2 LBauO SachsAnh; 65 I Nr. 2, 67 I 1 SHBauO; 59 I Nr. 1, 61 I ThürBauO.

[14] In den anderen Bundesländern: Art. 61 I BayBO; §§ 48 I BWBauO; 52 I 2 BbgBauO; 52 I 3 HessBauO; 61 I LBauO MV; 65 III 1 NdsBauO; 60 RhPflBauO; 59 I SaarlBauO; 57 I 2 SächsBauO; 56 I 2 LBauO SachsAnh; 67 I 1 SHBauO; 61 I ThürBauO.

[15] § 52 I BImSchG i. V. m. der VO zur Regelung von Zuständigkeiten auf dem Gebiet des Arbeits-, Immissions- und technischen Gefahrenschutzes vom 6. 2. 1973 (ZustVO AltG) (GV NW, S. 66), abgedr. bei: *C. H. Ule*, BImSchG Komm., Bd. 2, NRW 2; Entsprechendes gilt für die anderen Bundesländer.

[16] In den anderen Bundesländern: Art. 37 I 1 (Nr. 1), 2, 38 I, 34 I 2 BayGO; §§42 I 2, IV, 44 II 1 BWGO; 61 I 2, II, 63 I Buchst. e BbgGO; 70 II, 71 I, 45 I 1 HessGO; 38 I 2, II 1 KV MV; 62 I Nr. 6, 63 I 2, 61 IV 5 NdsGO; 47 I 1, 2 Nr. 3, 28 II 2 RhPflGO; 59 I, III, 29 III SaarlKSVG; 51 I, IV, 53 II SächsGO; 57 II, 63, 57 III 1 GO SachsAnh; 51 I, 55 I, 56 I, 61 II, 64 I, 65 I SHGO; 29 I, II, 31 I, 28 I 2 ThürGKO.

[17] *Kutscheidt*, NVwZ 1983, 67.

[18] *Sellner/Löwer*, WuV 1980, 233.

Nach dem Grundsatz der Erforderlichkeit kommt eine völlige Untersagung allerdings lediglich dann in Betracht, wenn der Schutz nicht auch auf andere, weniger belastende Art und Weise erzielt werden kann. Auf jeden Fall aber sollen Leben und Gesundheit der Menschen Schutz genießen. Selbst wenn man der Auffassung ist, dass hier die Gefahrenschwelle noch nicht überschritten ist, so hätte die Oberbürgermeisterin als Baugenehmigungsbehörde doch zumindest den Anforderungen des § 22 I Nr. 1 und 2 BImSchG Rechnung tragen müssen. Es wäre somit rechtlich notwendig und tatsächlich möglich gewesen, durch eine Auflage nach § 36 II Nr. 4 NRWVwVfG dem *S* Schutzvorkehrungen zur Pflicht zu machen.

Mit der Verweisung auf den Rechtsweg vor den ordentlichen Gerichten lässt die Oberbürgermeisterin die gebotene Rücksichtnahme auf die durch §§ 22 I Nr. 1 und 2, 25 II BImSchG geschützten nachbarlichen Belange außer Acht. Die Bestimmungen wenden sich an die zuständige Behörde und gelten nicht für den Rechtsverkehr von Privatleuten untereinander. Die Zuständigkeit der Oberbürgermeisterin ergibt sich aus § 75 I 1 NRWBauO, der die Beachtung aller öffentlich-rechtlichen Vorschriften im Baugenehmigungsverfahren vorschreibt. Die unbeschränkte Erteilung der Baugenehmigung ist somit rechtswidrig und verletzt den *E* in seinen Rechten. Die Zusage der Oberbürgermeisterin fügt nichts hinzu, weil darin auf die relevanten Vorschriften verwiesen wird. Ob und inwieweit die besondere Empfindlichkeit des *E* ins Gewicht fällt, ist in dem neuen Verwaltungsverfahren zu klären. Im Ergebnis ist die Anfechtungsklage somit begründet.

b) Lösung bei Verzicht auf Schutznormtheorie

Folgt man der Schutznormtheorie des BVerwG nicht, liegt der Ansatzpunkt bei Art. 14 I 1 GG, der auf Grund der Ausstrahlungswirkung des Eigentums über die Grenze den Nachbarn vor rechtswidrigen Hoheitsakten schützt, die zu einer Beeinträchtigung des Nutzungs- und Veräußerungswerts des betroffenen Grundstücks führt. Der höhere Rang der Grundrechte ist auch bei subjektiven Rechten zu beachten. Die Normen des einfachen Rechts gestalten die Grundrechte aus, vermögen sie aber nicht zu verdrängen.[19] Dies wird in besonderem Maß bei Art. 14 GG deutlich. Der Gesetzgeber darf nach Abs. 2 nur Inhalt und Schranken des Eigentums bestimmen. Die These, dass der Nachbarschutz grundsätzlich nur besteht, soweit ihn der Gesetzgeber normiert hat,[20] läuft Art. 14 I GG zuwider.

Im vorliegenden Fall bewirkt die Genehmigung ohne Einschränkungen, dass *E* Geräuschimmissionen, unter Umständen auch andere Immissionen, auf seinem Grundstück hinnehmen muss, die möglicherweise durch

---

[19] *Zuleeg*, DVBl 1976, 517ff.

[20] So BVerwGE 101, 364 (373).

geeignete Schutzvorkehrungen vermieden werden könnten. Die Oberbürgermeisterin hat bei ihren Ermessensüberlegungen, ob der dem *S* erteilten Baugenehmigung eine Auflage beigefügt werden sollte, die Vorschrift des § 22 I Nr. 1 und 2 BImSchG nicht einbezogen. Die Baugenehmigung wurde daher ermessensfehlerhaft erteilt. Auch nach diesem Lösungsweg hat die Anfechtungsklage des *E* im Ergebnis Erfolg.

Literaturhinweise

1. Allgemein zum subjektiv-öffentlichen Recht

Bauer, Hartmut, Subjektiv-öffentliche Rechte des Staates, DVBl 1986, 208; *Hüttenbrink, Jost,* Das Recht auf fehlerfreie Abwägung als subjektiv-öffentliches Recht i. S. d. Antragsbefugnis gem. § 47 II VwGO n. F., DVBl 1997, 853; *Schenke, Wolf- Rüdiger,* Zur Antragsbefugnis im Rahmen eines Normenkontrollverfahrens, wenn dieses vor 1997 anhängig gemacht wurde und das subjektiv-öffentliche Recht aus BauGB § 1 Abs. 6 abgeleitet werden soll, DVBl 1997, 853; *Scherzberg, Arno,* Grundlagen und Typologie des subjektiv-öffentlichen Rechts, DVBl 1988, 129; *ders.,* Unterverfassungsrechtliche Rechtssätze als Grundlage subjektiv-öffentlicher Rechte, Jura 1988, 455; *Wahl, Rainer,* Die doppelte Abhängigkeit des subjektiv-öffentlichen Rechts, DVBl 1996, 641; *Zuleeg, Manfred,* Hat das subjektiv-öffentliche Recht noch eine Daseinsberechtigung?, DVBl 1976, 509.

2. Zum Nachbarschutz im Baurecht (Auswahl)

Hösch, Ulrich, Der Begriff der schädlichen Umwelteinwirkung und das Gebot der Rücksichtnahme im Bauplanungsrecht, GewArch 1999, 402; *Mampel, Dietmar,* Baurechtlicher Drittschutz nach der Deregulierung, UPR 1997, 267; *ders.,* Modell eines neuen bauleitplanerischen Drittschutzes – Zur verfassungsrechtlichen Notwendigkeit der Neuordnung des Nachbarschutzes durch Festsetzung eines Bebauungsplans, BauR 1998, 697; *ders.,* Zum Anspruch Dritter auf bauaufsichtliches Einschreiten, DVBl 1999, 1403; *Muckel, Stefan,* Der Nachbarschutz im öffentlichen Baurecht – Grundlagen und aktuelle Entwicklungen, JuS 2000, 132; *Renz, Hartmut,* Die Rechtsprechung zum Drittschutz im öffentlichen Baurecht, JuS 1997, 864; *Selmer, Peter,* Rechtsprechungsübersicht, Baurechtliche Nachbarklage durch Pächter, JuS 1999, 508; *Schoch, Friedrich,* Nachbarschutz im öffentlichen Baurecht, Jura 2004, 317; *Steinberg, Rudolf,* Grundfragen des öffentlichen Nachbarrechts, NJW 1984, 457; *Stollmann, Frank,* Grundfragen des Nachbarschutzes im öffentlichen Baurecht, VR 2005, 397; *Vahle, Jürgen,* Rechtsprobleme des öffentlich-rechtlichen Nachbarschutzes, DVP 2002, 20; *Zimmermann, Bernd,* Nachbarschützende Normen im Baurecht, VR 1999, 268.

3. Zum Nachbarschutz im Immissionsschutzrecht

Eiermann, Heinrich, Das Immissionsschutzrecht des Bundes, JuS 1995, 671; *ders.,* Einführung in das Immissionsschutzrecht, VBlBW 2000, 135; *Jahn, Ralf,* Bayerische Biergärten in preußischer Hand, NVwZ 1996, 663; *Koehl, Felix,* Aufbau und Prüfungsinhalt einer immissionsschutzrechtlichen Nachbaranfechtungsklage gegen eine Anlagengenehmigung, DVP 2004, 447; *Lühle, Stefan,* Nachbarschutz gegen Windenergieanlagen, NVwZ 1998, 897; *Pache, Eckhard,* Übungsklausur öffentliches Recht – Die emittierende Lackiererei, Jura 1996, 648.

Fall 13. Die gemeinschaftsrechtswidrige Finanzspritze

Sachverhalt

Ein nordrhein-westfälisches Anlagenbauunternehmen fiel im Januar 1999 in Insolvenz. Der nordrhein-westfälische Minister für Wirtschaft, Verkehr und Landesentwicklung befürchtete einen weiteren Verlust von Arbeitsplätzen in einer ohnehin strukturschwachen Region und bemühte sich intensiv um die Rettung des Unternehmens. Er entschloss sich zur Gewährung eines staatlichen Zuschusses in Höhe von DM 2.000.000,– an die *B-GmbH*, eine neu gegründete Auffanggesellschaft zur Fortführung rentabler Teile des in Konkurs gefallenen Unternehmens. Der Zuschuss sollte der *C-GmbH*, einer deutschen Tochter eines international operierenden Technologiekonzerns, die Übernahme der *B-GmbH* lohnend machen.

Im Bewilligungsbescheid wurde bestimmt, dass der Zuschuss zur Finanzierung der Eigenkapitalerhöhung bei der *B-GmbH* zu verwenden sei. Der Minister forderte das schriftliche Einverständnis der *C-GmbH*, in die Pflichten aus der Zuwendung einzutreten. Nachdem die im Bescheid genannten Bedingungen erfüllt waren, wurde das Geld im Sommer 1999 an die *B-GmbH* ausgezahlt. Im Oktober 1999 übernahm die *C-GmbH* alle Anteile der *B-GmbH*, beide verschmolzen daraufhin zu einem Unternehmen namens *C-GmbH*.

Weder die Landes- noch die Bundesregierung hatte die EG-Kommission über die Gewährung des Zuschusses unterrichtet. Auf Grund von Presseberichten wandte sich die Kommission im November 1999 an die Bundesregierung und bat um Auskunft über den Vorgang. Nachdem der Zuschuss von der Bundesregierung bestätigt worden war, leitete die Kommission ein Verfahren nach Art. 88 II EGV ein. Die Bundesregierung informierte das nordrhein-westfälische Ministerium und die *C-GmbH* hierüber mit Schreiben vom 5. 3. 2000. Am 17. 11. 2001 traf die EG-Kommission eine Entscheidung an die Bundesrepublik Deutschland mit der Feststellung, dass die Gewährung der Beihilfe gegen EG-Recht verstoße. Gemäß Art. 2 der Entscheidung war der Zuschuss zurückzufordern. Die Bundesregierung benachrichtigte das nordrhein-westfälische Wirtschaftsministerium mit Telefax vom 23. 11. 2001. Die Entscheidung wurde am 24. 3. 2002 im Amtsblatt der EG veröffentlicht. Niemand focht die Entscheidung an.

Da die Bundesregierung, die nordrhein-westfälische Landesregierung und der zuständige Minister nichts unternahmen, erhob die EG-Kommission beim Gerichtshof der Europäischen Gemeinschaften (EuGH) Klage gegen Deutschland. Mit Urteil vom 20. 12. 2004 entschied der Gerichtshof, dass

Deutschland seine Pflichten aus dem EG-Vertrag verletzt habe. Die Bundesregierung teilte dies dem nordrhein-westfälischen Wirtschaftsministerium durch Telefax vom 18. 1. 2005 mit.

Nach einer Anhörung des Geschäftsführers der *C-GmbH* forderte der nordrhein-westfälische Wirtschaftsminister diese schließlich am 13. 1. 2006 auf, den gesamten Zuwendungsbetrag zurückzuzahlen. In seinem Rückforderungsschreiben wies der Minister auf das Urteil des EuGH hin. Die Rücknahme der ursprünglichen Bewilligung wurde unter anderem darauf gestützt, dass bei einer Zuwendung unter Verstoß gegen den EG-Vertrag ein gesteigertes öffentliches Interesse an der Rücknahme bestehe, das gegenüber dem Vertrauensschutz des Begünstigten überwiege. Ein Vertrauen der *C-GmbH* in die Beständigkeit der Zuwendung sei nicht schutzwürdig, da sie sich hätte vergewissern müssen, ob das nach Art. 88 EGV erforderliche Verfahren eingehalten worden sei.

Am 10. 2. 2006 erhob die *C-GmbH* beim zuständigen Verwaltungsgericht Klage. Sie trug zur Begründung vor, die Rücknahme vom 13. 1. 2006 sei rechtswidrig, da sie der falsche Adressat sei. Die Rücknahme habe sich an den Empfänger der Zuwendung zu richten, dies sei jedoch die Auffanggesellschaft gewesen. Jedenfalls sei die ganze Angelegenheit doch wohl schon lange verfristet. Da der Wirtschaftsminister für das Unterbleiben der Meldung im Notifizierungsverfahren verantwortlich sei, stehe der Rücknahme der Zuwendung auch der Einwand der unzulässigen Rechtsausübung entgegen. Außerdem eliminiere das Wirtschaftsministerium in Anlehnung an den EuGH durch seine Rückforderung alle nationalen Elemente des Vertrauensschutzes und verstoße damit gegen das Rechtsstaatsprinzip des Grundgesetzes.

Begutachten Sie umfassend die Erfolgsaussichten der erhobenen Klage!

Lösung

I. Zulässigkeit der Klage vor dem Verwaltungsgericht

1. Eröffnung des Verwaltungsrechtswegs

Der Verwaltungsrechtsweg ist gem. § 40 I 1 VwGO eröffnet, wenn eine öffentlich-rechtliche Streitigkeit vorliegt. Das ist insbesondere dann der Fall, wenn die streitentscheidenden Normen öffentlich-rechtlich sind. Die *C-GmbH* wendet sich mit ihrer Klage gegen die Rücknahme der ursprünglichen Bewilligung und die damit verbundene Rückforderung des Zuwendungsbetrags in Höhe von DM 2.000.000,–. Die streitentscheidenden Rechtsgrundlagen für eine Rücknahme sind die landesrechtlichen Vorschriften des NRWVwVfG, die ausschließlich Hoheitsträger berechtigen und verpflichten und damit öffentlich-rechtlicher Natur sind. Damit ist eine öffentlich-rechtliche Streitigkeit gegeben und folglich der Verwaltungsrechtsweg gemäß § 40 I 1 VwGO eröffnet.

2. Statthafte Klageart

Die statthafte Klageart richtet sich nach dem Klagebegehren. Die *C-GmbH* soll die Bewilligung einer Zuwendung verlieren und den Zuschuss zurückzahlen. Dagegen will sie sich wehren. Eine Rücknahme nach § 48 NRWVwVfG setzt einen vorangegangenen Verwaltungsakt voraus. Die Gewährung finanzieller Mittel des Staats an Einzelne ohne Gegenleistung ist eine Subvention. Es herrscht heute Einigkeit, dass diese einen Verwaltungsakt im Sinne von § 35 S. 1 NRWVwVfG darstellt, wenn nicht besondere Umstände hinzukommen, die zu einer anderen Rechtsform führen. Anzeichen dafür sind hier nicht vorhanden. Die Gewährung ist also als Verwaltungsakt anzusehen, so dass auch die Aufhebung als Gegenstück ein Verwaltungsakt ist. Die Anordnung der Rückzahlung ist der *C-GmbH* einseitig auferlegt und ist daher ebenfalls ein Verwaltungsakt. Die beiden Verwaltungsakte belasten die *C-GmbH*. Dagegen kann sie mit einer Anfechtungsklage gemäß § 42 I Alt. 1 VwGO vorgehen.

3. Weitere Voraussetzungen

Als Adressatin von belastenden Verwaltungsakten ist die *C-GmbH* klagebefugt nach § 42 II VwGO. Der Minister ist eine oberste Landesbehörde. Ein Vorverfahren ist daher gemäß § 68 I 2 Nr. 1VwGO entbehrlich.

Die *C-GmbH* ist als juristische Person gemäß § 61 Nr. 1 VwGO beteiligtenfähig, allerdings nicht selbst prozessfähig. Gemäß § 62 III VwGO kann sie durch ihre gesetzlichen Vertreter, hier durch den Geschäftsführer gemäß § 35 GmbHG, auftreten. Der Klagegegner ist nach § 78 I VwGO zu bestimmen, hier das Land Nordrhein-Westfalen, das von seinem Wirtschaftsminister vertreten wird. Die Beteiligten- und Prozessfähigkeit ergibt sich auch hier aus §§ 61 Nr. 1 und 62 III VwGO.

Somit ist die Klage zulässig.

II. Begründetheit der Klage

1. Rechtswidrigkeit der Rücknahme der Bewilligung

a) Rechtsgrundlagen

Im vorliegenden Fall geht es um die Rücknahme eines Verwaltungsakts, bei dessen Erlass die mitgliedstaatlichen Behörden Gemeinschaftsrecht zu beachten haben. Da das Gemeinschaftsrecht keine Rücknahmeregelung für Beihilfen vorsieht, richtet sich eine mögliche Aufhebung nach mitgliedstaatlichen Verfahrensvorschriften. Der Mitgliedstaat muss aber den Vorrang des Gemeinschaftsrecht beachten und die Pflichten aus der Zugehörigkeit zur Gemeinschaft loyal erfüllen.[1] Für die Aufhebung von

---

[1] EuGH Slg. 1983, 2633 (2665) – Milchkontor.

Verwaltungsakten kommen die §§ 48, 49 NRWVwVfG in Betracht. Hier ist das nordrhein-westfälische Landesrecht einschlägig, weil es um die öffentlich-rechtliche Verwaltungstätigkeit einer obersten nordrhein-westfälischen Landesbehörde geht.

b) Formelle Voraussetzungen der Aufhebung

Nach den §§ 48 V, 49 V NRWVwVfG i.V.m. § 3 NRWVwVfG ist die Behörde, welche die Bewilligung erlassen hat, auch für die Aufhebung zuständig, demnach der Wirtschaftsminister. Beim Verfahren sind die allgemeinen Anforderungen gemäß §§ 9ff. NRWVwVfG zu beachten. Die Aufhebung der Bewilligung eines begünstigenden Verwaltungsakts, der seinem Empfänger einen geldwerten Vorteil gewährt, stellt für diesen einen belastenden Verwaltungsakt dar. Es bedurfte daher gemäß § 28 I NRWVwVfG einer Anhörung. Diese ist laut Sachverhalt erfolgt.

c) Materielle Voraussetzungen der Aufhebung: Die Verbindung zwischen zwei Verwaltungsakten

Die Anwendbarkeit von § 48 oder § 49 NRWVwVfG hängt von der Rechtswidrigkeit des ursprünglichen Verwaltungsakts ab. Für die Beurteilung der Rechtswidrigkeit ist der Zeitpunkt des Erlasses maßgeblich. Die Kommission hat am 17. 11. 1995 nach Abschluss des in Art. 88 II EG vorgesehenen Verfahrens festgestellt, dass die Bewilligung des Zuschusses eine gemeinschaftsrechtswidrige Beihilfe ist. Die Feststellung der Gemeinschaftsrechtswidrigkeit ist nach Verstreichen der in Art. 230 V EG festgelegten Klagefrist verbindlich, wie sich aus Art. 249 Abs. 4 EG sowohl für die *C-GmbH* als auch für Nordrhein-Westfalen und die Bundesrepublik Deutschland, ergibt Damit war die Bewilligung des Zuschusses von Anfang an rechtswidrig. Folglich kommt nur eine Rücknahme gemäß § 48 NRWVwVfG in Betracht.

d) Der richtige Adressat

Ungeschriebene Tatbestandsvoraussetzung für die Rücknahme von Verwaltungsakten ist, dass diese an den richtigen Adressaten gerichtet ist. Die *C-GmbH* wendet hier ein, sie sei die falsche Adressatin des Rücknahmebescheids; vielmehr habe die *B-GmbH* die Bewilligung empfangen und sei deshalb auch die richtige Adressatin. Die Rücknahme begünstigender Verwaltungsakte ist an den Empfänger der Vergünstigung bzw. an dessen Rechtsnachfolger zu richten. Ursprünglich bestand das im Sommer 1993 durch den Bewilligungsbescheid begründete Rechtsverhältnis zwischen dem Land und der *B-GmbH*. Die Bewilligung eines staatlichen Zuschusses zu Gunsten einer Privatperson begründet als Unterart einer Subvention ein Rechtsverhältnis, das grundsätzlich auf eine andere Person übergehen kann. Durch die Fusion der *B-GmbH* mit der *C-GmbH* wurde das Vermögen der beiden Unternehmen verschmolzen, so dass das aus der Vereinigung hervorgegangene Unternehmen in den Genuss der staatlichen Zuwendung kam. Fortan bestanden die rechtlichen Beziehungen zwischen dem Land Nordrhein-Westfalen und der *C-GmbH*. Diese ist nunmehr die richtige Adressatin für die Rücknahme der Bewilligung.

e) Vertrauensschutz gemäß § 48 II NRWVwVfG

Die Bewilligung des Zuschusses ist ein begünstigender Verwaltungsakt, der eine Geldleistung gewährt hat. Er kann nur unter den besonderen Voraussetzungen des § 48 II NRWVwVfG zurückgenommen werden. Die *C-GmbH* hat den zugewandten Geldbetrag nicht ausgesondert und folglich damit in der Annahme gewirtschaftet, darüber für immer verfügen zu können. Sie hat also auf den Bestand des Verwaltungsakts vertraut. Das genügt aber nicht. Das Vertrauen des Betroffenen muss auch schutzwürdig sein. Ob das der Fall ist, ergibt sich aus einer Abwägung der Interessen der Beteiligten: das Interesse an der Aufrechterhaltung des Verwaltungsakts für den Begünstigten auf der einen Seite und das öffentliche Interesse an der Beseitigung eines rechtswidrigen Zustands auf der anderen Seite. Für die Schutzwürdigkeit des Vertrauens der *C-GmbH* spricht, dass sie das Geld in den Aufbau des maroden Unternehmens investiert und folglich Vermögensdispositionen getroffen hat. Die Schutzwürdigkeit des Vertrauens entfällt aber, wenn einer der zwingenden Ausschlussgründe des § 48 II 3 NRWVwVfG vorliegt.

Hier kommt in Betracht, dass das Unternehmen die Rechtswidrigkeit gekannt oder infolge grober Fahrlässigkeit nicht gekannt hat (§ 48 II 3 Nr. 3 NRWVwVfG). Die *C-GmbH* muss sich dabei das Verhalten ihrer Vorgängerin zurechnen lassen. Es hätte sich nach der in Deutschland üblichen Auslegung geradezu aufdrängen müssen, dass die Bewilligung rechtswidrig ist. Fraglich ist, ob allein der Umstand, sich nicht vergewissert zu haben, ob der Zuschuss unter Beachtung des nach Art. 88 III EGV vorgeschriebenen Notifizierungsverfahrens gewährt wurde, eine grobe Verletzung der Sorgfaltpflicht begründet. Hielte man in diesem Fall allein das deutsche Recht für anwendbar, würde die Tatsache, dass das Notifizierungsverfahren nicht durchgeführt wurde, nicht ohne weiteres das Vorliegen grober Fahrlässigkeit begründen. Im Anwendungsbereich des Gemeinschaftsrechts ist jedoch das mitgliedstaatliche Recht gemeinschaftskonform auszulegen.[2] Nach der Rechtsprechung des EuGH[3] darf ein beihilfebegünstigtes Unternehmen grundsätzlich nur dann auf die Ordnungsmäßigkeit der Beihilfe vertrauen, wenn das Überwachungsverfahren eingehalten worden ist. Einem sorgfältigen Gewerbetreibenden sei es regelmäßig möglich, sich zu vergewissern, ob das Verfahren beachtet worden ist. Ist das vorgeschriebene Verfahren nicht oder erst

---

[2] EuGH Slg. 1984, 1861 (1909) – von Colson; Slg. 1986, 1651 (1690) – Johnston.
[3] EuGH Slg. 1990, I-3437 (3457) – Alcan.

nach der Gewährung der Beihilfe durchgeführt worden, so ist das Vertrauen des Begünstigten nur ausnahmsweise schutzwürdig, wenn dafür besondere Umstände sprechen. Solche Umstände sind hier aber nicht erkennbar. Der *C-GmbH* ist somit grobe Fahrlässigkeit vorzuwerfen.

Nimmt man dennoch keine grobe Fahrlässigkeit an, ist die gemeinschaftskonforme Auslegung an der von § 48 II 1 NRWVwVfG geforderten Abwägung der Interessen anzusetzen. Eine Bestimmung über die Rücknahme eines begünstigenden Verwaltungsaktes muss dergestalt angewandt werden, dass die gemeinschaftsrechtlich vorgeschriebene Rückforderung nicht praktisch unmöglich und das Gemeinschaftsinteresse voll berücksichtigt wird.[4] Dies führt zu einer Umkehr der Regel des § 48 II 1 NRWVwVfG: Das private Interesse von Unternehmen muss gegenüber dem gesteigerten öffentlichen (Gemeinschafts-)Interesse an der Einhaltung der Wettbewerbsordnung grundsätzlich zurücktreten.[5] Im Ergebnis besteht kein schutzwürdiges Vertrauen der C-GmbH.

f) Ermessen

Der Behörde steht bei der Rücknahme nach § 48 I 1 NRWVwVfG grundsätzlich ein Entschließungs- und Auswahlermessen zu. Wenn das Vertrauen des Begünstigten nicht schutzwürdig ist, wie regelmäßig in Fällen gemeinschaftsrechtswidriger Beihilfen, dann verdichtet sich dieses Ermessen jedoch zu einer Rechtspflicht. Die Rücknahme ist auszusprechen. Die Durchsetzung des Gemeinschaftsrechts darf nicht unmöglich gemacht werden. Der Umstand, dass der Minister selbst die Notifizierung unterlassen hat, kann am Ergebnis nichts ändern. Hier ist nicht zu klären, ob die *C-GmbH* mit Aussicht auf Erfolg rechtliche Schritte gegen den Minister unternehmen kann.

g) Frist

Die Rücknahme der Bewilligung könnte schließlich nach Ablauf der Jahresfrist des § 48 IV 1 NRWVwVfG und damit zu spät erfolgt sein. Der Fristlauf beginnt, wenn die Behörde Kenntnis von Tatsachen erhält, die eine Rücknahme rechtfertigen. Es ist umstritten, ob man dabei auf die Bekanntmachung der Kommissionsentscheidung oder auf deren Bestandskraft abstellen muss. Dieser Streit muss hier aber nicht ausgetragen werden, da die Frist nach jeder Berechnung abgelaufen ist. Hier erlangt erneut die Rechtsprechung des EuGH Bedeutung: Ausgehend von dem Grundsatz, dass eine Missachtung des Verfahrens nach Art. 88 EGV Vertrauensschutz für den Begünstigten grundsätzlich ausschließt, kann § 48 IV 1 NRWVwVfG der Rücknahme nicht entgegenstehen.[6]

---

[4] EuGH Slg. 1990, I-3437 (3458).

[5] BVerwGE 106, 328 (334 f.).

[6] BVerwGE 106, 328 (332); bestätigt durch Beschluss der 1. Kammer des 2. Senats des *BVerf*G EuZW 2000, 445 (446).

Diese Bestimmung läuft dem Beihilfenrecht der EG zuwider. Bei einer solchen Kollision gebührt dem Gemeinschaftsrecht der Vorrang.[7] Die Rechtsfolge ist die Unanwendbarkeit der mitgliedstaatlichen Norm.[8] Die Rücknahme ist daher nicht verfristet.

Die Rücknahme ist rechtmäßig und verletzt die *C-GmbH* somit nicht in ihren Rechten.

2. Rechtmäßigkeit der Rückforderung des Zuschusses

Der Verwaltungsakt der Bewilligung wurde rechtmäßig zurückgenommen. Daraus folgt zwingend die Pflicht des Empfängers, die bereits erbrachten Leistungen zu erstatten (§ 49a I NRWVwVfG). Die zuständige Behörde hat die Zuwendung zurückzufordern. Das geschieht durch einen Verwaltungsakt, den hier der Minister erlassen hat.

Die Rückforderung ist daher rechtmäßig und verletzt die *C-GmbH* nicht in ihren Rechten.

3. Ergebnis

Die Klage der *C-GmbH* ist zulässig, aber nicht begründet und hat deshalb keine Aussicht auf Erfolg.

Literaturhinweise

1. Zur Rücknahme

Erichsen, Hans Uwe/Brügge, Dirk Ludwig, Die Rücknahme von Verwaltungsakten nach § 48 VwVfG, Jura 1999, 155; *Fischer, Kristian,* Gemeinschaftsrechtliche Beihilfenkontrolle und nationales Verwaltungsverfahrensrecht. JuS 1999, 749; *Geron, Andreas,* Rücknahme von Verwaltungsakten, JA 2002, 229; *Jochum, Heike,* Erlaubniswiderruf nach allgemeinem Verwaltungsrecht und gewerberechtliche Untersagungsverfügung wegen Unzuverlässigkeit, JuS 2003, 1101; *Koenig, Christian/Kühling, Jürgen,* Grundfragen des EG-Beihilfenrechts, NJW 2000, 1065; *Kokott, Juliane,* Nationales Subventionsrecht im Schatten der EG, Das Beispiel der Rückforderung von Subventionen, DVBl 1993, 1235; *Vollertsen, Carl-August,* Wiederaufgreifen des Verfahrens und Rücknahme belastender Verwaltungsakte, 1995.

2. Zum Vertrauensschutz

Berninghausen, Birgit, Die Europäisierung des Vertrauensschutzes, 1998; *Geurts, Petra,* Der Grundsatz des Vertrauensschutzes bei der Aufhebung von Verwaltungsakten im deutschen, französischen und europäischen Recht, 1997; *Kamann, Hans-Georg/Selmayr, Martin:* Der Praktische Fall – Europarecht: „Europäisierter" Vertrauensschutz, JuS 1998, S. 148ff.; *Michels, Gabriele,* Vertrauensschutz beim Vollzug von Gemeinschaftsrecht und bei der Rückforderung rechtswidriger Beihilfen, 1997; *Schmitz, Stefan Friedrich,* Der Vertrauensschutz bei der Rückforderung gemein-

---

[7] EuGH Slg. 1964, 1251 (1270f.) – Costa/ENEL; seitdem st. Rspr.
[8] EuGH Slg. 1991, I-297 (321) – Nimz.

schaftsrechtswidrig gewährter nationaler Beihilfen, 1998; *Schütz, Hans-Joachim/Dibelius, Otto,* Examensklausur Öffentliches Recht – Die verkonsumierte Subvention, Jura 1998, S. 427–436; *Schwarz, Kyrill-Alexander,* Vertrauensschutz im Spannungsfeld von Europäischem Gerichtshof und Bundesverfassungsgericht, Verw 2001, 397; *Sinnaeve, Adinda,* Die Rückforderung gemeinschaftsrechtswidriger nationaler Beihilfen, 1997.

3. Zum Vorrang des Gemeinschaftsrechts und zur gemeinschaftskonformen Auslegung des mitgliedstaatlichen Rechts

Battis, Ulrich, Verwaltungsrecht als konkretisierendes Gemeinschaftsrecht, DÖV 2001, 988; *Scheuing, Dieter,* Europäisierung des Verwaltungsrechts – Zum mitgliedstaatlichen Verwaltungsvollzug des EG-Rechts am Beispiel der Rückforderung gemeinschaftsrechtswidriger Beihilfen, Verw 34 (2001), 107; *Zuleeg, Manfred,* Deutsches und europäisches Verwaltungsrecht – Wechselseitige Einwirkungen, VVDStRL 53 (1994), 153 (159–169).

Fall 14. Der Nahverkehr zur Trabantenstadt

Sachverhalt

In der kreisfreien Stadt Deburg *(D)* in Nordrhein-Westfalen besteht eine Aktiengesellschaft, die sich „Städtische Verkehrs-Betriebe AG" (*S*-AG) nennt. Die Aktien befinden sich in der Hand der Stadt. Außerhalb des Stadtgebiets von *D* entsteht eine Trabantenstadt *(T)*. Das Land, vertreten durch die zuständige Ministerin, fordert die *S*-AG auf, für den Personenverkehr zwischen *D* und *T* eine Linie der in *D* gebauten Untergrundbahn nach *T* zu verlängern. Die *S*-AG weigert sich, weil sie nicht über genügende Finanzmittel verfüge. Auf Grund eines Titels im Haushaltsplan gewährt die Ministerin daraufhin der *S*-AG eine finanzielle Unterstützung, die zur Hälfte während des Baus in Raten und zur anderen Hälfte nach Fertigstellung der Bahnanlage ausgezahlt werden soll. Die Erfordernisse des Europäischen Gemeinschaftsrechts sind erfüllt. Die *S*-AG tritt nunmehr in die vorbereitende Planung ein. In der Erwartung, die Unterstützung zu erhalten, beantragt die *S*-AG die Genehmigung nach §§ 2, 9, 13 Personenbeförderungsgesetz (PBefG). Die zuständige Behörde erteilt die Genehmigung und stellt den Plan gemäß §§ 28–30 PBefG fest. In ordnungsgemäßen Verfahren vergibt die *S*-AG die Bauaufträge an verschiedene Unternehmen. Das Land überweist unmittelbar nach Baubeginn die erste der vorgesehenen acht Raten verteilt auf zwei Jahre. Dann widerruft die Ministerin ihre Aufforderung, die Untergrundbahn nach *T* zu verlängern, und macht die Zusage weiterer Unterstützung rückgängig, weil sich die Haushaltslage dramatisch verschlechtert habe, was zutrifft. Die *S*-AG ficht die Entscheidung über die Aufhebung der finanziellen Zusage an, lässt aber die Verlängerung weiter bauen.

Die Bahnlinie ist nach zwei Jahren fertig gestellt. Die *S*-AG nimmt den Betrieb auf, bemerkt aber bald, dass die Benutzung der Bahn in der Mittagszeit und am Abend sehr gering ist. Daraufhin stellt die *S*-AG zu diesen Zeiten den Verkehr auf Busse um, die wirtschaftlicher als die Schienenfahrzeuge fahren könnten. Die Genehmigungsbehörde kommt mit der Deutschen Bahn AG überein, dass diese auf eigenem Schienengelände den Nahverkehr zwischen *D* und *T* als S-Bahnverkehr übernimmt. Der Regionalplan wird entsprechend geändert.

Die Genehmigungsbehörde nimmt gegenüber der *S*-AG die Genehmigung zum Betrieb der Bahn zwischen *D* und *T* durch schriftlichen Bescheid zurück. Die Behörde stützt sich auf §§ 25 I 1 i. V. m. 13 I Nr. 1 PBefG wegen der Einstellung des Schienenverkehrs in der Mittagszeit und am Abend und auf das öffentliche Interesse daran, der Deutsche Bahn AG die Wirtschaftlichkeit des S-Bahnbetriebs zu sichern. Außerdem führt die Behörde an, dass sie zur Ablehnung des Genehmigungsantrags berechtigt gewesen wäre, wenn der Regionalplan von Anfang an die Verkehrsbedienung durch die Deutsche Bahn AG vorgesehen hätte. Der Bescheid wird der *S*-AG zugestellt. Die *S*-AG verweist in ihrer Antwort darauf, dass das Land den Bau der Teilstrecke veranlasst habe, und erinnert an das Verbot der widerruflichen Erteilung der Genehmigung in § 15 IV PBefG. Ist die Aufhebung der finanziellen Zusage und der Genehmigung nach dem Personenbeförderungsgesetz rechtmäßig?

Bearbeitervermerk: Zugrunde zu legen sind die im Sachverhalt abgedruckten Gesetze, im Übrigen das jeweils geltende Landesrecht.

Anhang: Auszug aus dem Landesplanungsgesetz des Landes Nordrhein-Westfalen (LPlG)

§ 4 (Bezirksplanungsbehörde). (…)

§ 5 (Untere staatliche Verwaltungsbehörde). (…)

§ 12 (Darstellung der Grundsätze und Ziele). Die Grundsätze und Ziele der Raumordnung werden im Landesentwicklungsprogramm sowie in den Raumordnungsplänen dargestellt. Raumordnungspläne sind Landesentwicklungsplan, Regionalplan, Regionaler Flächennutzungsplan und Braunkohleplan.

§ 14 (Erarbeitung der Raumordnungspläne). (…)

(8) Raumordnungspläne können jederzeit in dem für ihre Aufstellung geltenden Verfahren geändert oder ergänzt werden.

§ 19 (Regionalpläne). (1) Die Regionalpläne legen auf der Grundlage des Landesentwicklungsprogramms und des Landesentwicklungsplanes die regionalen Ziele der Raumordnung für alle raumbedeutsamen Planungen und Maßnahmen im Planungsgebiet fest. Regionalpläne sind geänderten Zielen der Raumordnung im Landesentwicklungsplan anzupassen.

(2) Die Regionalpläne erfüllen die Funktionen eines Landschaftsrahmenplanes im Sinne des Landschaftsgesetzes und eines forstlichen Rahmenplanes gemäß Landesforstgesetz. Sie stellen regionale Erfordernisse und Maßnahmen zur Verwirklichung des Naturschutzes und der Landschaftspflege (Landschaftsrahmenplan) und zur Sicherung des Waldes (forstlicher Rahmenplan) dar.

§ 20 (Erarbeitung, Aufstellung und Genehmigung der Regionalpläne). (…)

(7) Die Regionalpläne bedürfen der Genehmigung der Landesplanungsbehörde. Diese entscheidet im Einvernehmen mit den fachlich zuständigen Landesministerien. Teile des Regionalplanes können vorweg genehmigt werden. (…)

§ 22 (Bindungswirkung). (1) Die Regionalpläne werden mit der Bekanntmachung der Genehmigung Ziele der Raumordnung. Sie sind nach Maßgabe der §§ 4 und 5 Raumordnungsgesetz von den öffentlichen Stellen und Privaten in Wahrnehmung öffentlicher Aufgaben bei raumbedeutsamen Planungen und Maßnahmen zu beachten.

(2) Soweit Regionalpläne Grundsätze enthalten, sind sie nach Maßgabe des § 4 Raumordnungsgesetz von den öffentlichen Stellen und Privaten in Wahrnehmung öffentlicher Aufgaben bei raumbedeutsamen Planungen und Maßnahmen zu berücksichtigen.

§ 29 (Feststellungen und Prüfungen im Raumordnungsverfahren). (...)

(15) Ändern sich die für die Raumordnerische Beurteilung maßgeblichen landesplanerischen Ziele, ist zu prüfen, ob die Beurteilung noch Bestand haben kann. Die Raumordnerische Beurteilung wird fünf Jahre nach der Bekanntgabe darauf überprüft, ob sie mit den Zielen und Grundsätzen der Raumordnung noch übereinstimmt und mit anderen raumbedeutsamen Planungen und Maßnahmen noch abgestimmt ist. Die Überprüfung ist entbehrlich, wenn mit dem Verfahren für die Zulassung des Vorhabens begonnen worden ist. Die Raumordnerische Beurteilung wird spätestens nach zehn Jahren unwirksam.

Bearbeitervermerk: Die für die Falllösung maßgeblichen Vorschriften des nordrhein-westfälischen VwVfG entsprechen inhaltlich dem VwVfG des Bundes.

Lösung

I. Die Aufhebung der finanziellen Zusage

1. Die anwendbaren Regeln

Welche rechtlichen Regeln für die Aufhebung der finanziellen Zusage gelten, hängt von der Rechtsnatur der Maßnahme ab. Es ist heute gesicherte Rechtsauffassung, dass die Vergabe einer Subvention einen Verwaltungsakt i. S. v. § 35 S. 1 VwVfG darstellt, wenn nicht besondere Umstände vorliegen. Subventionen sind finanzielle Zuwendungen der Verwaltung an Privatpersonen. Die Aktien der *S*-AG befinden sich zwar in der Hand der Gemeinde, mit der Gründung einer Aktiengesellschaft hat die Gemeinde aber eine selbständige Rechtspersönlichkeit geschaffen, die sich auf dem Boden des Privatrechts bewegt und Subventionen erhalten kann. Die Gewährung einer finanziellen Unterstützung an die *S*-AG ist somit ein Verwaltungsakt.

Die Ministerin könnte den Verwaltungsakt zurückgenommen haben. Möglicherweise ist der Grund für die Aufhebung darin zu sehen, dass die Zusage der Gewährung einer Subvention hier ohne gesetzliche Grundlage erfolgte. Dies setzt aber voraus, dass dafür überhaupt eine formell-gesetzliche Rechtsgrundlage erforderlich ist. Die Frage ist heftig umstritten. Teile der Literatur haben sich dafür ausgesprochen, die Lehre vom Vorbehalt des Gesetzes auch auf die Leistungsverwaltung auszudehnen. Begründet wurde dies mit den Verfassungsgrundsätzen der Demokratie und des Rechtsstaats sowie, wegen der wettbewerbsrechtlichen Auswirkungen, dem Grundrecht der Berufsfreiheit (Art. 12 I 1 GG).[1] Das Bundesverwaltungsgericht hat sich jedoch dieser Argumentation verschlossen und lässt weiterhin einen Titel mit Haushaltsplan

---

[1] *Zuleeg,* DÖV 1984, 734 ff.; *Bleckmann,* Gutachten D zum 55. Deutschen Juristentag, D 18 ff.

ausreichend sein.[2] Die Ministerin hebt den Verwaltungsakt dementsprechend nicht wegen der Rechtswidrigkeit einer ohne gesetzliche Grundlage zugesagten finanziellen Zuwendung auf. Andere Gründe, die hier zur Rechtswidrigkeit der Subventionsgewährung führen könnten, sind nicht ersichtlich.

Die Verwaltung hat somit einen rechtmäßigen begünstigenden Verwaltungsakt widerrufen. Einem solchen Widerruf kommt selbst die Qualität eines Verwaltungsakts zu. Für den Betroffenen stellt sich dieser als eine belastende Maßnahme dar, die ihrerseits einer gesetzlichen Rechtsgrundlage bedarf. § 49 II NRWVwVfG regelt im Einzelnen, unter welchen Voraussetzungen der Widerruf eines rechtmäßigen begünstigenden Verwaltungsakts möglich ist.

2. Die Veränderung der tatsächlichen Grundlage

Rechtsgrundlage für den Widerruf könnte im vorliegenden Fall § 49 II Nr. 3 NRWVwVfG sein. Die Ministerin führt die Verschlechterung der Haushaltslage an. Daher ist die Veränderung der tatsächlichen Voraussetzungen des Verwaltungsakts als Widerrufsgrund ins Auge zu fassen. Diese bildet aber nur dann einen hinreichenden Anlass, wenn die Behörde auf Grund der nachträglich eingetretenen Tatsachen berechtigt gewesen wäre, den Verwaltungsakt nicht zu erlassen. Die Gewährung von Subventionen setzt die Leistungsfähigkeit der öffentlichen Hand voraus. Vermindert sich das Finanzvolumen, über das von Seiten der Verwaltung verfügt werden kann, liegt eine tatsächliche Veränderung vor, die für die Subvention so wesentlich ist, dass die Verwaltung von der Gewährung, die in ihrem Ermessen steht, absehen dürfte. Nach § 49 II Nr. 3 NRWVwVfG muss jedoch hinzutreten, dass das öffentliche Interesse ohne den Widerruf gefährdet würde. Der Rechtsbegriff des öffentlichen Interesses wird weit ausgelegt, auch das fiskalische Interesse zählt dazu.[3] Dem ist deshalb zuzustimmen, weil die Funktionsfähigkeit der Verwaltung in entscheidendem Maße von der finanziellen Leistungsfähigkeit abhängt. Ob das öffentliche Interesse tatsächlich gefährdet ist, wenn die Subvention an die *S*-AG ausgeschüttet wird, ergibt sich aus vielfältigen Faktoren. Das Gericht muss der Verwaltung aufgrund ihres wirtschaftlichen Sachverstandes einen Beurteilungsspielraum zuerkennen, wie die zukünftige Entwicklung einzuschätzen ist. Die Tatbestandsvoraussetzungen für den Widerruf nach § 49 II Nr. 3 NRWVwVfG sind damit erfüllt.

Die Interessen der Betroffenen sind im Rahmen der Ausübung des Ermessens zu berücksichtigen, das der Verwaltung beim Widerruf zusteht. Maßgeblich ist in erster Linie der Gesichtspunkt des Vertrauensschut-

---

[2] BVerwGE 58, 45 (48f.).

[3] *Kopp/Ramsauer,* § 49 Rn. 48; *Häberle,* Öffentliches Interesse als juristisches Problem, 1970, 513, 524.

zes, der den Widerruf verbietet oder zumindest erschwert, wenn der Begünstigte den Verwaltungsakt „ins Werk gesetzt" hat.[4] Die Planung bildet heute bereits einen gewichtigen Teil der Aufwendungen, die ein Verkehrsunternehmen erbringen muss, um eine neue Verkehrsanlage zu errichten. Mag man auch die vorbereitenden Handlungen planender Art nicht zur Verwirklichung des begonnenen Werks rechnen,[5] sind doch aufwendige Anstalten getroffen, die für den Vertrauensschutz ins Gewicht fallen. Hinzu kommt, dass die Ministerin die *SachsAnh*G aufgefordert hat, die Strecke zu verlängern. Sollten noch Zweifel bestehen, ist zu bedenken, dass mit dem Bau bereits begonnen worden ist. Die *S*-AG verdient also grundsätzlich Vertrauensschutz. Dieser schließt indessen den Widerruf nicht schlechthin aus, erst mit zunehmender Verwirklichung des Werks verfestigt sich die Rechtsposition des Begünstigten.

Der Gesichtspunkt der Plangewährleistung könnte freilich dem Widerruf im Wege stehen. Die Subvention ist wesentlicher Bestandteil der Planung für die Verkehrsversorgung der Trabantenstadt. Wollte man unter Plangewährleistung einen Anspruch auf Fortbestand des Plans verstehen, wäre die Verwaltung in ihrer planerischen Tätigkeit zu stark eingeengt; neuen Erfordernissen könnte nicht mehr begegnet werden. Daher ist eine elastische Regelung geboten, die sich in der Ermessensausübung beim Widerruf findet.[6] Es bleibt also bei der Ermessensentscheidung unter Abwägung der beteiligten Interessen.

Die Behörde begründet ihren Schritt lediglich mit der schlechten Haushaltslage. Auf das Interesse des planenden Verkehrsunternehmens geht die Behörde nicht ein. Sie verletzt damit das Abwägungsgebot und begeht einen Ermessensfehler.[7]

3. Die Verhütung schwerer Nachteile für das Gemeinwohl

Dieser Ermessensfehler ist jedoch möglicherweise deswegen unbeachtlich, weil sich die Behörde als Rechtsgrundlage für den Widerruf rechtmäßig auf § 49 II Nr. 5 NRWVwVfG gestützt hat. Diese Klausel unterliegt allerdings gewichtigen rechtsstaatlichen Bedenken, weil sie der Verwaltung zu freie Hand gewährt. Um diese rechtsstaatlichen Bedenken zu überwinden, ist eine verfassungskonforme, d.h. hier restriktive Auslegung geboten.[8] Eine finanzielle Belastung der öffentlichen Hand, die zunächst einmal für tragbar angesehen worden ist, reicht daher allein nicht aus, um einen schweren Nachteil für das Gemeinwohl anzunehmen. Andere Gründe sind von der Behörde nicht dargetan. Sie hat ihr

---

[4] *Kopp/Ramsauer*, § 49 Rn. 30.
[5] So *Forsthoff*, Lehrbuch des VerwR, 10. Aufl. (1973), 268.
[6] *Ossenbühl*, JuS 1975, 547.
[7] *Bull*, Rn. 591.
[8] *Kopp/Ramsauer*, § 49 Rn. 54.

Ermessen fehlerhaft ausgeübt. Der Widerruf der Bewilligung einer Subvention ist daher rechtswidrig.

II. Die Aufhebung der Genehmigung nach dem Personenbeförderungsgesetz

1. Die anwendbaren Regeln

Gegenstand der Aufhebung ist die Genehmigung der Bahn zwischen *D* und *T*. Die *S*-AG betreibt eine U-Bahn, die als eine Straßenbahn anzusehen ist, wie § 4 II PBefG klarstellt. Die Verlängerung der Linie nach *T* bedarf als Erweiterung einer Genehmigung nach § 2 II Nr. 1 PBefG. Die Genehmigungsbehörde hat allerdings eine Planfeststellung gemäß § 28 PBefG getroffen. Diese ersetzt alle notwendigen öffentlich-rechtlichen Genehmigungen (§ 75 I 1 VwVfG), könnte also die Genehmigung nach § 2 II Nr. 1 PBefG umschließen. Aus § 28 IV PBefG geht jedoch hervor, dass die Planfeststellung die Genehmigung nach §§ 2 II Nr. 1, 9 PBefG lediglich ausgestaltet und anderweitig vorgeschriebene Erlaubnisse und Genehmigungen umfasst. Die Planfeststellung füllt auf diese Weise den durch die Genehmigung gesetzten Rahmen aus.[9] Es kommt folglich nicht in erster Linie auf die Planfeststellung, sondern auf die Genehmigung an.

Wenn die Genehmigungsbehörde von Rücknahme spricht, bedeutet dies nicht, dass der ursprüngliche Verwaltungsakt rechtswidrig gewesen sein müsste. Maßgeblich ist nicht der verwendete Ausdruck, sondern das gewollte Ergebnis. Die von der Behörde angeführte gesetzliche Regelung des § 25 PBefG verwendet den Begriff des Widerrufs. Daher ist im Einzelnen festzustellen, welcher Grund der Behörde zur Seite steht. Neben der speziellen Regelung des Personenbeförderungsgesetzes könnten noch die Widerrufsgründe des § 49 II NRWVwVfG zum Zuge kommen.

2. Widerruf wegen Verletzung der Betriebspflicht?

§ 25 I PBefG knüpft an Vorgänge an, die sich nach Erteilung der Genehmigung abspielen. Die Bestimmung stellt eine gesetzliche Regelung des Widerrufs dar, die ihn zur Pflicht macht, wenn die Voraussetzungen erfüllt sind. Sie wird wegen des Vorbehalts in § 1 I NRWVwVfG nicht durch die zeitlich nachfolgende Regelung des § 49 II NRWVwVfG verdrängt. Zuständig ist nach § 25 I PBefG die Genehmigungsbehörde.

Nach § 25 I 2 PBefG liegt ein Widerrufsgrund vor, wenn trotz schriftlicher Mahnung die der Verkehrssicherheit dienenden Vorschriften nicht befolgt werden oder den Verpflichtungen zuwidergehandelt wird, die dem Unternehmer nach diesem Gesetz oder nach den auf Grund dieses Gesetzes erlassenen Rechtsvorschriften obliegen. Die Verpflichtung, die

[9] Vgl. *Bidinger*, Personenbeförderungsrecht, Bd. 1, Stand 1997, § 28 PBefG, Anm. 3 zu Abs. 1.

von der Verwaltung für verletzt gehalten wird, ist die Betriebspflicht nach § 21 PBefG. Der Unternehmer muss den Betrieb nach den Bedürfnissen des Verkehrs ordnungsgemäß aufrechterhalten. Dies bedeutet aber nicht, dass der Unternehmer die Schiene zu benutzen hat, auch wenn die Genehmigung für den Schienenverkehr erteilt worden ist. Erscheint dem Unternehmer die Verkehrsbedienung durch Busse in der Mittagszeit und am Abend wirtschaftlicher, ist die Genehmigung für den Linienverkehr nach §§ 2 I Nr. 3 und 9 I Nr. 3 PBefG erforderlich. Darauf geht die Behörde aber gar nicht ein.

Als Hinderungsgrund für die Verlagerung des Schienenverkehrs auf die Straße käme allenfalls noch in Betracht, dass die Straße durch zusätzliche Fahrzeuge verstopft würde. Der Einsatz der Busse ist aber auf die verkehrsarmen Zeiten beschränkt, so dass kein Anlass besteht, der *S*-AG die Umstellung auf den Busverkehr zu verwehren. Dies ist im Genehmigungsverfahren für den Linienverkehr zu berücksichtigen. Der Widerrufsgrund des § 25 I 2 PBefG scheidet damit aus.

3. Allgemeine Widerrufsgründe

a) Ausschließliche Regelung im Personenbeförderungsgesetz?

Die Genehmigungsbehörde beruft sich auf das öffentliche Interesse daran, der Deutsche Bahn AG die Wirtschaftlichkeit des S-Bahnbetriebs zu sichern. Dieser Grund passt unter keinen der Tatbestände des § 25 PBefG. Fraglich ist, ob über diese spezialgesetzlichen Widerrufsgründe hinaus noch die allgemeinen Widerrufsgründe des § 49 II NRWVwVfG anwendbar sind. Zwar ist dies nicht ausdrücklich ausgeschlossen, grundsätzlich gehen Sonderregeln jedoch den allgemeinen Widerrufsgründen nach dem Verwaltungsverfahrensgesetz vor. Letztere sind lediglich dann ergänzend anwendbar, wenn die speziellen Normen keine abschließende Regelung treffen.[10] § 25 I PBefG soll sicherstellen, dass stets der Widerruf erfolgt, wenn die Voraussetzungen vorliegen. Ein Widerruf nach Ermessen ist dadurch nicht ausgeschlossen. § 25 II PBefG ist auf ein personalintensives Unternehmen zugeschnitten, so dass die gewöhnlichen Widerrufsgründe nicht ausgeschlossen sind.

b) Das öffentliche Interesse als Widerrufsgrund

§ 49 II NRWVwVfG lässt allein die Wahrnehmung des öffentlichen Interesses als Widerrufsgrund nicht ausreichend sein. Dies gilt um so mehr, wenn der Zugang zum Beruf von der Genehmigung abhängt, sonst liefe die Widerrufsregelung dem Grundrechtsschutz zuwider.[11] Diese Überlegung gilt allgemein, so dass es nicht darauf ankommt, ob der *S*-AG als Unternehmen in der Hand einer Gemeinde überhaupt Grund-

---

[10] *Erichsen,* Jura 1981, 535.
[11] *Erichsen/Ehlers,* § 18 Rn. 12.

rechtsschutz aus Art. 12 I GG zusteht. Ein Widerruf zur Verbesserung der Wirtschaftlichkeit des Konkurrenzunternehmens ist daher nicht zulässig, mag dieses auch in der Hand des Staates sein und besondere wirtschaftliche Bedeutung besitzen.

c) Die Änderung der Rechtslage

Nach § 49 II Nr. 4 NRWVwVfG stellt eine nachträgliche Rechtsänderung einen Widerrufsgrund dar, wenn sie bei Erlass des Verwaltungsakts die Behörde zur Ablehnung berechtigt hätte, sofern ohne den Widerruf das öffentliche Interesse gefährdet würde.

§ 22 I 1 LPlG bestimmt, dass die Regionalpläne mit der Bekanntmachung der Genehmigung Ziele der Raumordnung werden. Der Regionalplan stellt also gegenüber dem Bürger keine verbindliche Rechtsnorm dar. Gleichwohl muss sich die Behörde daran halten, wenn ihr vom Gesetz ein Entscheidungsspielraum eingeräumt ist. Die planerische Entscheidung im Rahmen des Planfeststellungsverfahrens unterliegt einem Beurteilungsspielraum. Die Genehmigungsbehörde hätte deshalb dem Regionalplan folgen und der *S*-AG die Genehmigung versagen müssen, wenn die Änderung des Plans nach § 14 VIII LPlG bereits vor dem Planfeststellungsbeschluss erfolgt wäre. Die Änderung des Plans steht daher der Änderung einer nach außen wirksamen Rechtsnorm gleich. Die regionalen Ziele der Raumordnung i. S. v. § 19 LPlG stellen eine Ausprägung des öffentlichen Interesses dar.

§ 49 II Nr. 4 NRWVwVfG lässt den Widerruf aber nicht zu, soweit der Begünstigte bereits von der Vergünstigung Gebrauch gemacht hat. Die *S*-AG hat den genehmigten Betrieb aufgenommen. Der Widerruf ist daher auch nicht im Hinblick auf die Änderung des Regionalplans gestattet. Der Widerruf ist somit nicht rechtmäßig.

Literaturhinweise

Zunächst sei auf die Literatur zu Fall 13, 1.) verwiesen, da Rücknahme und Widerruf von Verwaltungsakten meist unter dem Oberbegriff der Aufhebung zusammenfassend dargestellt werden.

Speziell zu Problemen des vorliegenden Falles:

Kokott, Juliane, Nationales Subventionsrecht im Schatten der EG, Das Beispiel der Rückforderung von Subventionen, DVBl 1993, 1235; *Stober, Rolf,* Der Vorbehalt des Gesetzes und Verwaltungsvorschriften im Subventionsrecht, GewArch 1993, 136; *Stüer, Bernhard/Herrmanns, Caspar David,* Subventionsrecht und Subventionspolitik auf dem Prüfstand, DVBl 1999, 381; *Vahle, Jürgen,* Grundfragen des Subventionsrechts, DVP 1999, 143.

Fall 15. Die Einleitung des Abwassers

Sachverhalt

Albrecht Anker (A) beabsichtigt, auf seinem Grundstück unweit der Ruhr eine Fabrik zu errichten. Er beantragt und erhält die Erlaubnis nach § 7 I WHG zur Einleitung des Abwassers der Fabrik in die Ruhr, die zu den Bundeswasserstraßen gehört. Die zuständige Behörde macht zur Voraussetzung, dass *A* die Zustimmung des Eigentümers eines Grundstücks beibringt, das zwischen dem Grundstück des *A* und der Ruhr liegt. Die Behörde knüpft unter Hinweis auf § 4 WHG die Erlaubnis an die Bedingung, dass der Anteil von Schadstoffen im Abwasser einen bestimmten Prozentsatz nicht übersteigt, der nach Ablauf von fünf Jahren noch einmal herabgesetzt wird. Danach darf die Gesamtmenge der Schadstoffe, die im Jahr in die Ruhr eingeleitet werden, eine festgesetzte Menge nicht überschreiten. Ab diesem Zeitpunkt muss eine Kläranlage eines bestimmten Typs, der sich noch in der Entwicklung befindet, in Betrieb sein, die der Nachbar, der ebenfalls eine Fabrik besitzt, für die in seinem Unternehmen anfallenden Abwässer mitbenutzen kann. Die Erlaubnis erlischt nach zehn Jahren.

A beabsichtigt, eine Kläranlage zu bauen, die auf die neue Technik umgestellt werden kann und dadurch wesentlich geringere Kosten als eine neue Kläranlage verursacht, den verlangten Reinheitsgrad des Abwassers aber ebenfalls gewährleistet. *A* sucht einen Rechtsanwalt auf, um Auskunft zu erhalten, welche rechtlichen Schritte er gegen die mit der Erlaubnis verbundenen Anforderungen und Eingrenzungen unternehmen kann, und welche Erfolgsaussichten bestehen.

Entwerfen Sie dazu ein Gutachten!

Lösung

I. Zulässigkeit eines Rechtsbehelfs

1. Widerspruch und Anfechtungsklage

a) Die Voraussetzungen einer Teilanfechtung des begünstigenden Verwaltungsakts

Die dem *A* erteilte Erlaubnis zur Benutzung eines Gewässers nach § 7 I WHG ist ein begünstigender Verwaltungsakt, dem Einschränkungen beigefügt sind. Als Rechtsbehelf kommt ein Widerspruch nach § 68 I 1

VwGO in Betracht, um sich der Anforderungen und Eingrenzungen zu entledigen. Im Falle des Misserfolgs ist an eine Anfechtungsklage vor dem Verwaltungsgericht nach §§ 40 I, 42 I Alt. 1 VwGO zu denken. *A* hat jedoch Interesse daran, dass die Erlaubnis aufrechterhalten bleibt. Widerspruch und Anfechtungsklage sind daher – wenn möglich – auf die belastenden Teile des Verwaltungsakts zu beschränken. Dafür besteht auch ein rechtlicher Grund. Sind die dem Verwaltungsakt beigefügten Belastungen gesondert angreifbar, fehlt für eine Anfechtungsklage gegen den gesamten Verwaltungsakt teilweise die Beschwer und damit die Klagebefugnis nach § 42 II VwGO. In entsprechender Anwendung dieser Bestimmung mangelt es bei fehlender Beschwer auch an der Widerspruchsbefugnis.

Es ist allgemein anerkannt, dass Auflagen zu einem begünstigenden Verwaltungsakt grundsätzlich selbständig anfechtbar und selbständig aufhebbar sind. Eine Ausnahme gilt nur, wenn die Auflagen den Gegenstand der Vergünstigung selbst in seinem Wesen berühren oder verändern.[1] Teilweise wird sogar angenommen, dass die Auflagen selbst Verwaltungsakte seien.[2] Auf diese Weise erscheint die Verbindung mit der Vergünstigung aber mehr oder weniger zufällig. Es ist jedoch davon auszugehen, dass die Verwaltung mit der Verknüpfung zweier Regelungen einen bestimmten Zweck verfolgt. Daher ist die Erklärung einleuchtender, dass Vergünstigung und Auflage Bestandteile eines Verwaltungsakts bilden, die nur bei der Anfechtung wie selbständige Verwaltungsakte betrachtet werden können.[3] Für diese Deutung spricht, dass § 36 VwVfG die Auflagen zu den Nebenbestimmungen eines Verwaltungsakts zählt. Wären die Auflagen selbständige Verwaltungsakte, dürfte es keine Ausnahme von der getrennten Anfechtbarkeit geben. Eine Anfechtung der Auflage ist aber nur zulässig, sofern sie die Vergünstigung in ihrem Wesen nicht antastet.

Bei anderen Nebenbestimmungen ist streitig, ob sie selbständig anfechtbar sind oder nicht.[4] Soweit sich die Belastungen von der Vergünstigung ablösen lassen, hebt das Gericht nach § 113 I 1 VwGO lediglich die rechtswidrigen Bestandteile des Verwaltungsakts auf, wenn der Kläger obsiegt. Entsprechend verfährt die Behörde, die über den Widerspruch entscheidet. Daraus ist zu schließen, dass sich Widerspruch und Klage auf den rechtswidrigen Bestandteil des Verwaltungsakts beschränken dürfen.[5] Wiederum muss aber der gesamte Verwaltungsakt Gegenstand der Anfechtung sein, wenn sich die Belastungen von der Vergünstigung nicht trennen lassen, ohne dass der Verwaltungsakt in seinem Wesen berührt oder verändert würde. Entscheidend ist, ob dem Begünstigten

---

[1] BVerwGE 65, 139 (140ff.).

[2] *Maurer*, § 12 Rn. 9.

[3] *Fehn*, DÖV 1988, 203.

[4] *Kopp/Ramsauer*, § 36 Rn. 60ff. m.w.N.

[5] *Schmitt Glaeser/Horn*, S. 142.

eine uneingeschränkte Vergünstigung zusteht.[6] Die Rechtsnatur der Nebenbestimmung ist hingegen nicht maßgeblich.

b) Die Auswirkung der Trennung von Bestandteilen des Verwaltungsakts

Gemäß § 4 I WHG steht es im Ermessen der zuständigen Behörde, die Erlaubnis mit Einschränkungen zu versehen. Entfallen die von der Behörde dem *A* auferlegten Anforderungen und Eingrenzungen der Erlaubnis, sieht sich die Behörde aufgrund von § 6 WHG gezwungen, Überlegungen anzustellen, ob sie zu anderen Maßnahmen greifen muss. Eine uneingeschränkte Erlaubnis darf die Verwaltung ohne erneute Prüfung nicht gewähren. Der Verwaltungsakt würde also in seinem Wesen berührt, wenn die belastenden Bestandteile unabhängig von der Vergünstigung aufgehoben werden dürften. Folglich ist eine getrennte Anfechtung der einzelnen Bestandteile unzulässig. Widerspruch und Anfechtungsklage müssen sich gegen den gesamten Verwaltungsakt richten.

2. Verpflichtungsklage

Problematisch ist im vorliegenden Fall die Bestimmung der einschlägigen Rechtsschutzform. Es kommt sowohl eine Anfechtungs- als auch eine Verpflichtungsklage in Betracht. Grundsätzlich gilt, dass bei selbständig angreifbaren Nebenbestimmungen, wie dies für die Auflage nach § 36 II Nr. 4 VwVfG weithin anerkannt ist,[7] Anfechtungsklage zu erheben ist. Hingegen ist bei nicht selbständig anfechtbaren Nebenbestimmungen Verpflichtungsklage mit dem Antrag zu erheben, die Behörde zum Erlass eines Verwaltungsakts ohne belastende Nebenbestimmungen zu verurteilen.[8] Wie soeben festgestellt, ist im vorliegenden Fall eine isolierte Anfechtung der einzelnen Bestandteile nicht möglich. *A* muss somit eine Verpflichtungsklage erheben.

3. Klagebefugnis

Für die Klagebefugnis ist die Möglichkeit erforderlich, dass *A* durch die Bedingungen, an die seine Erlaubnis gebunden ist, in eigenen Rechten verletzt wird. Zwar besteht auf die Erteilung einer Befreiung nach den §§ 7ff. WHG kein Rechtsanspruch.[9] Doch darf der Antragsteller nur mit Pflichten belastet werden, deren Auferlegung das Gesetz zulässt. Das Genehmigungserfordernis stellt eine Einschränkung der Berufsausübung dar, so dass *A* in seinem Recht aus Art. 12 I GG beeinträchtigt sein kann. *A* ist demzufolge klagebefugt.

---

6 *Erichsen/Ehlers*, § 15 Rn. 33.
7 *BVerwG* NVwZ 1982, 191 ff.
8 *Stern*, Rn. 196.
9 *Czychowski*, Wasserhaushaltsgesetz, 8. Aufl. (2001), § 7 Rn. 2.

II. Die Begründetheit eines Widerspruchs bzw. einer Verpflichtungsklage

1. Die Notwendigkeit einer Bewilligung

Die Verpflichtungsklage ist gemäß § 113 V 1 VwGO begründet, wenn die Ablehnung des Verwaltungsakts rechtswidrig, der Kläger dadurch in seinen Rechten verletzt und die Sache spruchreif ist. Der gesamte Verwaltungsakt einschließlich der Belastungen ist bereits dann rechtswidrig, wenn überhaupt keine Erlaubnis notwendig ist. § 2 WHG schließt die Benutzung eines Gewässers ohne behördliche Zulassung grundsätzlich aus. Die Einleitung von Abwasser in oberirdische Gewässer zählt nach § 3 I Nr. 4 WHG zu den Benutzungen. Für den Umfang des Gemeingebrauchs ist nach § 23 WHG das Landesrecht maßgeblich. In Nordrhein-Westfalen umfasst der Gemeingebrauch gemäß § 33 LWG die Einleitung von Abwasser nicht.[10] Ein Anlieger- oder Hinterliegergebrauch, der aufgrund Landesrechts nach § 24 II WHG erlaubnis- und bewilligungsfrei sein kann, findet an Bundeswasserstraßen gemäß § 24 III WHG nicht statt. *A* bedarf also einer Erlaubnis oder Bewilligung für die Benutzung des Gewässers.

2. Der Schutz des Nachbarn

Zum Schutze des Nachbarn, dessen Grundstück zwischen der Ruhr und dem Grundstück des *A* liegt, darf die Behörde zu einer Nebenbestimmung greifen, wie aus § 1 a I WHG hervorgeht. Will *A* sein Abwasser in die Ruhr einleiten, muss er aller Voraussicht nach das Grundstück des Nachbarn für die Rohre in Anspruch nehmen. Da nach § 8 I 2 WHG nicht einmal eine Bewilligung das Recht gibt, eine Rohrleitung ohne Zustimmung des Nachbarn auf dessen Grundstück zu verlegen, bedarf dieser bei einer Erlaubnis, die eine schwächere Rechtsstellung gewährt, erst recht keines Schutzes durch eine Nebenbestimmung. *A* muss sich zwar auf der Ebene des Privatrechts die Erlaubnis zum Gebrauch des Nachbargrundstücks verschaffen, die gesetzlichen Voraussetzungen für die Nebenbestimmung sind aber nicht erfüllt.

Selbst wenn dies der Fall wäre, dürften nur Auflagen festgesetzt werden. Eine Auflage schreibt dem Begünstigten ein Tun, Dulden oder Unterlassen vor, ohne dass der Bestand der Vergünstigung unmittelbar von der Erfüllung der Anforderung abhinge, wie aus einem Vergleich zur Bedingung hervorgeht (§ 36 II Nr. 2 und 4 NRWVwVfG). Um die Vergünstigung aufzuheben, bedarf es bei der Auflage eines Widerrufs nach § 49 II Nr. 2 NRWVwVfG. Es besteht kein Anlass, daran zu zweifeln, dass der

---

[10] In den anderen Bundesländern: Art. 21 BayWG; §§ 26 i.V.m. 28 I BWWG; 25 I BlnWG; 43, 44 BbgWG; 71 I BremWG; 9 i.V.m. 13 II HbgWG; 32 HessWG; 21 LWG MV; 73 NdsWG; 36, 37 RhPflWG; 22 SaarlWG; 34 SächsWG; 75 LWG Sachs-Anh; 14 SHWG; 37 ThürWG.

Gesetzgeber in § 4 I WHG Auflagen im Sinne der angegebenen Begriffsbestimmung gemeint hat.

Die Behörde bindet hingegen die Wirksamkeit der Erlaubnis an die Zustimmung des Nachbarn. Darin ist eine aufschiebende Bedingung zu erblicken (§ 36 II Nr. 2 NRWVwVfG). Diese Nebenbestimmung ist rechtswidrig und verletzt *A* in seinem Recht aus Art. 12 I GG.

3. Der Umfang der Einleitung von Schadstoffen

a) Die Rechtsgrundlage

Nebenbestimmungen über den Prozentsatz und die jährliche Höchstmenge für die Einleitung von Schadstoffen in ein Gewässer finden ihre Grundlage in § 4 I 1 WHG, auf den sich die Behörde beruft. Sie bezeichnet die Nebenbestimmung als „Bedingung". § 4 I 1 WHG lässt „Benutzungsbedingungen" zu. Wären Bedingungen im Sinne von § 36 II Nr. 2 NRWVwVfG gemeint, müsste der Fortbestand der Erlaubnis von der Einhaltung der Gebote abhängen. Dies wäre mit einer starken Rechtsunsicherheit für den Inhaber verbunden. Die Behörde könnte den Grundsätzen der Erforderlichkeit und der Verhältnismäßigkeit nicht Rechnung tragen. Die Verletzung der „Benutzungsbedingungen" kann den Anlass dafür bilden, dass eine Bewilligung nach § 12 II Nr. 3 WHG aufgehoben wird. Daraus lässt sich schließen, dass die Erfüllung der Anforderungen unmittelbar auf die Wirksamkeit des begünstigenden Verwaltungsakts ohne Einfluss ist. Die Einhaltung des Gebots ist durch die Widerrufsmöglichkeit genügend gesichert. Bei einer Erlaubnis, die nach § 7 I WHG nur widerruflich gewährt wird, ist eine unmittelbare Auswirkung auf den Bestand des Verwaltungsakts ebenfalls nicht erforderlich. Durch die Regelung des Widerrufs in § 12 II Nr. 3 WHG zeigt der Gesetzgeber, dass unabhängig vom Wortlaut „Benutzungsbedingungen" i.S.v. § 4 I WHG keine echten Bedingungen verkörpern. Die Behörde darf auf Grund dieser Vorschrift keine Bedingung i.S.v. § 36 II Nr. 2 VwVfG festsetzen. Freilich gilt auch für den Verwaltungsakt, dass nicht die Benennung, sondern die wahre Rechtsnatur der Beifügung maßgeblich ist.

Um dem Nebeneinander von Benutzungsbedingungen und Auflagen in der gesetzlichen Regelung gerecht zu werden, versteht man unter „Benutzungsbedingungen" inhaltliche Begrenzungen der Bewilligung, während die Auflage zwar im Zusammenhang mit der Benutzung stehen, aber als selbständiger Verwaltungsakt hinzutreten soll.[11] Die Unterscheidung entbehrt jedoch der Trennschärfe. Beide Arten der Nebenbestimmungen enthalten Forderungen, von deren Erfüllung die Wirksamkeit des begünstigenden Verwaltungsakts nicht unmittelbar abhängt. Im Sinne der Begriffsbestimmung des § 36 II Nr. 4 VwVfG müssen die „Benutzungsbedingungen" unter Auflagen fallen. Das Wasserhaushaltsge-

[11] So *Czychowski* (Fn. 9), § 4 Rn. 11.

setz stellt aber ausdrücklich die Auflage den Benutzungsbedingungen gegenüber. Zur Abgrenzung ist die Rechtsfolge einzubeziehen, dass eine Auflage selbständig erzwungen werden kann. Dies ist bei den „Benutzungsbedingungen“ nicht vorstellbar. Sie grenzen in der Tat den Inhalt der Bewilligung ein. Der Prozentsatz und die jährliche Höchstmenge für die Einleitung von Schadstoffen gehören zu diesen inhaltlichen Begrenzungen. Sie können als „Benutzungsbedingungen“ auf § 4 I 1 WHG gestützt werden.

Für den Inhalt ist § 7a I 1 WHG maßgeblich. Die Behörde begrenzt zwar nicht die Menge des Abwassers, sondern nur die anteilige, für die spätere Zeit auch die absolute Menge der Schadstoffe. Für den Schutz der Allgemeinheit, den „Benutzungsbedingungen“ nach § 6 WHG bezwecken, genügt aber, wenn die schädlichen Bestandteile, die in den Fluss gelangen, herabgesetzt werden. Die Forderung, eine bestimmte Kläranlage in Betrieb zu nehmen, zeigt, dass sich die Behörde nach den allgemein anerkannten Regeln der Technik richtet.

b) Der Grundsatz der Erforderlichkeit

Die Verschärfung der Anforderungen nach dem Ablaufe von fünf Jahren könnte gegen den Grundsatz der Erforderlichkeit verstoßen. Für eine Übergangszeit, bis die in der Entwicklung befindliche Kläranlage in Betrieb sein kann, nimmt die Behörde eine stärkere Belastung des Gewässers hin. Daraus ist nicht zu folgern, dass der Fluss auch über den Zeitraum von drei Jahren hinaus eben so viele Schadstoffe aufnehmen kann wie zuvor, ohne dass der Schutz der Allgemeinheit vernachlässigt wäre. Das abgestufte Vorgehen richtet sich nach dem Stand der Technik und entspricht damit § 7a I 1 WHG.

Es bestehen auch keine Bedenken dagegen, die anteilige Begrenzung der Schadstoffe durch eine Höchstgrenze zu ergänzen, um eine Überbelastung des Flusses zu vermeiden. Die „Benutzungsbedingungen“ sind rechtmäßig.

4. Der Bau der Kläranlage

a) Die Rechtsgrundlage

Verlangt die Behörde, dass eine Kläranlage eines bestimmten Typs nach fünf Jahren in Betrieb sein muss, ist kein Raum mehr für einen Widerruf. Das Schicksal des begünstigenden Verwaltungsakts hängt unmittelbar von der Erfüllung des Gebots ab. Die Erlaubnis unterliegt einer auflösenden Bedingung (§ 36 II Nr. 2 NRWVwVfG). Für eine Bedingung findet sich im Wasserhaushaltsgesetz jedoch keine Grundlage. § 12 II Nr. 3 WHG unterstreicht, dass eine auflösende Bedingung nicht zugelassen ist, sonst wäre die vom Gesetz eingeräumte Ermessensfreiheit der Verwaltung ausgeschaltet.[12]

[12] *Czychowski* (Fn. 9), § 4 Rn. 2; *Sieder/Zeitler*, WHG, Kommentar, Stand: Juli 2005, § 4 Rn. 10a.

b) Der Grundsatz der Erforderlichkeit

Selbst wenn man die Beifügung einer auflösenden Bedingung hinnimmt, könnte ihr der Grundsatz der Erforderlichkeit entgegenstehen. Der Bau der Kläranlage mit der neuartigen Technik verfolgt den Zweck, den Grad der Verschmutzung des Abwassers herabzusetzen. Da die Behörde den Anteil von Schadstoffen festgelegt hat, den das Abwasser enthalten darf, braucht sie das Mittel zur Erreichung dieses Ziels nur dann zu bestimmen, wenn ein Grund vorhanden ist, den Betroffenen stärker zu binden, als dies durch die Begrenzung des Prozentsatzes an Schadstoffen geschieht. Fehlt ein solcher Grund, ist das Prinzip der Erforderlichkeit verletzt. Die Behörde könnte davon ausgehen, dass nur der vorgeschriebene Typ die anfallende Arbeit ordnungsgemäß verrichtet. Der von *A* ins Auge gefasste Typ erbringt diese Leistung aber auch, wenn er auf die neue Technik umgestellt wird. Die Behörde hat unrichtige tatsächliche Voraussetzungen zugrunde gelegt. Die darauf beruhende Wahl des Mittels ist fehlerhaft. Der Grundsatz der Erforderlichkeit als Teil des verfassungsrechtlich abgesicherten Verhältnismäßigkeitsprinzips ist im vorliegenden Fall dadurch verletzt, dass die behördliche Maßnahme den *A* stärker belastet als zur Erreichung des angestrebten Zwecks notwendig ist. Die Maßnahme ist daher rechtswidrig.

5. Die Mitbenutzung der Kläranlage durch den Nachbarn

a) Die Nebenbestimmung als Indienstnahme Privater für öffentliche Aufgaben

Die Erlaubnis ist mit einer Belastung verknüpft, die einem anderen zugute kommt. *A* wird also als Privatmann in die Pflicht genommen, um die Abwasserbeseitigung auch für andere zu besorgen. Da die Reinhaltung der Gewässer im Interesse der Allgemeinheit von den Benutzern verlangt wird, trägt *A* zur Erfüllung einer öffentlichen Aufgabe bei, wenn er eine Kläranlage nicht nur für seinen Betrieb, sondern auch für einen anderen baut. Grundsätzlich ist diese so genannte Indienstnahme Privater für öffentliche Aufgaben verfassungsmäßig, wenn sie auf gesetzlicher Grundlage beruht, ein legitimierender Grund vorhanden und den Prinzipien der Erforderlichkeit und der Verhältnismäßigkeit Genüge getan ist. Die Auferlegung einer Last muss aber allgemein gelten und darf nicht Einzelne besonders treffen, sonst ist das Gleichheitsgebot verletzt.

b) Die Rechtsgrundlage

Die gesetzliche Grundlage für die Nebenbestimmung über die Kläranlage bildet § 4 WHG. Die nötige Bestimmtheit ergibt sich insbesondere aus § 6 WHG, der die Beeinträchtigung des Wohls der Allgemeinheit zum Maßstab der Erteilung oder Versagung der Erlaubnis und der Bewilligung macht. Außerdem sind nach § 4 I 2 WHG Auflagen zulässig, um nachteilige Wirkungen für andere zu verhüten und auszugleichen. Der von der Verwaltung ins Auge gefasste Mitbenutzer der Kläranlage hat nicht unter der Benutzung des Gewässers durch *A* zu leiden. Daher kommt nur das Interesse der Allgemeinheit als legitimierender Zweck in Betracht. Ist die Reinhaltung des Abwassers für *A* und den Mitbenutzer nur durch eine Gemeinschaftsanlage zuverlässig zu verwirklichen, darf eine solche Anlage zur Pflicht gemacht werden.[13] Eine derartige Notwendigkeit ist hier aber nicht ersichtlich.

Wollte man der Behörde gestatten, dem Empfänger der Erlaubnis nicht nur Nebenbestimmungen aufzuerlegen, die dem Schutz der Allgemeinheit dienen, sondern ihr nur förderlich sind,[14] wäre der von § 6 WHG abgesteckte Rahmen überschritten. Damit ist für das Gebot, die Kläranlage zur Mitbenutzung durch einen anderen einzurichten, keine gesetzliche Grundlage vorhanden.

c) Der Gleichheitssatz

Die Indienstnahme des Privatmannes *A* trifft ihn obendrein über das für alle Benutzer des Gewässers geltende Maß hinaus. Das Verlangen, eine Kläranlage zu errichten, die ein anderer mitbenutzen kann, verstößt also auch gegen den Gleichheitssatz. Die Nebenbestimmung, die sich mit der Kläranlage befasst, ist insgesamt rechtswidrig.

6. Die zeitliche Begrenzung der Erlaubnis

In § 7 I WHG ist eine Befristung der Erlaubnis im Sinne von § 36 II Nr. 1 NRWVwVfG vorgesehen. Die Angemessenheit der Frist bestimmt sich nach dem Interesse des Empfängers der Erlaubnis an der rechtlichen und wirtschaftlichen Sicherung seines Vorhabens, insbesondere an der Amortisation des aufgewendeten Kapitals, und nach dem öffentlichen Interesse daran, die getroffenen Entscheidungen an neue Verhältnisse und Erfordernisse anpassen zu können. Für die Bewilligung erachtet das Gesetz eine Frist von dreißig Jahren noch als angemessen. Diese stellt jedoch für den Regelfall die äußerste Grenze dar, so dass auch eine kürzere Frist angemessen sein kann. Für die schwächere Rechtsposition der Erlaubnis kann der Zeitraum erst recht geringer bemessen werden. Die Befristung ist rechtmäßig.

7. Ergebnis

Die der Erlaubnis beigefügten Nebenbestimmungen über die Zustimmung des Nachbarn sowie über den Bau und die Mitbenutzung der Kläranlage sind rechtswidrig. *A* wird dadurch auch in seinem Recht aus Art. 2 I GG verletzt. Die Widerspruchsbehörde hat deswegen den ge-

---

[13] *Sieder/Zeitler* (Fn. 13), § 4 Rn. 17.
[14] *Sieder/Zeitler* (Fn. 13), § 4 Rn. 17.

samten Verwaltungsakt aufzuheben. Sollte sie das nicht tun, hat eine von *A* erhobene Verpflichtungsklage Erfolg. Allerdings ist die Sache noch nicht spruchreif, so dass das Gericht die Verpflichtung ausspricht, den Kläger unter Beachtung seiner Rechtsauffassung neu zu bescheiden (§ 113 V 2 VwGO). Im Rahmen dieser neuen Entscheidung darf die zuständige Behörde die Erlaubnis jedoch mit den gleichen Benutzungsbedingungen über den Umfang der Einleitung von Schadstoffen und mit der gleichen Befristung versehen.

Literaturhinweise

1. Zu Nebenbestimmungen

Siehe Literaturhinweise zu Fall 9.

2. Zum Verhältnismäßigkeitsprinzip

Siehe Literaturangaben zu Fall 11.

3. Zur Beleihung Privater

Britz, Gabriele, Die Mitwirkung Privater an der Wahrnehmung öffentlicher Aufgaben durch Einrichtungen des öffentlichen Rechts, VerwArch 2000, 418; *Brüning, Christoph*, Steht das alte Rechtsinstitut der Beleihung vor einer neuen Zukunft?, SächsVBl 1998, 201; *Burgi, Martin,* Der Beliehene – ein Klassiker im modernen Verwaltungsrecht, in: Geis, Max-Emanuel-Lorenz, Dieter (Hrsg.), Staat, Kirche, Verwaltung: Festschrift für Hartmut Maurer zum 70. Geburtstag, 2001, S. 581; *Helfrich, Marcus*, Überlegungen zur rechtlichen Problematik einer Beleihung auf dem Wege haushaltsrechtlicher Regelungen, DÖV 1990, 553; *Schmidt, Walter*, Die hinkende Beleihung – Fragen zum Gesetz über den Bau und die Finanzierung von Bundesfernstraßen durch Private (Fernstraßenbauprivatfinanzierungsgesetz – FStrPrivFinG), NVwZ 1995, 38; *Stelkens, Ulrich,* Die Stellung des Beliehenen innerhalb der Verwaltungsorganisation – dargestellt am Beispiel der Beleihung nach § 44 III BHO/LHO, NVwZ 2004, 304.

Fall 16. Die Gebühren für die Schlittschuhe und der Schadensersatz für den beschädigten Getränkeautomaten

Sachverhalt

Die kreisangehörige Gemeinde Astadt *(A)* in Nordrhein-Westfalen richtet eine Eissporthalle für Jugendliche ein. Gegen eine durch Satzung festgelegte Gebühr können dort verschiedene Sportgeräte benutzt werden. Die Gebührenhöhe ist so bemessen, dass nach Verschleiß der angeschafften Geräte neue gekauft werden können. Der sechzehnjährige *Josef Jung (J)* erkundigt sich beim Hallenwart nach den Preisen. Dieser gibt ihm die Auskunft, dass er gegen ein Entgelt von € 3,– für zwei Stunden mit den „geliehenen" Schlittschuhen laufen könne. *J* entrichtet für hundert Zeiteinheiten € 300,– aus seinem Taschengeld und erhält dafür Eintrittskarten für diese Zeit, die er voll in Anspruch nimmt. Nach der Satzung ist für die Benutzung der Schlittschuhe pro Zeiteinheit ein Betrag von € 5,– zu entrichten, wobei ein Zeitraum von zwei Stunden als eine Zeiteinheit zählt. Der Hallenwart hat die Preisspalte für Eisstöcke in seiner unübersichtlichen Gebührentabelle mit der für Schlittschuhe verwechselt, ohne dass *J* den Irrtum erkannte. Es hätte ihm aber auffallen müssen, dass auf einem gut sichtbaren Plakat am Eingang die richtige Gebührenhöhe deutlich unterscheidbar vermerkt war. Die Bürgermeisterin von *A* fordert durch einen an *J* gerichteten Leistungsbescheid für hundert Zeiteinheiten einen Betrag von € 200,– nach. Der Bescheid wird durch eingeschriebenen Brief den Eltern des *J* zugesandt. Können sich die Eltern des *J* gegen diese Nachforderung mit Aussicht auf Erfolg wenden, wenn sie geltend machen, dass die Benutzer nicht für Neuanschaffung von Geräten aufkommen müssten, sondern nur für den laufenden Unterhalt der Eissporthalle, und dass *J* ohnehin die Hälfte der Zeit wegen Überfüllung der Halle nicht Schlittschuh laufen konnte?

J wird außerdem vorgeworfen, einen Getränkeautomaten mutwillig beschädigt zu haben. Auf Grund einer Satzungsbestimmung, die den Benutzern den Ersatz des Schadens auferlegt, den diese schuldhaft Einrichtungsgegenständen der Eissporthalle zufügen, erlässt die Bürgermeisterin gegen *J* einen Leistungsbescheid über € 2.000,– der den Eltern des *J* zugestellt wird. Nach Ablauf der Widerspruchsfrist protestieren diese bei der Bürgermeisterin. Sie bringen vor, *J* werde zu Unrecht beschuldigt, in der Eissporthalle Schaden gestiftet zu haben. Die Bürgermeisterin ermäßigt die Forderung „aus Entgegenkommen" auf € 1.000,–. Können die Eltern mit Aussicht auf Erfolg rechtliche Schritte gegen den Leistungsbescheid des Stadtdirektors einleiten?

Lösung

1. Teil: Die Nachforderung der Gebühren für die Schlittschuhe

I. Der zulässige Rechtsbehelf

Die Eltern des *J* können in seinem Namen Widerspruch und im Falle des Misserfolgs Anfechtungsklage gegen den Verwaltungsakt erheben, durch den die Bürgermeisterin € 200,– an Gebühren nachfordert (§§ 68 I 1 bzw. 40 I, 42 I Alt. 1 VwGO). Die Eltern sind als gesetzliche Vertreter berechtigt, für ihren Sohn *J* Widerspruch einzulegen und einen Rechtsstreit zu führen (§§ 173 VwGO, 51 ZPO, 1626 BGB).

II. Die Begründetheit des Rechtsbehelfs

1. Zuständigkeit

Die Bürgermeisterin ist für die Gebührenforderung nach § 63 I 1 NRW-GO das zuständige Organ.[1] Der Hallenwart zieht die Gebühren nur in seiner Vertretung ein.

2. Verfahren

Die Bekanntgabe der Nachforderung an die Eltern und nicht an den Gebührenschuldner *J* folgt aus dem Rechtsgedanken des § 131 II 1 BGB, wonach die Willenserklärung, die einer in der Geschäftsfähigkeit beschränkten Person gegenüber abgegeben wird, erst wirksam wird, wenn sie dem gesetzlichen Vertreter zugeht. § 7 I BVwZG und die entsprechenden Vorschriften des Landesrechts zeigen, dass dieser Rechtsgedanke Eingang in das öffentliche Recht gefunden hat, denn nach diesen Vorschriften ist bei Geschäftsunfähigen und bei beschränkt Geschäftsfähigen an ihre gesetzlichen Vertreter zuzustellen. Ist eine Zustellung nicht vorgeschrieben, kann dahinstehen, ob die Bekanntgabe dem beschränkt Geschäftsfähigen gegenüber wirksam erfolgen kann. Jedenfalls ist hier die Bekanntgabe an die gesetzlichen Vertreter wirksam erfolgt.

3. Die Rechtsgrundlage

a) Privatrechtliches Benutzungsverhältnis?

Dem Verwaltungsakt mangelt es an einer ausreichenden Rechtsgrundlage, wenn sich die Benutzung der Eissporthalle nach Privatrecht richtet und die Verwaltung dafür keine öffentlich-rechtlichen Gebühren verlan-

[1] Ebenso in den anderen Bundesländern: Art. 37 I 1, 38 I 1 BayGO; §§ 42 I 2, 44 II BWGO; 61 I, 63 I Buchst. e BbgGO; 70 II, 71 I HessGO; 37 II 1 und 2 KV MV; 62 I Nr. 6, 63 I NdsGO; 47 I 1, 2 Nr. 3 RhPfGO; 59 I, III SaarlKSVG; 51 I 2, 53 II SächsGO; 57 II, 63 I GO SachsAnh; 51 I, 56 I, 64 I SHGO; 29 I, II, 31 I ThürKO.

gen darf. Es entspricht einer verbreiteten Auffassung, dass für privatrechtliche Leistungen keine öffentlich-rechtlichen Gebühren erhoben werden dürfen. Diese strenge Trennung ist aber nicht unangefochten. Allerdings soll die Verknüpfung einer öffentlich-rechtlichen Gebührenpflicht mit einer privatrechtlichen Leistung die Ausnahme bilden und nur bei ausdrücklicher Erklärung, dass die Leistung in den Formen des Privatrechts gewährt werde, anzunehmen sein.[2] Eine solche Erklärung ist für die Benutzung der Eissporthalle nicht ersichtlich.

Der öffentlichen Hand wird zwar im Allgemeinen ein Wahlrecht zugestanden, ihre Leistungen in öffentlich-rechtlichen oder in privatrechtlichen Formen darzubieten. Der Erlass einer Gebührensatzung zeigt hier aber bereits eine Überordnung des Hoheitsträgers und die Verwendung eines Sonderrechts für die Rechtsbeziehungen zwischen dem Hoheitsträger und dem Bürger an. Folgt man dem Grundsatz der einheitlichen Behandlung eines Rechtsverhältnisses, ist das Benutzungsverhältnis zwischen der Stadt und den Benutzern der Eissporthalle öffentlich-rechtlich geordnet. Die Stadt kann daher öffentlich-rechtliche Gebühren erheben.

b) Die Gebührensatzung als Rechtsgrundlage

Da es sich bei der Nachforderung der Benutzungsgebühren um einen belastenden Verwaltungsakt handelt, muss dieser auf einer Rechtsgrundlage beruhen, die dem Bestimmtheitsgrundsatz entspricht. Die Eissporthalle ist eine Einrichtung der Gemeinde, für deren Benutzung nach § 6 I 2 NRWKAG Gebühren festgesetzt werden dürfen,[3] wenn nicht sogar wegen des überwiegenden Vorteils für die Personengruppe der Jugendlichen das Ermessen so weit eingeschränkt ist, dass Gebühren zu erheben sind (§ 6 I 1 NRWKAG).[4] Die Gebühr lässt sich aber nicht unmittelbar auf § 6 I NRWKAG stützen, vielmehr ist nach § 2 I NRWKAG der Erlass einer Satzung notwendig.[5] Die Gemeinde hat im vorliegenden Fall

---

[2] *Zuleeg,* VerwArch 73 (1982), 397; Bedenken dazu bei *Ehlers,* DVBl 1986, 917.

[3] In den anderen Bundesländern: Art. 8 I 1 BayKAG; §§ 9 I BWKAG; 3 BlnG über Gebühren und Beiträge; 6 I 1 BbgKAG; 12 I BremGebG; 4 HbgGebG; 10 I HessKAG; 6 I 1 KAG MV; 5 I NdsKAG; 7 I 1 RhPfKAG; 6 I 1 SaarlKAG; 9 I SächsKAG; 5 I 1 KAG SachsAnh; 6 I SHKAG (sinngemäß); 12 I ThürKAG.

[4] In Baden-Württemberg, Berlin, Hamburg, Hessen, Niedersachsen, Rheinland-Pfalz, Sachsen und Sachsen-Anhalt fehlt eine entsprechende Vorschrift. Bayern: Art. 8 I 2 BayKAG („Sollen"); Brandenburg: § 6 I 1 BbgKAG; Bremen: § 12 II 2 BremGebG („Sollen"); Mecklenburg-Vorpommern: § 6 I 1 KAG MV; Saarland: § 6 I 2 SaarlKAG; Schleswig-Holstein: § 6 I SHKAG; Thüringen: § 12 I 2 ThürKAG („Sollen").

[5] In den anderen Bundesländern: Art. 2 I BayKAG; §§ 2 BWKAG; 6 I BlnG über Gebühren und Beiträge (Senat; durch Rechtsverordnung); 2 I BbgKAG; 2 I HbgGebG (Senat; durch Rechtsverordnung); 2 HessKAG; 2 I KAG MV; 2 I NdsKAG; 2 I RhPfKAG; 2 I SaarlKAG (sinngemäß); 2 SächsKAG; 2 I KAG SachsAnh; 2 I SHKAG; 2 I ThürKAG; anders: 3 I BremGebG, wonach grundsätzlich eine Gebührenordnung erforderlich ist.

in einer Satzung Gebührenregelungen für die Benutzung einzelner Sportgeräte geschaffen. Da die Forderung gegen *J* wegen der Benutzung von Schlittschuhen ergangen ist, kann die Stadt die Satzung grundsätzlich als Rechtsgrundlage heranziehen.

c) Übereinstimmung der Satzung mit höherrangigem Recht

Allerdings muss die Satzung ihrerseits wirksam, insbesondere mit höherrangigem Recht vereinbar sein. Dies wäre dann nicht der Fall, wenn die Regelung über die Gebührenerhebung in der Satzung gegen das Kostendeckungsprinzip verstößt. Es herrscht zwar Streit, ob das Kostendeckungsprinzip für die Gebühr begriffswesentlich ist.[6] Für Benutzungsgebühren, die von der Gemeinde erhoben werden, ist aber auf jeden Fall die Grenze gesetzt, dass das veranschlagte Gebührenaufkommen die voraussichtlichen Kosten der Einrichtung nicht übersteigen darf (§ 6 I 3 NRWKAG).[7] Die Eltern des *J* halten diese Berechnungsgrundlage für verletzt. Sie meinen, nur die Kosten für den laufenden Unterhalt könnten angesetzt werden. Die laufenden Kosten umfassen die Aufwendungen für die Herstellung der Einrichtung und die Anschaffung der Einrichtungsgegenstände nicht. Nach der betriebswirtschaftlichen Berechnung, die § 6 II NRWKAG zugrunde liegt,[8] sind aber die Abschreibungen zu berücksichtigen, die sich nach der mutmaßlichen Nutzungsdauer richten. Auch ohne eine solche Bestimmung dürfen die Rücklagen für Ersatzbeschaffungen in die Berechnung einfließen.[9] Die Gemeinde *A* hat zwar auf zukünftige Aufwendungen abgestellt, will damit aber die laufende Ansammlung von finanziellen Mitteln abdecken. Der durch die laufenden Kosten der Einrichtung abgesteckte Rahmen ist also nicht überschritten.

Die auf den einzelnen Benutzer entfallenden Gebühren sind soweit wie möglich anhand eines Wirklichkeitsmaßstabs zu bemessen (§ 6 III 1 NRWKAG).[10] Schlittschuhe erfüllen ihren Zweck für den Benutzer nur,

---

[6] Nach BVerwGE 13, 214 (222) ist das Kostendeckungsprinzip kein Wesensmerkmal der Gebühr.

[7] In den anderen Bundesländern: Art. 8 II BayKAG; §§ 9 II 1 BWKAG; 8 III BlnG über Gebühren und Beiträge (sinngemäß); 6 I 3 BbgKAG; 12 II 2 BremGebG (sinngemäß); 6 I 2 HbgGebG; 10 II HessKAG (sinngemäß); 6 I 2 KAG MV; 5 I 2 NdsKAG; 8 I 3 RhPflKAG (sinngemäß); 6 I 3 SaarlKAG (sinngemäß); 10 I SächsKAG; 5 I 2 KAG SachsAnh; 6 II 1 SHKAG (sinngemäß); 12 II 1 und 3 ThürKAG.

[8] Ebenso: Art. 8 II, III BayKAG; §§ 9 II BWKAG; 8 III BlnG über Gebühren und Beiträge (sinngemäß); 6 II 1 BbgKAG; 12 II 1, III BremGebG; 6 I 1 HbgGebG; 10 II HessKAG; 6 II 1 KAG MV; 5 II NdsKAG; 8 I 1 RhPflKAG; 6 II 1 SaarlKAG; 11 I SächsKAG; 5 II 1 KAG SachsAnh; 6 II 2 bis 4 SHKAG; 12 II 1 ThürKAG.

[9] *Wilke*, in: *Püttner*, HdKWP, Bd. 6, 2. Aufl. (1985), 254.

[10] In den anderen Bundesländern: Art. 8 IV BayKAG; §§ 3 II, 8 V BlnG über Gebühren und Beiträge (sinngemäß); 6 III 1 BbgKAG; 12 IV BremGebG; 10 III 1 HessKAG (sinngemäß); 6 III 1 KAG MV; 5 III 1 NdsKAG; 7 I 2 RhPflKAG; 6 III 1

solange dieser damit laufen kann. Für eine am Wirklichkeitsmaßstab orientierte Gebührenberechnung müsste daher an sich für jeden Benutzer die mit den Schuhen zurückgelegte Wegstrecke gesondert ermittelt werden. Es kann aber nicht ernsthaft gefordert werden, zu diesem Zweck Messgeräte in die Schlittschuhe einzubauen. Der Aufwand für die Messgeräte wäre im Verhältnis zum Preis der Schlittschuhe zu hoch und müsste den Benutzern aufgebürdet werden. Es ist daher angebracht, eine weniger aufwendige Berechnungsmethode zu wählen. Diese muss aber gewährleisten, dass das Ergebnis den Berechnungen nach dem Wirklichkeitsmaßstab möglichst nahe kommt. Diese Anforderung wird von einem Wahrscheinlichkeitsmaßstab erfüllt (§ 6 III 2 NRWKAG).[11] Holt sich ein Benutzer Schlittschuhe, steht zu vermuten, dass er in der Zeit, in der er über die Geräte verfügt, auch von ihnen Gebrauch macht. Die Anwendung des Wahrscheinlichkeitsmaßstabs erscheint hier also grundsätzlich sachgerecht.

Die Eltern des *J* machen allerdings geltend, dass *J* sich aufgrund des Andrangs in der Halle nicht den Erwartungen entsprechend verhalten konnte, die dem Wahrscheinlichkeitsmaßstab zugrunde liegen. Das hinter diesem Maßstab stehende Äquivalenzprinzip, besser Grundsatz der Leistungsproportionalität genannt, findet seine verfassungsrechtliche Absicherung im Gleichheitssatz.[12] Führt man das Äquivalenzprinzip auf den Grundsatz der Verhältnismäßigkeit zurück,[13] muss die Angemessenheit von Leistung und Gegenleistung in jedem Einzelfalle sichergestellt sein. Die Gebührensatzung ist dazu kaum in der Lage. Gerade auf eine derartige Rechtsnorm zielt aber das Äquivalenzprinzip ab. Daher genügt es, bei der Festlegung der Gebühren in der Satzung von einem Gebrauch nach dem gewöhnlichen Verlauf auszugehen. Der Normgeber kann nicht alle tatsächlich auftretenden Situationen voraussehen. Dies ist aber auch deswegen nicht erforderlich, weil der Grundsatz der Verhältnismäßigkeit im engeren Sinne, der keine Wahl der eingesetzten Mittel voraussetzt, kraft Verfassungsrechts jede Gebührenforderung der Höhe nach begrenzt. Die Satzung stimmt also mit höherrangigem Recht überein.

SaarlKAG; 14 I 1 und 2 SächsKAG; 5 III 1 KAG SachsAnh; 6 IV 2 SHKAG; 12 IV ThürKAG. In Baden-Württemberg und Hamburg fehlt eine entsprechende Vorschrift.

[11] In den anderen Bundesländern: §§ 6 III 2 BbgKAG; 6 III 2 KAG MV; 5 III 2 NdsKAG; 7 I 2 und 3 RhPflKAG; 6 III 2 SaarlKAG; 14 I 3 SächsKAG (sinngemäß); 5 III 2 KAG-LSA; 6 IV 3 SHKAG (sinngemäß). In Baden-Württemberg, Bayern, Berlin, Bremen, Hamburg, Hessen und Thüringen fehlt eine entsprechende Vorschrift.

[12] BVerfGE 50, 217 (227).

[13] So *BVerwG* VerwRspr 29 (1978), Nr. 135, 730 (732).

4. Ausschluss der Nachforderung

a) Bestandskraft der ersten Gebührenforderung

Die Nachforderung könnte ausgeschlossen sein, weil bereits vom Hallenwart Gebühren erhoben worden sind und diese Gebührenforderung in Bestandskraft erwachsen ist. Die Bürgermeisterin berichtigte mit ihrem Bescheid aber nicht etwa diese Gebührenforderung, sondern erließ einen neuen Bescheid. Eine bloße Berichtigung wäre auch daran gescheitert, dass der Hallenwart eine unübersichtliche Gebührentabelle in Gebrauch hatte. Nur eine offenbare Unrichtigkeit darf nach § 12 I Nr. 3b NRWKAG i.V.m. § 129 S. 1 AO jederzeit berichtigt werden.

Für *J* erwächst aus den fehlerhaften Gebührenforderungen des Hallenwarts ein Vorteil; denn solange die Verwaltung keine Rücknahme ausspricht, hat er weniger Geld für die Benutzung der Schlittschuhe gezahlt als in der Satzung vorgeschrieben. Die zu niedrig angesetzten Gebührenforderungen stellen somit begünstigende Verwaltungsakte dar. Diese gewähren zwar keine Geldleistungen, wirken aber hinsichtlich der nicht eingeforderten Beträge in gleicher Weise. Demnach kommen hier die Grundsätze des § 12 I Nr. 3b NRWKAG i.V.m. § 130 II AO entsprechend zum Zuge. Folglich darf der Verwaltungsakt nicht zurückgenommen werden, soweit der Betroffene Vertrauensschutz genießt. Im vorliegenden Fall könnte allerdings die Ausnahme des § 12 I Nr. 3b NRWKAG i.V.m. § 130 II Nr. 4 AO eingreifen. *J* kannte den Fehler zwar nicht. Anhand des Anschlags am Eingang hätte ihm jedoch auffallen müssen, dass er ständig zu wenig Gebühren für die Benutzung der Schlittschuhe bezahlt hat. Von einem Sechzehnjährigen kann man erwarten, sich der Kosten zu vergewissern, die ihm bei Benutzung von Schlittschuhen in der Eissporthalle entstehen, wenn ein gut sichtbares Plakat darüber eindeutige Auskunft gibt. Wirft *J* bei seinen vielen Besuchen nicht ein einziges Mal einen Blick auf den Anschlag, um sich über die Gebührenhöhe zu informieren, fällt auch einem Minderjährigen grobe Fahrlässigkeit zur Last. Da *J* die Gelegenheit zur Überprüfung nicht wahrgenommen hat, wird ihm kein Vertrauensschutz zuteil. Die Stadt kann aus der Benutzung der Schlittschuhe daher erneut eine Gebührenforderung ableiten.

b) Beschränkte Geschäftsfähigkeit des Gebührenschuldners

Fraglich ist, ob die Nachforderung der Gebühren dadurch ausgeschlossen sein kann, dass *J* als Sechzehnjähriger nach § 106 BGB in seiner Geschäftsfähigkeit beschränkt ist. Nur die irrtümlich erhobene niedrige Gebühr hat er mit seinem Taschengeld bestritten. § 110 BGB gewährt einem Minderjährigen in diesem Rahmen die Fähigkeit zum Vertragsschluss. Soweit die Gebühren den entrichteten Betrag übersteigen, ist *J* nach § 106 BGB in seiner Geschäftsfähigkeit beschränkt. Bei der Benutzung einer öffentlichen Einrichtung nach den Regeln des öffentlichen

Rechts kommt es indessen auf diese privatrechtlichen Regeln nicht an. Das Benutzungsverhältnis entsteht mit der Zulassung zur Benutzung unabhängig davon, ob der Benutzer volljährig oder minderjährig ist.[14] Erforderlich ist lediglich eine natürliche Einsichtsfähigkeit,[15] die bei einem Sechzehnjährigen gewöhnlich angenommen werden kann. Die Nachforderung scheitert also nicht an der fehlenden vollen Geschäftsfähigkeit des *J* nach bürgerlichem Recht.

c) Der Grundsatz der Verhältnismäßigkeit

Die Angemessenheit als Unterart des Grundsatzes der Verhältnismäßigkeit ist nicht gewahrt, wenn dem *J* die Nachforderung ohne echte Gegenleistung abverlangt wird. Doch steht nicht fest, in welchem Maß *J* durch die Überfüllung der Halle vom Schlittschuhlaufen abgehalten wurde. Dass es die Hälfte der Zeit war, ist eine Behauptung, für die keine Belege angeführt wurden. Es entspricht dem Wesen eines Wahrscheinlichkeitsmaßstabs, dass die tatsächliche Benutzung nicht genau zu ermitteln ist. Die Grenze zur Unangemessenheit der Gegenleistung im Einzelfall ist erst überschritten, wenn der Betroffene eine erhebliche Abweichung von der üblichen Benutzung darlegen kann, die mit den verfügbaren Kräften von der Verwaltung einwandfrei festzustellen ist. *J* hätte daher beim Hallenwart Protest anmelden müssen, damit die Stadt dafür sorgen kann, dass die tatsächliche Nutzung der Schlittschuhe möglich ist. Der Grundsatz der Verhältnismäßigkeit steht der Nachforderung somit nicht im Wege. Der Bescheid ist daher rechtmäßig. Ein Rechtsbehelf hat keine Aussicht auf Erfolg.

2. Teil: Die Forderung wegen des beschädigten Getränkeautomaten

I. Zulässigkeit eines Rechtsbehelfs

1. Die Ermäßigung der ursprünglichen Forderung

Die Bürgermeisterin ermäßigt in einer zweiten Entscheidung die geforderte Leistung auf € 1.000,–. Die Möglichkeit, Widerspruch einzulegen und im Falle des Misserfolgs Anfechtungsklage gegen diese Entscheidung zu erheben, scheidet aus, wenn es sich dabei nicht um einen Verwaltungsakt i.S.d. § 35 S. 1 NRWVwVfG handelt. Einer wiederholenden Verfügung wird bisweilen die Eigenschaft eines Verwaltungsakts abgesprochen.[16] Aus dem Verhalten der Behörde folgt, dass diese nicht in eine erneute Prüfung der Voraussetzungen der Leistungspflicht eintritt. Insoweit fehlt eine Regelung. Wohl aber wird die Rechtsfolge verändert. Die Bürgermeisterin verringert die ursprüngliche Forderung aus Billigkeitsgründen, worin eine Regelung zu erblicken ist. Soweit die

---

[14] *Zuleeg,* JuS 1973, 36.

[15] Vgl. *Ehlers,* DVBl 1986, 918.

[16] *Stern,* Rn. 235; kritisch *Maurer,* § 11 Rn. 56.

Bürgermeisterin die ursprüngliche Forderung in Höhe von € 1.000,– niederschlägt, mangelt es zwar an einer Beschwer. Die Hälfte der Forderung bleibt aber aufrecht erhalten. Darin liegt eine teilweise Bestätigung des früheren Bescheids. Es handelt sich somit um einen Zweitbescheid, der nach einhelliger Auffassung als Verwaltungsakt der Anfechtung durch Widerspruch und Anfechtungsklage unterliegt. Gegen ihn kann *J* daher gerichtlich vorgehen.

2. Die ursprüngliche Forderung

Mit der Anfechtung des Zweitbescheids allein ist dem *J* aber nicht gedient. Entfällt der Zweitbescheid, kann nach wie vor die Forderung aus dem ursprünglichen Bescheid geltend gemacht werden. Dieser ist freilich unanfechtbar geworden, weil die Widerspruchsfrist nach § 70 I VwGO ungenutzt verstrichen ist. Greift die Behörde aber das Verfahren durch einen Zweitbescheid wieder auf, tritt sie damit erneut in dessen Überprüfung ein. Dadurch wird die Bestandskraft des ersten Verwaltungsakts durchbrochen. Der Ablauf der Widerspruchsfrist steht der Anfechtung des Erstbescheids daher nicht entgegen, sofern der Zweitbescheid ebenfalls angegriffen wird.[17]

3. Die Vertretungsmacht der Eltern

Die Eltern sind als gesetzliche Vertreter nach § 1626 II BGB berechtigt, für ihren Sohn *J* Widerspruch einzulegen und einen Rechtsstreit zu führen.

II. Die Begründetheit eines Rechtsbehelfs

1. Die Rechtsgrundlage für die Forderung

Durch den Zweitbescheid wird der ursprüngliche Verwaltungsakt „aus Entgegenkommen" abgeändert. Die verbliebene Forderung leitet sich aus einer Satzung ab, die auch die Gebühren für die Benutzung der Einrichtungsgegenstände festlegt. Der Satzungsgeber belastet die Benutzer mit einer Haftungsfolge für schuldhafte Pflichtverletzungen im Rahmen des öffentlich-rechtlichen Benutzungsverhältnisses und legt damit einen allgemeinen Rechtsgedanken in einer Rechtsnorm nieder. Es handelt sich also um eine Schadensersatzforderung aus öffentlich-rechtlichem Benutzungsverhältnis, die sich auf eine entsprechende Satzungsbestimmung gründet.[18]

2. Der Leistungsbescheid

Nach der Rechtsprechung des BVerwG darf eine öffentlich-rechtliche Forderung durch Leistungsbescheid erhoben werden, auch wenn eine

---

[17] *Kopp/Schenke*, § 70 Rn. 10.
[18] Vgl. *Erichsen/Ehlers*, § 29 IV Rn. 39.

besondere Ermächtigung dazu fehlt.[19] Diese Linie stößt aber im Schrifttum auf Widerstand.[20] Der Streit ist bis heute noch nicht beigelegt.[21] Hier ist maßgeblich, dass der Erlass einer Satzung die Anwendbarkeit des öffentlichen Rechts herbeiführt. Der Ersatz beschädigter Gegenstände im Rahmen eines Benutzungsverhältnisses fällt zwar nicht unter die Gebühren, die nach § 4 II NRWKAG die Gegenleistung für eine Leistung der Verwaltung bilden.[22] Die Verpflichtung zu Schadensersatz ist aber wie die Gebühr ein Mittel, die Finanzierung des Angebots der Verwaltung durch die Benutzer sicher zu stellen. Gebühren dürfen unstreitig durch einseitige Rechtsakte eingefordert werden. Es ist kein Grund ersichtlich, Schadensersatzforderungen auf der Grundlage der Satzung anders zu behandeln als Gebühren. Deshalb durfte der Schadensersatzanspruch hier auch durch Leistungsbescheid geltend gemacht werden.

3. Die tatsächlichen Voraussetzungen

Für die tatsächlichen Voraussetzungen eines solchen Anspruchs trifft allerdings die Gemeinde die Beweislast.[23] Kann die Bürgermeisterin nicht nachweisen, dass *J* den Getränkeautomaten beschädigt hat, ist der Leistungsbescheid rechtswidrig. In diesem Fall ist er aufzuheben.

Literaturhinweise

1. Zur Lehre vom Vorbehalt des Gesetzes

Bauer, Hartmut, Zum Gesetzesvorbehalt für die Handlungsform des Verwaltungsakts, NVwZ 1987, 112; *Detterbeck, Steffen,* Vorrang und Vorbehalt des Gesetzes, Jura 2002, 235; *Erichsen, Hans-Uwe,* Vorrang und Vorbehalt des Gesetzes, Jura 1995, 550; *Gersdorf, Hubertus,* Der praktische Fall – Öffentliches Recht – Das subventionierte avantgardistische Theater, JuS 1994, 955; *Kloepfer, Michael,* Der Vorbehalt des Gesetzes im Wandel, JZ 1984, 685; *König, Hans-Günther,* Der Grundsatz vom Vorbehalt des Gesetzes und die Ergänzung des Normbestands für Eingriffsakte, BayVBl 1988, 171; *Krebs, Walter,* Zum aktuellen Stand der Lehre vom Vorbehalt des Gesetzes, Jura 1979, 304; *Pietzcker, Jost,* Vorrang und Vorbehalt des Gesetzes, JuS 1979, 710; *Stober, Rolf,* Der Vorbehalt des Gesetzes und Verwaltungsvorschriften im Subventionsrecht, GewArch 1993, 136 und 187; *Wehr, Matthias,* Grundfälle zu Vorrang und Vorbehalt des Gesetzes, JuS 1997, 231 und 419; *Zimmerling, Jürgen,* Eingriffs- und

---

[19] BVerwGE 59, 13 (19ff.).

[20] *Schenke* JuS 1979, 886ff.

[21] *Ossenbühl,* S. 486f.

[22] In den anderen Bundesländern: §§ 3 I BlnG über Gebühren und Beiträge; 4 II BbgKAG; 12 I 1 BremGebG; 4 S. 1 HbgGebG; 10 I HessKAG; 4 I KAG MV; 5 I NdsKAG; 7 I 1 RhPflKAG (sinngemäß); 4 II SaarlKAG; 5 I 1 KAG SachsAnh; 4 I SHKAG. In Baden-Württemberg, Bayern, Sachsen und Thüringen fehlt eine entsprechende Vorschrift.

[23] *OVG NRW,* NRWVBl 1998, 198; *Erichsen/Ehlers,* § 37 I 3 Rn. 10.

Leistungsverwaltung unter den Aspekten des Vorrangs und des Vorbehalts des Gesetzes, VR 1993, 257.

2. Zur wiederholenden Verfügung und zum Zweitbescheid

Discher, Thomas, Der praktische Fall – Öffentliches Recht – Kein Platz zum Schächten, JuS 1996, 529; *Erfmeyer, Klaus*, Die Befugnis der Behörde zum Erlaß von Folgebescheiden nach rechtskräftigem Urteil über den Erstbescheid, DVBl 1997, 27; *Haverkämper, Jörn*, Der praktische Fall – Die Flugblattaktion, VR 1979, 94; *Martens, Wolfgang*, Die Aufhebung belastender Verwaltungsakte durch die Verwaltung, Jura 1979, 83 (88); *Wilke, Kay-Michael*, Wiederholung eines Verspätungszuschlags aus Anlaß eines Änderungsbescheids – Wiederholende Verfügung oder Zweitbescheid?, BB 1979, 933.

3. Zu den Benutzungsgebühren

Becker, Ulrich/Sichert, Markus, Einführung in die kommunale Rechtsetzung am Beispiel gemeindlicher Benutzungssatzungen, JuS 2000, 144 und 348; *Ehlers, Dirk*, Rechtsverhältnisse in der Leistungsverwaltung, DVBl 1986, 912; *Erichsen, Hans-Uwe*, Die kommunalen öffentlichen Einrichtungen, Jura 1986, 148 und 196; *ders.*, Öffentliche Abgaben – Steuern, Gebühren, Beiträge, Sonderabgaben, Jura 1995, 47; *Grawel, Erik*, Anmerkungen zur Definition und zum Verständnis betriebswirtschaftlicher Grundsätze im Kommunalabgabenrecht der Länder – dargestellt am Beispiel des § 6 KAG NW, VerwArch 1999, 442; *ders.*, Aktuelle Rechtsfragen kostendeckender Benutzungsgebühren, DVP 2000, 145; *Püttner, Günter/Lingemann, Stefan*, Aktuelle Probleme der Zulassung zu öffentlichen Einrichtungen, JA 1984, 121 und 274.

Fall 17. Die Probefahrten mit dem Sportwagen

Sachverhalt

Holger Hurtig (H) ist ein Freund starker Motoren. Er bastelt oft an seinem Sportwagen herum und probiert ihn anschließend auf einer Gemeindestraße der kreisfreien Stadt in Nordrhein-Westfalen aus, deren Einwohner er ist. Die Straße führt zum Friedhof, ist nur für die Besucher des Friedhofs gewidmet und weist am Anfang ein Schild „Sackgasse" auf. Ein Polizist beobachtet die Probefahrten des *H* und erlegt ihm ein Verwarnungsgeld in Höhe von € 20,– wegen einer Ordnungswidrigkeit nach §§ 30 I 3, 49 I Nr. 25 StVO auf, das *H* nach ordnungsgemäßer Belehrung zahlt. Dennoch erlässt der Oberbürgermeister, der von den Probefahrten erfahren hat, einen Bußgeldbescheid gegen *H* mit der Begründung, er habe eine unerlaubte Sondernutzung in Anspruch genommen. In einem weiteren Schreiben, das dem *H* zugestellt wird, fordert ihn der Oberbürgermeister auf, die Probefahrten in Zukunft zu unterlassen, sonst müsste ein Zwangsgeld in Höhe von € 3.000,– erhoben werden. Die Probefahrten gingen über die Widmung hinaus und belästigten die Besucher des Friedhofs. Der Oberbürgermeister weist auf einige Beschwerden über das Verhalten des *H* hin.

H schlägt die Warnung in den Wind und unternimmt erneut Probefahrten in der Sackgasse. Der Friedhofswärter verständigt die Stadtverwaltung, die den Verwaltungsbeamten *Theodor Tüchtig (T)* aus dem Ordnungsamt in die Straße schickt. Dieser hält *H* an, spricht mit ihm und nimmt ihm dabei den Zündschlüssel weg. *T* setzt sich ans Steuer, um den Wagen im Städtischen Fuhrpark zu verwahren und *H* auf diese Weise an weiteren Probefahrten zu hindern. Unterwegs findet *T* Gefallen an dem Sportwagen und dreht ein paar Runden in der Stadt. Dabei kollidiert er mit einem Laternenpfahl. Das Auto bleibt beschädigt vor einer Einfahrt liegen. *T* ist verschwunden. Ein städtischer Beamter lässt im Namen des Oberbürgermeisters den Wagen durch ein Abschleppunternehmen wegschaffen. Der Oberbürgermeister verlangt durch Leistungsbescheid von *H* die Kosten für das Abschleppen. Kann sich *H* mit Aussicht auf Erfolg gegen die einzelnen Verwaltungsmaßnahmen zur Wehr setzen?

Lösung

I. Das Verwarnungsgeld

1. Zulässigkeit eines Rechtsbehelfs

Die Erhebung eines Verwarnungsgeldes durch einen Polizisten erfüllt alle Merkmale eines Verwaltungsakts von § 35 S. 1 NRWVwVfG[1] und muss daher durch Widerspruch nach § 68 I 1 VwGO und im Falle des Misserfolgs durch Anfechtungsklage nach §§ 40 I, 42 I Alt. 1 VwGO angreifbar sein, sofern nicht eine besondere Anfechtungsmöglichkeit eröffnet ist. Gegen Anordnungen, Verfügungen und sonstige Maßnahmen der Verwaltungsbehörde im Bußgeldverfahren ist nach § 62 I 1 OWiG der Antrag auf gerichtliche Entscheidung der richtige Rechtsbehelf. Das Verwarnungsgeld ist zwar in § 56 OWiG geregelt, dient aber gerade der Abwendung des Bußgeldverfahrens. *H* kann sich daher im Verwaltungsrechtsweg gegen das Verwarnungsgeld zur Wehr setzen.[2]

2. Begründetheit des Rechtsbehelfs

Da die Erklärung des Einverständnisses nach ordnungsgemäßer Belehrung aufgrund von § 56 II 1 OWiG als Unterwerfung betrachtet wird, ist es grundsätzlich ausgeschlossen, später noch Mängel des Verwaltungsakts zu rügen. Der Betroffene kann aber geltend machen, die Behörde habe den für das Verwarnungsgeld abgesteckten Rahmen überschritten. § 56 I 1 OWiG erlaubt indessen die Erhebung eines Verwarnungsgeldes zwischen € 5,– und € 35,–. *H* kann die Höhe somit nicht beanstanden.

H könnte seine Unterwerfungserklärung anfechten, wenn ein Grund dafür vorläge. Er ist aber über sein Weigerungsrecht belehrt worden. Ihm ist daher bekannt, dass Einwände gegen die Rechtmäßigkeit der Maßnahme abgeschnitten sind, wenn er von seinem Weigerungsrecht keinen Gebrauch macht. Allenfalls könnte *H* davon ausgegangen sein, krasse Fehlbeurteilungen des Polizisten noch rügen zu dürfen. Da *H* im vorliegenden Fall eine Ordnungswidrigkeit nach §§ 24 I 2 StVG, 30 I 3, 49 I Nr. 25 StVO begangen haben könnte, ist die Berechtigung zur Erhebung eines Verwarnungsgelds nicht völlig von der Hand zu weisen. Man kann *H* daher keinen Irrtum über die Tragweite seiner Willenserklärung zugute halten, auf Grund dessen eine Anfechtung in Frage käme.[3] *H* kann gegen die Auferlegung des Verwarnungsgelds somit keine rechtlichen Schritte mit Aussicht auf Erfolg unternehmen.

---

1 BVerfGE 22, 125 (131).
2 Vgl. BVerwGE 24, 8 (9).
3 Vgl. *Stichlberger*, BayVBl 1980, 393 f.

II. Der Bußgeldbescheid

1. Der zulässige Rechtsbehelf

Gegen den Bußgeldbescheid des Oberbürgermeisters kann *H* nach § 67 I OWiG Einspruch einlegen. Es entscheidet das Amtsgericht am Sitz der Verwaltungsbehörde (§ 68 I 1 OWiG).

2. Die Begründetheit des Rechtsbehelfs

a) Zuständigkeit und Rechtsgrundlage

Der Oberbürgermeister wirft *H* vor, eine unerlaubte Sondernutzung an der Gemeindestraße in Anspruch genommen zu haben. Trifft dieser Vorwurf zu, hat *H* eine Ordnungswidrigkeit nach § 59 I Nr. 1 NRWStrWG begangen, die auf Grund von § 59 II NRWStrWG mit Geldbuße geahndet werden kann.[4] Nach der Verordnung vom 13. 11. 1973[5] sind dafür die Gemeinden zuständig. Für die kreisfreie Stadt tritt nach §§ 63 I 1, 40 II 2 NRWGO ihr Oberbürgermeister auf.[6]

b) Verfolgungshindernis?

Dem Erlass eines Bußgeldbescheids könnte § 56 IV OWiG entgegenstehen, demzufolge die Tat nicht mehr unter den tatsächlichen und rechtlichen Gesichtspunkten verfolgt werden kann, unter denen die Verwarnung erteilt worden ist, sofern diese wirksam ist. Die Tat, die den Anlass für den Bescheid bildet, ist das Hin- und Herfahren auf der Straße zum Friedhof, weswegen der Polizist auch die Verwarnung ausgesprochen hat. Der Bußgeldbescheid ist indessen auf einen Verstoß gegen Straßenrecht gestützt, während die Verwarnung einen Verstoß gegen Straßenverkehrsrecht anführt. Das Verfolgungshindernis nach § 56 IV OWiG besteht aber nur für die rechtlichen Gesichtspunkte, unter denen die Verwarnung erteilt worden ist. Ein auf Straßenrecht beruhender Bußgeldbescheid ist daher nicht ausgeschlossen.

c) Ordnungswidrigkeit?

Ordnungswidrig i.S.v. § 59 I Nr. 1 NRWStrWG handelt, wer vorsätzlich oder fahrlässig entgegen § 18 I NRWStrWG[7] die Straße über den

---

[4] In den anderen Bundesländern: Art. 66 Nr. 2 BayStrWG, §§ 54 I Nr. 1, II BWStG; 26 I Nr. 2, II BlnStrG; 47 I Nr. 2, II BbgStrG; 48 I Nr. 1, II BremStrG; 72 I Nr. 2, II HbgWG; 51 I Nr. 3, II HessStrG; 61 I Nr. 1, II StrWG MV; 61 I Nr. 1, II NdsStrG; 53 I Nr. 5, II RhPflStrG; 61 I Nr. 1, II SaarlStrG; 52 I Nr. 3, II SächsStrG; 48 I Nr. 3, II StrG SachsAnh; 56 I Nr. 1, II SHStWG; 50 I Nr. 4, II ThürStrG.

[5] GVNW, 529, geändert durch Verordnung vom 23. 5. 1995, GVNW, 499.

[6] In den anderen Bundesländern: Art. 37 I 1, 38 I 1 BayGO; §§ 42 I, 44 II BWGO; 61 I, 63 I Buchst. e BbgGO; 70 II, 71 I HessGO; 37 II, III KV MV; 62 I Nr. 6, 63 I NdsGO; 47 I Nr. 3 RhPflGO; 59 I, III SaarlKSVG; 51 I, 53 II SächsGemO; 57 II, 63 II GO SachsAnh; 51 I, 55 I, 56 I, 64 I, 65 I SHGO; 29 I, II, 31 I ThürKO.

[7] In den anderen Bundesländern: Art. 18 I BayStrWG; §§ 16 I BWStrG; 11 I BlnStrG; 18 I BbgStrG 18 I BremStrG; 19 I HbgWG; 16 I HessStrG; 22 I StrWG MV;

Gemeingebrauch hinaus ohne Erlaubnis benutzt. Neben den Verkehrsvorschriften bestimmt die Widmung den Umfang des Gemeingebrauchs (§ 14 I 1 NRWStrWG).[8] Gemäß § 6 III NRWStrWG kann die Widmung auf bestimmte Benutzungsarten, Benutzungszwecke und Benutzerkreise beschränkt werden.[9] Da jedoch die Benutzung von öffentlichen Strassen durch Bundesrecht, nämlich das Straßenverkehrsgesetz und die Straßenverkehrsordnung, eingehend geregelt ist, bleibt für landesrechtliche Regelungen nur Raum, soweit sie sich dem Bundesrecht einpassen. Dieses schreibt die Anordnung von Verkehrsbeschränkungen durch Verkehrszeichen vor (§ 45 IV StVO). Für die Eingrenzung der Benutzung auf die Besucher des Friedhofs steht aber kein Verkehrszeichen zur Verfügung, allenfalls ließe sich an eine Beschränkung auf die Anlieger denken.[10] Ein solches Verkehrszeichen ist aber nicht angebracht. Das Schild „Sackgasse" gibt über den Kreis der Benutzer keine Auskunft. Die Beschränkung der Widmung verstößt mithin gegen übergeordnetes Recht. Die Widmung, die einen dinglichen Verwaltungsakt darstellt (vgl. § 35 S. 2 NRW-VwVfG), wurde allerdings nicht angefochten. *H* könnte dies nur noch tun, wenn die Anfechtungsfrist noch nicht abgelaufen ist. Selbst dann fehlt es jedoch an der Widerspruchs- und Klagebefugnis, weil er kein Recht auf unbeschränkte Widmung besitzt. Ein solches Recht erwächst auch nicht aus dem Umstand, dass *H* wegen der fehlerhaften Widmung mit einem Bußgeldbescheid belegt wird. Zum Ausgleich für die mangelnde Anfechtbarkeit muss sich bei dinglichen Verwaltungsakten die Rechtswidrigkeit aber inzident feststellen lassen, wenn ein belastender Hoheitsakt darauf beruht. Sonst wäre Art. 19 IV 1 GG verletzt. Die Beschränkung der Widmung, die sich von den übrigen Teilen des Verwaltungsakts trennen lässt, ist daher rechtswidrig. Ein Bußgeldbescheid darf nicht auf sie gestützt werden.

d) Nachschieben von Gründen?

Wollte man einen Verstoß gegen Straßenverkehrsrecht nachschieben, stünde dem § 56 IV OWiG entgegen.

e) Rechtsfolge

H ist nach § 72 III 1 OWiG freizusprechen.

---

18 I NdsStrG; 41 I RhPflStrG; 18 I SaarlStrG; 18 I SächsStrG; 18 I StrG SachsAnh; 21 I SHStrWG; 18 I ThürStrG.

[8] In den anderen Bundesländern: Art. 14 I BayStrWG; §§ 13 I BWStrG; 10 II BlnStrG; 14 I BbgStrG; 15 I BremStrG; 16 I HbgWG; 14 HessStrG; 21 I StrWG MV; 14 I NdsStrG; 34 I RhPflStrG; 14 I SaarlStrG; 14 I SächsStrG; 14 I StrG SachsAnh; 20 I SHStWG; 14 I ThürStrG.

[9] In den anderen Bundesländern: Art. 6 II 3 BayStrWG; §§ 5 III BWStrG; 3 II 2 BlnStrG; 6 II 4 BbgStrG; 5 I BremStrG; 6 II HbgWG; 4 I 3 HessStrG; 7 I 5 StrWG MV; 6 I 4 NdsStrG; 36 I 4 RhPflStrG; 6 II 3 SaarlStrG; 6 II 4 SächsStrG; 6 II 4 StrG SachsAnh; 6 I 3 SHStrWG; 6 II 2 HS. 2 ThürStrG.

[10] Vgl. BGHSt 20, 242.

III. Die Aufforderung zur Unterlassung der Probefahrten und die Androhung des Zwangsgelds

1. Zulässigkeit eines Rechtsbehelfs

Mit der Aufforderung, die Probefahrten zu unterlassen, richtet der Oberbürgermeister ein Gebot an *H*, das als Verwaltungsakt mit Widerspruch nach § 68 I 1 VwGO und im Falle des Misserfolgs mit der Anfechtungsklage nach §§ 40 I, 42 I VwGO angegriffen werden kann. Die Androhung eines Zwangsmittels ist ebenfalls ein Verwaltungsakt und unterliegt der Anfechtung durch die angegebenen Rechtsbehelfe.[11] Beide Verwaltungsakte sind in ein und demselben Schreiben zusammengefasst und stehen auch innerlich im Zusammenhang. Ihre Aufhebung kann daher gemäß § 44 VwGO in einer Klage betrieben werden.

2. Begründetheit des Rechtsbehelfs

a) Die Aufforderung zur Unterlassung der Probefahrten

Die Aufforderung hat einmal den Zweck, eine unerlaubte Sondernutzung zu unterbinden. Als Rechtsgrundlage kommt deshalb § 14 I NRW-OBG in Betracht.[12] Danach können die Ordnungsbehörden die notwendigen Maßnahmen treffen, um eine im einzelnen Falle bestehende Gefahr für die öffentliche Sicherheit oder Ordnung abzuwehren. Die Beschränkung der Widmung auf die Besucher des Friedhofs ist allerdings unwirksam. Daher liegt insoweit kein Verstoß gegen die öffentliche Sicherheit i. S. v. § 14 I NRWOBG vor. Der Oberbürgermeister führt freilich noch die Belästigung der Besucher des Friedhofs an. Die Beschwerden zeigen, dass *H* in der Vergangenheit Verkehrsteilnehmer belästigt und damit gegen § 1 II StVO verstoßen hat. Der Oberbürgermeister wird also auch tätig, um für die Zukunft ein verkehrswidriges Verhalten zu verhüten. Dafür ist § 14 I NRWOBG die Rechtsgrundlage.

Für die Überwachung des Straßenverkehrs sind nach § 11 S. 1 NRW-POG allerdings die Kreispolizeibehörden zuständig. Das sind in den kreisfreien Städten nach §§ 3 I Nr. 1, II, III NRWPOG nicht die Oberbürgermeister, sondern die Polizeipräsidien.[13] Die Aufforderung ist da-

[11] Art. 38 BayVwZVG und § 66 VI RhPflVwVG lassen die Verbindung einer Anfechtung der Androhung mit der des zugrunde liegenden Verwaltungsakts zu.

[12] In den anderen Bundesländern: Art. 2 I, 11 I BayPAG; §§ 1, 3 BWPolG; 17 I Bln-ASOG; 1 I, 13 I BbgOBG; 1, 30 I BremPolG; 3 I HbgSOG; 1 I, 11 HessSOG; 1 I, 13 SOG MV; 1 I, 11 NdsGefAG; 1 I, 9 I RhPflPOG; 1 II, 8 I SaarlPolG; 1 I, 3 I SächsPolG; 174 SHLVwG; 2 I, 5 I ThürOBG.

[13] In den anderen Bundesländern: Nach Art. 4 I BayPOG ist die Landespolizei zuständig. In Hessen sind gemäß § 1 Nr. 5 a der Zuweisungsverordnung die allgemeinen Ordnungsbehörden für die Überwachung des Straßenverkehrs zuständig. § 1 der Thüringer Vollzugs-Dienstkräfte-Verordnung begründet ebenfalls eine Zuständigkeit der Ordnungsbehörden für die Überwachung des ruhenden Verkehrs. In den übrigen Bundesländern fehlen entsprechende Vorschriften.

her rechtswidrig und von der Widerspruchsbehörde oder vom Verwaltungsgericht aufzuheben.

b) Die Androhung des Zwangsgelds

Das angedrohte Zwangsmittel dient der Durchsetzung eines rechtswidrigen Verwaltungsakts. Der Verwaltungsakt der Androhung wird von der Rechtswidrigkeit des zugrunde liegenden Verwaltungsakts erfasst und ist deshalb ebenfalls rechtswidrig.

Der Androhung des Zwangsmittels können aber auch noch selbständige Fehler anhaften. Nach § 63 II NRWVwVG kann die Androhung mit dem Gebot verbunden werden, die Probefahrten zu unterlassen.[14] Zwangsgeld ist ein nach § 57 I Nr. 2 NRWVwVG[15] zugelassenes Zwangsmittel, das nach § 55 I NRWVwVG[16] zur Durchsetzung eines Verwaltungsakts eingesetzt werden darf. Zweck des Zwangsgelds kann es nach § 57 III NRWVwVG[17] sein, den Pflichtigen zu veranlassen, eine Handlung zu unterlassen. Zum Vollzug mit den Mitteln des Verwaltungszwangs ist der Oberbürgermeister als die Behörde zuständig, die den Verwaltungsakt erlassen hat (§ 56 I NRWVwVG).[18] Die von § 60 I 1 NRWVwVG geforderte Schriftform[19] ist eingehalten. Die Androhung wurde *H* ge-

---

[14] In den anderen Bundesländern: Art. 36 II BayVwZVG, §§ 20 II BWVwVG, 13 II BlnVwVG, 23 II BbgVwVG, 17 II BremVwVG, 18 II 2 HbgVwVG, 69 III HessVwVG (sinngemäß), 87 III SOG MV, 70 II NdsGefAG i.V.m. 70 I NdsVwVG, 66 II RhPflVwVG, 19 II SaarlVwVG, 20 II SächsVwVG, 59 II SOG SachsAnh i.V.m. 71 I VwVG SachsAnh, 236 III SHLVwG, 46 II ThürVwZVG.

[15] In den anderen Bundesländern: Art. 29 II Nr. 1 BayVwZVG; §§ 19 I Nr. 1 BWVwVG; 9 I Buchst. b BlnVwVG; 17 I Nr. 2 BbgVwVG; 13 I Nr. 1 BremVwVG; 14 Buchst. b HbgVwVG; 76 HessVwVG; 86 I Nr. 1 SOG MV; 65 I Nr. 2 NdsGefAG i.V.m. 70 I NdsVwVG; 62 I Buchst. b RhPflVwVG; 13 I Nr. 1 SaarlVwVG; 19 II Nr. 1 SächsVwVG; 54 I Nr. 2 SOG SachsAnh i.V.m. 71 I VwVG SachsAnh; 235 I Nr. 1 SHLVwG; 44 II Nr. 1 ThürVwZVG.

[16] In den anderen Bundesländern: Art. 29 BayVwZVG, §§ 18 BWVwVG, 6 I BlnVwVG, 15 I BbgVwVG, 11 I BremVwVG, 14 HbgVwVG, 68 I HessVwVG, 79 I SOG MV, 64 I NdsGefAG i.V.m. 70 I NdsVwVG, 61 I RhPflVwVG, 13 I SaarlVwVG, 19 I SächsVwVG, 53 I SOG SachsAnh i.V.m. 71 I VwVG SachsAnh, 228 I SHLVwG, 43 I ThürVwVG.

[17] In den anderen Bundesländern: Art. 31 I BayVwZVG, 11 I, II BlnVwVG, 20 III 2 BbgVwVG (sinngemäß), 14 , 20 I HbgVwVG (sinngemäß), 76 I 1 HessVwVG, 88 I Nr. 2 SOG MV, 67 II 2 NdsGefAG (sinngemäß), 64 II RhPflVwVG, 20 I SaarlVwVG, 56 III 2 SOG SachsAnh i.V.m. 71 I VwVG SachsAnh (sinngemäß), 48 I 1 ThürVwZVG. In Baden-Württemberg, Bremen, Sachsen und Schleswig-Holstein fehlt eine entsprechende Vorschrift.

[18] In den anderen Bundesländern: Art. 30 I BayVwZVG; §§ 4 I BWVwVG, 7 I BlnVwVG; 16 I BbgVwVG; 12 I BremVwVG; 4 S. 1 HbgVwVG (Senat bestimmt die Vollstreckungsbehörde); 68 I HessVwVG; 82 SOG MV; 70 II NdsVwVG; 4 II RhPflVwVG; 14 I SaarlVwVG; 4 I Nr. 2 SächsVwVG (im Regelfall die Behörde, die den Verwaltungsakt erlassen hat); 71 II 1 VwVG SachsAnh; 231 SHLVwG; 43 I ThürVwZVG.

[19] In den anderen Bundesländern: Art. 36 I BayVwZVG, §§ 20 I 1 BWVwVG, 13 I 1 BlnVwVG, 23 I 1 BbgVwVG, 17 I 2 BremVwVG, 69 I Nr. 1 HessVwVG, 87 I SOG

mäß § 63 VI NRWVwVG zugestellt.[20] Sie enthält den Betrag des Zwangsgelds, wie es § 60 I 1 NRWVwVG vorschreibt.[21]

Der Oberbürgermeister setzt gleich beim ersten Mal einen hohen Betrag fest. Dies entspricht nicht dem Grundsatz der Verhältnismäßigkeit, wie er in § 58 NRWVwVG seinen Ausdruck gefunden hat.[22] Um Belästigungen von Verkehrsteilnehmern abzuwenden, bedarf es keines so scharfen Mittels. Die Androhung des Zwangsmittels ist deshalb auch aus diesem Grunde rechtswidrig und von der Widerspruchsbehörde oder vom Verwaltungsgericht aufzuheben.

IV. Die Wegnahme des Fahrzeugs

1. Zulässigkeit eines Rechtsbehelfs

Die Wegnahme des Zündschlüssels und anschließend des Fahrzeugs durch *T* sind tatsächliche Handlungen. Darin liegt aber gleichzeitig die Anordnung an *H*, die Wegnahme zu dulden. Dieser Verwaltungsakt durch schlüssige Handlung kann an sich mit Widerspruch und Anfechtungsklage angegriffen werden. Die Wegnahme ist jedoch bereits vollzogen, von *H* wird nicht mehr länger die Duldung verlangt. Da der Sportwagen nicht mehr in unversehrtem Zustand zurückgegeben werden kann, ist es der Verwaltung auch nicht möglich, den Zustand wiederherzustellen, der zur Zeit des Erlasses der Anordnung bestand. Der Verwaltungsakt hat sich somit erledigt. Da die Erledigung bereits vor Klageerhebung eingetreten ist, steht *H* lediglich die Fortsetzungsfeststellungsklage in entsprechender Anwendung des § 113 I 4 VwGO offen.[23] Eines vorherigen Widerspruchs bedarf es nicht.[24]

MV, 70 I 1 NdsGefAG i.V.m. 70 I NdsVwVG, 66 V RhPflVwVG (sinngemäß), 19 I 1 SaarlVwVG, 20 I 1 SächsVwVG, 59 I 2 SOG SachsAnh i.V.m. 71 I VwVG SachsAnh, 236 I 1 SHLVwG, 46 I 1 ThürVwZVG. In Hamburg fehlt eine entsprechende Vorschrift.

[20] In den anderen Bundesländern: Art. 36 VII BayVwZVG, §§ 13 VII 1 BlnVwVG, 23 VI BbgVwVG, 17 VII BremVwVG, 69 I Nr. 3 HessVwVG, 66 V RhPflVwVG, 19 V SaarlVwVG, 59 VI SOG LSA i.V.m. 71 I VwVG SachsAnh, 46 VI ThürVwZVG. In Baden-Württemberg, Hamburg, Mecklenburg-Vorpommern, Niedersachsen, Sachsen und Schleswig-Holstein fehlt eine entsprechende Vorschrift.

[21] In den anderen Bundesländern: Art. 36 V BayVwZVG, §§ 20 IV BWVwVG, 13 V BlnVwVG, 23 V BbgVwVG, 17 IV BremVwVG, 87 V SOG MV, 70 V NdsGefAG i.V.m. 70 I NdsVwVG, 66 III 2 RhPflVwVG, 19 III SaarlVwVG, 20 IV SächsVwVG, 59 V SOG SachsAnh i.V.m. 71 I VwVG SachsAnh, 236 V SHLVwG, 46 IV ThürVwZVG. In Hamburg und Hessen fehlt eine entsprechende Vorschrift.

[22] In den anderen Bundesländern: Art. 29 III BayVwZVG, §§ 19 II, III BWVwVG, 9 II BlnVwVG, 18 I, II BbgVwVG, 13 II BremVwVG, 15 I HbgVwVG, 70 HessVwVG, 62 II RhPflVwVG, 13 II SaarlVwVG, 19 III, IV SächsVwVG, 45 ThürVwZVG. In Mecklenburg-Vorpommern, Niedersachsen, Sachsen-Anhalt und Schleswig-Holstein fehlt eine entsprechende Vorschrift für das Vollstreckungsverfahren.

[23] *Kopp/Schenke,* § 113 Rn. 95 ff.

[24] *Schmitt Glaeser/Horn,* Rn. 362; BVerwGE 26, 161 (166); a.A. *Schenke* in: FS Menger, 1985, 466 ff.

H muss aber ein Feststellungsinteresse haben (§ 113 I 4 VwGO analog). Früher ließ sich dieses Interesse mit der Vorbereitung einer Schadensersatzklage begründen. Das BVerwG hat insoweit jedoch seine Rspr. geändert und erkennt diesen Anlass nicht mehr an, weil die zuständigen ordentlichen Gerichte selbst die öffentlich-rechtlichen Vorfragen aufklären müssen, wenn die Erledigung vor Klageerhebung eingetreten ist.[25] Wohl aber ist ein Feststellungsinteresse vorhanden, wenn *H* sich wieder einen Sportwagen anschaffen und damit Probefahrten auf dem Weg zum Friedhof unternehmen will.

2. Begründetheit der Fortsetzungsfeststellungsklage

a) Rechtsgrundlage

T fährt den Sportwagen weg, um *H* daran zu hindern, weiterhin Probefahrten auf der Straße zum Friedhof zu unternehmen. Darin könnte eine Sicherstellung des Fahrzeugs i.S.v. §§ 24 NRWOBG, 43 NRWPolG[26] liegen. Diese Vorschriften decken aber nicht die Wegnahme des Schlüssels ab. *T* wirkt vielmehr i.S.v. § 67 I NRWVwVG sowohl auf Personen als auch auf eine Sache ein. *T* wendet also Verwaltungszwang an, um den Verwaltungsakt des Oberbürgermeisters zu vollstrecken. Dieser Verwaltungsakt ist freilich noch nicht unanfechtbar. Es ist auch kein Grund ersichtlich, der die aufschiebende Wirkung eines Rechtsbehelfs entfallen ließe. Die Voraussetzungen von § 55 I NRWVwVG[27] sind also nicht erfüllt. Für den sofortigen Vollzug nach § 55 II NRWVwVG[28] ist ein vorausgehender Verwaltungsakt indes gar nicht nötig. Dann darf die Behörde erst recht zur Anwendung unmittelbaren Zwangs schreiten, wenn ein Verwaltungsakt durchzusetzen ist, der weder unanfechtbar noch vollziehbar i.S.v. § 80 II VwGO ist, sofern die übrigen Voraussetzungen erfüllt sind. *T* will die Verwirklichung eines Bußgeldtatbestands verhindern. Verwaltungszwang darf daher nach § 55 II VwVG angewendet werden.

---

[25] BVerwGE 81, 227f.

[26] In den anderen Bundesländern: Art. 25 BayPAG; §§ 32 BWPolG; 38 BlnASOG; 25 BbgPolG i.V.m. 23 I Nr. 1 Buchst. e BbgOBG; 23 BremPolG; 14 HbgSOG; 40 HessSOG; 61 SOG MV; 26 NdsGefAG; 22 RhPflPOG; 21 SaarlPolG; 26 SächsPolG; 45 SOG SachsAnh; 210 SHLVwG; 22 ThürOBG.

[27] In den anderen Bundesländern: Art. 19 I BayVwZVG; §§ 2 BWVwVG, 6 I BlnVwVG, 15 I BbgVwVG, 11 I 2 BremVwVG, 18 I HbgVwVG, 2 HessVwVG, 80 I SOG MV, 64 I NdsGefAG i.V.m. 70 I NdsVwVG, 2 RhPflVwVG, 18 I SaarlVwVG, 2 SächsVwVG, 53 I SOG SachsAnh i.V.m. 71 I VwVG SachsAnh, 229 I SHLVwG, 44 I i.V.m. 19 ThürVwZVG.

[28] In den anderen Bundesländern: Art. 35 BayVwZVG; §§ 21 BWVwVG; 6 II BlnVwVG; 15 II BbgVwVG; 11 II BremVwVG; 72 HessVwVG; 80 II, 81 SOG MV; 64 II NdsGefAG i.V.m. 70 I NdsVwVG; 61 II RhPflVwVG; 18 II SaarlVwVG; 53 II SOG LSA i.V.m. 71 I VwVG SachsAnh; 230 I SHLVwG. In Hamburg, Sachsen und Thüringen fehlt eine entsprechende Vorschrift.

b) Zwangsmittel

Als Zwangsmittel wählt *T* den unmittelbaren Zwang nach § 57 I Nr. 3, 62 I 1 NRWVwVG.[29] Die dem *H* durch Verwaltungsakt auferlegte Pflicht besteht nicht in der Entfernung des Sportwagens aus der Straße zum Friedhof; die Selbstvornahme der gebotenen Handlung durch die Verwaltung anstelle des Bürgers kommt also nicht in Frage. Wohl aber zwingt *T* den *H*, die Wegnahme des Autos zu dulden.

c) Der Rahmen der gesetzlichen Befugnisse

Als Dienstkraft der Ordnungsbehörde ist *T* an sich zur Anwendung unmittelbaren Zwangs nach § 68 I Nr. 2 NRWVwVG[30] befugt, der für die Art und Weise der Ausübung unmittelbaren Zwangs nach § 62 I 2 NRWVwVG maßgeblich ist. Nach § 55 II NRWVwVG muss sich *T* aber im Rahmen der gesetzlichen Befugnisse seiner Behörde halten. Da der Oberbürgermeister zur Überwachung des Straßenverkehrs nicht zuständig ist, überschreitet *T* als Bediensteter dieser Behörde seine gesetzlichen Befugnisse.

d) Geeignetheit des Mittels

Außerdem ist die ergriffene Maßnahme nicht geeignet, auf Dauer die Probefahrten des *H* auf der Straße zum Friedhof zu unterbinden. Das wäre nur gewährleistet, wenn dem *H* der Sportwagen für immer entzogen würde, und selbst dann kann er sich möglicherweise einen neuen anschaffen. Die Maßnahme des *T* ist somit rechtswidrig. Die Fortsetzungsfeststellungsklage hätte daher Aussicht auf Erfolg.

---

[29] In den anderen Bundesländern: Art. 29 II Nr. 4, 34 BayVwZVG; §§ 19 I Nr. 3, 26 BWVwVG; 9 I Buchst. c, 12 BlnVwVG; 17 I Nr. 3, 22 BbgVwVG; 13 I Nr. 3, 16 BremVwVG; 14 Buchst. c HbgVwVG; 74, 77 HessVwVG; 86 I Nr. 3, 90 SOG MV; 65 I Nr. 3, 69 NdsGefAG i.V.m. 70 I NdsVwVG; 62 I Buchst. c, 65 RhPfVwVG; 13 I Nr. 3, 22 SaarlVwVG; 19 II Nr. 3, 25 SächsVwVG; 54 I Nr. 3, 58 SOG SachsAnh i.V.m. 71 I VwVG SachsAnh; 235 I Nr. 3, 239 SHLVwVG; 44 II Nr. 3, 51 ThürVwZVG.

[30] In den anderen Bundesländern: Art. 34 BayVwZVG (Vollstreckungsbehörde); §§ 4 I i.V.m. 26 BWVwVG (Behörde, die den Grundverwaltungsakt erlassen hat); 3 Nr. 7 BlnUZwG (die mit der Anwendung des Verwaltungszwangs beauftragten Bediensteten); 26 I, 28 BbgVwVG (Vollzugsdienstkräfte); 16, 12 I BremVwVG (Behörde, die den Verwaltungsakt erlassen hat); 14 i.V.m. 1 Buchst. a HbgVwVG; 52 i.V.m. 63 HessSOG (Polizeibehörden und bestimmte Vollzugsbedienstete); 90, 82 SOG MV (Vollzugsbehörde); 69 VI NdsGefAG i.V.m. 70 I NdsVwVG (Polizei oder Verwaltungsbehörde; im Übrigen die Vollstreckungsbehörde); 65 I, 4 II RhPflVwVG (Behörde, die den Verwaltungsakt erlassen hat); 22, 14 I SaarlVwVG (Behörde, die den Verwaltungsakt erlassen hat); 25, 4 I Nr. 2 SächsVwVG (in der Regel die Behörde, die den Verwaltungsakt erlassen hat); 58 VIII SOG SachsAnh i.V.m. 71 I VwVG SachsAnh (Polizeibeamte, Verwaltungsvollzugsbeamte sowie sonstige Personen, die hierzu ermächtigt sind); 231, 252 SHLVwG i.V.m. 1 Nr. 2 der VollstreckungsbeamtenVO; 51 I i.V.m. 43 I ThürVwZVG (Vollstreckungsbehörde).

V. Der Leistungsbescheid

1. Der zulässige Rechtsbehelf

Gegen den Leistungsbescheid kann *H* Widerspruch nach § 68 I 1 VwGO einlegen und im Falle des Misserfolgs Anfechtungsklage nach §§ 40 I, 42 I Alt. 1 VwGO erheben.

2. Begründetheit des Rechtsbehelfs

a) Zuständigkeit und Rechtsgrundlage

Gemäß §§ 48 III 1, 3 I NRWOBG sind die Gemeinden als örtliche Ordnungsbehörden unbeschadet der Zuständigkeit der Polizeibehörden für die Überwachung des ruhenden Straßenverkehrs zuständig. Für die kreisfreien Städte tritt nach §§ 63 I 1, 40 II 2 NRWGO ihr Oberbürgermeister auf. Hier erlässt der Oberbürgermeister einen Leistungsbescheid, um die Kosten der Beseitigung einer Störung auf der Verkehrsfläche auf jemand zu überwälzen, der dazu verpflichtet ist. Der Oberbürgermeister wird dabei als Ordnungsbehörde tätig, die Gefahren und Störungen bekämpft. Zu diesem Zweck darf er auch zu Zwangsmitteln greifen.

Rechtsgrundlage für den Leistungsbescheid ist § 59 NRWVwVG, der durch § 11 II Nr. 7 NRWKostenO näher eingegrenzt wird.[31] Voraussetzung für die Kostenerstattung ist, dass die Behörde Verwaltungszwang anwenden darf. Da nach dem Unfall niemand zugegen war, dem gegenüber ein Verwaltungsakt ergehen konnte, kommt nur der sofortige Vollzug nach § 55 II NRWVwVG ohne vorausgehenden Verwaltungsakt in Betracht. Die Behörde schreitet zwar nicht zur Verhinderung einer rechtswidrigen Tat ein, wohl aber zur Abwendung der gegenwärtigen Gefahr, dass die Einfahrt nicht frei ist und deshalb nicht benutzt werden kann. § 12 III Nr. 3 StVO zeigt an, dass Grundstücksein- und -ausfahrten freizuhalten sind. Das Fahrzeug des *H* ist zwar nicht geparkt, weil es beschädigt liegen bleibt, es stellt aber eine Störung der öffentlichen Sicherheit dar, solange es den Verkehrsfluss an der Einfahrt hindert. Das Entfernen des beschädigten Fahrzeugs ist eine vertretbare Handlung. Der Oberbürgermeister beauftragte einen anderen damit, wählte also das Zwangsmittel der Ersatzvornahme, die hier am Platze ist (§ 59 NRWVwVG).

---

[31] In den anderen Bundesländern: Art. 41 I BayVwZVG i.V.m. 1 I BayKostenG, §§ 31 I–III BWVwVG i.V.m. 6 BWKostenO (Ersatzvornahme), 19 I BlnVwVG, 19 I, 37 BbgVwVG, 1 BremVwGebO i.V.m. Ziff. 003 der Anlage, 76, 19 I HbgVwVG (Ersatzvornahme), 80 HessVwVG i.V.m. 6 HessVollstrKostenO (Kosten für Erzwingung von Duldungen und Unterlassungen gemäß § 75 HessVwVG), 89 I, 100 I SOG MV, 66 I NdsGefAG i.V.m. 70 I NdsVwVG (Ersatzvornahme), 83 RhPflVwVG i.V.m. RhPfLGebG, 77 SaarlVwVG i.V.m. 1 SaarlKostenO, 24 I SächsVwVG, 74 I VwVG SachsAnh i.V.m. VerwKostG SachsAnh, 249 SHLVwG i.V.m. 1 Nr. 2 SHVVKO (Ersatzvornahme), 50 I i.V.m. 56 I ThürVwZVG.

b) Die Auswahl des Pflichtigen

Nach § 18 I NRWOBG ist *H* als Eigentümer für die Beseitigung der Störung verantwortlich.[32] Er ist Pflichtiger i. S. v. § 59 NRWVwVG den die Verpflichtung zur Entfernung des Sportwagens trifft. Nach § 17 I NRWOBG ist freilich auch *T* als Verhaltensstörer verantwortlich. Er war zwar unmittelbar nach dem Unfall verschwunden. Dies ist aber für den Leistungsbescheid nicht maßgeblich. Er kann ohne Schwierigkeiten auch an den Pflichtigen *T* gerichtet werden.

Zu überlegen wäre, ob *T* nicht in Ausübung öffentlicher Gewalt gehandelt hat und deshalb möglicherweise als Pflichtiger ausscheidet. Zur Zeit des Unfalls war er jedoch dabei, ein paar Runden zu seinem Spaß zu drehen. Das fällt nicht unter seine dienstliche Tätigkeit. *T* kann daher grundsätzlich Pflichtiger i. S. v. § 59 NRWVwVG sein.

Wenn mehrere Polizeipflichtige vorhanden sind, besitzt die Verwaltungsbehörde einen Ermessensspielraum. Dieses polizeiliche Störerauswahlermessen wird gleichrangig durch die Grundsätze der Effektivität und der Verhältnismäßigkeit begrenzt.[33] Hinter der Zustandshaftung des Eigentümers steht der Gedanke, dass er infolge seiner Eigentümerstellung auf die Sache einwirken kann und auf Grund der Sozialbindung des Eigentums auch einwirken muss, um Gefahren und Störungen für die öffentliche Sicherheit und Ordnung zu vermeiden oder zu beseitigen. Diese typische Lage entfällt, wenn jemand die Sache ohne oder gegen den Willen des Eigentümers benutzt und dabei eine Gefahr oder Störung der öffentlichen Sicherheit und Ordnung hervorruft. Der wegen seiner Handlung Verantwortliche steht der Gefahren- oder Störungsquelle näher als der Eigentümer. Die Behörde muss sich deshalb vorrangig an den aus der Handlung Pflichtigen wenden. Wählt die Behörde ohne zwingenden Grund an seiner Stelle den Eigentümer als Pflichtigen aus, überschreitet sie den für das Ermessen gesetzten Rahmen.[34] Im Ergebnis ist der Leistungsbescheid somit rechtswidrig und von der Widerspruchsbehörde bzw. dem Verwaltungsgericht aufzuheben.

Literaturhinweise

1. Zu den Zwangsmitteln

App, Michael, Verwaltungsvollstreckung wegen Handlungen, Duldungen oder Unterlassungen, JuS 1987, 455; *ders.,* Die Anordnung von Zwangsmitteln in der Verwal-

[32] In den anderen Bundesländern: Art. 8 II BayPAG, §§ 7 BWPolG, 14 I, III Bln-ASOG, 17 I 1 BbgOBG, 6 I BremPolG, 9 I HbgSOG, 7 II 1 HessSOG, 70 I SOG MV, 7 II NdsGefAG, 5 II RhPflPOG, 5 II SaarlPolG, 5 SächsPolG, 8 II SOG Sachs-Anh, 219 I SHLVwG, 11 II ThürOBG.

[33] *Götz,* § 9 VII Rn. 253.

[34] *BayVGH* BayVBl 1984, 16.

tungsvollstreckung wegen Handlungen, Duldungen und Unterlassungen, VR 1992, 287; *ders.*, Einführung in das Verwaltungsvollstreckungsrecht, JuS 2004, 786; *Brinktrine, Ralf,* Rechtsfragen des Zwangsgeldeinsatzes im Verwaltungsvollstreckungsverfahren, SächsVBl 2000, 101; *Brühl, Raimund*, Die Prüfung der Rechtmäßigkeit des Verwaltungszwangs im gestreckten Verfahren, JuS 1998, 65; *Erichsen, Hans-Uwe/Rauschenberg, Dirk*, Verwaltungsvollstreckung, Jura 1998, 31; *dies.*, Rechtsschutz in der Verwaltungsvollstreckung, Jura 1998, 323; *Janssen, Bernhard*, Abschleppen im öffentlichen Recht, JA 1996, 165; *Kästner, Karl-Herrmann*, Unmittelbare Maßnahmen der Gefahrenabwehr, JuS 1994, 361; *Lange, Gerhard*, Der praktische Fall – Kosten der Durchsetzung einer ordnungsbehördlichen Maßnahme, VR 1993, 318; *Rasch, Ernst*, Probleme des polizeilichen Zwanges (Zwangsgeld, Ersatzvornahme, Rechtsschutz), DVBl 1980, 1017; *Schoch, Friedrich*, Grundfälle zum Polizei- und Ordnungsrecht, JuS 1995, 307 und 504; *Werner, Sascha*, Übungsblätter Klausur Öffentliches Recht „Die treuwidrig handelnde Reederin", JA 1999, 564; *Weiß, Wolfgang*, Gibt es einen Rechtswidrigkeitszusammenhang in der Verwaltungsvollstreckung?, DÖV 2001, 275; *Wünschmann, Jürgen*, Der praktische Fall – Öffentliches Recht – Die verfahrene Beseitigung eines Wochenendhauses, JuS 1996, 1097; *Werner, Sascha*, Ausgewählte Fragen des Verwaltungsvollstreckungsrechts, JA 2000, 902.

2. Zum Straßen- und Straßenverkehrsrecht

Cosson, Rainer, Zum Verhältnis von Straßenrecht und Straßenverkehrsrecht, DÖV 1983, 532; *Dannecker, Achim*, Die Konkurrenz von Straßenverkehrsrecht und Straßenrecht im Bereich kommunaler Verkehrsplanung, DVBl 1999, 143; *Enders, Christoph*, Die Sondernutzung im Straßenrecht zwischen Erlaubnispflicht und Freiheitsanspruch des Bürgers, VerwArch 83 (1992), 527; *Hillgruber, Christian*, Das Anwohnerparken in der Gemengelage von Straßen- und Straßenverkehrsrecht, VerwArch 89 (1998), 93; *Papier, Hans-Jürgen/Peine, Franz-Josef*, Straßen und Straßenverkehrsrecht, in: HÖV, Bd. 2 (1984), 391; *Steiner, Udo*, Straßenrecht und Straßenverkehrsrecht, JuS 1984, 1.

Fall 18. Der Lärm des Transportunternehmens und der Umgang mit Behörden

Sachverhalt

Griseldis Grämlich (G) beschwert sich beim Ordnungsamt einer kreisfreien Stadt in Nordrhein-Westfalen, dass der benachbarte Gewerbebetrieb des Transportunternehmers *Bruno Brummer (B)* einen unerträglichen Lärm verursache. In dem vom Ordnungsamt erbetenen Polizeibericht steht, dass *G* nach Aussagen einiger Nachbarn als notorische Beschwerdeführerin bekannt sei. Ihre Handlungsweise könne nur so erklärt werden, dass es ihr Freude mache, anderen Ärger zu bereiten.

G verlangt von der Stadt Bekanntgabe der Gewährsleute, die im Polizeibericht stehen, zumindest aber Akteneinsicht. Die Oberbürgermeisterin verweigert dies mit der Begründung, die Polizeibehörde habe den Informanten vertrauliche Behandlung zugesichert. Kann *G* die Bekanntgabe erzwingen?

Vom Polizeipräsidenten verlangt sie Widerruf der Ehrenkränkung und Rücknahme des Polizeiberichts. Wie kann *G* dieses Verlangen verfolgen? Macht sie es zu Recht geltend?

Das staatliche Gewerbeaufsichtsamt greift die Angelegenheit auf und bittet *B* um Auskunft, wie sein Geschäftsbetrieb abgewickelt wird. *B* antwortet, er habe genug von den Verleumdungen und sei nicht gewillt, Auskunft zu geben. Das Gewerbeaufsichtsamt teilt ihm mit, es werde von nun an den Betrieb des *B* besonders scharf überwachen, weil dieser nicht zu einer vernünftigen Zusammenarbeit bereit sei. Allen Behörden, die mit *B* zu tun hätten, müsste das Amt empfehlen, die Feindseligkeit des *B* gegenüber amtlichen Stellen zu berücksichtigen. Kann *B* etwas gegen die in der Mitteilung angekündigten Schritte unternehmen?

Lösung

I. Die Bekanntgabe der Gewährsleute

1. Zulässigkeit eines Rechtsbehelfs

a) Öffentlich-rechtliche Streitigkeit

Zur Erzwingung der Bekanntgabe von Gewährsleuten kommt eine Verpflichtungsklage nach §§ 40 I, 42 I Alt. 2 VwGO vor dem Verwaltungsgericht in Betracht. Die begehrte Handlung der Verwaltung muss dem öffentlichen Recht angehören. Nach der Subordinations- oder Subjektionstheorie kennzeichnet die einseitige Bestimmungsmacht der Verwaltung das öffentliche Recht. Eine Auskunft lässt aber keine Überordnung der Behörde erkennen. Die Subordinations- oder Subjektionstheorie lässt sich jedoch erweitern, indem man die öffentlich-rechtliche Rechtsnatur aus dem engen Zusammenhang mit Rechtsakten herleitet, die eindeutig zum öffentlichen Recht zählen.[1] Mit der Anforderung des Polizeiberichts verschafft sich das Ordnungsamt Klarheit darüber, ob ein Verwaltungsakt gegen *B* ergehen soll oder nicht. Der Polizeibericht selbst ist ein Schriftstück, das für den innerdienstlichen Rechtsverkehr bestimmt ist, der insgesamt zum öffentlichen Recht gerechnet wird. Die verlangte Auskunft, die sich auf den Inhalt des Berichts bezieht, gehört daher ebenfalls dem öffentlichen Recht an.

Stellt man sich auf den Boden der Sonderrechtstheorie, hängt die öffentlich-rechtliche Einordnung davon ab, ob sich die Verwaltung bei der Erledigung ihrer Aufgaben der besonderen Rechtssätze des nur für und gegen sie geltenden Rechts bedient.[2] Freilich ist für die Erteilung einer behördlichen Auskunft gegenwärtig keine umfassende Rechtsnorm vorhanden. Folglich bleibt nichts anderes übrig, als wiederum auf das im Zusammenhang mit der Auskunft stehende Verhalten der Behörde abzustellen. Wird es vom öffentlichen Recht beherrscht, ist auch die Auskunft öffentlich-rechtlicher Natur. Die Anfertigung des Polizeiberichts untersteht dem öffentlichen Recht. Daher trägt die verlangte Auskunft ebenfalls öffentlich-rechtlichen Charakter.

Etwas anderes folgt schließlich auch nicht aus der Hoheitstheorie. Ihr zufolge ist der Rechtsschutzgarantie des Art. 19 IV 1 GG zugleich das materiellrechtliche Gebot zu entnehmen, die Beziehungen zwischen Staat und Individuum für die Bereiche, in denen Hoheitsgewalt ausgeübt wird, gesetzlich zu regeln.[3] Aus diesem Gebot ergibt sich für die Abgrenzung zwischen privatem und öffentlichem Recht zugleich eine Vermutung für die Anwendbarkeit des auf solche Tätigkeiten zugeschnittenen öffentlichen Rechts.[4] Da keine Norm diese Vermutung für die in Frage stehende Auskunft widerlegt, greift § 40 I VwGO ein.

b) Der Klagetyp und die daran geknüpften Rechtsfolgen

Für die Verpflichtungsklage ist weiter erforderlich, dass die Handlung der Behörde eine Regelung enthält. Die Auskunft selbst setzt aber keine Rechtsfolge.[5] Allenfalls könnte man daran denken, wegen der Überlegungen, die von der Behörde über die Erteilung oder Verweigerung der

---

[1] *Zuleeg*, VerwArch 73 (1982), 391 ff.

[2] *Erichsen*, Jura 1982, 540 ff.

[3] Vgl. *Lorenz*, Der Rechtsschutz des Bürgers und die Rechtsweggarantie, 1973, 14 ff.; *Zuleeg* (o. Fn. 1), 395 ff.

[4] *Zuleeg* (o. Fn. 1), 397.

[5] Vgl. BFHE 126, 358 f.

Auskunft anzustellen sind, einen Verwaltungsakt anzunehmen.[6] Die maßgebliche Rechtsfolge liegt dann in der Entscheidung über die Preisgabe der Informanten oder die Geheimhaltung ihrer Namen. Freilich erhebt sich das Bedenken, dass dieser Regelungsgehalt gar keine Rolle spielt, wenn etwa die Richtigkeit einer Auskunft in Streit befangen ist. Daher sind Auskünfte im Allgemeinen nicht als Verwaltungsakte zu betrachten.[7] *G* muss ihr Begehren somit in Gestalt der allgemeinen Leistungsklage verfolgen.

Ein Vorverfahren muss dann nicht stattfinden, die Fristen für Widerspruch und Klage sind nicht einzuhalten. Wohl aber ist die Sachurteilsvoraussetzung der Klagebefugnis entsprechend anwendbar.[8]

c) Klagebefugnis

G müsste auch i.S.v. § 42 II VwGO klagebefugt sein. Die Möglichkeit der Rechtsverletzung ergibt sich auf einfachgesetzlicher Ebene aus § 29 I 1 NRWVwVfG. Diese Vorschrift gewährt den Beteiligten eines Verwaltungsverfahrens unter bestimmten Voraussetzungen ein Recht auf Akteneinsicht. Daneben ist *G* möglicherweise auch in verfassungsrechtlich geschützten Rechtspositionen verletzt. Es kommt hier das allgemeine Persönlichkeitsrecht in Betracht, das aus Art. 2 I i.V.m. Art. 1 I GG hergeleitet wird.[9] *G* verfolgt mit ihrem Begehren der Auskunft oder Akteneinsicht den Zweck, ihre Ehre gegenüber Informationen der Behörde zu verteidigen. Das allgemeine Persönlichkeitsrecht ist zwar in erster Linie ein Abwehrrecht. Es ist aber nicht ausgeschlossen, dass unter bestimmten Umständen der Persönlichkeitsschutz nur gewährleistet ist, wenn der Hoheitsträger zu einem positiven Tun verpflichtet wird. Solche Umstände könnten bei *G* vorliegen.

d) Das zweckmäßige Vorgehen der G

Schließt man sich der Ansicht des *BVerwG* an, die amtliche Auskunft sei ein Verwaltungsakt, hat *G* das Vorverfahren zu durchlaufen und die Widerspruchs- bzw. Klagefrist einzuhalten. Für die Klagebefugnis sind die gleichen Gesichtspunkte wie oben maßgeblich. Vorsichtshalber sollte *G* erst Widerspruch einlegen. Folgt nämlich das Verwaltungsgericht der Auffassung des BVerwG, wäre eine Verpflichtungsklage ansonsten unzulässig. Die Zulässigkeit der allgemeinen Leistungsklage ist hingegen nicht von der vorherigen Durchführung eines Vorverfahrens abhängig.

---

6 In diesem Sinne BVerwGE 31, 301 (306f.); *OVG Bremen* NVwZ 1983, 358.

7 Ebenso: *Maurer,* § 9 Rn. 62.

8 *Steiner,* JuS 1984, 856.

9 Vgl. BVerfGE 67, 213 (228).

2. Begründetheit eines Rechtsbehelfs

a) Das Interesse der Verletzten

Gibt die Widerspruchsbehörde dem Begehren der *G* nicht bereits aufgrund von Zweckmäßigkeitsüberlegungen statt, hängt der Erfolg ihres Rechtsbehelfs wie im Falle der Klage davon ab, ob *G* der geltend gemachte Anspruch auf Bekanntgabe der Gewährsleute zusteht.[10] Seine Grundlage findet der Anspruch im Allgemeinen Persönlichkeitsrecht aus Art. 2 I i.V.m. 1 I GG. *G* wird von den Informanten als notorische Beschwerdeführerin bezeichnet. Dadurch wird sie als eine Person abgestempelt, die Streit sucht. Die Ernsthaftigkeit ihrer Beschwerde wird mithin in Frage gestellt. Um sich gegen diese Anschuldigung wehren zu können, benötigt sie Informationen, die ihr die Oberbürgermeisterin vorenthält. Aus der Sicht der *G* wäre die Auskunft daher zu erteilen.

b) Das öffentliche Interesse

Das Interesse der *G* allein kann aber nicht maßgeblich sein. Mangels gesetzlicher Vorschriften ist das Recht auf Auskunft durch eine Interessenabwägung näher zu bestimmen.[11] Es besteht ein öffentliches Interesse daran, dass sich die Verwaltung Nachrichten beschaffen kann, die für die Erledigung der Dienstgeschäfte wichtig sind. Freilich ist zweifelhaft, ob es in den Aufgabenbereich des Ordnungsamts fällt, den Lärmschutz der Nachbarn von Gewerbebetrieben zu überwachen. Doch befindet sich die Behörde erst im Vorbereitungsstadium, Maßnahmen mit Außenwirkung sind noch gar nicht ins Auge gefasst. Gegebenenfalls kann das Ordnungsamt der zuständigen Behörde Mitteilung machen. Es ist deshalb nicht entscheidend, ob das Ordnungsamt aufgrund der eingeholten Informationen etwas gegen *B* unternehmen kann.

Ist den Gewährsleuten Vertraulichkeit zugesichert, und wird diese Zusage gebrochen, verscherzt sich die Behörde für die Zukunft die Chance, weiterhin unterrichtet zu werden.[12] Dieses Interesse kann demjenigen der *G* entgegenstehen. Das öffentliche Interesse an der Geheimhaltung der Gewährsleute greift allerdings nur durch, wenn der Grundsatz der Verhältnismäßigkeit gewahrt ist. Aus der Bezeichnung als notorische Beschwerdeführerin erwächst der *G* über die Ehrenkränkung hinaus der Nachteil, dass auf ihre Eingaben sachlich nicht eingegangen wird. Diesem Nachteil kann indes bereits dadurch abgeholfen werden, dass die jeweils angegangene Behörde den Wahrheitsgehalt der Informationen

---

[10] Im Folgenden wird davon ausgegangen, dass der Polizeibericht keine Datei i.S.d. Datenschutzgesetze des Bundes und der Länder darstellt.

[11] *Ule/Laubinger*, VwVfR, 4. Aufl., 1995, § 26 Rn. 12 m.w.N. Spezialgesetzliche Regelungen zur Auskunftspflicht der Behörden im Verwaltungsverfahren finden sich bislang lediglich in §§ 25 S. 2, 89 S. 2 AO und § 15 SGB I. Sie betreffen im Wesentlichen Auskünfte über Rechtsfragen (vgl. *Ule/Laubinger*, ebd., Rn. 8–11).

[12] *VGH München* NJW 1980, 198ff.

überprüft oder ohne Rücksicht darauf die Beschwerde oder Eingabe der Sache nach würdigt. Es bedarf dazu nicht der Preisgabe der Informanten. Ein Verstoß gegen den Grundsatz der Verhältnismäßigkeit liegt daher nicht vor.

c) Das Interesse Dritter

Freilich hätte sich die Behörde die nötigen Informationen auch ohne Geheimhaltung der Informanten verschaffen können. Da diesen aber nun einmal Vertraulichkeit zugesichert wurde, bedarf es auch der Rücksichtnahme auf ihre Interessen. Die Glaubwürdigkeit verwaltungsrechtlicher Zusagen steht außerdem auf dem Spiel. Beides zusammen überwiegt den Ehrenschutz der *G*, mag auch die Zusage an die Gewährsleute rechtswidrig erteilt worden sein.[13]

Rechtsgrundlage für die hilfsweise begehrte Akteneinsicht könnte § 29 I 1 NRWVwVfG sein. Allerdings würde dies ebenfalls zur Aufdeckung der geheim gehaltenen Namen führen. Daher kann die Beurteilung im Ergebnis nicht anders lauten als bei der verlangten Auskunft. Dies folgt auch aus § 29 II NRWVwVfG, der die Geheimhaltung nicht nur zum Zweck der ordnungsgemäßen Erfüllung der Verwaltungsaufgaben, sondern auch zur Wahrung der berechtigten Interessen Dritter zulässt.[14] Es liegt allerdings der Einwand nahe, dass *G* in einem Verwaltungsprozess Einsicht in die Akten erhält. Dem steht auch nicht § 99 I 2 i.V.m. II 1 VwGO entgegen, da im vorliegenden Fall die strengen Voraussetzungen für die Verweigerung der Aktenvorlage im Verfahren vor dem Verwaltungsgericht nicht erfüllt sind. Sollte *G* Widerspruch einlegen, wird die Widerspruchsbehörde diesem im Verwaltungsverfahren aus rechtlichen Gründen nicht stattgeben. Freilich bleibt es der *G* unbenommen, gegen den Widerspruchsbescheid Klage zu erheben und im Zuge eines Verfahrens vor dem Verwaltungsgericht Aktenvorlage zu beantragen.

II. Widerruf der Ehrenkränkung und Rücknahme des Polizeiberichts

1. Zulässigkeit eines Rechtsbehelfs

a) Die Forderung des Widerrufs

Für die Forderung des Widerrufs steht der Weg zu den ordentlichen Gerichten offen, wenn *G* einen privatrechtlichen Anspruch verfolgt. Die Verbreitung der Aussage, *G* sei eine notorische Beschwerdeführerin, ist jedoch eingebettet in einen dienstlichen Bericht. Diese Tätigkeit ist nicht getrennt von der Tätigkeit zu sehen, die der Bedienstete eines Hoheitsträgers in amtlicher Eigenschaft ausübt. Daher kann *G* sich nur auf einen öffentlich-rechtlichen Anspruch stützen. Da der Widerruf einer amtlichen Äußerung selbst eine hoheitliche Maßnahme darstellt, fällt das

---

[13] Ebenso *BVerwG* NJW 1965, 1450.

[14] *Kopp/Ramsauer*, § 29 Rn. 38.

Verlangen des Widerrufs auch nicht unter die Amtshaftungsansprüche, über die nach Art. 34 S. 3 GG, § 40 II 1 VwGO von den ordentlichen Gerichten zu entscheiden ist. *G* muss den Rechtsweg zu den Verwaltungsgerichten einschlagen.

Der Widerruf bildet das Gegenstück zu der Aussage der Polizei in ihrem Bericht. Dieser ist als innerdienstliche Maßnahme kein Verwaltungsakt. *G* muss daher eine allgemeine Leistungsklage erheben. Eine Verpflichtungsklage nach § 42 I Alt. 2 VwGO mit den Erfordernissen des Vorverfahrens und der Einhaltung der Fristen scheidet aus.

Die Klagebefugnis ergibt sich zum einen aus der möglichen Verletzung des allgemeinen Persönlichkeitsrechts und zum anderen aus der Möglichkeit des Bestehens eines Widerrufsanspruchs.

b) Die Rücknahme des Polizeiberichts

Bei dem Begehren, den Polizeibericht zurückzunehmen, handelt es sich ebenfalls um eine öffentlich-rechtliche Streitigkeit i.S.v. § 40 I 1 VwGO. Der Rechtsweg zu den Verwaltungsgerichten ist eröffnet. Fraglich ist, ob die Maßnahme die Merkmale eines Verwaltungsakts i.S.v. § 35 S. 1 NRWVwVfG erfüllt. Der Polizeibericht an das Ordnungsamt enthält weder eine Regelung noch besitzt er Rechtswirkung nach außen. *G* begehrt also nicht die Rücknahme eines Verwaltungsakts, wozu sie eine Verpflichtungsklage erheben müsste. Vielmehr ist hier die allgemeine Leistungsklage die richtige Rechtsschutzform. Die Klagebefugnis, die in entsprechender Anwendung von § 42 II VwGO notwendig ist, ergibt sich wiederum aus dem allgemeinen Persönlichkeitsrecht, das in Art. 2 I i.V.m. 1 I GG seinen positivrechtlichen Ausdruck gefunden hat.

2. Die materielle Rechtslage

a) Anspruch auf Widerruf

Im Zivilrecht kämen Ansprüche auf Widerruf aus unerlaubter Handlung auf Grund von §§ 823 I, II, 249 BGB und aus entsprechender Anwendung des Beseitigungsanspruchs nach §§ 12 S. 1, 862 I 1, 1004 I 1 BGB in Betracht.[15] Der zuletzt genannte Widerrufsanspruch gilt als Ausdruck eines allgemeinen Rechtsgedankens auch im öffentlichen Recht.[16] Nach der Ausdehnung des Folgenbeseitigungsanspruchs auf schlicht hoheitliche Tätigkeit der Verwaltung[17] wird man darin einen Unterfall des Folgenbeseitigungsanspruchs erblicken können.[18] Der Anspruch geht auf Beseitigung einer fortdauernden Störungsquelle und unterliegt den Einschränkungen, die dem Widerrufsanspruch auch im Zivilrecht anhaften.

---

[15] *Palandt/Sprau*, 65. Aufl. (2006), Einf. 28ff. vor § 823.

[16] *Frotscher*, JuS 1978, 509; *Maurer*, § 30 Rn. 3, 12.

[17] BVerwGE 69, 366 (371ff.); *Köckerbauer*, JuS 1988, 783.

[18] BVerwGE 59, 319 (325f.); *Berg*, JuS 1984, 524.

Für Ehrenkränkungen, die nur gegenüber dem Verletzten geäußert worden sind, gibt es keinen Widerruf.[19] Der Polizeibericht ging jedoch dem Ordnungsamt und nicht der *G* zu. Ehrenrührige Äußerungen im innerdienstlichen Verkehr sind nicht vom Widerruf befreit.[20] Ein Widerruf kommt zwar nicht in Frage, soweit der Betroffene nur mit Schimpfwörtern belegt worden ist.[21] Hinter der Bezeichnung als „notorische Beschwerdeführerin" verstecken sich jedoch auch Behauptungen, die sich auf die frühere Handlungsweise der *G* beziehen.

Schließlich scheiden im Zivilrecht bloße Ansichten und Werturteile, die keinen nachprüfbaren Tatsachenkern enthalten, als Gegenstand eines Widerrufsanspruchs aus.[22] Zur Begründung werden der Gewissenszwang und die Gefährdung der Meinungsfreiheit angeführt, die entstünden, wenn Ansichten und Werturteile einem Widerruf unterlägen. Der Polizeibericht beurteilt die Persönlichkeit der *G*. Die Behörde gibt also ein Werturteil ab. Freilich kann sie sich weder auf Gewissens- noch auf Meinungsfreiheit berufen. Die Erledigung der Verwaltungsaufgaben macht es jedoch unvermeidbar, Ansichten zu äußern und Werturteile zu fällen. Insbesondere ergibt sich dies aus dem Begründungszwang. Der Verwaltung steht daher das öffentliche Interesse zur Seite. Die Einschränkung des Widerrufsanspruchs gilt somit auch im öffentlichen Recht. Daher ist von Bedeutung, ob sich hinter dem Werturteil tatsächliche Behauptungen verbergen. In dem Persönlichkeitsbild, das die Polizei von *G* zeichnet, steckt die Behauptung, *G* lenke die Untersuchung nicht auf *B*, um den von dessen Gewerbebetrieb ausgehenden Lärm zu unterbinden, sondern um bei *B* Ärger hervorzurufen. Aus diesem Tatsachenkern kann man die Folgerung ziehen, dass der Lärmschutz nicht vordringlich erscheint. Ein Widerrufsanspruch ist der *G* daher nicht verwehrt.

Im Zivilrecht muss derjenige die Unwahrheit der Tatsachen beweisen, der einen Widerrufsanspruch erhebt.[23] Greift hingegen die öffentliche Hand in die Rechte des Bürgers ein, trifft sie die Beweislast für die tatsächlichen Grundlagen ihrer Maßnahme.[24] Ob ein Verwaltungsakt oder eine schlicht hoheitliche Tätigkeit vorliegt, kann nicht maßgeblich sein. Der Ausgang des Rechtsstreits hängt deshalb davon ab, ob die Verwaltung den Nachweis erbringen kann, dass *G* bereits als ständige Beschwerdeführerin aufgefallen ist, und dass die Beschwerde gegen *B* nicht die Beseitigung der Störung durch den Lärm bezweckt.

---

[19] BGHZ 10, 104.
[20] *OLG Zweibrücken* NVwZ 1982, 332.
[21] BGHZ 65, 325 (337).
[22] Zur Abgrenzung von Tatsachenbehauptung und Werturteil: *OVG Münster* NVwZ 1985, 123; *OLG Zweibrücken* NVwZ 1982, 332.
[23] *Leipold*, in: FS Hubmann, 1985, 271 ff.
[24] *Berg*, JuS 1984, 525.

b) Anspruch auf Rücknahme des Polizeiberichts?

Eine Rücknahme des Polizeiberichts wäre eine Aufhebung durch die Verwaltung selbst. Verwaltungsakte sind im Hinblick auf ihren Regelungsgehalt einer Aufhebung fähig, nicht aber Realakte, zu denen der Polizeibericht gehört. Allenfalls lassen sich die Folgen eines Realakts beseitigen, das tatsächliche Geschehen ist hingegen nicht aus der Welt zu schaffen. Ein Anspruch auf Rücknahme scheidet deshalb von vornherein aus.

III. Die Mitteilung des Gewerbeaufsichtsamts

1. Prozessuale Seite

a) Öffentlich-rechtliche Streitigkeit

Die Ankündigung verschärfter Kontrolle und der Empfehlung an andere Behörden bezieht sich auf Schritte, die in den Rahmen der dienstlichen Tätigkeit des Gewerbeaufsichtsamts fallen. Die Streitigkeit gehört daher dem öffentlichen Recht an. Nach § 40 I 1 VwGO ist der Rechtsweg zu den Verwaltungsgerichten eröffnet.

b) Klageart und Klagebefugnis

B begehrt Unterlassung der angekündigten Maßnahme. Für die Unterlassungsklage steht als Klageart die allgemeine Leistungsklage zur Verfügung. Die Klagebefugnis entsprechend § 42 II VwGO kann sich zum einen aus dem Gleichheitssatz, zum anderen aus dem Recht am Gewerbebetrieb nach Art. 12 I, 14 I GG ergeben.

c) Rechtsschutzbedürfnis

An das Rechtsschutzbedürfnis sind bei Unterlassungsklagen besonders strenge Anforderungen zu stellen.[25] Das Gewerbeaufsichtsamt kündigt das Vorgehen ausdrücklich an. Die Wahrscheinlichkeit des Eintritts der Maßnahmen unterliegt keinem Zweifel. Bei bevorstehenden Verwaltungsakten mutet man den Betroffenen zwar im Allgemeinen zu, den Erlass abzuwarten, um dann die Aufhebung im Wege des Widerspruchs oder der Anfechtungsklage zu betreiben. Weder in der verschärften Kontrolle noch in der Empfehlung an andere Behörden ist aber ein Verwaltungsakt zu sehen, der aufgehoben werden könnte. Der Schutz des Bürgers durch die aufschiebende Wirkung von Widerspruch und Anfechtungsklage entfällt daher. Die Durchführung eines Vorverfahrens ist nicht erforderlich, so dass auch seine Vorschaltung nicht durch die Unterlassungsklage umgangen werden kann. Das Rechtsschutzbedürfnis ist deshalb zu bejahen. Eine Unterlassungsklage ist zulässig.

---

[25] *Schmitt Glaeser/Horn,* Rn. 313, 380.

2. Der Unterlassungsanspruch

a) Die verschärfte Kontrolle

Der Erfolg einer Unterlassungsklage ist nach dem allgemeinen Rechtsgedanken der §§ 12 S. 2, 862 I 2, 1004 I 2 BGB zu bemessen. Danach müssen bevorstehende rechtswidrige Beeinträchtigungen eines Rechtsguts zu besorgen sein. Die verschärfte Kontrolle könnte einen Verstoß gegen den Gleichheitssatz darstellen. Das staatliche Gewerbeaufsichtsamt übt Kontrolle nach dem Bundesimmissionsschutzgesetz aus. Die Intensität der Kontrolle unterliegt dem behördlichen Ermessen. Der Ermessensspielraum ist nicht überschritten, wenn die Behörde die mangelnde Bereitschaft zur Auskunft zum Anlass nimmt, die Kontrolltätigkeit stärker auszubauen. Ein Unterlassungsanspruch besteht insoweit nicht.

b) Die Empfehlung an die anderen Behörden

Die Empfehlung an die anderen Behörden, die „Feindseligkeit" des *B* gegenüber amtlichen Stellen zu berücksichtigen, könnte deren Entscheidungen zumindest dann beeinflussen, wenn ihnen Ermessen eingeräumt ist. Die angeblich feindselige Haltung des *B* ist zwar ein Werturteil, enthält aber den tatsächlichen Hintergrund, dass *B* nicht zur Zusammenarbeit mit Behörden bereit sei. Er läuft Gefahr, dass Erlaubnisse und andere ihm günstige Verwaltungsakte verweigert werden und dass die Kontrolle für ihn lästiger ausfällt als für andere Gewerbebetriebe. Die Befürchtung ist also berechtigt, in dem Recht am eingerichteten und ausgeübten Gewerbebetrieb beeinträchtigt zu werden. Vermag die Behörde die tatsächliche Grundlage ihrer Beurteilung nicht nachzuweisen, ist die Anschuldigung rechtswidrig.[26] Insoweit dringt *B* also mit seinem Unterlassungsanspruch durch.

Literaturhinweise

1. Zur Abgrenzung von öffentlichem Recht und Privatrecht

Erichsen, Hans-Uwe, Öffentliches und privates Recht, Jura 1982, 537; *Ipsen, Jörn/ Koch, Thorsten*, Öffentliches und privates Recht – Abgrenzungsprobleme bei der Benutzung öffentlicher Einrichtungen, JuS 1992, 809; *Lorenz, Dieter*, Kirchenglocken zwischen öffentlichem und privatem Recht – BVerwG, NJW 1994, 956, JuS 1995, 492; *Zuleeg, Manfred*, Die Anwendungsbereiche des öffentlichen Rechts und des Privatrechts, VerwArch 73 (1982), 384.

2. Zum Verwaltungsakt und schlichten Verwaltungshandeln

Di Fabio, Udo, Information als hoheitliches Gestaltungsmittel, Jus 1997, 1; *Heintzen, Markus,* Hoheitliche Warnungen und Empfehlungen im Bundesstaat, NJW 1990,

[26] *Frotscher*, JuS 1978, 509.

1448; *Kuhlmann, Max*, Staatliches Informationshandeln – Öffentlichkeitsarbeit der Bundesregierung und Grundrechtseingriff, JA 1990, 59; *Lege, Joachim*, Nochmals: Staatliche Warnungen, DVBl 1999, 569; *Leidinger, Tobias*, Hoheitliche Warnungen, Empfehlungen und Hinweise im Spektrum staatlichen Informationshandelns, DÖV 1993, 925; *Robbers, Gerhard*, Schlichtes Verwaltungshandeln, DÖV 1987, 272; *Schliesky, Utz*, Berufsfreiheit und Warentest, JA 1997, 284; *Schoch, Friedrich*, Staatliche Informationspolitik und Berufsfreiheit, DVBl 1991, 667.

3. Zum Folgenbeseitigungs- und Unterlassungsanspruch

Berg, Wilfried, Zum Widerruf ehrkränkender Behauptungen im öffentlichen Recht – VG Düsseldorf, NJW 1982, 2333, JuS 1984, 521; *Brugger, Winfried*, Gestalt und Begründung des Folgenbeseitigungsanspruchs, JuS 1999, 625; *Bumke, Christian*, Der Folgenbeseitigungsanspruch, JuS 2005, 22; *Detterbeck, Steffen*, Examensklausur Öffentliches Recht – Die Obdachloseneinweisung mit Folgen, Jura 1990, 38; *Erbguth, Wilfried*, Vom Folgenbeseitigungsanspruch zum Folgenentschädigungsanspruch? – VGH München, NVwZ 1990, 1237, JuS 2000, 336; *Erichsen, Hans-Uwe/Hoffmann-Becking, Michael*, Der praktische Fall, öffentliches Recht, das Handelskammerrundschreiben, JuS 1971, 144; *Fiedler, Wilfried*, Der Folgenbeseitigungsanspruch – die „kleine Münze" des Staatshaftungsrechts?, NVwZ 1986, 969; *ders./Fink, Udo*, Der Folgenbeseitigungsanspruch zwischen Trägern öffentlicher Verwaltung in der kommunalen Selbstverwaltung, DÖV 1988, 317; *Frotscher, Werner*, Ehrenschutz im öffentlichen Recht, JuS 1978, 505; *Hösch, Ulrich*, Übungsblätter Klausur Öffentliches Recht – „Die deutliche Lehrbuchempfehlung", JA 1997, 564; *Köckerbauer, Hans-Peter*, Rechtsgrundlagen und Haftungsumfang des Folgenbeseitigungsanspruchs, JuS 1988, 782; *ders./Büllesbach, Ruth*, Der öffentlich-rechtliche Unterlassungsanspruch, JuS 1991, 373; *Kunkel, Peter-Christian*, Die Rechtsfolgen unzulässigen Offenbarens eines Geheimnisses, insbesondere des Sozialgeheimnisses durch die Behörde, VBlBW 1992, 47; *Maaß, Rainald*, Zur Rechtsgrundlage des Folgenbeseitigungsanspruchs, BayVBl 1987, 520; *Redeker, Martin*, Was beseitigt der Folgenbeseitigungsanspruch?, DÖV 1987, 194; *Schenke, Wolfgang*, Der Folgenbeseitigungsanspruch bei Verwaltungsakten mit Drittwirkung, DVBl 1990, 328; *Schloer, Bernhard*, Der Folgenbeseitigungsanspruch, JA 1992, 39; *Schoch, Friedrich*, Folgenbeseitigung und Wiedergutmachung im öffentlichen Recht, VerwArch 79 (1988), 1; *ders.*, Der Folgenbeseitigungsanspruch, Jura 1993, 478; *Stangl, Josef*, Der Folgenbeseitigungsanspruch, JA 1997, 138; *Walter, H.*, Rechtsprechung Klassiker – Der Folgenbeseitigungsanspruch, JA 1994, 199; *Winkler, Markus*, Rechtsprechung Öffentliches Recht – Folgenbeseitigungsanspruch, JA 1996, 543; *Zöller, Thomas*, Die Tatbestandsstruktur des Folgenbeseitigungsanspruchs, SächsVBl 1997, 197.

Fall 19. Die Umgemeindung des Grundstücks mit den Eichen und deren Schutz

Sachverhalt

Richard Reich (R) ist Eigentümer eines Grundstücks in der kreisangehörigen nordrhein-westfälischen Gemeinde Adorf *(A)*. Das Grundstück ist 10.000 qm groß und umfasst damit 5% des Gemeindegebiets von *A*. Auf dem Grundstück stehen keine Häuser und nur vereinzelt Bäume, darunter eine Gruppe alter Eichen. *R* benutzt das Grundstück, auf dem keine Menschen wohnen, zur Tierzucht. Das nordrhein-westfälische Innenministerium schlägt das Grundstück der Gemeinde Beburg *(B)* zu, die zu einem anderen Regierungsbezirk als *A* gehört. *R* wird vor der Entscheidung des Innenministeriums nicht angehört. Die Umgemeindung hat den Zweck, das Grundstück in die Planung der Gemeinde *B* einzubeziehen. Die Gemeinde beabsichtigt, das Gelände im Bebauungsplan für die Ansiedlung einer Fabrik vorzusehen. *R* ist damit nicht einverstanden. Er weist darauf hin, dass die Gemeinde *B* selbst über ein Grundstück verfügt, das als Ödland zur Ansiedlung einer Fabrik verwendet werden könne. Nach den Hebesätzen der Gemeinde *A* und *B* muss *R* in *B* eine höhere Grundsteuer als in *A* entrichten. Kann sich *R* mit Aussicht auf Erfolg gegen die Umgemeindung wenden?

Nach der Umgemeindung beschließt die Gemeinde *B* einen Bebauungsplan, obwohl ein Flächennutzungsplan für das Gemeindegebiet nicht besteht. Im Bebauungsplan ist die Erhaltung der Eichen auf dem Grundstück des *R* nicht festgesetzt. In der Begründung nach § 9 VIII 1 BauGB steht, dass es eines Flächennutzungsplans zur Umsetzung der planerischen Konzeption der Gemeinde nicht bedürfe. Hinsichtlich der Eichen ist ausgeführt, dass § 9 I Nr. 25 Buchst. b BauGB die Erhaltung der Baumgruppe nicht vorschreibe und damit der Gemeinde freie Hand lasse. Die zuständige Bezirksregierung verweigert unter Berufung auf § 1 V 2 Nr. 7 i.V.m. Nr. 1a BauGB die Genehmigung nach § 10 II BauGB. Kann die Gemeinde erreichen, dass die Genehmigung erteilt wird?

Vermerk: In den Bundesländern, die keine entsprechenden Vorschriften kennen, sind §§ 17 I, 19 II 1, III 1–3, 20 I 1 NRWGO zugrunde zu legen.

Anhang: Auszug aus dem nordrhein-westfälischen Landesrecht

§ 17 Gebietsänderungen. (1) Aus Gründen des öffentlichen Wohls können Gemeindegrenzen geändert, Gemeinden aufgelöst oder neugebildet werden.

(2) …

§ 19 Verfahren bei Gebietsänderungen. … (2) [1] Vor jeder Gebietsänderung ist der Wille der betroffenen Bevölkerung in der Weise festzustellen, dass den Räten der beteiligten Gemeinden Gelegenheit zur Stellungnahme gegeben wird. …

(3) [1] Änderungen des Gemeindegebiets bedürfen eines Gesetzes. [2] In Fällen von geringer Bedeutung kann die Änderung von Gemeindegrenzen durch die Bezirksregierung ausgesprochen werden, wenn die Grenzen von Regierungsbezirken berührt werden, ist das Innenministerium zuständig. [3] Geringe Bedeutung hat eine Grenzänderung, wenn sie nicht mehr als 10 vom Hundert des Gemeindegebiets der abgebenden Gemeinde und nicht mehr als insgesamt 200 Einwohner erfaßt. …

(4) …

§ 20 Wirkungen der Gebietsänderung. (1) [1] Der Ausspruch der Änderung des Gemeindegebiets und die Entscheidung über die Auseinandersetzung begründen Rechte und Pflichten der Beteiligten. …

(2) …

Lösung

I. Der Rechtsschutz des R gegen die Umgemeindung

1. Zulässigkeit eines Rechtsbehelfs

a) Öffentlich-rechtliche Streitigkeit

Als Rechtsbehelf kommt eine Klage in Betracht, die beim Verwaltungsgericht zu erheben ist, wenn eine öffentlich-rechtliche Streitigkeit vorliegt (§ 40 I VwGO). Die Entscheidung des Innenministeriums ändert durch einseitigen Ausspruch die Gemeindegrenzen ab und beruht auf § 19 III 2 NRWGO, einer Vorschrift, die nur eine staatliche Stelle berechtigt. Die Entscheidung gehört dem öffentlichen Recht an. Für eine Klage ist nach § 40 I VwGO der Rechtsweg zu den Verwaltungsgerichten eröffnet.

b) Zulässige Klageart

Aus § 47 I Nr. 2 VwGO geht hervor, dass kein Rechtsbehelf zur Verfügung steht, wenn die Entscheidung des Innenministeriums eine Rechtsnorm darstellt und das Land von der Ermächtigung keinen Gebrauch gemacht hat, dass das Oberverwaltungsgericht im Rahmen seiner Gerichtsbarkeit auf Antrag auch über die Gültigkeit von anderen im Rang unter dem Landesgesetz stehenden Rechtsvorschriften entscheidet. Nordrhein-Westfalen gewährt die Möglichkeit der verwaltungsgerichtlichen Normenkontrolle nicht.[1] Zu der Frage, ob auf Grund von Art. 19 IV

[1] Anders: Art. 5 BayAGVwGO; §§ 4 BWAGVwGO; 4 I BbgAGVwGG; 7 BremAGVwGO; 11 I HessAGVwGO; 13 GOrgG MV; 7 NdsVwGG; 4 RhPflAGVwGO; 16 SaarlAGVwGO, 14 I SächsVerfAG; 10 AGVwGO SachsAnh; 5 SHAGVwGO; 4 ThürAGVwGO.

GG der Rechtsschutz gegen untergesetzliche Rechtsnormen eingeräumt sein muss, braucht nicht Stellung bezogen zu werden, wenn die Entscheidung ein Verwaltungsakt ist.

Richtet sich die Rechtsnatur einer Umgemeindung, die nicht in einem förmlichen Gesetz festgelegt ist, nach der Bestimmtheit der unmittelbar betroffenen Personen, gewinnt das Ortsrecht eine maßgebliche Bedeutung. Durch den Wechsel des Ortsrechts, der unmittelbar auf die Gemeindebürger und die sonst vom Ortsrecht erfassten Personen wirkt, wird grundsätzlich eine Vielzahl von Personen betroffen, die zum Zeitpunkt des Wechsels noch nicht feststehen. Demnach wäre eine Rechtsnorm anzunehmen. Bei einem unbewohnten Grundstück wie dem des *R* könnte man allerdings Zweifel hegen. Auf den ersten Blick scheint nur der Grundstückseigentümer betroffen zu sein. Doch kann dieser sein Grundstück veräußern. Der Nachfolger ist dann ebenso gebunden wie sein Vorgänger. Vor allem erstreckt sich das Ortsrecht aber auch auf diejenigen, die sich auf dem Grundstück aufhalten. Wählt man die unmittelbare Betroffenheit der Personen als Entscheidungskriterium, ist die Umgemeindung daher auch bei einem unbebauten Grundstück eine Rechtsnorm.

Nun ist aber nicht zu leugnen, dass zwei Rechtssubjekte in besonderem Maße betroffen sind, nämlich die beteiligten Gemeinden. Sie stehen bei Erlass der Entscheidung als hauptsächlich Betroffene fest. Daher wird von manchen eine Doppelnatur der Umgemeindung für richtig gehalten.[2] Indes hat die Einordnung als Rechtsnorm oder Verwaltungsakt nicht nur im Prozessrecht Bedeutung, wo eine doppelte Qualifikation noch hingenommen werden könnte; die materiellrechtlichen Folgen sind vielmehr ebenfalls unterschiedlich. Beispielsweise gibt es bei rechtswidrigen Rechtsnormen anders als bei rechtswidrigen Verwaltungsakten nicht die bloße Aufhebbarkeit. Eine rechtswidrige Rechtsnorm ist nichtig. Mit dem Gebot der Rechtssicherheit wäre es nicht vereinbar, an ein und denselben Rechtsakt widersprüchliche Rechtsfolgen zu knüpfen.[3] Mag die Doppelnatur im prozessualen Bereich zu einer Lösung führen, weil dort getrennte Verfahren je nach dem Kläger oder Antragsteller ablaufen können, ist sie aus materiellrechtlichen Gründen abzulehnen.

Gerichte, die an der Doppelnatur festhalten, die Wirkung auf die Bürger jedoch zu einem bloßen Organisationsakt herabstufen,[4] verkennen die unmittelbare Wirksamkeit, die der Rechtsakt der Umgemeindung durch den Wechsel des Ortsrechts herbeiführt. Der Ausweg, sich an die Benennung der Maßnahme in der gesetzlichen Bestimmung zu halten,[5] ist in Nordrhein-Westfalen nicht gangbar, denn dort heißt es im Gesetz nur „Ausspruch". Es wird also keine eindeutige Bezeichnung verwendet. Zu

---

[2] So z.B. *Obermayer*, VwVfG, § 35, Rn. 99; *Stern*, Rn. 216.

[3] BayVGHE 17, 106 (110); dagegen: *Renck/Laufke*, DVBl 1974, 512ff.

[4] So *OVG Lüneburg* OVGE 18, 429 (433); vgl. auch *BayVGH* BayVBl 1977, 433.

[5] BayVGHE 25, 71 (73).

einer klaren Lösung gelangt man nur, wenn man nicht auf die Betroffenen, sondern auf die Personen abstellt, an die sich der Rechtsakt richtet.[6] Dann scheidet die Wirkung auf die Bürger bei der Bestimmung der Rechtsnatur aus. Adressaten sind die beteiligten Gemeinden, so dass die Umgemeindung alle Merkmale einer Allgemeinverfügung im Sinne von § 35 S. 2 NRWVwVfG erfüllt.[7] *R* steht daher die Anfechtungsklage nach § 42 I VwGO offen, wenn die weiteren Zulässigkeitsvoraussetzungen erfüllt sind.

c) Vorverfahren und Klagebefugnis

Gemäß § 68 I 2 Nr. 1 VwGO bedarf es bei Verwaltungsakten des Ministeriums keines Vorverfahrens. Wohl aber ist eine Klagebefugnis des *R* nach § 42 II VwGO erforderlich. Die Umgemeindung bringt für *R* eine höhere Steuerbelastung mit sich. Entfällt der Verwaltungsakt der Umgemeindung, ist die Forderung einer höheren Grundsteuer, die sich auf unbewegliches Vermögen bezieht, nichtig (§§ 44 II Nr. 3 i.V.m. 3 I Nr. 1 NRWVwVfG). Es ist also möglich, dass der Verwaltungsakt *R* in seinen Rechten verletzt. Die Anfechtungsklage ist somit zulässig.

2. Begründetheit der Anfechtungsklage

a) Zuständigkeit und Verfahren

Rechtsgrundlage für die Umgemeindung ist § 17 I i.V.m. § 19 III 2 NRWGO. Nach § 19 III 2, HS. 1 NRWGO ist zur Änderung des Gemeindegebiets grundsätzlich die Bezirksregierung zuständig, sofern es sich um einen Fall von geringer Bedeutung handelt und dadurch nicht die Grenzen von Regierungsbezirken berührt werden. Hier gehören die Gemeinden *A* und *B* jedoch zu zwei verschiedenen Regierungsbezirken, so dass § 19 III 2, HS. 2 NRWGO eingreift. Folglich hat das Innenministerium als zuständige Behörde gehandelt.

Für das Verfahren schreibt § 19 II 1 NRWGO die Anhörung der Räte der beteiligten Gemeinden, nicht aber der betroffenen Bürger selbst vor. Auch aus dem Demokratieprinzip ist nicht das Gegenteil herzuleiten. Die Mitglieder der Gemeinderäte sind nämlich als Repräsentanten der betroffenen Bevölkerung zu betrachten. Die Anhörung des *R* als Betroffenen könnte sich allerdings aus dem Grundsatz des rechtlichen Gehörs ergeben, der in § 28 I NRWVwVfG seinen Niederschlag gefunden hat. Doch wären auf diese Weise alle betroffenen Gemeindebürger in das Verfahren eingeschaltet, was § 19 II 1 NRWGO gerade verhindern soll. Nach § 28 II Nr. 4 NRWVwVfG kann zudem bei Allgemeinverfügungen von der Anhörung abgesehen werden. Die Umgemeindung erstreckt sich auf eine bestimmte Grundfläche und ist daher gemäß § 35 S. 2

[6] *v. Mutius*, in: FS Wolff, S. 201.

[7] *OVG Koblenz* NVwZ 1983, 303; vgl. auch BVerwGE 18, 154 (155ff.).

NRWVwVfG als Allgemeinverfügung zu betrachten. Die einzelnen Betroffenen können ihre Interessen somit nur über ihre Vertretung im Rat wahren. Die unterbliebene Anhörung des *R* ist folglich kein Verfahrensfehler.

b) Die Voraussetzungen der Rechtsgrundlage

Materielle Voraussetzung für die Umgemeindung ist nach § 17 I i.V.m. § 19 III 2 NRWGO, dass die Grenzänderung dem öffentlichen Wohl dient. Das öffentliche Wohl ist bei der Neugliederung materielles Verfassungsgebot und deckt eine Vielfalt von Zwecken und Sachverhalten ab. Die Einbeziehung in die Planung zum Zwecke der Industrieansiedlung zählt zu diesen Gesichtspunkten.[8] Der Exekutive sind allerdings nur Fälle geringerer Bedeutung zur Änderung des Gemeindegebiets überlassen. Dieser Rechtsbegriff ist in § 19 III 3 NRWGO näher bestimmt. Danach darf die Grenzänderung zum einen lediglich ein Gebiet umfassen, das höchstens 10% des Gesamtgebiets der abgebenden Gemeinde ausmacht. Zum anderen dürfen von der Grenzänderung nicht mehr als 200 Einwohner erfasst sein. Hier verfügt das Innenministerium jedoch nur über ein Grundstück, dessen Größe lediglich 5% des Gemeindegebiets umfasst, und auf dem keine Menschen wohnen. Die Voraussetzungen der Rechtsgrundlage sind somit erfüllt.

c) Die Ausübung des Ermessens

Sind die Voraussetzungen gegeben, steht dem Innenministerium nach § 17 I NRWGO Ermessen zu. Dieses findet allerdings seine Grenzen in einem Abwägungsgebot. Die Grundsätze der Geeignetheit, Erforderlichkeit und Verhältnismäßigkeit im engeren Sinne sind zu beachten.[9] Die öffentlichen Interessen am Umweltschutz, am Naturschutz und an der Landschaftspflege, die in § 1 V 2 Nr. 7 i.V.m. Nr. 1a BauGB ihren Niederschlag gefunden haben, sind in die Abwägung einzubeziehen. Diese Belange sind durch die Umgemeindung an sich aber noch nicht betroffen, bildet sie doch erst die Vorstufe für die Planung. Mit der Änderung der Gemeindegrenzen ist insbesondere noch nicht über die Erhaltung oder Beseitigung der Baumgruppen entschieden.

Die höhere Grundsteuer in *B* im Verhältnis zu *A* steht mit dem Gleichheitssatz in Einklang. Das Selbstverwaltungsrecht der Gemeinden führt zu sachlich gerechtfertigten Unterschieden. Das öffentliche Interesse an der Gebietsänderung überwiegt das private Interesse, keine höhere Steuer zu bezahlen, zumal das Gefälle zwischen *A* und *B* nicht ein für allemal feststeht. *R* bleibt es unbenommen, mit politischen Mitteln für eine Herabsetzung der Hebesätze in *B* einzutreten. Die Interessenabwägung des Innenministeriums ist daher nicht zu beanstanden.

---

[8] Vgl. *Hoppe-Rengeling*, Rechtsschutz bei der kommunalen Gebietsreform, 1973, 85ff. m.w.N. aus der Rspr.

[9] *Hoppe-Rengeling* (o. Fn. 8), 86, 88.

Der Grundsatz der Erforderlichkeit könnte allerdings dazu zwingen, vorrangig das Grundstück der Gemeinde *B* für die Industrieansiedlung in Anspruch zu nehmen. Dann entfiele der Anlass für die Umgemeindung. Selbst wenn aber das Grundstück, das der Gemeinde *B* zur Verfügung steht, ebenfalls zur Industrieansiedlung dienen könnte, ist damit noch nicht gesagt, dass die Gemeinde auch im Rahmen der Planung darauf zurückgreifen müsste. Der Bebauungsplan bewirkt noch nicht, dass *R* auf seinem Grundstück die Tierzucht aufgeben müsste, um dem Fabrikbau zu weichen. Der Plan wird für *R* vielmehr erst dann bedeutsam, wenn die Nutzung des Grundstücks mit den Eichen geändert werden soll. Angesichts dieser geringen Belastung liegt es im planerischen Spielraum des Ministeriums und der Gemeinde, deren Grundstück für andere Zwecke vorzubehalten. Die Einbeziehung des Grundstücks mit den Eichen stellt daher keinen Verstoß gegen den Grundsatz der Erforderlichkeit dar. Eine Klage des *R* hat somit keine Aussicht auf Erfolg.

II. Die Verweigerung der Genehmigung

1. Zulässigkeit eines Rechtsbehelfs

a) Rechtsschutz im Rechtsetzungsverfahren

Bei einem Rechtsstreit zwischen der Gemeinde und der Bezirksregierung handelt es sich um eine öffentlich-rechtliche Streitigkeit i. S. v. § 40 I 1 VwGO, für die der Rechtsweg zu den Verwaltungsgerichten offen steht. Welche Klageart zu wählen ist, hängt zunächst davon ab, ob eine Genehmigung des Bebauungsplans überhaupt erforderlich ist. Sollte dies nicht der Fall sein, wäre nur eine Klage auf die Feststellung statthaft, dass es der Genehmigung der Bezirksregierung nicht bedarf.

Aus § 10 II 1 BauGB lässt sich entnehmen, dass nur Bebauungspläne nach § 8 II 2, III 2 und IV BauGB der Genehmigung der höheren Verwaltungsbehörde bedürfen.[10] Für das weitere Verfahren gilt dann § 6 II–IV BauGB. Im vorliegenden Fall besteht die Besonderheit, dass dem Bebauungsplan kein Flächennutzungsplan zugrunde liegt. In diesen Fällen des § 8 II 2 BauGB bedarf der Bebauungsplan nach § 10 II 1 BauGB der Genehmigung der höheren Verwaltungsbehörde. Höhere Verwaltungsbehörde im Sinne des BauGB ist in diesem Fall gemäß § 1 BauGB DVO NW die Bezirksregierung. Hier ist somit die Genehmigung der Bezirksregierung erforderlich.

---

[10] Das obligatorische Anzeigeverfahren bei fehlender Genehmigungsbedürftigkeit des Bebauungsplans ist durch das Bau- und Raumordnungsgesetz 1998 – ROG vom 18. 8. 1997 (BGBl I S. 2081; Neubekanntmachung der ab 1. 1. 1998 geltenden Fassung am 3. 9. 1997, BGBl I S. 2141, 1998 I S. 137) entfallen. Nach § 246 I a 1 BauGB können die Länder allerdings bestimmen, dass Bebauungspläne mit Ausnahme von Bebauungsplänen nach § 13 BauGB vor ihrem Inkrafttreten der höheren Verwaltungsbehörde anzuzeigen sind. Von dieser Ermächtigung hat zuletzt nur noch Brandenburg (G. v. 10. 6. 1998, GVBl I S. 126; befristet bis 2004) Gebrauch gemacht (vgl. *Battis/Krautzberger/Löhr*, § 246, Rn. 8).

Da eine Genehmigung notwendig ist, muss geprüft werden, ob ihre Erteilung im Wege der Verpflichtungsklage erreicht werden kann (§ 42 I Alt. 2 VwGO). Die Genehmigung des Bebauungsplans müsste dann ein Verwaltungsakt sein.

Früher wurde teilweise die Auffassung vertreten, dass im Rahmen des Rechtsetzungsverfahrens keine Verwaltungsakte ergehen könnten.[11] Die Genehmigung ist Bestandteil eines Rechtsetzungsverfahrens, wenn der Bebauungsplan eine Rechtsnorm darstellt. § 10 I BauGB schreibt die Form der Satzung vor. Mag der Gesetzgeber auch nicht frei sein in der Wahl des Rechtsakts,[12] müssten doch zwingende Gründe erkennbar sein, um dem Bebauungsplan die Rechtsnatur einer Rechtsnorm abzusprechen. Der Plan ist zwar in erster Linie für die Grundstückseigentümer maßgebend, deren Zahl bei Erlass des Plans abschließend feststeht. Jedoch können die Eigentümer der Grundstücke wechseln, ohne dass die Verbindlichkeit des Plans darunter leidet. Folglich ist der Bebauungsplan auch materiell eine Satzung der Gemeinde und wird nicht nur so bezeichnet.[13] Die Genehmigung ist somit ein Bestandteil des Rechtsetzungsverfahrens.

Der Annahme, im Rechtssetzungsverfahren sei für einen Verwaltungsakt kein Platz, liegt die Vorstellung zugrunde, dass sich das Verfahren nicht in einzelne Abschnitte zerlegen ließe. Dann wäre die Anfechtung einer einzelnen Entscheidung im Verfahren eine versteckte Normenkontrolle, ohne die Voraussetzungen der Normenkontrolle einzuhalten. Die Erteilung oder Verweigerung der Genehmigung lässt sich jedoch vom Endergebnis des Rechtsetzungsverfahrens trennen. Die Gesichtspunkte, unter denen insoweit eine verwaltungsgerichtliche Kontrolle ausgeübt werden kann, sind andere als bei der Normenkontrolle.

Mit der Erteilung oder Verweigerung der Genehmigung wirkt die Bezirksregierung auch nicht unmittelbar auf die durch den Bebauungsplan betroffenen Bürger ein, vielmehr wendet sie sich an die Gemeinde und regelt somit einen Einzelfall. Der Bebauungsplan ist Ausfluss der Planungshoheit der Gemeinde, diese tritt der Bezirksregierung als staatlichem Organ daher als selbständiges Rechtssubjekt gegenüber. Die Regelung hat somit auch Außenwirkung, die Bezirksregierung erlässt einen Verwaltungsakt.[14] Eine Verpflichtungsklage ist folglich statthaft.

b) Vorverfahren und Klagebefugnis

Nach 68 II VwGO hat die Gemeinde zunächst das Vorverfahren zu durchlaufen. Bleibt der Widerspruch erfolglos, kann die Gemeinde Verpflichtungsklage erheben, sofern das Erfordernis des § 42 II VwGO erfüllt ist.

---

[11] *BayVGH* BayVBl 1960, 289.

[12] *v. Mutius* (o. Fn. 6), 178 ff.

[13] *Schlez*, BauGB, 4. Aufl., 1994, § 10 Rn. 1 ff.

[14] BVerwGE 34, 301; *Schlez* (o. Fn. 13), § 11 Rn. 21.

Aus der Selbstverwaltungsgarantie des Art. 28 II 1 GG entspringt kein echtes Grundrecht der Gemeinde. Die Gemeinde hat aber eine subjektive Rechtsposition inne, auch wenn man ein Grundrecht verneint.[15] In dieser Rechtsposition kann die Gemeinde *B* durch die Verweigerung der Genehmigung verletzt sein. Die Klagebefugnis nach § 42 II VwGO ist vorhanden. Eine Verpflichtungsklage ist zulässig.

2. Begründetheit der Verpflichtungsklage

a) Der Umfang der genehmigungsbehördlichen Kontrolle

Es fragt sich, wie intensiv die Kontrolle der Bezirksregierung im Genehmigungsverfahren nach § 10 II BauGB ist. Aus der Verweisung des § 10 II BauGB auf § 6 II BauGB folgt, dass die Mitwirkung der Genehmigungsbehörde sich in der Befugnis und Pflicht zur Rechtsaufsicht erschöpft.[16] Freilich ist die Kontrolldichte im behördlichen Verfahren höher als im verwaltungsgerichtlichen Verfahren, denn § 216 BauGB lässt die Verpflichtung der Genehmigungsbehörde unberührt, die Einhaltung der Vorschriften zu prüfen, deren Verletzung sich nach §§ 214, 215 BauGB nicht auf die Wirksamkeit von Bauleitplänen auswirkt.

b) Die Einhaltung der gesetzlichen Vorschriften

Die Bezirksregierung verweigert die Genehmigung zu Recht, wenn das Gesetz der Gemeinde keine andere Wahl lässt, als die Baumgruppe im Bebauungsplan unter Schutz zu stellen. Aus § 9 I BauGB ergibt sich aber nicht, dass eine Festsetzung nach Nr. 25 Buchst. b zwingend vorgeschrieben ist. Aus der Planungshoheit der Gemeinde folgt vielmehr, dass ihr insoweit ein Beurteilungsspielraum zusteht.

Die Bezirksregierung beruft sich auf § 1 V BauGB. In Satz 1 bestimmt diese Vorschrift, dass die Bauleitpläne dazu beitragen sollen, eine menschenwürdige Umwelt zu sichern und die natürlichen Lebensgrundlagen zu schützen und zu entwickeln. Nr. 7 erwähnt nochmals ausdrücklich die Belange des Umweltschutzes, des Naturschutzes und der Landschaftspflege. Die Bezirksregierung verfügt also über einen Anhaltspunkt im Gesetz, wenn sie zur Erhaltung der Baumgruppe die Genehmigung verweigert. Dieser Gesichtspunkt findet sich bestätigt, wenn man zusätzlich noch spezialgesetzliche Vorschriften heranzieht. Zwar findet das Bundeswaldgesetz hier keine Anwendung, weil nach § 2 II BWaldG einzelne Baumgruppen eine Grundfläche noch nicht zum Wald machen. Auch der Landschaftsplan erstreckt sich nach § 16 I 2 NRW-LandschaftsG grundsätzlich nicht auf die von einem Bebauungsplan erfasste Fläche. Die Ausnahme bei Festlegung land- und forstwirtschaftlicher Nutzung im Bebauungsplan trifft auf das Grundstück des *R* nicht

---

[15] *Krebs,* in: *Schmidt-Aßmann*, 4. Kap. Rn. 24.

[16] BVerwGE 34, 301 (304); *Battis/Krautzberger/Löhr*, § 6 Rn. 2.

zu. Jedoch gilt das allgemeine Ziel, die natürlichen Lebensgrundlagen zu sichern, das § 1 I NRWLandschaftsG voranstellt,[17] auch für die Gemeinde *B*, wenn sie einen Bebauungsplan erlässt. Indem die Gemeinde im Bebauungsplan keine Festsetzungen nach § 9 I Nr. 25 Buchst. b BauGB gemacht hat, hat sie die umwelt- und landschaftsschützenden Vorschriften im Baugesetzbuch und im nordrhein-westfälischen Landschaftsgesetz verletzt. Die Bezirksregierung hat ihre Kontrollbefugnisse somit nicht überschritten und die Genehmigung zu Recht verweigert. Im Ergebnis hat eine Verpflichtungsklage daher keinen Erfolg.

Literaturhinweise

Bachof, Otto, Satzungsgenehmigung und Satzungsoktroi: Verwaltungsakte mit Doppelnatur?, in: Festschr. f. Werner Weber, 1974, 515; *Brugger, Winfried,* Der praktische Fall – Öffentliches Recht – Die anstößige Straßenumbenennung, JuS 1990, 566; *Ennuschat, Jörg,* Der Verwaltungsakt und seine Rechtsgrundlagen, JuS 1998, 905; *Fehling, Michael,* Übungsblätter Lernbeitrag Öffentliches Recht: Der Verwaltungsakt – Begriff und Bedeutung, JA 1997, 482; *Kahl, Wolfgang,* Der Verwaltungsakt – Bedeutung und Begriff, Jura 2001, 505; *Schmidt-Aßmann, Eberhard,* Die Lehre von den Rechtsformen des Verwaltungshandelns, ihre Bedeutung im System des Verwaltungsrechts und für das verwaltungsrechtliche Denken der Gegenwart, DVBl 1989, 533; *Schoch, Friedrich,* Die staatliche Rechtsaufsicht über Kommunen, Jura 2006, 188; *Stollmann, Frank,* Der praktische Fall – Ärger mit dem Bebauungsplan Nr. 13, VR 1999, 287; *Weidemann, Clemens,* Regionale Raumordnungspläne als Gegenstand der verwaltungsgerichtlichen Normenkontrolle, DVBl 1984, 767; *Zimmer, Gerhard,* Handlungsformen und Handlungsbefugnisse der öffentlichen Verwaltung, Jura 1980, 242.

[17] Vgl. in den anderen Bundesländern: Art. 1 BayNatSchG; §§ 1, 2 BWNatSchG; 1, 2 BlnNatSchG; 1 BbgNatSchG; 1, 2 BremNatSchG; 1 HbgNatSchG; 1 HessNatSchG; 1 MVNatSchG; 1, 2 NdsNatSchG; 1, 2 RhPflLPflegG; 1, 2 SaarlNatSchG; 1 SächsNatSchG; 1, 2 NatSchG SachsAnh; 1 SHLNatSchG; 1 ThürNatG, teilweise i. V. m. §§ 1, 2 BNatSchG.

Fall 20. Die als feuergefährlich verdächtigten Pressplatten

Sachverhalt

Der Fabrikant *Fritz Faber (F)* stellt Pressplatten aus einem leicht entzündlichen Stoff her. Beimengungen und ein besonderes Fabrikationsverfahren sollen die Feuergefährlichkeit ausschließen. Im Bezirk einer Bezirksregierung in Nordrhein-Westfalen bricht ein großer Brand in einem Gebäude aus, bei dessen Bau Pressplatten aus der Fertigung des *F* verwendet worden sind. In einem als Rundverfügung bezeichneten Schreiben gibt die Bezirksregierung den Bauämtern der Kreise und Gemeinden die Anweisung, keine Baugenehmigung zu erteilen, wenn Pressplatten des *F* als Baumaterial vorgesehen sind. In einem Rundschreiben an alle staatlichen Stellen im Bezirk, die mit der Vergabe von Bauaufträgen befasst sind, und an alle Gemeinden untersagt die Bezirksregierung, Aufträge an Unternehmen zu erteilen, die Pressplatten des *F* als Baustoff benutzen. In beiden Schreiben ist als Begründung angegeben, das Großfeuer sei wohl auf die leichte Entzündlichkeit der Platten des *F* zurückzuführen. Kann dieser verhindern, dass die beiden Schreiben die angesprochenen Stellen veranlassen, die Erteilung von Baugenehmigungen und die Vergabe von Aufträgen wegen der Verwendung von Pressplatten des *F* abzulehnen?

Die Unternehmerin *Ulrike Utz (U)* verwendet bei der Ausführung von Bauaufträgen die von *F* hergestellten Pressplatten, weil sie diese für qualitativ hochwertig, aber auch kostengünstig hält. *U* erhält von der kreisangehörigen Gemeinde *Bernburg (B)* einen Bauauftrag nicht zugesprochen, obwohl das Angebot der *U* der Gemeinde am günstigsten erscheint, weil dort bekannt geworden ist, dass *U* die Pressplatten des *F* verarbeitet. Die Bürgermeisterin teilt *U* mit, der Gemeinde seien durch die Anordnung der Bezirksregierung die Hände gebunden. Kann *U* erreichen, dass sie doch den Bau ausführen darf, wenn die Gemeinde den Auftrag noch nicht anderweitig vergeben hat?

F will selbst ein Haus für seine Familie errichten, in dem seine Pressplatten zur Schalldämmung dienen sollen. Hat *F* ein Recht auf die Erteilung der Baugenehmigung, wenn alle sonstigen Voraussetzungen erfüllt sind?

Vermerk: In Bundesländern, die eine Bezirksregierung nicht kennen, tritt an ihre Stelle die vorgesetzte Behörde, die gegenüber den Bauämtern und gegenüber den Behörden, die über die Vergabe von öffentlichen Aufträgen entscheiden, weisungsbefugt ist.

Lösung

1. Teil: Die Schreiben der Bezirksregierung

I. Zulässigkeit eines Rechtsbehelfs

1. Widerspruch und Anfechtungsklage

F könnte möglicherweise Widerspruch einlegen und im Falle des Misserfolgs Anfechtungsklage erheben (§§ 40 I 1, 42 I Alt. 1 VwGO), um auf diese Weise die Bindung der angesprochenen Stellen zu verhindern. Dies setzt voraus, dass die Schreiben der Bezirksregierung die Merkmale eines Verwaltungsakts i.S.v. § 35 NRWVwVfG erfüllen. Die Rundverfügung bindet die Bauämter, bei der Erteilung von Baugenehmigungen in der vorgeschriebenen Weise zu verfahren. Die Regelung bewegt sich auf dem Gebiet des öffentlichen Rechts. Wer durch die Rundverfügung gebunden wird, steht zur Zeit des Erlasses fest. Freilich richtet sich die Rundverfügung an Hoheitsträger, nämlich die Kreise und kreisfreien Städte, denen die Aufgaben der Bauaufsicht übertragen worden sind (§ 60 I Nr. 3 NRWBauO).[1] Als mit der Gefahrenabwehr betraute Ordnungsbehörden nehmen diese Gebietskörperschaften Pflichtaufgaben zur Erfüllung nach Weisung wahr (§§ 60 II NRWBauO, 3 I NRW-OBG).[2] Es ist schon zweifelhaft, ob Weisungen nach § 9 NRWOBG[3] Außenwirkungen besitzen, ob sie also die angewiesenen Gebietskörperschaften in ihrer Eigenschaft als Selbstverwaltungskörperschaften treffen.[4] Jedenfalls wären nur die Empfänger der Weisung in ihrem Selbstverwaltungsrecht beeinträchtigt. *F* könnte sich als Bürger nicht auf dieses Recht berufen. Widerspruch und Anfechtungsklage müssten insoweit an der fehlenden Widerspruchs- bzw. Klagebefugnis scheitern.

Will man aus Gründen des Rechtsschutzes der Weisung unmittelbare Rechtswirkung nach außen zusprechen, wenn die Weisung als Warnung

---

[1] Entsprechende Vorschriften finden sich in Art. 65 I, II BayBauO; §§ 46 I Nr. 3, II, III BWBauO; 63 I 2 Bbg BauO; 60 II, III, VII HessBauO; 59 I 1 LBO MV; 63 I NdsBauO; 57 I Nr. 3 RhPflBauO; 62 I SaarlBauO; 59 I Nr. 3 SächsBauO; 62 I 1 Nr. 3 LBO SachsAnh; 65 I Nr. 2 SHBauO; 59 I Nr. 1 ThürBauO.

[2] Entsprechende Regelungen finden sich in §§ 47 IV BWBauO; 64 I 1 BbgBauO; 82 I BremBauO (Auftragsangelegenheiten); 60 I, II HessBauO; 59 I 2 LBO MV; 57 IV RhPflBauO; 61 I SaarlBauO; 60 I SächsBauO; 65 III SHBauO. In Bayern sind Aufgaben der Bauaufsicht für die Gemeinden nach Art. 66 I BayBauO übertragene Aufgaben. Vgl. auch § 65 II NdsBauO; 63 I LBO SachsAnh; 60 I ThürBauO.

[3] In den anderen Bundesländern: Art. 116 BayGO; §§ 2 III BWGO; 64 I 2 und 3 BbgBauO i.V.m. 132 II–IV BbgGO; 84 HessSOG; 78 IV, 87 II KV MV; 5 I NdsGO; 93 I RhPflPOG; 78 I Nr. 2 SaarlPolG, 6 I SaarlKSVG; 60 I SächsBauO; 16 I SHLVwG; 3 I 2 ThürKO. In Berlin, Bremen, Hamburg und Sachsen-Anhalt finden sich keine entsprechenden Vorschriften.

[4] *v. Mutius*, JuS 1978, 28 (30f.).

vor einer bestimmten Person wirkt und deren berufliche Tätigkeit verhindert,[5] müsste die unmittelbare Außenwirkung gerade dieser Person gegenüber bestehen. Die Regelung wendet sich aber an die Dienststellen, die Baugenehmigungen erteilen. Selbst wenn man darüber hinwegsieht, sind die unmittelbar Betroffenen die Bauherrn, die Pressplatten des *F* in ihren Bauten verwenden wollen. Wie viele das sind, steht bei Erlass der Rundverfügung noch nicht fest, auch lässt sich die Zahl der Fälle noch nicht absehen. Man müsste die Rundverfügung dann als Rechtsnorm betrachten, für die ohnehin kein Rechtsschutz im Wege des Widerspruchs oder der Anfechtungsklage in Betracht kommt. Die Einhaltung begrifflicher Genauigkeit verfolgt den Zweck, den Rechtsschutz nicht ins Uferlose auszudehnen, Rechtssicherheit herbeizuführen und eine der jeweiligen Sachlage angemessene Norm des Rechtsschutzes zu finden. Daher ist eine Ausdehnung des Anwendungsbereiches der Anfechtungsklage unter Missachtung der Merkmale des Verwaltungsakts abzulehnen. Widerspruch und Anfechtungsklage gegen die Rundverfügung scheiden somit aus.

Betrachtet man das Rundschreiben über die Vergabe öffentlicher Aufträge, kommt hinzu, dass sein Inhalt nicht auf dem Gebiete des öffentlichen Rechts liegt, wenn man der herrschenden Meinung folgt, die den Bereich der Deckung des Sachbedarfs der Verwaltung dem Privatrecht zuschlägt.[6] Widerspruch und Anfechtungsklage gegen dieses Rundschreiben sind daher erst recht nicht zulässig.

2. Allgemeine Leistungsklage

a) Rechtsschutz gegen innerdienstliche Weisungen

Auch wenn die Schreiben der Bezirksregierung nicht an *F* gerichtet sind und er nicht einmal unmittelbar Betroffener der Weisungen ist, wirken sich die Maßnahmen doch nachhaltig auf den Geschäftsbetrieb des *F* aus. Die geschäftsschädigende Wirkung geht im Falle der Rundverfügung betreffend die Erteilung von Baugenehmigungen ohne Zweifel von einem öffentlich-rechtlichen Rechtsakt der Bezirksregierung aus. Mag das Rundschreiben über die Vergabe öffentlicher Aufträge letzten Endes auch auf privatrechtliche Entscheidungen abzielen, entfaltet es doch im Verhältnis zwischen Behörden des Landes und zwischen Hoheitsträgern rechtliche Verbindlichkeit, so dass insoweit öffentlich-rechtliche Rechtsbeziehungen vorliegen. Der *BGH* hat allerdings auf die Auswirkungen abgestellt, die innerdienstliche Anweisungen für den Privatrechtsverkehr der Behörden mit den Verhandlungspartnern haben und dementsprechend eine öffentlich-rechtliche Streitigkeit verneint.[7] Doch geht eine solche Betrachtungsweise an der anerkannten öffentlich-rechtlichen

---

5 So *VGH Mannheim* DRZ 1950, 500 und *OVG Lüneburg* NJW 1961, 936.

6 *Maurer,* § 3 Rn. 7.

7 *BGH* DÖV 1967, 569; ebenso *BVerwG* DÖV 1973, 244.

Rechtsnatur der Anweisung vorbei. Beide Schreiben enthalten daher öffentlich-rechtliche Rechtsakte, die im Rechtsweg zu den Verwaltungsgerichten nach § 40 I 1 VwGO angreifbar sind, nur ist nach einem anderen Rechtsbehelf als Widerspruch und Anfechtungsklage zu suchen. In Betracht kommt eine allgemeine Leistungsklage.[8]

b) Klagebefugnis

Für die allgemeine Leistungsklage ist in entsprechender Anwendung des § 42 II VwGO eine Klagebefugnis zu fordern. Dem *F* wird der Absatz seiner Pressplatten jedenfalls im Bereich der Bezirksregierung, die die Anweisungen gegeben hat, so gut wie vereitelt. Niemand wird die Platten abnehmen, wenn er Gefahr läuft, deswegen keine Baugenehmigung zu erhalten oder von öffentlichen Aufträgen ausgeschlossen zu werden. *F* ist dadurch in seinem Recht am eingerichteten und ausgeübten Gewerbebetrieb beeinträchtigt, die Klagebefugnis ist somit vorhanden.[9]

c) Rechtsschutzbedürfnis

Bei der allgemeinen Leistungsklage sind strenge Voraussetzungen an das Rechtsschutzbedürfnis zu stellen.[10] Dies gilt vor allem, wenn Verwaltungsakte zu erwarten sind, da für diese besondere Rechtsbehelfe mit bestimmten Fristen zur Verfügung stehen. Im Falle der Rundverfügung sind ablehnende Bescheide der Baugenehmigungsbehörden zu erwarten. Gegen diese drohenden Verwaltungsakte kann *F* aber auch dann nicht im Wege der Verpflichtungsklage vorgehen, wenn sie erlassen sind, denn er ist nur bei einem eigenen Bauvorhaben der Antragsteller. *F* kann daher auf keine andere Weise als durch Leistungsklage die Geschäftsschädigung abwehren. Ihm ist somit ein Rechtsschutzbedürfnis zuzubilligen. Das gilt erst recht für das Rundschreiben, das nach der herrschenden Meinung nicht auf bevorstehende Verwaltungsakte einwirkt. Eine gegen das Rundschreiben und die Rundverfügung gerichtete allgemeine Leistungsklage des *F* ist folglich zulässig.

II. Begründetheit der Leistungsklage

1. Anspruchsgrundlage

F muss einen Anspruch auf Beseitigung der beiden Schreiben besitzen. Jedermann hat einen Anspruch darauf, durch die Staatsgewalt nicht mit einem Nachteil belastet zu werden, der nicht in der verfassungsmäßigen Ordnung begründet ist.[11] Für *F* ist Grundlage dieses Anspruchs nicht die allgemeine Handlungsfreiheit, sondern sein Recht auf gewerbliche

---

[8] Vgl. *Müller-Volbehr*, DVBl 1976, 60.
[9] Vgl. BVerwGE 62, 224 (225 ff.).
[10] *Steiner*, JuS 1984, 855.
[11] *BVerfG* NJW 1989, 2525 f.

Betätigung nach Art. 12 I GG. Die verfassungsmäßige Ordnung lässt keine rechtswidrigen Beeinträchtigungen dieses Rechts zu.

2. Gefahrenabwehr als Rechtfertigungsgrund

Die Bezirksregierung gründet ihre Weisungen auf den Verdacht, dass die Pressplatten, die *F* herstellt, feuergefährlich sein könnten. Es steht aber noch nicht fest, dass die Platten tatsächlich leicht entzündlich sind. Der Bezirksregierung obliegt nach §§ 1 I, 3 II NRWOBG die Aufgabe der Gefahrenabwehr. Im öffentlichen Interesse darf es ihr daher nicht verwehrt sein, vorbeugende Maßnahmen zu treffen oder zu veranlassen, wenn Anhaltspunkte für die Annahme bestehen, die Verwendung der Presslatten in Bauwerken könnte eine Gefahr für Leib und Leben oder für Sachgüter herbeiführen. Zum einen kann sich die Bezirksregierung darauf stützen, dass die Pressplatten in dem Gebäude eingebaut waren, das dem Großfeuer zum Opfer gefallen ist. Zum anderen ist das Material, das zur Herstellung der Platten dient, als leicht entzündlich bekannt. Freilich ist die Feuergefährlichkeit damit noch nicht nachgewiesen, weil durch geeignete Zusätze oder durch die Art der Verarbeitung die Entzündlichkeit vermieden werden kann. Immerhin sind Anhaltspunkte für einen Verdacht nicht zu leugnen.

3. Verhältnismäßigkeit der Maßnahme

Beide Maßnahmen müssten aber auch in Einklang mit dem rechtsstaatlichen Verhältnismäßigkeitsprinzip stehen. Der Grundsatz der Erforderlichkeit gebietet, dass es kein milderes Mittel geben darf, das die angestrebten Ziele gleich wirksam fördert. Hier ist vom Interesse des *F* auszugehen, sein Geschäft weiter zu betreiben. Sollte sich der Verdacht der leichten Entzündbarkeit nicht erhärten, wäre *F* grundlos in seiner Geschäftstätigkeit getroffen. Er muss sich nicht auf Entschädigungsansprüche verweisen lassen, soweit die Schädigung bereits bei der Abfassung der Schreiben der Bezirksregierung geringer gehalten werden kann, als es tatsächlich geschehen ist. Die Bezirksregierung hat hier beide Maßnahmen nicht als vorläufig gekennzeichnet, auch wenn die Begründung anzeigt, dass die Ursache des Großfeuers noch nicht einwandfrei geklärt ist, und noch viel weniger die Feuergefährlichkeit der Pressplatten. Die gebotene Interessenabwägung hätte dazu führen müssen, dass die Bezirksregierung endgültige Maßnahmen bis zur einwandfreien Ermittlung des Sachverhalts aufschiebt. Beide Maßnahmen hätten daher im Interesse des *F* als vorläufig gekennzeichnet werden müssen. Da dies nicht geschehen ist, hat die Leistungsklage des *F* Erfolg.

III. Vorläufiger Rechtsschutz

Bis zur Entscheidung des Gerichts vergeht Zeit, in der *F* geschäftliche Einbußen erleiden kann, weil sich womöglich Kunden endgültig von seinen Pressplatten abkehren, bevor noch deren Feuergefährlichkeit voll geklärt ist. Hier könnte der Erlass einer einstweiligen Anordnung Abhilfe schaffen. Nach § 123 I 2, II VwGO kann das Gericht der Hauptsache auf Antrag eine Anordnung treffen, wonach Rundverfügung und Rundschreiben bis zur abschließenden Ermittlung des Sachverhalts als vorläufig zu kennzeichnen sind. Für *F* drohen wesentliche Nachteile[12] beim Absatz seiner Erzeugnisse, wenn die Durchsetzung des Rechts bis zur Entscheidung über die Leistungsklage hinausgeschoben wird. Eine Beeinträchtigung der Gefahrenabwehr ist dagegen nicht zu befürchten. Das Gericht wird daher einem Antrag des *F* auf Erlass einer einstweiligen Anordnung stattgeben.

2. Teil: Die Vergabe des Bauauftrags an *U*

I. Zulässigkeit eines Rechtsbehelfs

Erlässt die Gemeinde *B* einen Verwaltungsakt, wenn sie den Auftrag über die Ausführung der Bauarbeiten vergibt, stehen *U* die Rechtsbehelfe des Widerspruchs und der Verpflichtungsklage zur Verfügung (§§ 40 I, 42 I Alt. 2, 68 II, I 1 VwGO).

Ob eine solche Maßnahme dem öffentlichen Recht angehört, ist streitig.[13] Folgt man der Subjektionstheorie, ist maßgeblich, dass dem Privatmann die Entschließung überlassen bleibt, ob er mit der öffentlichen Hand in Geschäftsbeziehung treten will oder nicht. Trotz weitgehender inhaltlicher Festlegung durch die Verwaltung, wie sie bei Bauaufträgen in der Verdingungsordnung für Bauleistungen enthalten ist, besitzt die Privatperson immer noch eine Einwirkungsmöglichkeit auf den Inhalt der Rechtsbeziehungen. Vor allem benennt der Anbieter einen Preis. Daher gehört die Vergabe öffentlicher Aufträge nach der Subjektionstheorie dem Privatrecht an.

Für die so genannte Zuordnungstheorie sind die Rechtssätze entscheidend, die auf das Rechtsverhältnis Anwendung finden. Die Rechtsnatur der Auftragsvergabe gewinnt ihre Bedeutung freilich gerade aus der Bestimmung der Rechtssätze, die für das Rechtsverhältnis gelten sollen. Man kann allenfalls darauf abstellen, welche Rechtssätze die Verwaltung zugrunde legt. Bei der Vergabe öffentlicher Aufträge sind dies die Bestimmungen über den Werkvertrag nach bürgerlichem Recht. Sie werden durch zahlreiche Verwaltungsvorschriften ergänzt, die indessen nicht den Rechtscharakter von Rechtssätzen tragen, so dass sie für die Zuordnung nicht ausschlaggebend sein können.[14] Die bei allen Rechtsverhältnissen dieser Art herangezogenen bürgerlich-rechtlichen Vorschriften geben dann den Ausschlag zugunsten des Privatrechts Auf der Grundlage der angeführten Theorien wäre ein Widerspruch des *U* mit-

---

[12] Zu diesem Rechtsbegriff *Erichsen*, Jura 1984, 651.

[13] Zur Abgrenzung des öffentlichen Rechts vom Privatrecht *Maurer*, § 3 Rn. 12ff.

[14] *Pietzcker*, NVwZ 1983, 121.

hin unzulässig, der Rechtsweg zu den Verwaltungsgerichten nicht eröffnet. *U* müsste eine Klage vor dem ordentlichen Gericht anstrengen.

Geht man hingegen von der Hoheitstheorie[15] aus, ist zu fragen, ob die Vermutung zugunsten des öffentlichen Rechts durch Anhaltspunkte für eine abweichende privatrechtliche Gestaltung widerlegt werden kann, die mangels gesetzlicher Regelung hier allein im Verhalten der für den Hoheitsträger, die Gemeinde, auftretenden Personen liegen können. Da es an solchen Anknüpfungspunkten bei öffentlichen Aufträgen regelmäßig fehlt, unterliegen diese allein öffentlichem Recht.[16] *U* müsste somit vor dem Verwaltungsgericht auf Abschluss eines – öffentlich-rechtlichen – Vertrags klagen. Als statthafte Rechtsschutzart steht die allgemeine Leistungsklage zur Verfügung

II. Begründetheit einer Klage vor dem ordentlichen Gericht

Hält man den Rechtsweg zu den ordentlichen Gerichten für richtig, hat die Klage dann Erfolg, wenn *U* ein Anspruch auf Abschluss eines zivilrechtlichen Vertrages gegen die Gemeinde *B* zusteht. Bei privatrechtlichem Handeln ist ein Hoheitsträger zumindest dann nicht von der Beachtung des Gleichheitssatzes entbunden, wenn keine erwerbswirtschaftliche Tätigkeit vorliegt.[17] Bei der Errichtung von Bauwerken wird die öffentliche Hand in der Regel nicht zum Zwecke der Gewinnerzielung wirtschaftlich tätig.

Aus dem Gleichheitssatz kann allerdings ein Anspruch auf Gleichbehandlung nur dann entspringen, wenn jede andere Entscheidung des Hoheitsträgers willkürlich wäre. *U* machte der Gemeinde das günstigste Angebot. Ein sachlicher Grund, sich dennoch für einen anderen Bewerber um den Auftrag zu entscheiden, kann nur die Anordnung der Bezirksregierung sein.

Die Vergabe öffentlicher Aufträge fällt in den eigenen Wirkungsbereich der Gemeinde. Das Rundschreiben der Bezirksregierung enthält eine Anweisung, die in diesem Bereich zu vollziehen ist. Ein Eingriff staatlicher Stellen in den eigenen Wirkungskreis der Gemeinden ist nur im Rahmen der allgemeinen Aufsicht nach § 116 I NRWGO erlaubt.[18] Besondere Vorschriften sind nicht erkennbar. Die Gesetzmäßigkeitskontrolle muss sich daher an die vorgeschriebenen Aufsichtsmaßnahmen halten. Für Verwaltungsvorschriften bliebe allenfalls bei der Auslegung

---

[15] *Zuleeg*, VerwArch 73 (1982), 401 f.

[16] *Zuleeg*, WiVerw 1984, 115, 118.

[17] *BGH* NJW 1981, 569; *Stober*, Allgemeines Wirtschaftsverwaltungsrecht, 14. Aufl., 2004, § 33 I 2.

[18] In den anderen Bundesländern (außer den Stadtstaaten): Art. 109 I BayGO; §§ 118 I BWGO; 119 BbgGO; 135 1 HessGO; 78 I KV MV; 127 I 1 NdsGO; 117 1 RhPflGO; 127 I SaarlKSVG; 111 I SächsGO; 133 I, II GO SachsAnh; 120 SHGO; 116, 117 I ThürKO.

von Rechtsnormen Raum,[19] das Rundschreiben der Bezirksregierung betrifft jedoch nicht die Norminterpretation. Zudem ist die Bezirksregierung für kreisangehörige Gemeinden nicht die zuständige Aufsichtsbehörde (§ 117 I NRWGO).[20] Das Rundschreiben kann also keine Bindung herbeiführen. Dennoch ist es nicht schlechthin unbeachtlich. Die Gemeinde kann daraus den Schluss ziehen, dass zumindest bis zur Klärung der Feuergefährlichkeit der Platten ein Vertrag mit einem Unternehmer nicht ratsam erscheint, der die Pressplatten des *F* einbauen will. Die Gemeinde hat freilich in der Überzeugung entschieden, an die Anordnung gebunden zu sein. Es steht der Gemeinde jedoch frei, unter Berufung auf den Verdacht der Feuergefährlichkeit ebenso zu entscheiden. Eine Ermessenskontrolle wie im öffentlichen Recht findet bei privatrechtlichem Handeln der Hoheitsträger nicht statt. Die Klage ist daher abzuweisen.

III. Begründetheit einer Klage vor dem Verwaltungsgericht

Folgt man der Hoheitstheorie, ist zu prüfen, ob *U* einen Anspruch auf Abschluss eines öffentlich-rechtlichen Vertrags besitzt. Ein solcher Anspruch kann sich aus Art. 3 i.V.m. Art. 12 I GG ergeben, wenn *U* nach den Vergabebedingungen das wirtschaftlichste Angebot unterbreitet hat. Der Preis ist dabei nicht das einzige Kriterium.[21] Die irrige Annahme rechtlicher Bindung durch die Anweisung der Bezirksregierung stellt allerdings einen Ermessensfehler dar, der verwaltungsgerichtlicher Kontrolle unterliegt.[22] Das Gericht kann jedoch die Feuergefährlichkeit der Pressplatten nicht selbst einschätzen. Es wird die Gemeinde daher verpflichten, *U* unter Berücksichtigung der Rechtsauffassung des Gerichts neu zu bescheiden.

3. Teil: Das Haus der *F*

F hat einen Anspruch auf Erteilung der Baugenehmigung aus ihrem Eigentumsrecht, wenn keine gesetzlichen Hindernisse im Wege stehen (§ 75 I 1 NRWBauO).[23] Verwaltungsvorschriften erzeugen gegenüber dem

---

[19] *Ossenbühl*, Verwaltungsvorschriften und Grundgesetz, 1968, 388.

[20] In den anderen Bundesländern: Art. 110 BayGO; §§ 119 BWGO; 121 BbgGO; 136 II, III HessGO (sofern die Gemeinde nicht mehr als 50.000 Einwohner hat); 79 KV MV; 128 I 2 NdsGO; 118 I RhPfGO (sofern es sich nicht um eine große kreisangehörige Gemeinde handelt); 128 SaarlKSVG; 112 I SächsGO; 134 GO SachsAnh; 121 I SHGO (sofern die Gemeinde nicht mehr als 20.000 Einwohner hat); 118 ThürKO.

[21] *Zuleeg*, WiVerw 1984, 121.

[22] *Kopp/Schenke*, § 114 Rn. 14.

[23] In den anderen Bundesländern: Art. 79 I BayBauO; §§ 58 I 1 BWBauO; 62 I 1 BlnBauO; 74 I BbgBauO; 95 I BremBauO; 69 I 1 HbgBauO; 70 I 1 HessBauO; 72 I 1 LBO MV; 75 I NdsBauO; 68 I 1 RhPflBauO; 77 I 1 SaarlBauO; 70 I 1 SächsBauO; 74 I 1 BauO SachsAnh; 78 I 1 SHBauO; 70 I 1 ThürBauO.

Bürger keine Bindung. Die Baugenehmigungsbehörde kann daher nur dann einen ablehnenden Bescheid erlassen, wenn die Befolgung der Anweisung der Bezirksregierung dem Gesetz entspricht.

Nach § 3 I 1 NRWBauO[24] ist bei der Errichtung baulicher Anlagen insbesondere die Gefährdung von Leben oder Gesundheit zu vermeiden. Im Falle eines Brandes ist nicht nur das Leben der *F* selbst in Gefahr, sondern auch das Leben ihrer Familie, von Besuchern und nicht zuletzt von Feuerwehrleuten, die zur Bekämpfung des Brandes eingesetzt werden. Eine bloße Selbstgefährdung scheidet also aus. Wenn die Pressplatten feuergefährlich sind, muss die Baugenehmigung daher versagt werden. Solange die Entzündlichkeit der Platten noch nicht einwandfrei ermittelt ist, genügen die Anhaltspunkte, die der Rundverfügung der Bezirksregierung zugrunde liegen. Dass die Anweisung als vorläufig zu kennzeichnen gewesen wäre, spielt in diesem Zusammenhang keine Rolle. *F* hat somit keinen Anspruch auf Erteilung der Baugenehmigung.

Literaturhinweise

1. Zur hoheitlichen und privatrechtlichen Tätigkeit von Hoheitsträgern

Möschel, Wernhard, Privatisierung und öffentliches Vergaberecht, WuW 1997, 120; *Otting, Olaf*, Einführung in das Recht der öffentlichen Auftragsvergabe, JA 1998, 505; *Pietzcker, Jost*, Rechtsbindungen der Vergabe öffentlicher Aufträge, AöR 107 (1982), 61; *ders.*, Rechtsschutz bei der Vergabe öffentlicher Aufträge, NVwZ 1983, 121; *Röhl, Hans Christian*, Der Anwendungsbereich des Vergaberechts – BGHZ 148, 55, JuS 2002, 1053; *Ruthig, Josef*, Rechtsschutz von Bietern bei der Vergabe öffentlicher Bauaufträge, DÖV 1997, 539; *Schwarze, Jürgen*, Die Vergabe öffentlicher Aufträge im Lichte des europäischen Wirtschaftsrechts, EuZW 2000, 133; *Zuleeg, Manfred*, Rechtsschutz und Grundrechtsbindung bei der Vergabe öffentlicher Aufträge, WiVerw 1984, 122; *ders.*, Die Anwendungsbereiche des öffentlichen Rechts und des Privatrechts, VerwArch 73 (1982), 384.

2. Zu den intrapersonalen Rechtssätzen

Erbguth, Wilfried, Normkonkretisierende Verwaltungsvorschriften – rechtsdogmatische Grundlagen einer originären Rechtserzeugung durch die Exekutive, DVBl 1989, 473; *Gerhardt, Michael*, Normkonkretisierende Verwaltungsvorschriften, NJW 1989, 2233; *Hill, Hermann*, Normkonkretisierende Verwaltungsvorschriften, NVwZ 1989, 401; *Kohl, Jürgen Th.*, Zulässigkeit von Klagen gegen kommunale Fachaufsichtsmaßnahmen – ein Vergleich zum Rechtsschutz gegen innerdienstliche Weisungen im Beamtenrecht, VR 1994, 366; *Ladeur, Karl-Heinz*, Normkonkretisierende Verwaltungsvorschriften als Recht privat-öffentlicher Kooperationsverhältnisse, DÖV 2000, 217; *Lange, Klaus*, Innenrecht und Außenrecht, in: *Hoffmann-Riem, Wolfgang/Schmidt-Aßmann, Eberhard/Schuppert, Gunnar Folke*, Reform des Allgemeinen Verwaltungs-

[24] In den anderen Bundesländern: Art. 3 I 1 BayBauO; §§ 3 I BWBauO; 3 I 1 BlnBauO; 3 I Nr. 1 BbgBauO; 3 I BremBauO; 3 I 1 HbgBauO; 3 I HessBauO; 3 I LBO MV; 1 I NdsBauO; 3 I RhPflBauO; 3 I Nr. 1 SaarlBau; 3 I SächsBauO; 3 I BauO SachsAnh; 3 II SHBauO; 3 I ThürBauO.

rechts, 1993, 307; *Osterloh, Lerke*, Gesetzesbindung und Typisierungsspielräume bei der Anwendung der Steuergesetze, 1992; *Rogmann, Achim*, Die Bindungswirkung von Verwaltungsvorschriften, 1998; *Sendler, Horst*, Normkonkretisierende Verwaltungsvorschriften im Umweltrecht, UPR 1993, 321; *Uerpmann, Robert*, Normkonkretisierende Verwaltungsvorschriften im System staatlicher Handlungsformen, BayVBl 2000, 705; *Vehse, Wolfgang*, Die innerdienstliche Weisung mit rechtserheblicher Auswirkung gegenüber Dritten, BayVBl 1976, 490; *Wolf, Joachim*, Die Kompetenz der Verwaltung zur „Normsetzung" durch Verwaltungsvorschriften, DÖV 1992, 849.

3. Zum vorläufigen Rechtsschutz

Brühl, Raimund, Vorläufiger Rechtsschutz im Verwaltungsstreitverfahren, JuS 1995, 627, 722, 818 und 916; *Erichsen, Hans-Uwe*, Vorläufiger Rechtsschutz nach § 80 Abs. 1–4 VwGO, Jura 1984, 414; *ders.*, Vorläufiger Rechtsschutz nach § 80 Abs. 5 VwGO, Jura 1984, 478; *ders.*, Die einstweilige Anordnung nach § 123 VwGO, Jura 1984, 644; *Huba, Hermann*, Grundfälle zum vorläufigen Rechtsschutz nach der VwGO, JuS 1990, 805 und 983; *Proppe, Günter*, Die Methodik der gerichtlichen Entscheidung nach § 80 V VwGO, JA 1996, 332; *Schenke, Wolf-Rüdiger*, Probleme des vorläufigen Rechtsschutzes gemäß § 80 Abs. 5 VwGO, DVBl 1986, 9; *Schoch, Friedrich*, Grundfragen des verwaltungsgerichtlichen vorläufigen Rechtsschutzes, VerwArch 82 (1991), 145; *Stern, Klaus*, Der einstweilige Rechtsschutz im Verwaltungsprozeß, JuS 1981, 343.

Fall 21. Unangenehme Folgen eines Philosophie-Unterrichts

Sachverhalt

Der siebzehnjährige *Siegfried Schwan (S)* besucht die gymnasiale Oberstufe eines staatlichen Gymnasiums in Nordrhein-Westfalen. Er belegt Philosophie als Grundkursfach. Eines Tages verwendet der Lehrer als Lektüre in diesem Fach Schriften von *Lenin*. Die Eltern des *S* empören sich darüber und veranlassen ihren Sohn, im Unterricht zu protestieren. *Lenin* gehöre allenfalls in das Fach Politik oder Sozialkunde. Im Fach Philosophie diene er lediglich dazu, die Schüler zu indoktrinieren. *S* widerspricht der Anwendung Leninscher Schriften in so nachhaltiger Art und Weise, dass weiterer Unterricht nicht möglich ist. Daraufhin wendet sich der Lehrer wegen der Störungen an den Schulleiter. Dieser schließt den *S* daraufhin für einen Tag vorübergehend vom Unterricht aus, nachdem ein Gespräch mit *S* keine Verhaltensänderung erwarten ließ. Die Eltern möchten wissen, ob ihnen gegen die Lektüre der Schriften von *Lenin* im Unterricht und gegen den vorübergehenden Ausschluss Rechtsbehelfe zur Verfügung stehen und ob der Schulleiter rechtmäßig gehandelt hat.

Nach § 13 I 1, 2 VO über den Bildungsgang und die Abiturprüfung in der gymnasialen Oberstufe (APO-GOSt) wird die Kursabschlussnote gleichwertig aus den Endnoten der Bereiche „Klausuren" und „sonstige Mitarbeit" gebildet, wobei eine rechnerische Bildung der Abschlussnote unzulässig ist. Der Kultusminister gestaltet diese Regelung durch Erlass dahingehend näher aus, dass die Durchschnittsnote in den Klausuren dann den Ausschlag geben soll, wenn sie zwei oder mehr Notenstufen besser ausfällt als die sonstigen Leistungen. Der Lehrer lässt in dem Kurs zwei Klausuren schreiben, in denen *S* jeweils die Note „ausreichend" erzielt. Der Beurteilungsbereich „sonstige Mitarbeit", der vor allem die mündlichen Unterrichtsleistungen zum Gegenstand hat, wird mit der Note „ungenügend" bewertet. Der Lehrer setzt die Kursabschlussnote für *S* mit „mangelhaft" fest. Dagegen protestieren die Eltern des *S*, die für ihren Sohn die Note „ausreichend" fordern. Sie sind der Auffassung, dass die schlechte Beurteilung der mündlichen Leistungen des *S* lediglich auf die Voreingenommenheit des Lehrers wegen des Protests zurückzuführen sei. Der Lehrer entgegnet, er habe bei der Ermittlung der Abschlussnote beide Beurteilungsbereiche gleichermaßen herangezogen. Die Kursabschlussnote ist Bestandteil der Gesamtqualifikation gemäß § 29 I APO-GOSt, aus der sich die Abiturnote errechnet. Können die Eltern ihre Forderung, dass *S* die Kursabschlussnote „ausreichend" erhalten müsse, gerichtlich geltend machen? Besteht sie zu Recht?

Anhang: Auszug aus dem nordrhein-westfälischen Landesrecht

Verordnung über den Bildungsgang und die Abiturprüfung in der gymnasialen Oberstufe (APO-GOSt), zuletzt geändert durch VO vom 11. 12. 2004, GVNW, S. 223

§ 13 Grundsätze der Leistungsbewertung. (1) Im Kurssystem der Jahrgangsstufen 11 bis 13 ergibt sich die jeweilige Kursabschlussnote in einem Kurs mit schriftlichen Arbeiten (Klausuren) aus den Leistungen im Beurteilungsbereich „Klausuren" (§ 14) und den Leistungen im Beurteilungsbereich „Sonstige Mitarbeit" (§ 15). Die Kursabschlussnote wird gleichwertig aus den Endnoten beider Beurteilungsbereiche gebildet. Eine rein rechnerische Bildung der Kursabschlussnote ist unzulässig. Bei Kursen ohne Klausur ist die Endnote im Bewertungsbereich „Sonstige Mitarbeit" die Kursabschlussnote.

...

§ 16 Notenstufen. (1) Die in den Jahrgangsstufen 11 bis 13 und in der Abiturprüfung erbrachten Schülerleistungen werden mit den Notenstufen gemäß § 25 Abs. 1 ASchO bewertet. Den Noten wird gegebenenfalls die Notentendenz beigefügt.

(2) Die in den Jahrgangsstufen 12 und 13 erteilten Kursabschlussnoten und die in der Abiturprüfung erteilten Noten werden in Punkte übertragen. Dafür gilt folgender Schlüssel:

Note	Punkte je nach Notentendenz
	15
sehr gut	14
	13
	12
gut	11
	10
	9
befriedigend	8
	7
	6
ausreichend	5
	4
	3
mangelhaft	2
	1
ungenügend	0

§ 28 Anrechnung der Kurse für die Gesamtqualifikation. (1) In der Qualifikationsphase ist die Belegung von 24 für die Gesamtqualifikation anrechenbaren Grundkursen und acht anrechenbaren Leistungskursen nachzuweisen und der Nachweis über die gemäß § 11 zu belegenden Pflichtkurse zu erbringen. Mit der Punktzahl Null abgeschlossene Kurse gelten als nicht belegt; sie sind nicht anrechenbar.

...

§ 29 Gesamtqualifikation. (1) Bei der Feststellung der Gesamtqualifikation wird das Punktsystem gemäß § 16 Abs. 2 angewendet.

...

(3) Für den Grundkursbereich gelten folgende Bedingungen:

1. Die Leistungen in 22 Grundkursen werden gemäß 28 angerechnet. Zu den anzurechnenden Grundkursen zählen nicht die beiden Grundkurse aus der Jahrgangs-

stufe 13/II im dritten und vierten Abiturfach. Diese Kurse werden im Abiturbereich angerechnet.

...

Lösung

I. Die Verwendung der Schriften Lenins

1. Zulässigkeit eines Rechtsbehelfs

a) Vorliegen eines Verwaltungsakts?

Die Erteilung von Unterricht in öffentlichen Schulen gehört zum öffentlichen Recht. Nach § 40 I 1 VwGO kommt ein Rechtsbehelf nach dieser Prozessordnung in Betracht. Die einschlägige Rechtsschutzform bestimmt sich nach der Rechtsnatur der streitgegenständlichen schulischen Maßnahmen. Soweit diese als Verwaltungsakte eingestuft werden, stehen Widerspruch und Anfechtungsklage zur Verfügung, im Falle der Erledigung die Fortsetzungsfeststellungklage nach oder entsprechend § 113 I 4 VwGO.[1]

Der Lehrer als Inhaber staatlicher Hoheitsgewalt wendet sich an die Schüler der Klasse des *S,* also an eine bestimmte Zahl von Personen. Macht er die Schriften von *Lenin* zum Lesestoff, wird von den Schülern erwartet, sich dieser Gestaltung des Unterrichts zu fügen und sich sogar an ihm zu beteiligen. Die Regelung eines Einzelfalls lässt sich somit kaum in Abrede stellen. Soweit die Ansicht vertreten wird, der Schüler werde im Rahmen des Unterrichtsbetriebs nicht als Person angesprochen, seine individuelle Rechtsstellung sei also nicht berührt,[2] kann dem nicht gefolgt werden, denn so wäre er zu einem bloßen Objekt staatlicher Belehrung und Führung herabgewürdigt. Der Schüler hat aber auch im Schulbetrieb Rechte, insbesondere ist die Geltung der Grundrechte nicht ausgeschaltet.[2a] In der Anordnung der zu lesenden Schriften liegt daher die Regelung eines Einzelfalles.

Die Vorstellung eines verwaltungsinternen Bereichs des besonderen Gewaltverhältnisses in der Schule[3] verhilft allerdings dazu, die für einen Verwaltungsakt i.S.v. § 35 S. 1 NRWVwVfG erforderliche Außenwirkung zu leugnen. Lediglich den Entscheidungen, die das Grund- und nicht das Betriebsverhältnis betreffen, wird dann die Eigenschaft eines Verwaltungsakts zuerkannt.[4] Das Grundverhältnis erfasst bei Schülern die Regelungen, die Auswirkungen über die Schule hinaus auf andere

---

[1] Dazu *Erichsen,* Jura 1989, 49ff.; *Hufen,* § 18 Rn. 53ff., § 29 Rn. 14ff.
[2] *Ule,* VerwProzR, 193.
[2a] *Niehues,* Schul- und Prüfungsrecht, Bd. 1 Schulrecht, 3. Aufl. (2000), Rn. 31ff.
[3] Vgl. hierzu *Maurer,* § 6 Rn. 17ff. und § 8 Rn. 26ff.
[4] Im Anschluss an *Ule,* VVDStRL 15 (1957), 151ff.

Lebensgebiete zeitigen. Die Verwendung eines bestimmten Lesestoffs zählt nicht dazu. Verneint man dementsprechend einen Verwaltungsakt, muss die Zulässigkeit der allgemeinen Leistungsklage erwogen werden. Hoheitliche Rechtsakte sind nämlich nicht mehr allein mit der Anfechtungsklage angreifbar. Teilweise wird jedoch angenommen, dass sich der Rechtsschutz im besonderen Gewaltverhältnis auf die gegen Verwaltungsakte eröffneten Klagetypen einschließlich des dafür vorgeschriebenen Vorverfahrens beschränke. Freilich liefert die Verwaltungsgerichtsordnung dafür keine gesetzliche Grundlage.[5]

Folgt man dennoch dieser Meinung, könnten die Eltern des *S* allenfalls eine formlose Aufsichtsbeschwerde einlegen. Art. 19 GG steht einer solchen Lösung jedoch entgegen. Die Rechtsweggarantie unterliegt zwar den Schranken der Prozessordnung,[6] der Ausschluss des Rechtsschutzes müsste aber zumindest eine Stütze im geltenden Prozessrecht finden. Da dies nicht der Fall ist, käme hier die allgemeine Leistungsklage als statthafter Rechtsbehelf in Betracht. Zu überlegen wäre allenfalls, ob dann die Klagebefugnis nach § 42 II VwGO fehlt. Die Möglichkeit der Verletzung eines Freiheitsrechts des Schülers oder des Elternrechts aus Art. 6 II 1 GG ist indessen nicht zu bestreiten.

b) Das Rechtsschutzbedürfnis als Schlüssel zur Lösung

Nach einer anderen Auffassung sind alle Rechtsakte im Rahmen von Sonderrechtsverhältnissen Verwaltungsakte, soweit die Außenwirkung nur am Bestehen eines besonderen Gewaltverhältnisses scheitern würde und alle übrigen Merkmale eines Verwaltungsakts erfüllt sind. Ist das Grundverhältnis aber nicht berührt, fehlt dem Betroffenen das Rechtsschutzbedürfnis.[7]

Das allgemeine Rechtsschutzbedürfnis entfällt nicht nur, wenn der Kläger auf andere Weise einfacher Rechtsschutz erlangen kann, sondern auch, wenn sein Interesse nicht schutzwürdig ist.[8] Man kann aber nicht sagen, dass für den Schüler keine schutzwürdigen Interessen auf dem Spiele stehen. Insbesondere ist es nicht mehr haltbar, innerhalb der Schule ein besonderes Gewaltverhältnis in dem Sinne für wirksam zu halten, dass jeglicher Akt gegenüber Schülern im rechtsfreien Raum stattfindet.[9] Andererseits müssen aufgrund einer Abwägung Interessen des Schülers zurückstehen, wenn übergeordnete Interessen dies gebieten. Es gilt, die Funktionsfähigkeit der Schule nicht durch gerichtliche Auseinandersetzungen zu erschüttern. Diese Beschränkung des Rechtsschutzes rechtfertigt sich aus einer verfassungsimmanenten Schranke des Art. 19 IV, hergeleitet aus Art. 7 GG.

---

[5] *Schenke*, JuS 1982, 907.
[6] BVerfGE 10, 264 (268).
[7] Vgl. *Niehues* (o. Fn. 2a), Rn. 635ff.
[8] *Schmitt Glaeser/Horn*, Rn. 119ff.
[9] *Schwerdtfeger*, ÖR, Rn. 213.

Die in Rechtsbeziehungen wie dem Schulverhältnis bestehende Notwendigkeit eines besonderen Interessenausgleichs lässt es angeraten erscheinen, hier von Sonderrechtsverhältnissen zu sprechen. Ließe man die Anfechtbarkeit jeder Einzelentscheidung über die Gestaltung des Unterrichts zu, müssten die Lehrer kaum mehr auf pädagogische, sondern hauptsächlich auf rechtliche Gesichtspunkte Rücksicht nehmen. Der Zweck der Schule wäre auf diese Weise verfehlt. Daher muss der Rechtsschutz dem Gedanken der Funktionsfähigkeit der Schule weichen, wenn die Eltern des *S* in seinem Namen oder im eigenen Namen wegen Verletzung ihres Elternrechts einen Rechtsbehelf nach der Verwaltungsgerichtsordnung verfolgen wollen. Insofern verbleibt es dann doch bei der Möglichkeit einer formlosen Aufsichtsbeschwerde, in deren Rahmen die Rechtmäßigkeit der Anordnung des Lehrers geprüft werden kann.

2. Die Rechtmäßigkeit der Anordnung des Lehrers

a) Rechtsgrundlage

Fraglich ist zunächst, ob für die Anordnung des Lehrers eine Rechtsgrundlage erforderlich ist. Das Sonderrechtsverhältnis ist kein Grund, um den Vorbehalt des Gesetzes für Eingriffe in die Rechte Einzelner auszuschalten. Seit dem Strafgefangenen-Beschluss des *BVerfG*[10] ist anerkannt, dass für belastende Verwaltungsakte im Sonderrechtsverhältnis eine gesetzliche Grundlage erforderlich ist.[11] Die Gestaltung des Unterrichts lässt sich auch nicht auf die Organisationsgewalt stützen, die vom Vorbehalt des Gesetzes ausgeklammert bleiben soll.[12] Die Festlegung der Bildungs- und Erziehungsziele unterliegt zumindest in den Grundzügen der Lehre vom Vorbehalt des Gesetzes.[13] Bei der Auswahl des Unterrichtsmaterials legt der Lehrer allerdings solche grundsätzlichen Ziele nicht fest, vielmehr übt er hier seine pädagogische Freiheit aus.[14] Damit ist die konkrete Ausgestaltung des Unterrichts auch ohne gesetzliche Grundlage grundsätzlich dem Lehrer überlassen.

b) Die Einhaltung des Beurteilungsspielraums

Die Entscheidungen, die der Unterrichtende dabei trifft, unterliegen seiner fachlichen Beurteilung. Eine rechtliche Grenze ergibt sich aus allgemein gültigen Bewertungsgrundsätzen. Ein solcher Grundsatz wäre verletzt, wenn der Lehrer Stoff behandelt hätte, der offenkundig nicht zu dem betreffenden Fachgebiet gehört. Die Schriften von *Lenin* können sicher Gegenstand politikwissenschaftlicher Erörterung sein. Die Gren-

---

[10] BVerfGE 33, 1 (9).

[11] BVerfGE 34, 165 (193); s. aber bereits *Fuß*, VVDStRL 23 (1966), 201.

[12] BVerwGE 47, 201 (205).

[13] Vgl. *Niehues* (Fn. 2a), Rn. 114.

[14] Vgl. *Niehues* (Fn. 2a), Rn. 506ff.

zen geisteswissenschaftlicher Fachgebiete lassen sich aber nicht exakt ziehen. Da das Gedankengut *Lenins* philosophischen Hintergrund enthält, können seine Schriften daher auch im philosophischen Unterricht sinnvoll besprochen werden. Ein allgemein gültiger Bewertungsgrundsatz ist insoweit nicht verletzt.

Die Grenze des pädagogischen Spielraums wäre allerdings dann überschritten, wenn der Lehrer die Lektüre Leninscher Schriften zur Indoktrination benutzen würde. Dafür sind aber keine Anhaltspunkte ersichtlich. Die Unterrichtsstunde über *Lenin* hat *S* auf Betreiben seiner Eltern gerade verhindert, jedenfalls für die Zeit, in der er anwesend war. Darüber hinaus darf man von einem siebzehnjährigen Schüler so viel Urteilskraft und Kritikfähigkeit erwarten, dass vom Lesen allein noch keine Indoktrination ausgeht. Demzufolge hält sich die Anordnung des Lehrers innerhalb seines pädagogischen Beurteilungsspielraums. Die Maßnahme zur Gestaltung des Unterrichts ist somit rechtmäßig.

II. Der vorübergehende Ausschluss vom Unterricht

1. Zulässigkeit eines Rechtsbehelfs

Es ist zunächst an Widerspruch und Anfechtungsklage als Rechtsbehelfe zu denken. In erster Linie kommt aber eine Fortsetzungsfeststellungsklage entsprechend § 113 I 4 VwGO in Betracht, weil sich der Rechtsakt durch Befolgung erledigt hat. Ein Vorverfahren ist nicht notwendig.[15] Das besondere Feststellungsinteresse ergibt sich aus dem Gesichtspunkt der Klärung der Rechtslage für den Fall einer Wiederholung.[16] Ferner ist ein Bedürfnis für den Rechtsschutz gegenüber Maßnahmen im Sonderrechtsverhältnis erforderlich. Der vorübergehende Ausschluss vom Unterricht könnte als Schulstrafe verhängt worden sein. Selbst wenn es sich um bloße Disziplinarstrafen handelt, ist der Eingriff in die Persönlichkeit jedoch so stark, dass das Interesse an der Funktionsfähigkeit der Schule das Interesse an gerichtlicher Überprüfung nicht überwiegt. Die Fortsetzungsfeststellungklage ist also zulässig.

2. Die Rechtmäßigkeit des Ausschlusses

Nach der bereits genannten Lehre vom Vorbehalt des Gesetzes bedarf die Festlegung von Schulstrafen einer gesetzlichen Grundlage. Hier könnte § 53 I 1, 2, III Nr. 3 i.V.m. § 53 VI 1 NRWSchulG[17] einschlägig sein. Danach entscheidet der Schulleiter über einen vorübergehenden

---

[15] Vgl *Schmitt Glaeser/Horn*, Rn. 362.

[16] *OVG Münster* NVwZ 1982, 46.

[17] Vgl. in den anderen Bundesländern: Art. 86 II Nr. 4 BayEUG; §§ 90 III Nr. 2 Buchst. d BWSchulG; 55 II Nr. 3 BlnSchulG; 64 II Nr. 3 BbgSchulG; 49 IV 2 Nr. 2 HbgSchulG; 82 II Nr. 1 HessSchulG; 60 II 2 Nr. 6 SchulG MV; 61 III Nr. 4 NdsSchulG; 32 II Nr. 3 Buchst. c SaarlSchulOG; 39 II Nr. 5 SächsSchulG; 44 IV Nr. 2 SchulG SachsAnh; 45 III Nr. 3 SHSchulG; 51 III Nr. 5 ThürSchulG.

Ausschluss vom Unterricht. Hier wurde die Ordnung des Unterrichts durch das Verhalten des *S* in nachhaltiger und akuter Weise gestört. Zur Gewährleistung einer geordneten Unterrichts- und Erziehungsarbeit mussten unmittelbar Maßnahmen ergriffen werden. Das Einschreiten des Schulleiters war somit dringend geboten.

Möglicherweise lässt sich jedoch einwenden, dass in dem vorübergehenden Ausschluss vom Unterricht eine Verletzung der Aufsichtspflicht des Lehrers zu sehen ist. Dieses Problem mag zwar bei jüngeren Schülern bestehen, bei einem Siebzehnjährigen sind indessen solche Bedenken nicht am Platze.

Ferner müsste die ergriffene Maßnahme auch verhältnismäßig im Sinne von § 53 I 3 NRWSchulG sein. Da *S* nachhaltig gestört hat, ist der vorübergehende Ausschluss das geeignete Mittel, den Unterricht ohne Beeinträchtigung ablaufen zu lassen. Zwar sind im Grunde die Eltern des *S* als Urheber der Störungen anzusehen, dies tut jedoch nichts zur Sache, weil die störenden Handlungen unmittelbar von *S* selbst ausgegangen sind. Die Maßregel ist auch erforderlich, weil *S* auf andere Weise offenbar nicht zur Ruhe zu bringen war. Schließlich ist der vorübergehende Ausschluss für einen Tag angesichts der Intensität der Störung auch angemessen, insbesondere wenn man bedenkt, dass § 53 III Nr. 3 NRWSchulG einen Ausschluss bis zu zwei Wochen zulässt. Im Ergebnis hat der Schulleiter somit rechtmäßig gehandelt.

III. Die Benotung im Fach Philosophie

1. Zulässigkeit eines Rechtsbehelfs

a) Rechtsschutz und Rechtsnatur der erstrebten Maßnahme

Die Eltern des *S* wollen erreichen, dass für ihren Sohn eine andere Note im Grundkurs Philosophie festgesetzt wird. Möglicherweise können sie Verpflichtungsklage nach §§ 40 I 1, 42 I Alt. 2 VwGO vor dem Verwaltungsgericht erheben. Dies setzt allerdings voraus, dass es sich bei der Benotung um einen Verwaltungsakt i.S.v. § 35 S. 1 NRWVwVfG handelt. Unterscheidet man zwischen Grund- und Betriebsverhältnis, um das Ausmaß des Rechtsschutzes zu bestimmen, gehört das Abiturzeugnis dem Grundverhältnis an. Die Abschlussnote im Abiturzeugnis erfüllt somit alle Merkmale eines Verwaltungsakts. Verweigert man den gerichtlichen Rechtsschutz für den Angriff auf die Einzelnote, lässt sich das nicht mit dem Sonderrechtsverhältnis begründen. Hält man für maßgeblich, dass die Einzelnote nur ein Bestandteil eines Verwaltungsakts ist, müsste zumindest der gesamte Verwaltungsakt Angriffsgegenstand sein können. Das Gericht spricht freilich nur eine Verpflichtung der Verwaltungsbehörde aus, soweit die Ablehnung oder Unterlassung des Verwaltungsakts rechtswidrig ist (§ 113 V 1 VwGO). Da sie sich unmittelbar auf die Abschlussnote auswirkt, ist die Einzelnote als selbständiger Bestandteil eines Verwaltungsakts daher gesondert einklagbar.[18]

b) Vorverfahren und Klagebefugnis

Das Vorverfahren müsste gemäß § 68 II, I 1 VwGO durchlaufen werden. Als Recht, aus dem ein Anspruch erwachsen könnte, ist die freie Wahl der Ausbildungsstätte in Verbindung mit dem Gleichheitssatz (Art. 12 I, 3 I GG) anzuführen. Daher ist die Klagebefugnis nach § 42 II VwGO gegeben.

c) Rechtsschutzbedürfnis

Fraglich ist, ob ein Rechtsschutzbedürfnis besteht. Die Abiturdurchschnittsnote, die sich im Falle des *S* auch aus der Grundkursnote im Fach Philosophie zusammensetzt, ist unmittelbar mit rechtlichen Folgerungen verknüpft. Da es für viele Studienfächer einen numerus clausus gibt, ist der Notendurchschnitt zu einem hauptsächlichen Kriterium für die Auswahl der Bewerber geworden. Dabei fällt auch die einzelne Note wesentlich ins Gewicht. Daher ist das Rechtsschutzbedürfnis für eine Klage auf Erteilung einer bestimmten Einzelnote, die in die Abiturdurchschnittsnote einfließt, gegeben.[19] Die Verpflichtungsklage ist somit zulässig.

2. Die Begründetheit der Verpflichtungsklage

Das Grundrecht auf freie Wahl der Ausbildungsstätte in Verbindung mit dem Gleichheitssatz gibt dem Einzelnen ein subjektiv-öffentliches Recht auf Chancengleichheit bei Prüfungen. Ist die Chancengleichheit verletzt und ist es dem Gericht ohne Überschreitung seiner Befugnisse möglich, die Verpflichtung zur Festsetzung einer bestimmten Note auszusprechen, kann der Forderung des *S* stattgegeben werden.

Die Festsetzung der Abschlussnote „mangelhaft" im Grundkursfach Philosophie beruht auf der Einschätzung der Leistungen des *S* durch den Lehrer. Bei der Bildung der Abschlussnote hat er ersichtlich in gleichem Maße die Klausurleistungen und die sonstige Mitarbeit des *S* herangezogen. Damit hat er zunächst einmal den Erfordernissen des § 13 I 1, 2 APO-GOSt Rechnung getragen. Allerdings verbietet § 13 I 3 APO-GOSt eine rein schematische Bildung der Abschlussnote in dem Sinne, dass das arithmetische Mittel der Noten in den beiden Beurteilungsbereichen genommen wird. Freilich ist damit nicht ausgeschlossen, dass die Abschlussnote im Einzelfall doch dem rechnerischen Mittelwert entspricht, wenn der Lehrer sich von sachlichen Erwägungen hat leiten las-

---

[18] Vgl. *BVerwG* BayVBl 1983, 477; BVerwGE 73, 376.

[19] Vgl. *Niehues*, Schul- und Prüfungsrecht, Bd. 2 Prüfungsrecht, 4. Aufl. (2004), Rn. 797.

sen und nicht nur rein schematisch vorgegangen ist. Hier lässt sich nicht sicher feststellen, ob der Lehrer sich bei der Bildung der Abschlussnote von sachlichen Kriterien hat leiten lassen, oder ob er rein rechnerisch vorgegangen ist. Diese Frage bedarf jedoch dann keiner näheren Prüfung, wenn die Festsetzung der Note „mangelhaft" bereits aus anderen Gründen rechtswidrig ist.

Der Kultusminister hat hier durch Erlass ein bestimmtes Bewertungsschema vorgeschrieben. Durch den Erlass wird zum Ausdruck gebracht, dass in bestimmten Ausnahmefällen, wenn nämlich die schriftlichen Leistungen des Schülers deutlich besser als seine mündlichen sind, die Klausurleistungen zugunsten des Schülers den Ausschlag geben sollen. Danach hätte *S* statt der Note „mangelhaft" die Note „ausreichend" bekommen müssen. Dies setzt aber voraus, dass der Lehrer an diesen Erlass gebunden ist. Ob sich eine Selbstbindung der Verwaltung durch ständige Übung herausgebildet hat, lässt sich nach dem Sachverhalt nicht feststellen. Doch legt die herrschende Meinung Verwaltungsvorschriften im Sinne des Gleichheitssatzes zugrunde, selbst wenn sich noch keine bestimmte Übung entwickelt haben sollte.[20] Dagegen wird der Einwand erhoben, dass sich der Gleichheitssatz erst anhand eines Vergleichsfalles verwirklichen lasse.[21] Doch bleibt dabei außer Betracht, dass von einer ordnungsgemäßen Verwaltung die Einhaltung der Verwaltungsvorschriften zu erwarten ist. Die Vergleichsbasis ist damit durch den Erlass der Verwaltungsvorschrift bereits vorweggenommen. Demgemäß bildet die von der Verwaltungsvorschrift ins Auge gefasste Fallgestaltung die nötige Grundlage für einen Vergleich. Der Lehrer muss sich daher an den Ministerialerlass halten, wenn er nicht einen sachlichen Grund für die Abweichung aufzeigen kann. Umgekehrt kann der betroffene Bürger sich mit Hilfe des Gleichheitssatzes auf die Verwaltungsvorschrift berufen. Da der Lehrer bei der Notengebung den Erlass des Kultusministers nicht beachtet hat und er dafür auch keinen sachlichen Grund anführen kann, ist die Festsetzung der Kursabschlussnote mit „mangelhaft" rechtswidrig. *S* muss die Note „ausreichend" erhalten. Die Klage hat somit Erfolg. Auf eine mögliche Voreingenommenheit des Lehrers kommt es daher nicht mehr an.

Literaturhinweise

1. Zur Lehre vom Vorbehalt des Gesetzes

Becker, Peter, Der Parlamentsvorbehalt im Prüfungsrecht, NJW 1990, 273; *ders.*, Überlegungen zur „Neuzeit des Prüfungsrechts", NVwZ 1993, 1129; *Erichsen, Hans-*

---

[20] Vgl. zur sog. antizipierten Verwaltungspraxis BVerwGE 52, 198, 199 sowie *Maurer*, § 24 Rn. 22.

[21] *Ossenbühl*, Verwaltungsvorschriften und Grundgesetz, 1968, 536.

Uwe, Schule und Parlamentsvorbehalt, Festschrift für die Juristische Gesellschaft zu Berlin, 1984, 113; *Niehues, Norbert*, Der Vorbehalt des Gesetzes im Schulwesen, DVBl 1980, 465; *Rottmann, Frank*, Der Vorbehalt des Gesetzes und die grundrechtlichen Gesetzesvorbehalte, EuGRZ 1985, 277; siehe auch die Literaturhinweise bei Fall 16 B.

2. Zu den Sonderrechtsverhältnissen

Loschelder, Wolfgang, Vom besonderen Gewaltverhältnis zur öffentlich-rechtlichen Sonderbindung, 1983; *Luthe, Ernst-Wilhelm*, Rechtliche Autonomie im Verwaltungsinnenbereich, RdJB 1991, 194; *ders.*, Besonderes Gewaltverhältnis und „Sachstrukturen", DVBl 1986, 440; *Ronellenfitsch, Michael*, Das besondere Gewaltverhältnis im Verwaltungsrecht, DÖV 1984, 781; *Thiele, Willi*, Abschied vom „besonderen Gewaltverhältnis?", ZBR 1983, 345; *Ule, Carl Herrmann*, Das besondere Gewaltverhältnis, VVDStRL 15 (1957), 133.

3. Zum Sonderrechtsverhältnis im Schulrecht

Bryde, Brun-Otto, Die Kontrolle von Schulnoten in verwaltungsrechtlicher Dogmatik und Praxis, DÖV 1981, 193; *Eiselt, Gerhard*, Richtlinien für Unterricht und Erziehung im Schulwesen als administrativ gesetztes Recht, DÖV 1980, 405; *Erichsen, Hans-Uwe*, Gesetzesvorbehalt, Schulverhältnis, Recht auf Bildung, VerwArch 67 (1976), 93; *Evers, Hans-Ulrich*, Parlamentszuständigkeit zur inhaltlichen Gestaltung des Unterrichts, RdJB 1982, 277; *Hermes, Georg/Leimkühler, Ralf*, Übungshausarbeit Öffentliches Recht: Schulschließung und Schulaufnahme, Jura 1996, 374; *Hofmeyer, Wolfgang*, „Allgemein anerkannte Bewertungsgrundsätze" als schulrechtliche Beurteilungskriterien, 1988; *Kästner, Karl-Hermann/Anke, Hans-Ulrich*, Der praktische Fall – Öffentliches Recht – „Kreuzzung" in der Lutherschule, JuS 1996, 719; *Löwer, Wolfgang*, Die Zeugnisnote – ein Verwaltungsakt?, DVBl 1980, 952; *Nevermann, Kurt*, Lehrplanrevision und Vergesetzlichung, VerwArch 71 (1980), 241; *Ossenbühl, Fritz*, Schule im Rechtsstaat, DÖV 1977, 801; *Starck, Christian*, Staatliche Schulhoheit, Pädagogische Freiheit und Elternrecht, DÖV 1979, 269; *Weber, Hermann*, Urteilsanmerkung zu VG Hamburg, NJW 1976, 75/VG Freiburg, DÖV 1976, 56/OVG Münster, NJW 1976, 725, JuS 1976, 335.

4. Zur Außenwirkung von Verwaltungsvorschriften

Bock, Markus A., Übungsblätter Lernbeitrag Öffentliches Recht – Verwaltungsvorschriften, JA 2000, 390; *Guttenberg, Ulrich*, Unmittelbare Außenwirkung von Verwaltungsvorschriften? – EuGH, NVwZ 1991, 866 und 868, JuS 1993, 1006; *Jarass, Hans D.*, Bindungswirkung von Verwaltungsvorschriften, JuS 1999, 105; *Ossenbühl, Fritz*, Zur Außenwirkung von Verwaltungsvorschriften, in: Festg. BVerwG, 1978, 433; *Rupp, Hans Heinrich*, Zur Frage der Außenwirkung von Verwaltungsvorschriften, JZ 1991, 1034; *Schmidt, Walter*, Die Gleichheitsbindung an Verwaltungsvorschriften, JuS 1971, 184.

Fall 22. Der Zuschuss für die Errichtung des Kinderspielplatzes

Sachverhalt

Wolfram Wankel (W) möchte in der nordrhein-westfälischen Stadt Schönberg (*S*), der die Aufgaben der Baugenehmigungsbehörden übertragen worden sind, ein vierstöckiges Wohnhaus für Familien bauen. Die Stadt streitet mit *W*, ob der von ihr geplante Kinderspielplatz in der Straße, in der das Baugrundstück des *W* liegt, als Spielplatz für die künftig in dem Haus wohnenden Kinder ausreicht. Vom Grundstück des *W* aus kann man das Grundstück, das für den städtischen Kinderspielplatz vorgesehen ist, nicht einsehen. Es ist aber zu erreichen, ohne dass eine Fahrbahn überquert werden müsste. Die Entfernung beträgt 60m. Der Bürgermeister weist darauf hin, dass die Finanzierung noch nicht gesichert sei und weigert sich, dem *W* zu bescheinigen, dass er keinen Spielplatz zu errichten brauche. *W* legt gegen diese Weigerung Widerspruch ein.

Nach längeren Verhandlungen kommt *W* mit der Stadt überein, dass er einen Zuschuss von € 10.000,– zur Errichtung des städtischen Kinderspielplatzes beisteuert. Zum Ausgleich dafür wird *W* von der Pflicht zur Errichtung eines Kinderspielplatzes nach § 9 II 1 NRWBauO entbunden. *W* erhält das Recht, über die Gestaltung des städtischen Spielplatzes zu bestimmen. Namens der Stadt verspricht der Bürgermeister, nicht mehr länger zu bezweifeln, dass der zu errichtende städtische Kinderspielplatz in unmittelbarer Nähe zum Baugrundstück des *W* liege. Dieser sagt zu, den Widerspruch zurückzunehmen. Die Abmachungen werden schriftlich niedergelegt. Der Bürgermeister von *S* verlangt bereits vor Errichtung des Bauwerks die vereinbarte Zahlung des Zuschusses. *W* lehnt mit der Begründung ab, die Forderung sei überhöht. Ein Kinderspielplatz auf seinem Grundstück würde höchstens € 7.000,– kosten. Im Übrigen leiste er erst, wenn sein Wohnhaus stehe. Darauf klagt *S*, vertreten durch den Bürgermeister, vor dem Verwaltungsgericht gegen *W* auf Zahlung des Betrages von € 10.000,–. Hat die Stadt mit ihrer Klage Erfolg?

Kann *W* von der Stadt *S* verlangen, dass der Spielplatz nach seinen Wünschen gestaltet wird?

Vermerk: In Bundesländern, die keine entsprechenden Vorschriften aufweisen, ist § 9 II NRWBauO anzuwenden. Die Vorschrift lautet:

§ 9 Nicht überbaute Flächen der bebauten Grundstücke, Spielflächen, Geländeoberflächen. (1) …

(2) Ein Gebäude mit Wohnungen darf nur errichtet werden, wenn eine ausreichende Spielfläche für Kleinkinder auf dem Grundstück bereitgestellt wird. Die Bereitstellung auf dem Grundstück ist nicht erforderlich, wenn in unmittelbarer Nähe

a) eine solche Spielfläche auf einem anderen Grundstück geschaffen wird oder vorhanden ist und sie sowie ihre Unterhaltung öffentlich-rechtlich gesichert ist,
b) eine Gemeinschaftsanlage nach § 11 oder
c) ein geeigneter öffentlicher Spielplatz geschaffen wird oder vorhanden ist.

Die Größe der Spielflächen richtet sich nach Zahl und Art der Wohnungen auf dem Grundstück. Auf ihre Bereitstellung kann verzichtet werden, wenn die Art und die Lage der Wohnungen dies nicht erfordern. Bei bestehenden Gebäuden nach Satz 1 kann die Bereitstellung von Spielflächen für Kleinkinder verlangt werden, wenn dies die Gesundheit und der Schutz der Kindern erfordern.

(3) ...

Lösung

1. Teil: Die Klage auf Zahlung von € 10.000,–

I. Zulässigkeit der Klage

1. Öffentlich-rechtliche Streitigkeit

Entbindet die Stadt den *W* von der Pflicht, einen Kinderspielplatz zu errichten, und knüpft sie daran eine Forderung von € 10.000,– könnte darin ein begünstigender Verwaltungsakt mit einer Auflage zu erblicken sein. Dann ist für die Klage auf Zahlung des Geldbetrages der Rechtsweg zu den Verwaltungsgerichten nach § 40 I 1 VwGO gegeben.

S und *W* könnten aber auch einen Vertrag geschlossen haben. Nach einer streng aufgefassten Subjektionstheorie müsste man einen privatrechtlichen Vertrag zwischen *S* und *W* annehmen, weil sie sich auf den Boden der Gleichordnung begeben haben. Ein verwaltungsrechtlicher Vertrag im Über- und Unterordnungsverhältnis wäre schlechthin ausgeschlossen. Die Subjektionstheorie lässt sich jedoch in dem Sinne erweitern, dass alle Verträge mit hoheitsbezogenem Charakter einbezogen werden.[1] Dementsprechend stellt die Rechtsprechung darauf ab, ob Gegenstand und Zweck des Vertrages so eng mit öffentlich-rechtlich geregelten Materien zusammenhängen, dass eine privatrechtliche Zuordnung sinnwidrig wäre.[2] Die Willenserklärungen der Beteiligten bezwecken, die öffentlich-rechtliche Pflicht zur Errichtung eines Kinderspielplatzes nach § 9 II 1 NRWBauO abzulösen. Der enge Zusammenhang mit einer öffentlich-rechtlich geregelten Materie ist also vorhanden.

Folgt man der Sonderrechtstheorie, ist maßgeblich, dass *S* und *W* über die Folgen aus einer den Hoheitsträger allein berechtigenden Rechtsnorm einig geworden sind. Eine solche Norm ist § 9 II 1 NRWBauO, dessen Folgen *S* im Einvernehmen mit *W* festlegt. Haben *S* und *W* einen Vertrag geschlossen, ist wegen dessen öffentlich-rechtlicher Rechtsnatur

---

[1] *Lange,* JuS 1982, 501.
[2] BVerwGE 49, 359 (361); *Kopp/Ramsauer,* § 54 Rn. 27ff.

ein daraus entstehender Streit nach § 40 I VwGO von den Verwaltungsgerichten zu entscheiden.

Wird die Hoheitstheorie zugrunde gelegt, besteht ohnehin eine Vermutung für die Anwendbarkeit öffentlichen Rechts, die durch § 9 II 1 NRWBauO erhärtet wird. Da andererseits nichts für die Anwendung des Privatrechts spricht, liegt eine öffentlich-rechtliche Streitigkeit vor.[3]

2. Klageart

Stützt sich die Klage der *S* auf einen verwaltungsrechtlichen Vertrag, kommt als Klagetyp nur die allgemeine Leistungsklage in Betracht. Hat die Stadt *S* einen Verwaltungsakt erlassen, kann sie keine Anfechtungsklage erheben. Dann verbleibt es ebenfalls bei einer allgemeinen Leistungsklage.

3. Beteiligten- und Prozessfähigkeit

§§ 78 I Nr. 2 VwGO, 5 II NRWAGVwGO beschränken sich auf Anfechtungs- und Verpflichtungsklagen. Bei der allgemeinen Leistungsklage ist für die Beteiligtenfähigkeit hingegen nicht vorgeschrieben, dass anstelle des Hoheitsträgers eine Behörde auftritt. § 5 I NRWAGVwGO lässt nur zu, dass Behörden Beteiligte am Verwaltungsprozess sind,[4] stellt aber keine dahingehende Verpflichtung auf. Die Stadt kann daher nach §§ 61 Nr. 1, 63 Nr. 1 VwGO selbst Klage erheben.

Der Bürgermeister vertritt die Stadt gemäß §§ 62 III VwGO, 63 I 1 NRWGO.[5] Die Klage richtet sich nach §§ 61 Nr. 1, 63 Nr. 2 VwGO gegen W.

4. Rechtsschutzbedürfnis

Erhebt ein Hoheitsträger eine allgemeine Leistungsklage gegen einen Bürger, ist § 42 II VwGO nicht entsprechend anzuwenden. Wohl aber könnte der Stadt hierfür das Rechtsschutzbedürfnis fehlen, wenn sie auf schnellerem und einfacherem Wege zu dem erwünschten Ergebnis gelangen kann. Hat sie sich mit *W* vertraglich geeinigt, ist die Möglichkeit verschlossen, eine Forderung aus dem Vertrag durch Leistungsbescheid geltend zu machen, sonst wäre die dem Vertrag eigentümliche Gleichordnung der Parteien verletzt.[6] Die Verwaltung könnte ihre Forderung nach der Rechtsprechung des BVerwG aber durch Leistungsbescheid

---

[3] Zu den Abgrenzungstheorien *Maurer,* § 3, Rn. 12–27.

[4] In den anderen Bundesländern: §§ 8 II BbgVwGG; 14 II GOrgG MV; 8 II Nds-AGVwGO; 17 II SaarlAGVwGO; 8 II AGVwGO SachsAnh; 6 S. 2 SHAGVwGO. In den übrigen Bundesländern fehlt eine entsprechende Vorschrift.

[5] In den anderen Bundesländern: Art. 38 I BayGO; §§ 42 I BWGO; 61 I 2 BbgGO; 71 I 2 HessGO; 37 II 1 KV MV; 63 I NdsGO; 47 I RhPflGO; 59 I SaarlKSVG; 51 I 2 SächsGO; 57 II GO SachsAnh; 51 I SHGO; 31 I ThürKO.

[6] Vgl. BVerwGE 59, 60.

verfolgen, wenn diese aus einer Auflage zu einem begünstigenden Verwaltungsakt entspränge.[7] Freilich will das BVerwG das Rechtsschutzbedürfnis für eine verwaltungsgerichtliche Klage auch dann nicht ausschließen. An dem Bedenken, die Verjährung könnte eintreten, wenn nicht Klage erhoben werde, hält das BVerwG nicht mehr fest.[8] Man kann das Rechtsschutzbedürfnis auch nicht aus der Erwartung herleiten, dass nach der Streitlage ohnehin mit einer gerichtlichen Austragung gerechnet werden müsste, denn diese Erwartung kann trügen.[9] Für das Rechtsschutzbedürfnis kommt es also darauf an, ob die Stadt *S* mit *W* zu einem vertraglichen Übereinkommen gelangt ist.

Mag auch die Konstruktion eines Verwaltungsakts möglich erscheinen, die das Aushandeln des Inhalts einer Regelung zwischen Hoheitsträger und Bürger nicht für unvereinbar mit der Rechtsnatur einer einseitigen Maßnahme hält,[10] ist doch die Einwirkung der beiden Beteiligten auf den Inhalt der Abmachung der einzig verlässliche Anhaltspunkt für die Annahme eines Vertrags, der nach § 54 S. 2 NRWVwVfG auch im Über- und Unterordnungsverhältnis gesetzlich zugelassen ist.

Die Stadt *S* darf zwar nach § 9 II 4 NRWBauO von der Regel des Satzes 1 abweichen, daraus geht jedoch nicht hervor, dass vom Bauherrn ein Zuschuss zur Errichtung eines Kinderspielplatzes gefordert werden kann. Eine rechtliche Grundlage ist nur für die Ablösung der Pflicht zur Errichtung von Stellplätzen und Garagen in § 51 V 1 NRWBauO zu finden, nicht aber für die Ablösung der Pflicht, einen Kinderspielplatz zu bauen. Diese Möglichkeit ergibt sich allein aus der Bereitschaft des *W*, eine bestimmte Geldleistung zu erbringen, um in den Genuss der Ausnahmegenehmigung nach § 9 II 4 NRWBauO zu gelangen. *W* hat also in einem wesentlichen Bestandteil auf das Rechtsverhältnis eingewirkt. Die Stadt *S* und *W* haben einen Vertrag geschlossen. Damit ist das Rechtsschutzbedürfnis für eine Klage vor dem Verwaltungsgericht gegeben.

II. Begründetheit der Klage

1. Die Regelungen für den Vertragsschluss

Die Forderung der *S* auf Zahlung eines Geldbetrages in Höhe von € 10.000,– ist berechtigt, wenn *S* und *W* rechtswirksam einen Vertrag geschlossen haben, aus dem sich die Zahlungspflicht herleitet. In formeller Hinsicht ist der Bürgermeister nach § 63 I 1 NRWGO befugt, die Gemeinde zu vertreten. Zwar kommt die Formvorschrift des § 64 I NRWGO hier deshalb nicht zum Zuge, weil der Vertragsabschluß nach § 64 II NRWGO zu den einfachen Geschäften der laufenden Verwal-

---

[7] Vgl. *Maurer,* § 12 Rn. 12.
[8] S. BVerwGE 24, 225 (227) einerseits und BVerwGE 34, 97 (99) andererseits.
[9] So aber BVerwGE 24, 225 (227).
[10] So *Schmidt-Salzer,* VerwArch 62 (1971), 142.

tung gehört, jedoch ist nach § 57 NRWVwVfG die Schriftform zu wahren. Diesem Erfordernis haben *S* und *W* Genüge getan.

2. Die gesetzliche Grundlage

Der Gesetzgeber hat die Zulässigkeit des öffentlich-rechtlichen Vertrages in § 54 NRWVwVfG[11] anerkannt und darüber hinaus in den §§ 55–62 NRWVwVfG Teilbereiche dieser Materie näher geregelt. Der Abschluss öffentlich-rechtlicher Verträge zwischen Hoheitsträgern und Bürgern ist also grundsätzlich zulässig. Der verwaltungsrechtliche Vertrag unterliegt jedoch in vollem Umfang dem Vorrang des Gesetzes. Dies stellt § 54 S. 1 NRWVwVfG klar, wonach keine Rechtsvorschriften entgegenstehen dürfen. Daraus folgt, dass die Behörde beim Vertragsschluss nicht gegen zwingendes Recht verstoßen darf und sich nur innerhalb des ihr gegebenenfalls eingeräumten Ermessens bewegen kann.

3. Die Einhaltung der gesetzlichen Vorschriften

§ 9 II 1 NRWBauO ordnet zwingend die Bereitstellung ausreichender Spielflächen für Kleinkinder an, wenn ein Gebäude mit Wohnungen errichtet werden soll und soweit nicht in unmittelbarer Nähe eine solche Spielfläche auf einem anderen Grundstück, eine entsprechende Gemeinschaftsanlage oder ein geeigneter öffentlicher Spielplatz geschaffen wird oder vorhanden ist. *W* plant hier, ein Wohnhaus für Familien zu bauen. Sein Vorhaben fällt also unter die Regelung.

Zwischen *S* und *W* bestand Streit, ob die Anlage, zu der dieser beisteuern soll, in unmittelbarer Nähe des Grundstücks von *W* liegt. Der Streit wurde durch die Einigung zwischen den Beteiligten ausgeräumt. Der Vertrag enthält also Elemente eines Vergleichs über eine Rechtsfrage. Wollte man einen solchen Vergleich ohne Einschränkungen hinnehmen, bestünde die Gefahr, dass rechtliche Vorschriften unterlaufen werden. Daher ist gemäß § 55 NRWVwVfG erforderlich, dass eine bei verständiger Würdigung der Rechtslage bestehende Ungewissheit durch gegenseitiges Nachgeben beseitigt wird und die Behörde bei der Wahl des Vergleichs keinen Ermessensfehler begeht.

Von einer Ungewissheit kann man bei verständiger Würdigung nur sprechen, wenn beide Seiten zu der strittigen Rechtsfrage vertretbare Ansichten äußern.

W kann anführen, dass eine Entfernung von 60 m für über dreijährige Kinder auch allein zu bewältigen ist, wobei sie verhältnismäßig wenigen Gefahren ausgesetzt sind, weil keine Fahrbahn zu überqueren ist. Die Stadt kann zu bedenken geben, dass die Eltern von der Wohnung aus die

[11] In den anderen Bundesländern sind entsprechend die §§ 54–62 des jeweiligen Landesverwaltungsverfahrensgesetzes einschlägig. Lediglich in Schleswig-Holstein ist der öffentlichrechtliche Vertrag in den §§ 121–129 SHLVwG geregelt.

Kinder nicht beaufsichtigen können. Allerdings ist dies auch bei einem Kinderspielplatz auf dem Grundstück des *W* nicht unbedingt gewährleistet. Jedenfalls erscheinen beide Ansichten vertretbar.

Die Behörde begeht allerdings einen Ermessensfehler, wenn sie einen Vergleich schließt, obwohl sich die Rechtsfrage durch eine dazu berufene Stelle auf einfachem Wege klären lässt. Der Widerspruch des *W* schaltet zwar die Aufsichtsbehörde ein. Das Widerspruchsverfahren und das sich unter Umständen anschließende Verwaltungsstreitverfahren lassen aber nicht erwarten, dass die umstrittene Rechtsfrage ohne großen Aufwand an Zeit und Arbeitsleistung beantwortet werden könnte. Vergleiche werden in der Regel gerade zur Abwendung gerichtlicher Verfahren geschlossen. Die Behörde hat ihren Ermessensspielraum daher nicht überschritten. Der Abschluss eines Vergleichs über die Rechtsfrage ist zulässig.

Die Stadt *S* ist der Auffassung, dass ein geeigneter öffentlicher Spielplatz in „unmittelbarer Nähe" des Wohnhauses i.S.v. § 9 II 2 NRWBauO geschaffen wird. Im Gegenzug nimmt *W* seinen Widerspruch zurück. Beide Seiten geben also nach. Demnach löst ein wirksamer Vergleich die Rechtsfrage; es kann nicht mehr angezweifelt werden, dass der Kinderspielplatz in unmittelbarer Nähe des Baugrundstücks liegt. Auf diese Weise ist der Weg frei, den von der öffentlichen Hand geplanten Kinderspielplatz als Ersatz für die dem *W* an sich auferlegte eigene Anlage zu nehmen. Das Verhalten der Stadt hält sich somit in dem durch § 9 II 1 NRWBauO vorgegebenen Rahmen.

4. Die Schranken des Vertragsschlusses

a) Die Vereinbarung einer Gegenleistung

Fraglich ist, ob der geschlossene Verwaltungsvertrag die Schranken des § 56 NRWVwVfG einhält.

Der zwischen *S* und *W* geschlossene Vertrag fällt unter § 54 S. 2 NRW-VwVfG und führt zu der Verpflichtung des Bürgers, eine Gegenleistung für eine hoheitliche Handlung, die Errichtung des öffentlichen Kinderspielplatzes, zu erbringen. § 56 NRWVwVfG ist also anwendbar. Die Gegenleistung ist als Zuschuss zur Errichtung des Kinderspielplatzes gekennzeichnet und dient der Stadt zur Erfüllung ihrer Aufgaben aus § 8 I NRWGO.[12] Der Vertrag zwischen *S* und *W* hält sich als Austauschvertrag folglich im Rahmen von § 56 I 1 NRWVwVfG.

§ 56 I 2 NRWVwVfG fordert als Ausfluss des Übermaßverbots darüber hinaus, dass die Gegenleistung den gesamten Umständen nach angemes-

[12] In den anderen Bundesländern: Art. 1 BayGO (sinngemäß), §§ 10 II 1 BWGO; 3 II BbgGO; 19 I HessGO; 2 II KV MV; 2 I NdsGO (sinngemäß); 1 I, 2 I RhPflGO (sinngemäß); 1 V, 5 I SaarlKSVG; 2 I SächsGO; 2 I GO SachsAnh; 1 I, 2 I SHGO (sinngemäß); 2 II ThürKO.

sen sein muss. Ein öffentlicher Kinderspielplatz kostet sicher weit mehr als € 10.000,–, *W* trägt also nur einen Teil der Kosten. Dies entspricht dem Umstand, dass der Kinderspielplatz nicht nur für die Kinder aus dem Wohnhaus gedacht ist, das *W* bauen will. Doch ist der Zuschuss auch zu der Pflicht in Verhältnis zu setzen, von der *W* entbunden wird. Es ist anzunehmen, dass *W*, wie er angibt, einen eigenen Kinderspielplatz mit geringeren Mitteln errichten könnte. Dabei sind aber die laufenden Unterhaltskosten noch nicht einbezogen, die für *W* bei dem öffentlichen Kinderspielplatz entfallen. *W* hat außerdem die Erleichterung, nicht die Grundfläche zur Verfügung stellen zu müssen. Er muss sich auch nicht um den ordnungsgemäßen Bau kümmern. Ob all dies eine Mehrforderung von € 3.000,– rechtfertigt, lässt sich ohne sachverständige Untersuchung nicht sagen. Bei der Festlegung einer angemessenen Gegenleistung ist der Verwaltung jedoch ein Beurteilungsspielraum zuzusprechen, der eine genaue Berechnung erübrigt. Die Forderung ist deshalb nicht unverhältnismäßig.

Ausdruck des in § 56 I 2 NRWVwVfG niedergelegten Koppelungsverbots ist das Erfordernis eines sachlichen Zusammenhangs der Gegenleistung mit der vertraglichen Leistung der Behörde. Der Geldzahlung des *W* stehen die Ausnahme von der Pflicht zur Errichtung eines eigenen Kinderspielplatzes, die Aussicht auf Eröffnung eines städtischen Spielplatzes und der Einfluss des *W* auf die Gestaltung dieses Platzes gegenüber, der innere Zusammenhang ist nicht zu verkennen.

Besteht auf die Leistung der Behörde ein Anspruch, lässt § 56 II NRWVwVfG eine Gegenleistung nur zu, wenn sie bei Erlass eines Verwaltungsakts Inhalt einer Nebenbestimmung nach § 36 NRWVwVfG sein könnte. § 9 II 1 NRWBauO gewährt aber keinen Anspruch auf Herstellung eines öffentlichen Kinderspielplatzes. Ebenso wenig hat *W* vor Abschluss des Verwaltungsvertrages konkret die Schaffung einer entsprechenden Gemeinschaftsanlage nach § 11 I NRWBauO ins Auge gefasst. § 56 II NRWVwVfG schließt also eine Gegenleistung nicht aus.

Das BVerwG verlangt des weiteren Ursächlichkeit, wenn Kosten der Verwaltung vertraglich auf den Einzelnen abgewälzt werden können.[13] Der Kinderspielplatz ist von der Stadt ohne Rücksicht auf das Vorhaben des *W* geplant worden. Die Stadt kann freilich ihren Plan nicht verwirklichen, solange sie nicht über ausreichende Geldmittel verfügt. Die Notwendigkeit, einen Kinderspielplatz in unmittelbarer Nähe des Wohnhauses zu haben, bedingt einen früheren Baubeginn für den öffentlichen Kinderspielplatz, als nach der finanziellen Situation der Gemeinde möglich gewesen wäre. Darin liegt die Ursächlichkeit des Bauvorhabens des *W*.

---

[13] BVerwGE 42, 331 (343).

b) Andere Bestandteile des Vertrags

Überlässt die Stadt dem *W* die Gestaltung des Kinderspielplatzes, könnte darin eine unzulässige Übertragung von Hoheitsgewalt liegen. Dieser Bestandteil des Vertrags kann aber hinweggedacht werden, ohne dass die Gegenleistung des *W* den verbleibenden Leistungen der Verwaltung nicht mehr angemessen wäre. Selbst im Falle der Nichtigkeit berührt die Klausel über die Bestimmungsmacht des *W* die Wirksamkeit der übrigen Teile des Vertrags nicht (§ 59 III NRWVwVfG). Der Stadt *S* steht somit die Forderung von € 10.000,– zu.

5. Die Fälligkeit der Forderung

W wendet sich gegen die Forderung dieses Betrages, bevor sein Haus gebaut ist. Erhält jemand eine Baugenehmigung, ist er nicht gezwungen, diesen Verwaltungsakt auszunutzen. Es könnte also die Sachlage eintreten, dass *W* das Geld zahlt, ohne der Pflicht zu unterliegen, einen Kinderspielplatz zu bauen. Diese Überlegung zwingt indes nicht dazu, der Verwaltung zu verwehren, die Leistung unmittelbar nach Vertragsschluss einzufordern. Der Sinn des Vertrags liegt gerade darin, die Stadt in den Stand zu setzen, den Kinderspielplatz sofort zu errichten, so dass die Anlage zur Verfügung steht, sobald Familien in das Wohnhaus des *W* einziehen. Der Vorteil des Vertragsschlusses gegenüber der an einen Verwaltungsakt geknüpften Auflage liegt darin, dass die Bindung nicht erst entsteht, wenn der Betroffene von dem begünstigenden Verwaltungsakt Gebrauch macht.[14] Demzufolge ist der Vertrag so auszulegen, dass er die Verwaltung berechtigt, die Geldleistung bereits vor Errichtung des Wohnhauses zu verlangen. Die Stadt *S* hat mit ihrer Klage Erfolg.

2. Teil: Das Recht zur Gestaltung des städtischen Spielplatzes

I. Rechtmäßigkeit der Klausel?

Die Gemeinde räumt in einem Einzelfall ohne gesetzliche Grundlage einem Privatmann das Recht ein, Hoheitsgewalt auszuüben, behält sich aber nicht vor, notfalls anders zu entscheiden, als es den Wünschen des *W* entspricht. Auch wenn es sich um schlicht hoheitliche Tätigkeit handelt, beschränkt sich die übertragene Befugnis doch nicht nur auf unselbständige Verwaltungshilfe, die dem Vorbehalt des Gesetzes nicht unterliegt.[15] Die Befugnis des *W* zur Gestaltung des öffentlichen Kinderspielplatzes entbehrt der erforderlichen gesetzlichen Grundlage. Damit ist die Klausel über die Bestimmungsmacht des *W* rechtswidrig.

---

[14] Vgl. *Maurer*, § 14 Rn. 20.
[15] *Ossenbühl*, VVDStRL 29 (1971), 174.

II. Rechtsfolge der Rechtswidrigkeit

Aus § 59 NRWVwVfG ergibt sich, dass nicht jeder rechtswidrige Bestandteil eines öffentlich-rechtlichen Vertrags nichtig ist. Die Klausel enthält weder einen Vergleich noch betrifft sie die Gegenleistung des Bürgers im Sinne von § 59 II Nr. 3 und 4 NRWVwVfG. Den Beteiligten ist die Rechtswidrigkeit auch nicht bekannt, § 59 II Nr. 2 NRWVwVfG greift deshalb ebenfalls nicht ein. Es kommt mithin darauf an, ob ein Verwaltungsakt mit entsprechendem Inhalt nichtig wäre, § 59 II Nr. 1 NRWVwVfG. Da die Nichtigkeitsgründe des § 44 II NRWVwVfG nicht erfüllt sind, muss der Fehler nicht nur besonders schwerwiegend, sondern auch offenkundig sein (§ 44 I NRWVwVfG). Der Verstoß gegen das Gebot einer gesetzlichen Grundlage ist bei schlicht hoheitlicher Tätigkeit, die weder zu Anweisungen an Dritte noch zu einer Berechtigung Dritter führt, nicht besonders schwerwiegend. Die Abgrenzung gegenüber den Fällen, in denen die Verwaltungshilfe ohne gesetzliche Grundlage aufgrund der Einwirkungsmöglichkeit des Hoheitsträgers hingenommen werden kann,[16] ist von einem juristischen Laien nicht ohne weiteres nachzuvollziehen. Ein offenkundiger Verstoß scheidet daher aus. § 59 II Nr. 1 NRWVwVfG führt somit keine Nichtigkeit herbei.

Es verbleibt deshalb nur mehr § 59 I NRWVwVfG, der auf die Vorschriften des bürgerlichen Rechts verweist. Wegen der Rechtswidrigkeit der Klausel ist § 134 BGB heranzuziehen. Wollte man diese Vorschrift aber auf jede rechtswidrige Klausel entsprechend anwenden, wären die Einschränkungen des § 59 II NRWVwVfG sinnlos. Für die Nichtigkeit ist vielmehr ein qualifizierter Verstoß gegen zwingendes Recht notwendig.[17] Nimmt man keinen schwerwiegenden Verstoß gegen die Rechtsordnung an, kann auch kein qualifizierter Verstoß vorliegen. Man wird daher nicht umhin kommen, die Klausel trotz des ihr anhaftenden Rechtsverstoßes für gültig zu halten. Da der Fehlergrund von Anfang an vorgelegen hat, kann die Stadt auch nicht nach § 60 NRWVwVfG eine Anpassung des Vertragsinhalts oder eine Kündigung erreichen. *W* steht daher das Recht zu, über die Gestaltung des städtischen Spielplatzes zu bestimmen.

Literaturhinweise

Allesch, Erwin, Zur Zulässigkeit öffentlichrechtlicher Verträge im Kommunalabgabenrecht, DÖV 1988, 103; *Bulling, Manfred,* Kooperatives Verwaltungshandeln (Vorverhandlungen, Arrangements, Agreements und Verträge) in der Verwaltungspraxis, DÖV 1989, 277; *Ehlers, Dirk,* Die Zulässigkeit von öffentlichrechtlichen Verträgen über die Ablösung der Stellplatz- oder Garagenbaupflicht, DVBl 1986, 529; *Erbguth, Wilfried,* Der öffentlich-rechtliche Vertrag in der Praxis – Rechtliche Einordnung und

---

[16] *Zuleeg,* DÖV 1970, 631.

[17] BVerwGE 98, 58, 63; *Maurer,* § 14 Rn. 43.

Rechtsfragen von Erschließungsabreden, DÖV 1992, 45; *Erichsen, Hans-Uwe*, Die Nichtigkeit und Unwirksamkeit verwaltungsrechtlicher Verträge, Jura 1994, 47; *Fluck, Jürgen*, Grundprobleme des öffentlichrechtlichen Vertragsrechts. Dargestellt anhand beamtenrechtlicher Entscheidungen, DV 1989, 185; *Gern, Alfons*, Neue Aspekte der Abgrenzung des öffentlichrechtlichen vom privatrechtlichen Vertrag, VerwArch 70 (1979), 219; *Gurlit, Elke*, Verwaltungsvertrag und Gesetz, 2000; *Henke, Wilhelm*, Praktische Fragen des öffentlichen Vertragsrechts – Kooperationsverträge –, DÖV 1985, 41; *Hobe, Stephan*, Wegfall der Vertragsgrundlage und Anpassung öffentlichrechtlicher Verträge, JA 1997, 217; *Höfling, Wolfram/Krings, Günter*, Der verwaltungsrechtliche Vertrag – Begriff, Typologie, Fehlerlehre, JuS 2000, 625; *Krebs, Walter*, Zulässigkeit und Wirksamkeit vertraglicher Bindungen kommunaler Bauleitplanung, VerwArch 72 (1981), 49; *Kunig, Philip*, Verträge und Absprachen zwischen Verwaltung und Privaten, DVBl 1992, 1193; *Lange, Klaus*, Die Abgrenzung von öffentlichrechtlichem und privatrechtlichem Vertrag, JuS 1982, 500; *ders.*, Die Abgrenzung des öffentlichrechtlichen Vertrages vom privatrechtlichen Vertrag, NVwZ 1983, 313; *Maurer, Hartmut*, Der Verwaltungsvertrag – Probleme und Möglichkeiten, DVBl 1989, 798; *Plagemann, Hermann*, Das öffentlichrechtliche Vertragsrecht in der Anwendung, JA 1981, 594; *Püttner, Günter*, Wider den öffentlichrechtlichen Vertrag zwischen Staat und Bürger, DVBl 1982, 122; *Scherzberg, Arno*, Grundfragen des verwaltungsrechtlichen Vertrages, JuS 1992, 205; *Schimpf, Christian*, Der verwaltungsrechtliche Vertrag unter besonderer Berücksichtigung seiner Rechtswidrigkeit, 1982; *Schulin, Betram*, Der öffentlichrechtliche Vertrag vor einer Bewährungsprobe, JZ 1986, 476; *Waechter, Kay*, Der öffentlich-rechtliche Vertrag – Zur aktuellen Entwicklung der Handlungsformenlehre, JZ 2006, 166.

Fall 23. Der Kredit zur Modernisierung des landwirtschaftlichen Betriebs

Sachverhalt

Das Land Nordrhein-Westfalen stellt in den Haushalt des Landwirtschaftsministers einen Titel zur Förderung der Modernisierung landwirtschaftlicher Betriebe ein. Der Innenminister erlässt im Einvernehmen mit dem Landwirtschaftsminister eine Richtlinie an seine nachgeordneten Dienststellen über die Vergabe der Mittel aus dem Haushaltstitel. Für den Zinssatz ist ein Spielraum von zwei bis fünf v. H. zugelassen. Zuständig für die Vergabe sind die unteren staatlichen Verwaltungsbehörden. Die Landrätin des Kreises, in dem der Hof des Landwirts *Ludwig Listig (L)* liegt, gewährt diesem einen Kredit zur Modernisierung seines Anwesens mit einem Zinssatz von drei v. H., ohne auf die Richtlinie Bezug zu nehmen. Die Landrätin eröffnet dem *L,* dass die „Spar- und Darlehenskasse eG" *(S),* ein privates Kreditinstitut in der Rechtsform einer eingetragenen Genossenschaft, den Kredit abwickle. *S* legt die Einzelheiten in einem Schriftstück fest, das die Überschrift „Darlehensvertrag" trägt und vom Vorstand der Genossenschaft sowie von *L* unterzeichnet wird. Darin behält sich *S* die Herauf- oder Herabsetzung des Zinssatzes vor. Die Ehefrau des *L,* Emilie Listig *(E),* übernimmt gegenüber *S* schriftlich die selbstschuldnerische Bürgschaft für alle Verpflichtungen, die dem *L* aus dem Rechtsverhältnis mit dem Land Nordrhein-Westfalen und der *S* erwachsen.

Nunmehr zahlt *S* vereinbarungsgemäß die erste Hälfte des Darlehensbetrages an *L* aus, den dieser zur Modernisierung seines Betriebs verwendet. Kurze Zeit darauf weist die Landrätin die *S* an, den Zinssatz auf fünf v. H. heraufzusetzen. In einem Schreiben an *L* teilt die *S* ihm diese Entscheidung mit. Die zweite Hälfte des Kredits verwendet *L,* um eine Reparaturwerkstatt für landwirtschaftliche Geräte einzurichten. Er meint, nach der Erhöhung des Zinssatzes käme die Modernisierung des landwirtschaftlichen Anwesens zu teuer. Das Geld sei daher beim Bau der Werkstatt besser angelegt. Die Landrätin fordert nach vergeblicher Anmahnung den Darlehensbetrag durch Leistungsbescheid von *L* mit der Begründung zurück, er habe ihn der Verabredung zuwider eingesetzt. Ein entsprechender Leistungsbescheid ergeht gegenüber *E* unter Hinweis auf ihre selbstschuldnerische Bürgschaft.

Welche Rechtsbehelfe stehen *L* gegen die Heraufsetzung des Zinssatzes und gegen den Leistungsbescheid zur Verfügung? Haben die Rechtsbehelfe Aussicht auf Erfolg? Welche rechtlichen Schritte kann *E* unternehmen? Dringt sie damit durch?

Vermerk: In den Stadtstaaten handelt das Bezirks- bzw. Ortsamt. Europarecht ist nicht zu berücksichtigen.

Lösung

I. Die Heraufsetzung des Zinssatzes

1. Zulässigkeit eines Rechtsbehelfs

Stellt die Heraufsetzung des Zinssatzes für den Kredit an *L* einen Verwaltungsakt dar, kann *L* Widerspruch nach § 68 I 1 VwGO einlegen und im Falle des Misserfolgs mit einer Anfechtungsklage den Rechtsweg zu den Verwaltungsgerichten einschlagen (§§ 40 I 1, 42 I Alt. 1 VwGO).

S ist keine Behörde. Sie könnte daher allenfalls als Beliehene Verwaltungsakte erlassen. Sie hat jedoch in ihrem Schreiben zum Ausdruck gebracht, dass sie nicht als Urheberin der Entscheidung auftritt, sondern nur die Entscheidung der Landrätin weitergibt. Diese hat sich der *S* zur Übermittlung bedient. Die Maßnahme stammt somit von einer Behörde, die Privatperson ist lediglich als Bote eingeschaltet.

Die Maßnahme der Landrätin könnte sich aber auf dem Gebiete des Privatrechts bewegen. Ein Kredit mit einem Zinssatz von drei v.H. stellt im Vergleich zu einem nach kaufmännischen Grundsätzen vergebenen Kredit eine wesentliche Vergünstigung dar. Dies entspricht der Zielsetzung der Behörde, die Modernisierung der Landwirtschaft aus öffentlichen Geldern zu fördern. *L* ist also Empfänger einer Subvention, die von der Rechtsprechung nach den Grundsätzen der Zweistufenlehre eingeordnet wird.[1] Danach ist der Bewilligungsbescheid ein Verwaltungsakt, an den sich in zweiter Stufe ein privatrechtliches „Erfüllungsgeschäft" anschließt.[2] Zumindest soll dies dann gelten, wenn die Bewilligungsbehörde den Abschluss eines Darlehensvertrags mit einem Kreditinstitut vorschreibt.[3] Im vorliegenden Fall wird das Darlehen über das private Kreditinstitut *S* abgewickelt. Dessen Einschaltung führt zu einer rechtlichen Beziehung, die sich deutlich von dem gewährenden Rechtsakt der Landrätin abhebt. Eine zweistufige Betrachtungsweise erscheint daher möglich.

Bei konsequenter Anwendung der Zweistufenlehre erschöpft sich die öffentlich-rechtliche Seite des Rechtsverhältnisses im Begründungsakt. Alle nachfolgenden Rechtsakte müssten dem Privatrecht zugeordnet werden, darunter auch die Entscheidung über die Heraufsetzung des

---

[1] BVerwGE 45, 13 (14); *Zuleeg,* in: FS Fröhler, 275.

[2] Grundlegend *Ipsen,* Öffentliche Subventionierung Privater, 1956, insbes. 62, s. auch *Schmidt-Aßmann,* 3. Kap. IV 2, Rn. 113f.

[3] *Wolff/Bachof/Stober,* § 154, VIb 3), Rn. 25.

Zinssatzes.[4] Dabei wird jedoch verkannt, dass der subventionierende Hoheitsträger nicht nur bei der Begründung des Rechtsverhältnisses, sondern auch bei seiner Abwicklung einseitig gestaltend tätig werden kann. Mit der Veränderung des Zinssatzes greift die Landrätin in ein bestehendes Rechtsverhältnis ein, ohne das Einverständnis der anderen Seite einzuholen. Die Beteiligten stehen sich nicht auf dem Boden der Gleichordnung gegenüber. Das BVerwG hat folglich die Entscheidung über die Neufestsetzung des Zinssatzes ebenfalls dem öffentlichen Recht zugeschlagen, obgleich es an der Zweistufenlehre grundsätzlich festhält.[5] Das lässt sich nur so erklären, dass neben dem „Erfüllungsgeschäft" öffentlich-rechtliche Rechtsbeziehungen zwischen dem Subventionsgeber und dem Subventionsempfänger fortbestehen, die das privatrechtliche Rechtsgeschäft überlagern.[6] Es fragt sich dann allerdings, weshalb man überhaupt noch eine zweistufige Konstruktion aufrecht erhält.[7] Die Gemengelage aus öffentlichem und Privatrecht stiftet Verwirrung und gefährdet die Rechtssicherheit. Daher ist eine einheitliche öffentlich-rechtliche Einordnung vorzuziehen, in deren Rahmen das private Kreditunternehmen als Beliehener für die Abwicklung eingeschaltet ist.[8] Mit Hilfe der Sonderrechtstheorie, die nicht auf die Über- und Unterordnung der Beteiligten, sondern auf die anzuwendenden Rechtsnormen abhebt, lässt sich keine Lösung erzielen, weil gesetzliche Regelungen des Subventionsverhältnisses fehlen. Im Gegensatz dazu führt die Hoheitstheorie[9] auch hier zu einem klaren Ergebnis. In Ermangelung anderer Anhaltspunkte greift auch bei Subventionsverhältnissen die Vermutung zugunsten des öffentlichen Rechts ein.[10] Die konsequente Anwendung der Zweistufenlehre ist jedenfalls fehl am Platze, die Entscheidung über die Heraufsetzung des Zinssatzes gehört vielmehr dem öffentlichen Recht an. Als Verwaltungsakt ist sie mit Widerspruch und Anfechtungsklage angreifbar.

Der Verwaltungsakt richtet sich an *L* und bringt für ihn eine Schlechterstellung in seiner Rechtsposition aus der Subvention mit sich. Widerspruchs- und Klagebefugnis nach § 42 II VwGO sind daher gegeben.

2. Begründetheit eines Rechtsbehelfs

Voraussetzung für den Erfolg einer Anfechtungsklage ist die Rechtswidrigkeit des Verwaltungsakts.

---

[4] So BGHZ 40, 206 (211).
[5] BVerwGE 13, 47 (52).
[6] *Papier*, Fälle zum Wahlfach Wirtschaftsverwaltungsrecht, 1976, 140.
[7] *Ehlers*, VerwArch 74 (1983), 119.
[8] So *Zuleeg*, Die Rechtsform der Subventionen, 1965, 58, 92; zu den weiteren Alternativen *Zuleeg*, in: FS Fröhler, 286ff.
[9] Vgl. *Zuleeg*, VerwArch 73 (1982), 391 (395ff.).
[10] Vgl. *Zuleeg* (o. Fn. 9), 402.

Die Landrätin ist nach § 58 I NRWGO untere staatliche Verwaltungsbehörde.[11] Als zuständige Behörde für die Bewilligung der Subvention trifft sie auch die Entscheidungen, die das von ihr begründete Rechtsverhältnis in seinem Inhalt berühren. Dazu zählt die Heraufsetzung des Zinssatzes.

Ein belastender Verwaltungsakt wie die Entscheidung über die Erhöhung des Zinssatzes muss auf gesetzlicher Grundlage beruhen. Für das gesamte Subventionsverhältnis zwischen dem Land Nordrhein-Westfalen und *L* ist jedoch keine gesetzliche Regelung vorhanden. Der Haushaltsplan scheidet wegen § 3 II LHO als Rechtsgrundlage im Verhältnis zum Bürger aus.[12] Die Richtlinie des Innenministers stützt sich nicht auf eine gesetzliche Ermächtigung und bindet nur die nachgeordneten Dienststellen. Als bloße Verwaltungsvorschrift vermag sie die gesetzliche Grundlage nicht abzugeben. Freilich lässt die herrschende Meinung im Bereich der Leistungsverwaltung die Legitimation durch einen Titel im Haushaltsplan genügen und rechtfertigt die mit der Vergünstigung verkoppelten Belastungen aus der freien Entscheidung des Empfängers.[13] Fordert man demgegenüber im Sinne des so genannten „Totalvorbehalts“ eine gesetzliche Grundlage,[14] müsste man nicht nur die Maßnahme der Heraufsetzung des Zinssatzes für rechtswidrig halten, sondern das gesamte Subventionsverhältnis. Das wäre eine Benachteiligung derer, die um Rechtsschutz nachsuchen, und damit unverhältnismäßig. Solange die Meinung vorherrscht, Subventionen bedürften keiner gesetzlichen Grundlage, führt die fehlende Rechtsgrundlage nicht zur Rechtswidrigkeit.[15]

Das Rechtsverhältnis wird somit durch den Bewilligungsbescheid gestaltet. Dieser vollzieht in Ermangelung einer gesetzlichen Grundlage die Richtlinie des Ministers, die eine Zinsheraufsetzung bis zu 5% zulässt. Da die Richtlinie als Verwaltungsvorschrift nicht das Verhältnis zum Bürger regeln kann, lässt sich die Richtlinie allenfalls dann heranziehen, wenn sie in den Bewilligungsbescheid aufgenommen worden ist. Die Landrätin hat in ihrem Bescheid aber gerade nicht auf die Richtlinie verwiesen.

---

[11] In Baden-Württemberg nach § 1 III KO das Landratsamt, in Bayern nach Art. 37 I KO das Landratsamt, in Brandenburg nach § 7 II LOG der Landrat oder Oberbürgermeister, in Hessen nach § 55 KO der Landrat als Behörde der Landesverwaltung, in Mecklenburg-Vorpommern nach § 115 IV KV MV der Landrat, in Niedersachsen nach § 4 I 2 KO der Landkreis als untere staatliche Verwaltungsbehörde, in Rheinland-Pfalz nach § 41 I 2 KO der Landrat als untere Behörde der allgemeinen Landesverwaltung, im Saarland nach § 178 III KSVG, § 8 II LOG der Landrat oder Stadtverbandspräsident, in Sachsen nach § 49 III LKO der Landrat, in Sachsen-Anhalt nach § 52 II LKO der Landrat, in Schleswig-Holstein nach § 51 III KO der Landrat, in Thüringen nach § 111 II ThürKO das Landratsamt.

[12] Ebenso in allen anderen Bundesländern; vgl. § 3 II HGrG.

[13] BVerwGE 58, 45 (48); *OVG Münster* NVwZ 1982, 381.

[14] So *Zuleeg*, DÖV 1984, 735.

[15] *Oldiges*, NJW 1984, 1928.

Die Heraufsetzung des Zinssatzes verändert den Bewilligungsbescheid. Darin liegt zwar kein Widerruf, weil der ursprüngliche Verwaltungsakt nicht beseitigt wird, die Grundsätze über den Widerruf sind aber gleichwohl anwendbar, sonst könnte die Bindungswirkung des Verwaltungsakts über eine Veränderung seines Inhalts zunichte gemacht werden. Nach § 49 II 1 Nr. 1 NRWVwVfG darf der Widerruf ausgesprochen werden, wenn er im Verwaltungsakt vorbehalten ist. Der Vorbehalt der Abänderung könnte im „Darlehensvertrag" zum Ausdruck gekommen sein. Als „Erfüllungsgeschäft" im Sinne der Zweistufenlehre ist dieses Rechtsgeschäft indes dem Privatrecht zuzuordnen. Es kann daher nicht die öffentlich-rechtlichen Rechtsbeziehungen beeinflussen.

Folgt man der rein öffentlich-rechtlichen Theorie, sind die Hilfsfunktionen, die das eingeschaltete Kreditinstitut ausübt, dem bewilligenden Verwaltungsakt untergeordnet. Dieser setzt den Zinssatz fest, ohne eine Abweichung offen zu halten. Wollte man der *S* die Befugnis zusprechen, nachfolgend in diesem Punkte den Handlungsspielraum der bewilligenden Behörde zu erweitern, wäre eine Privatperson in der Lage, in öffentlich-rechtliche Rechtsbeziehungen einzugreifen. Der Bewilligungsbescheid steht folglich nicht unter dem Vorbehalt der Abänderung des Zinssatzes. Ein anderer Widerrufsgrund ist nicht ersichtlich. Die Heraufsetzung des Zinssatzes ist somit rechtswidrig.

L hat aus der Bewilligung ein subjektives öffentliches Recht auf die Leistung zum ursprünglichen Zinssatz erlangt. Durch den rechtswidrigen Verwaltungsakt wird dieses Recht verletzt. Widerspruch und Anfechtungsklage haben Erfolg.

II. Der Leistungsbescheid gegen *L*

1. Zulässigkeit eines Rechtsbehelfs

Der Leistungsbescheid enthält die einseitig festgesetzte Regelung, dass *L* die Subventionsleistung zurückzuerstatten habe. Gleichzeitig dient der Bescheid gemäß § 6 I Nr. 1 NRWVwVG[16] als Grundlage für die Zwangsvollstreckung. Gegen diesen belastenden Verwaltungsakt kann *L* als Adressat mit einem Widerspruch nach § 68 I 1 VwGO und im Falle des Misserfolgs mit einer Anfechtungsklage nach §§ 40 I 1, 42 I Alt. 1 VwGO vorgehen.

---

[16] In den anderen Bundesländern: Art. 23 I 1 BayVwZVG; §§ 13 I BWVwVG (sinngemäß); 3 II Buchst. a BlnVwVG; 6 I Nr. 1 BbgVwVG; 1 Buchst. a, 35 I HbgVwVG; 4 II HessVwVG (sinngemäß); Art. III I EGVwR MV i. V. m. § 3 II Buchst. a BVwVG; §§ 3 I NdsVwVG; 6 I RhPflVwVG (sinngemäß); 30 I Nr. 1 SaarlVwVG; 2 1 Nr. 1 SächsVwVG (sinngemäß); 3 I Nr. 1 VwVG SachsAnh; 228 I, 262 I SH-LVwG; 19 II, 33 I ThürVwZVG. In Bremen fehlt eine entsprechende Vorschrift.

2. Begründetheit eines Rechtsbehelfs

a) Rückforderung durch Verwaltungsakt

Die Rückforderung des Subventionsbetrages gehört bei konsequent durchgeführter zweistufiger Konstruktion zur zweiten Stufe und damit zum privatrechtlichen Teil des Rechtsverhältnisses. Ein Verwaltungsakt dürfte dann nicht ergehen. Überlagert jedoch die öffentlich-rechtliche Seite das gesamte Rechtsverhältnis, kann die Aufhebung der Vergünstigung zumindest auch in den Formen des öffentlichen Rechts geschehen. Für eine solche Überlagerung spricht, dass dem Hoheitsträger nicht durch die Vorschriften des Privatrechts die Hände gebunden sein können, wenn er hoheitlich einen Vorteil gewährt hat. Die Behörde kann daher durch Verwaltungsakt den Betrag zurückfordern, selbst wenn man die Zweistufenlehre für richtig hält.[17] Legt man die rein öffentlich-rechtliche Rechtsform zugrunde, ist die Rückforderung durch Verwaltungsakt ohnehin der vorgezeichnete Weg.

b) Widerruf

In der Rückforderung des Subventionsbetrages steckt der Widerruf des bewilligenden Verwaltungsakts. Es fragt sich, auf welcher Rechtsgrundlage diese Maßnahme beruht. § 49 II 1 Nr. 2 NRWVwVfG könnte in Betracht kommen. *L* hat hier aber nicht gegen eine Auflage i.S.v. § 36 II Nr. 4 NRWVwVfG verstoßen, sondern er hat mit der Verwendung der zweiten Hälfte des Kredits dem Zweck der Subvention zuwidergehandelt. Insoweit ist § 49 III 1 Nr. 1 NRWVwVfG einschlägig.[18] *L* erhält die finanziellen Mittel erkennbar nur zur Modernisierung seines landwirtschaftlichen Anwesens, nicht aber zum Aufbau einer Reparaturwerkstatt, mag dies auch für die Landwirtschaft von Nutzen sein. Die Entscheidung darüber kommt dem *L* nicht zu. Die Erhöhung des Zinssatzes gibt ihm ebenfalls kein Recht, die Gelder anderweitig zu investieren. Hat *L* eine Subvention zu einem bestimmten Zweck angenommen, kann er nicht nach seinem Gutdünken den Zweck austauschen. Die Landrätin ist daher grundsätzlich befugt, einen Widerruf auszusprechen.

Allerdings könnte nur ein teilweiser Widerruf gestattet sein, weil *L* lediglich die zweite Hälfte der Gelder zweckentfremdet verwendet hat. Der Bewilligungsakt besteht freilich nicht aus zwei Teilen. Dennoch lässt § 49 III 1 NRWVwVfG ausdrücklich auch einen teilweisen Widerruf des Zuwendungsbescheides zu. Darin kommt der rechtsstaatliche Grundsatz der Erforderlichkeit zum Ausdruck. Die erste Hälfte des Subventionsbetrages wurde dem geplanten Zweck zugeführt. Müsste *L* auch diesen Betrag zurückzahlen, liefe das dem Zweck sogar zuwider.

---

[17] Vgl. *BVerwG* NJW 1977, 1838.

[18] In den anderen Bundesländern sind zwischenzeitlich im Wesentlichen gleich lautende Vorschriften erlassen worden. Für Schleswig Holstein vgl. §§ 117 III, 117a LVwG.

Der Widerruf muss sich daher auf die Hälfte des Subventionsbetrags beschränken. In voller Höhe des Betrags ist der Widerruf rechtswidrig. Nach § 47 I NRWVwVfG lässt sich allerdings im Wege der Umdeutung der vollständige Widerruf durch einen teilweisen ersetzen. Der Rückforderungsanspruch des Landes Nordrhein-Westfalen besteht dann in der Höhe des halben Subventionsbetrags zu Recht.

c) Leistungsbescheid

Rechtsgrundlage des Leistungsbescheids ist der Erstattungsanspruch nach § 49a I 1 NRWVwVfG. *L* ist nur insoweit in seinem Recht aus dem Bewilligungsbescheid verletzt, als der Subventionsbetrag vollständig zurückgefordert wird. In Höhe der Hälfte des Betrags ist der Leistungsbescheid daher aufzuheben. Im Übrigen haben Widerspruch und Anfechtungsklage keinen Erfolg.

III. Der Leistungsbescheid gegen *E*

1. Zulässigkeit eines Rechtsbehelfs

Die Zulässigkeit eines Rechtsbehelfs gegen den Leistungsbescheid, der sich an *E* richtet, beurteilt sich nach den gleichen Erwägungen wie beim Leistungsbescheid gegen *L*.

2. Begründetheit des Rechtsbehelfs

a) Verpflichtung zur Leistung

Ob der Widerspruch oder die Anfechtungsklage begründet ist, hängt davon ab, ob *E* dem Land Nordrhein-Westfalen gegenüber für die Verpflichtung des *L* einstehen muss und ob die Landrätin gegen sie im Wege des Verwaltungsakts vorgehen durfte.

Die Verpflichtung der *E* zur Leistung könnte sich aus einem Bürgschaftsvertrag nach § 765 I BGB ergeben. *S* hat der *E* die Bürgschaft nicht aufgenötigt und konnte dies auch gar nicht tun. *E* übernahm vielmehr freiwillig die Verpflichtung, für die dem *L* aus dem Rechtsverhältnis zum Lande Nordrhein-Westfalen und zu *S* erwachsenden Verbindlichkeiten einzustehen. *E* und *S* haben damit einen privatrechtlichen Vertrag geschlossen.

Das Rechtsverhältnis, auf das sich die Verpflichtung der *E* bezieht, umfasst den öffentlich-rechtlichen Rückforderungsanspruch des Landes Nordrhein-Westfalen gegen *L*. Ein Bürgschaftsvertrag für eine öffentlich-rechtliche Forderung ist nicht ausgeschlossen. Der Bürgschaftsvertrag begründet eine eigenständige Verpflichtung des Bürgen. Die Vertragspartnerin *S* ist zwar nicht Gläubigerin des Rückforderungsanspruchs, doch erlaubt es die Rechtsfigur des Vertrags zugunsten Dritter, der Verpflichtung den Anspruch einer anderen Person zugrunde zu legen. *S* und *E* haben folglich einen Bürgschaftsvertrag geschlossen.

Die nach § 766 BGB einzuhaltende Schriftform ist gewahrt. Der *E* ist die Einrede der Vorausklage gemäß § 773 I Nr. 1 BGB verwehrt. *S* könnte demnach einen privatrechtlichen Anspruch aus dem Bürgschaftsvertrag in Höhe der Hälfte des Subventionsbetrags gegen *E* geltend machen. Das Land Nordrhein-Westfalen ist Inhaber dieses Anspruchs, wenn *S* mit *E* einen berechtigenden Vertrag zugunsten Dritter im Sinne von § 328 I BGB geschlossen hat. Andernfalls gewährt erst eine Abtretung dem Land das Recht, die Leistung des Bürgen einzufordern.

b) Einforderung durch Leistungsbescheid

Selbst wenn das Land unmittelbar oder aufgrund einer Abtretung das Recht erworben hat, erscheint fraglich, ob die Landrätin den Anspruch im Wege des Leistungsbescheids, also mit öffentlich-rechtlichen Mitteln verfolgen kann. Das BVerwG bezeichnet den Subventionskredit unter Einschaltung eines privaten Kreditinstituts als „osmotisches" Rechtsverhältnis und hält die Rechtsformen für austauschbar, so dass der bürgende Dritte zum Pflichtigen der öffentlich-rechtlichen Beziehungen werden könne.[19] Eine solche Verwischung der Grenzlinien verstößt indes gegen den Grundsatz der Rechtsklarheit und lässt die Regel außer acht, dass sich der Partner eines privatrechtlichen Vertrags sein Recht nicht selbst holen darf. Das den Naturwissenschaften entlehnte Bild vermag die Verletzung der Rechtsordnung nicht zu rechtfertigen. § 4 I Buchst. b NRWVwVG[20] erfasst nur die persönliche Haftung kraft Gesetzes für die Leistung, die ein anderer schuldet, kann also nicht zur Begründung der Lehre des Bundesverwaltungsgerichts herangezogen werden.[21] Ferner ist zu bedenken, dass der Bürge nicht in die Rechtsstellung des Hauptschuldners eintritt. Vielmehr ist die Bürgschaft ihrem Entstehungsgrund nach ein neues, ausschließlich dem Privatrecht zuzuordnendes Rechtsverhältnis.[22] Ist ein Leistungsbescheid schon in öffentlich-rechtlichen Vertragsbeziehungen unzulässig,[23] kann für die privatrechtliche Bürgschaft nichts anderes gelten. Die Landrätin durfte daher nicht im Wege des Leistungsbescheids gegen *E* vorgehen. Der Verwaltungsakt ist somit rechtswidrig und verletzt *E* in ihrem verfassungsrechtlich ver-

---

[19] BVerwGE 35, 170 (172).

[20] In den anderen Bundesländern: § 3 S. 1 BWVwVG (sinngemäß); 2 I Buchst. b Bln-VwVG (bei jeder persönlichen Haftung); 4 I Buchst. b BbgVwVG; 30 I Buchst. b HbgVwVG; 4 III 1 HessVwVG (sinngemäß); Art. III I EGVwR MV i. V. m. § 2 I Buchst. b BVwVG (bei jeder persönlichen Haftung); §§ 6 II RhPflVwVG; 32 I, 35 I SaarlVwVG; 3 I Nr. 2 SächsVwVG; 264 I Nr. 2 SHLVwG; 20 II Nr. 2 ThürVwZVG (bei jeder persönlichen Haftung). In Bayern, Bremen, Niedersachsen und Sachsen-Anhalt fehlen entsprechende Vorschriften.

[21] Vgl. *Morisse,* MDR 1970, 296 f.

[22] *BGH* WM 1984, 483; die nach der Hoheitstheorie geltende Vermutung zugunsten des öffentlichen Rechts wird hier durch Rechtsanalogie zu §§ 192 AO, 102 I, II des 2. WoBauG widerlegt, vgl. *Zuleeg,* JuS 1985, 108 f.

[23] *Zuleeg,* JuS 1985, 109.

standenen Eigentum. Widerspruch und Anfechtungsklage haben Erfolg.

Literaturhinweise

Baumeister, Peter, Die Novellierung der §§ 48, 49, 49a VwVfG, NVwZ 1997, 19; *Berg, Wilfried,* Zur Zweckverfehlung im Subventionsrecht, GewArch 1987, 1; *Dommach, Hermann A.,* Neuregelung der Rückforderung von Zuwendungen des Bundes, DÖV 1981, 122; *Dorn, Martin,* Möglichkeiten der Veränderung bestandskräftiger Zuwendungsbescheide, DÖV 1988, 7; *ders.,* Der Bewilligungszeitraum bei Zuwendungen für Projektförderung, DÖV 1988, 553; *Ehlers, Dirk,* Die Handlungsformen bei der Vergabe von Wirtschaftssubventionen, VerwArch 74 (1983), 112; *ders.,* Rechtsprobleme bei der Rückforderung von Subventionen, GewArch 1999, 305; *Erichsen, Hans-Uwe/Brügge, Dirk Ludwig,* Der Widerruf von Verwaltungsakten nach § 49 VwVfG und der öffentlich-rechtliche Erstattungsanspruch nach § 49a VwVfG, Jura 1999, 496; *Grawert, Rolf,* Widerruf und Erstattungen im Recht der Zuwendungen – die haushaltsrechtlichen Änderungen des Verwaltungsverfahrens, DVBl 1981, 1029; *Heße, Manfred,* Die Rückforderung von Zuwendungen und vergleichbaren staatlichen Leistungen nach dem Gesetz zur Änderung verwaltungsverfahrensrechtlicher Vorschriften, NJW 1996, 2779; *von Hübbenet, Svea,* Semesterabschlussklausur – Öffentliches Recht: Rückforderung von Subventionen, JuS 2004, 795; *Jarass, Hans D.,* Die Rückforderung zweckwidrig verwendeter Subventionen, DVBl 1984, 855; *Johannes, Fritz,* Die Regelung von Widerruf und Erstattung bei Zuwendungen in § 44a BHO, Recht im Amt 1981, 5; *Salje, Peter,* Die Rückforderung von darlehnsweise gewährter Sozialhilfe – zugleich ein Beitrag zur Anwendbarkeit der Zweistufentheorie im Sozialhilferecht, DÖV 1988, 333; *Stober, Rolf,* Der Vorbehalt des Gesetzes und Verwaltungsvorschriften im Subventionsrecht, GewArch 1993, 136 und 187; *Suerbaum, Joachim,* Widerruf und Erstattung bei Geld- und Sachleistungsverwaltungsakten nach der Novellierung des Verwaltungsverfahrensrechts, VerwArch 1999, 361; *Tettinger, Peter J.,* Verwaltungsgerichtliche Kontrollmaßstäbe im Subventionsrecht, GewArch 1981, 113; *Vitzthum, Wolfgang von/Kämmerer, Jörn Axel,* Examensklausur Öffentliches Recht – Die zweckentfremdeten Zuschüsse, Jura 1999, 312; *Weides, Peter,* Widerruf von Zuwendungsbescheiden, JuS 1985, 364; *Zuleeg, Manfred,* Die Zweistufenlehre – Ausgestaltung, Abwandlungen, Alternativen, in: Festschr. f. Fröhler, 1980, 275; *ders.,* Öffentlichrechtliche Bürgschaften?, JuS 1985, 106.

Fall 24. Die Straßenbahn als Werbeträger

Sachverhalt

In der kreisfreien nordrhein-westfälischen Stadt Dalberg *(D)* betreibt eine Aktiengesellschaft, die Dalberger Verkehrs-Betriebe AG *(DVB)*, den innerstädtischen Nahverkehr. Die Aktien der *DVB* befinden sich alle in der Hand der Stadt. Der Rat der Stadt regt in einer Entschließung an, die Straßenbahnwagen zur Reklame zu nutzen. Die *DVB* richtet daraufhin die Seitenwände der Straßenbahnwagen als Werbeflächen ein und vermietet sie an Interessenten. Nach einem Beschluss des Vorstands dürfen die Flächen nicht für Zigarettenwerbung und Reklame für andere Tabakerzeugnisse genutzt werden. Bei der Bundestagswahl werden Wahlaufrufe politischer Parteien zugelassen.

Die Ypsilon GmbH *(Y)*, ein örtlicher Zeitungsverlag, befürchtet, durch die Werbung an den Straßenbahnwagen Kundschaft für ihr Anzeigengeschäft zu verlieren, und bittet um Auskunft, ob sie diese verhindern könne.

Die Xanthippe KG *(X)*, ein Unternehmen mit Sitz in *D*, möchte auf den Straßenbahnwagen für ihre Zigaretten der Marke „Naxos" werben. Die *DVB* lehnt das unter Hinweis auf den Beschluss des Vorstands ab. Die Geschäftsführung der *X* fragt an, wie sie erreichen könne, gleichwohl an der Straßenbahnwerbung teilzunehmen.

Bei der anstehenden Landtagswahl schließt der Vorstand der *DVB* jedwede Parteipropaganda an den Straßenbahnwagen aus. Nach den Erfahrungen bei der letzten Wahl, bei der auch radikale Parteien das Werbemittel in Anspruch genommen hätten, bestehe die Gefahr, dass sich dies wiederhole. Kann die Wirtschaftspartei *(W)*, die sich um Sitze im Landtag bemüht, erreichen, dass ihre Wahlaufrufe an den Straßenbahnwagen angebracht werden? Spielt es dafür eine Rolle, ob die *W* über einen Ortsverband in *D* verfügt?

Vermerk: Die Rechtslage in den Stadtstaaten bleibt außer Betracht.

Lösung

I. Möglichkeiten der *Y*

1. Zulässigkeit eines Rechtsbehelfs

Y wendet sich gegen den Wettbewerb eines gemeindlichen Unternehmens. Dafür könnte eine Klage auf Unterlassung vor dem Verwaltungsgericht oder vor dem Zivilgericht in Betracht kommen. Entscheidend ist die Rechtsnatur des geltend gemachten Anspruchs.

Kann sich *Y* auf § 8 I, III Nr. 1 i.V.m. §§ 3, 4 Nr. 11 UWG oder auf § 823 I oder II BGB stützen, ist der Rechtsweg zu den ordentlichen Gerichten gegeben (§ 13 GVG). §§ 107, 108 NRWGO[1] könnten jedoch auch eine Klage vor dem Verwaltungsgericht eröffnen (§ 40 I 1 VwGO).[2] Mag man auch mit Hilfe der Sonderrechtstheorie §§ 107, 108 NRWGO dem öffentlichen Recht zuordnen, so wird dadurch doch das Verhältnis zwischen zwei privatrechtlichen Unternehmen, der *Y* auf der einen Seite und der *DVB* auf der anderen, nicht auf die Ebene des öffentlichen Rechts gehoben. Mit der Schaffung der *DVB* hat sich die Stadt für die Rechtsformen entschieden, die das bürgerliche Recht bietet. Sie kann zwar ihre öffentlich-rechtlichen Pflichten nicht durch die „Flucht ins Privatrecht" abschütteln.[3] Diese Pflichten können sich aber auch im privatrechtlichen Rahmen auswirken;[4] sonst käme es zu Überschneidungen und Leerlauf, insbesondere zu einem Nebeneinander von Klagemöglichkeiten, die zu widersprüchlichen Entscheidungen führen könnten. Demzufolge scheidet eine Klage vor dem Verwaltungsgericht aus.[5] Der *Y* steht daher nur der Rechtsweg zu den ordentlichen Gerichten offen.

2. Begründetheit einer Klage vor dem Zivilgericht

a) Die Konkurrenz der in Frage kommenden Ansprüche

Der Zeitungsverlag *Y* will einen Unterlassungsanspruch geltend machen, der aus dem Wettbewerbsverhältnis zwischen *Y* und der *DVB* um die Werbekunden entspringt. Der Anspruch aus § 8 I, III Nr. 1 i.V.m. §§ 3, 4 Nr. 11 UWG könnte im Wettbewerbsverhältnis die Ansprüche aus § 823 I und II BGB ausschließen. Um den Rechtsschutz im Wettbewerb nicht zu vermindern, ist jedoch von einer Anspruchskonkurrenz auszugehen. Dabei sind allerdings die besonderen Regelungen für den Anspruch aus § 8 I, III Nr. 1 i.V.m. §§ 3, 4 Nr. 11 UWG auf die Ansprüche nach bürgerlichem Recht auszudehnen.[6]

b) Anspruch aus § 823 I BGB?

Y wäre in ihrem Recht am eingerichteten und ausgeübten Gewerbebetrieb, das durch § 823 I BGB geschützt wird, widerrechtlich beeinträch-

---

1 In den anderen Bundesländern: Art. 89, 91 BayGO; §§ 102, 103 BWGO; 101, 102 BbgGO; 121, 122 HessGO; 68, 69 KV MV; 108, 109 NdsGO; 85, 87 RhPfGO; 108, 110 SaarlKSVG; 96, 97 SächsGO; 116, 117 GO SachsAnh; 101, 102 SHGO; 71, 73 ThürKO.

2 So jedenfalls *Lerche,* Jura 1970, 830, 863.

3 Vgl. BGHZ 29, 76 (80 f.).

4 Vgl. *Maurer,* § 3 Rn. 9.

5 Vgl. auch *Herdegen,* DÖV 1986, 906 ff. sowie *David,* NVwZ 2000, 738 (739).

6 Vgl. *Georgiades,* Die Anspruchkonkurrenz im ZivilR und ZivilProzeßR, 1967, 216 f.

tigt, wenn es einem Hoheitsträger generell verwehrt wäre, am Wirtschaftsleben teilzunehmen. Dem Staat und auch anderen Hoheitsträgern wird indes gemeinhin das Recht zugebilligt, sich wirtschaftlich zu betätigen.[7] Ein Anspruch aus § 823 I BGB kommt daher nicht in Betracht, es sei denn, man wollte die Widerrechtlichkeit mit der Verletzung eines Schutzgesetzes begründen. Dafür steht aber die besondere Regelung des § 823 II BGB zur Verfügung.

c) Anspruch aus § 823 II BGB?

Gemeinden unterliegen in Nordrhein-Westfalen nach §§ 107, 108 NRWGO Beschränkungen in der wirtschaftlichen Betätigung,[8] die zu einem Anspruch aus § 823 II BGB führen könnten.

Voraussetzung dafür ist zunächst die Rechtsnatur der §§ 107, 108 NRWGO als Schutzgesetz.

Die verwaltungsrechtliche Literatur und Rechtsprechung stellt insoweit darauf ab, ob die maßgeblichen Vorschriften des Gemeindewirtschaftsrechts nach der im öffentlichen Recht herrschenden Schutznormtheorie zumindest auch dazu dienen, die privaten Wettbewerber der Kommunen als von der Allgemeinheit abgrenzbaren Personenkreis zu schützen. Drittschutz vermitteln die Normen des Gemeindewirtschaftsrechts danach nur, soweit die Kommunalwirtschaft eine monopolistische Tendenz hat oder die privatwirtschaftliche Betätigung in unerträglicher Weise eingeengt wird.[9] Davon kann hier nicht ausgegangen werden.

Nach der Rechtsprechung des BVerfG genügt für ein subjektiv-öffentliches Recht des Konkurrenten hingegen bereits, dass durch staatliche Maßnahmen der Wettbewerb beeinflusst und die Ausübung einer beruflichen Tätigkeit dadurch behindert wird.[10] Teilweise wird §§ 107, 108 NRWGO sogar generell Drittschutzcharakter zugebilligt.[11]

Selbst wenn man an der Schutznormtheorie festhält, kann den privaten Wettbewerbern rechtlicher Schutz zugebilligt werden. Mag die Vorschrift des § 107 NRWGO auch die Wirtschaftskraft der Gemeinde und die Schaffenskraft ihrer Organe auf Tätigkeiten lenken, die nicht von privatwirtschaftlichen Unternehmen erfüllt werden können, ist der Schutzzweck zu Gunsten der Angehörigen der privaten Wirtschaft dadurch doch nicht ausgeschlossen. Diese sollen sich darauf einstellen können, dass die Gemeinde mit den öffentlichen Finanzmitteln nur un-

---

7 *Püttner*, DÖV 1983, 699. Aus neuerer Zeit *OLG Hamm* NJW 1998, 3504 und *LG Offenburg* NVwZ 2000, 717.

8 In den anderen Bundesländern: s. o. Fn. 1.

9 Vgl. *BVerwG* NJW 1995, 2938 (2939); *Ehlers*, DVBl 1998, 497 (503) m. w. N. in Fn. 48.

10 BVerfGE 86, 28 (37).

11 Vgl. etwa *OLG Düsseldorf* NVwZ 2000, 111; *OLG Hamm* NJW 1998, 3504 (3505) sowie *Erdmann*, DVBl 1998, 13 (19).

ter erschwerten Voraussetzungen mit privaten Unternehmen in Wettbewerb tritt. Darüber hinaus ergibt sich die individualschützende Wirkung des § 107 NRWGO aus der Subsidiaritätsklausel des § 107 I 1 Nr. 3 NRWGO, der bei einem Tätigwerden der Gemeinde außerhalb der Energieversorgung, der Wasserversorgung, des öffentlichen Verkehrs sowie des Betriebes von Telekommunikationsleitungsnetzen einschließlich der Telefondienstleistungen ausdrücklich verlangt, dass der öffentliche Zweck durch andere Unternehmen nicht besser und wirtschaftlicher erfüllt werden kann.[12]

Im Gegensatz zu § 107 NRWGO kann die Vorschrift des § 108 NRWGO nicht als Schutzgesetz qualifiziert werden. Die Beschränkungen, die danach für die Gründung von Unternehmen und Einrichtungen in Rechtsformen des privaten Rechts und die gemeindliche Beteiligung an solchen Unternehmen gelten, bestehen nämlich allein im Interesse der betroffenen Gemeinden und sollen diese vor unüberschaubaren Risiken bei einem finanziellen Engagement in privatwirtschaftlich organisierten Unternehmen schützen.

Würde die Gemeinde durch die Werbung an den Straßenbahnwagen ein wirtschaftliches Unternehmen im Sinne von § 107 I NRWGO errichten, ließe sich ein rechtfertigender öffentlicher Zweck hierfür kaum finden. Die Reklame ist indes nur ein Nebenbetrieb eines öffentlichen Verkehrsunternehmens,[13] für dessen Haupttätigkeit der dringende öffentliche Zweck nicht bestritten wird.[14] In der Werbetätigkeit liegt allerdings eine wesentliche Erweiterung des bereits vorhandenen wirtschaftlichen Unternehmens. Diese gewinnt ihre Rechtfertigung nicht aus sich heraus, sondern aus dem Gedanken der Wirtschaftlichkeit des Verkehrsbetriebs. Es geht nicht vorrangig um die bessere und wirtschaftlichere Werbung durch andere Werbeträger, sondern um die Ausnutzung aller Möglichkeiten, die Verkehrsbetriebe nutzbringend zu unterhalten. Die Leistungsfähigkeit der Gemeinde, die nach § 107 I 1 Nr. 2 NRWGO zu Art und Umfang der wirtschaftlichen Betätigung in Beziehung zu setzen ist, wird wegen der Gewinne aus der Werbung ebenfalls nicht belastet. Der öffentliche Zweck, der mit der Werbetätigkeit verfolgt wird, kann auch nicht i.S.v. § 107 I 1 Nr. 3 NRWGO durch andere, insbesondere private Unternehmen besser oder wirtschaftlicher erfüllt werden. Die Möglichkeit der flächendeckenden Werbung auf Straßenbahnen, die auf Grund des ausgebauten öffentlichen Schienennetzes im gesamten Stadtgebiet präsent sein können, besteht nämlich nur für die kommunalen Verkehrsbetriebe, nicht dagegen auch für private Unternehmen, die Fahrzeuge aller Art zu Werbezwecken einsetzen. Die Erweiterung des wirt-

---

[12] So ausdrücklich *LG Offenburg* NVwZ 2000, 717 zu der gleichlautenden Vorschrift des § 102 I Nr. 3 BWGO.

[13] Zur Zulässigkeit sog. Randnutzungen allgemein vgl. BVerwGE 82, 29 (33 f.); *Heimlich*, NVwZ 2000, 746 (747).

[14] Zur Kritik *Lerche*, Jura 1970, 835 ff.

schaftlichen Unternehmens der Gemeinde durch die Nutzung der Straßenbahn als Werbemittel ist daher nach § 107 I NRWGO erlaubt. Damit entfällt ein Anspruch aus § 823 II BGB.

d) Anspruch aus § 8 I, III Nr. 1 i.V.m. §§ 3, 4 Nr. 11 UWG?

Ein Unterlassungsanspruch der *Y* könnte aus § 8 I, III Nr. 1 i.V.m. §§ 3, 4 Nr. 11 UWG folgen.[15] Wie aus § 8 III Nr. 1 UWG ersichtlich, ist die *Y* als Mitbewerberin der D im Sinne des § 2 I Nr. 3 UWG anspruchsberechtigt. Die unlautere Verhaltensweise im Sinne des § 3 UWG könnte hier auf § 107 I NRWGO beruhen. Diese gesetzlichen Vorschrift (§ 4 Nr. 11 UWG) ist dazu bestimmt, im Interesse der Marktteilnehmer das Marktverhalten zu regeln. Für einen solchen Unterlassungsanspruch fordert der *BGH* erschwerende Umstände, die einen Verstoß gegen die Beschränkungen, die der Gemeinde auferlegt sind, als unlauter erscheinen lassen.[16] Da § 107 I NRWGO aber gar nicht verletzt wird, scheidet ein wettbewerbsrechtlicher Unterlassungsanspruch der *Y* aus.

II. Möglichkeiten der *X*

1. Anspruch auf Vertragsschluss aus § 8 II NRWGO

X möchte für ihre Zigaretten auf den Straßenbahnwagen der *DVB* werben. Da die *DVB* als AG privatrechtlich organisiert ist, bedarf es dazu des Abschlusses eines Mietvertrages im Sinne von § 535 BGB. Um die DVB zum Vertragsschluss zu bewegen, könnte *X* sich zunächst auf § 8 II NRWGO[17] berufen. *X* ist als ortsansässiges Unternehmen Gemeindebürger im Sinne dieser Vorschrift, die nicht nur für natürliche, sondern gemäß § 8 IV NRWGO auch für juristische Personen gilt. Die *DVB* als Nahverkehrsunternehmen fällt unter die öffentlichen Einrichtungen, nur will *X* einen Mietvertrag zu einem Zweck eingehen, der zur erwerbswirtschaftlichen Betätigung der Gemeinde zählt. Insoweit greift § 8 II NRWGO nicht ein.

2. Anspruch auf Vertragsschluss wegen Verstoßes gegen ein Diskriminierungsverbot

Ein Kontrahierungszwang könnte sich allerdings auch aus § 826 BGB wegen der Verletzung des Gleichheitssatzes ergeben.[18] Voraussetzung dafür ist jedoch, dass der Gleichheitssatz überhaupt anwendbar ist. Während

---

[15] Vgl. *David*, NVwZ 2000, 738ff.

[16] *BGH* NJW 1987, 60 (61) ("Kommunaler Bestattungswirtschaftsbetrieb I").

[17] In den anderen Bundesländern: Art. 21 I BayGO; §§ 10 II 2 BWGO; 14 I BbgGO; 20 I HessGO; 14 II KV MV; 22 I NdsGO; 14 II RhPflGO; 19 I SaarlKSVG; 10 II SächsGO; 22 I GO SachsAnh; 18 I SHGO; 14 I ThürKO.

[18] Vgl. *Gusy*, DÖV 1984, 879.

man dies bei der unmittelbaren Verfolgung öffentlicher Zwecke[19] in den Rechtsformen des Privatrechts überwiegend für richtig hält,[20] stößt die Bindung der Hoheitsträger an den Gleichheitssatz bei erwerbswirtschaftlichem Handeln häufig auf Bedenken.[21] Im vorliegenden Fall nimmt die *DVB* mit der Vermietung der Seitenflächen der Straßenbahnen nur mittelbar öffentliche Zwecke wahr. Hier lässt sich also die erwerbswirtschaftliche Tätigkeit vom so genannten Verwaltungsprivatrecht trennen.

Legt man die restriktive Auffassung zugrunde, die erwerbswirtschaftliche Tätigkeit des Hoheitsträgers nicht dem verfassungsrechtlichen Gleichheitssatz unterwirft, könnte die *DVB* immerhin dem Diskriminierungsverbot des § 20 I GWB unterliegen.[22] Der Umstand, dass die Werbung an den Straßenbahnwagen im gesamten Stadtgebiet zahlreiche Menschen anspricht, vermittelt der *DVB* einen Vorsprung gegenüber anderen Werbeträgern. Sie nimmt nicht als Gleiche unter Gleichen am Wettbewerb teil und hat deshalb eine marktbeherrschende Stellung inne. § 20 I GWB ist daher im vorliegenden Fall anwendbar.

Das Diskriminierungsverbot des § 20 I GWB verlangt jedoch nicht, auf sachgerechte Unterscheidungen zu verzichten. Die *DVB* kann sich zur Begründung ihrer Ablehnung gegenüber *X* auf den Beschluss ihres Vorstands berufen, dem zufolge keine Reklameflächen für Zigarettenwerbung zur Verfügung gestellt werden dürfen. Bei einem Unternehmen in privater Hand wäre dies kein rechtfertigender Grund für eine Abweichung vom Diskriminierungsverbot, weil sich sonst ein marktbeherrschendes Unternehmen die Funktion der Konsumlenkung anmaßen könnte. Ein Unternehmen in öffentlicher Hand wie die *DVB* darf aber als Gegenstück zu seinen besonderen Verpflichtungen auch Zwecke verfolgen, die sich ein Hoheitsträger zur Aufgabe setzen kann, wie etwa die Eindämmung des Tabakkonsums. Die Verfolgung dieses Zwecks ist legitim, weil aus Art. 2 II 1 GG auch die grundrechtliche Schutzpflicht des Staates folgt, sich schützend und fördernd vor das Leben zu stellen.[23] Ein Verstoß gegen das Diskriminierungsverbot des § 20 I GWB liegt somit nicht vor.

Auch wenn man den allgemeinen Gleichheitssatz des Art. 3 I GG auf das Verhalten der *DVB* für anwendbar hält, reicht eine ungleiche Behandlung der *X* allein nicht aus, um einen Verstoß anzunehmen. Mit seinem Beschluss, den Zigaretten- und Tabakkonsum nicht noch durch Werbung an städtischen Straßenbahnen zu fördern, will der Vorstand der *DVB* Suchtgefahren bekämpfen. Bei der Auswahl der Mittel verfügt er über einen Entscheidungsspielraum. Es ist plausibel anzunehmen, dass Werbung zum Verbrauch von Tabakerzeugnissen anreizt. Der bestehen-

---

[19] Dazu *Schuppert,* VerwArch 71 (1980), 309ff.; *Barbey,* WiVerw 1978, 77ff.

[20] BGHZ 52, 325.

[21] *Maunz/Dürig,* Art. 3 I Rn. 475ff.

[22] Vgl. BGHZ 49, 90 (98f.).

[23] BVerfGE 85, 191 (212); 77, 170 (214); *Klein,* NJW 1989, 1635f.

de Spielraum wurde hier daher nicht überschritten. Ein Kontrahierungszwang besteht nicht.

III. Möglichkeiten der *W*

1. Ansprüche gegen die *DVB*

a) Ansprüche öffentlich-rechtlicher Natur

Soweit die *DVB* grundsätzlich gestattet, an ihren Straßenbahnwagen Propaganda für politische Parteien zu betreiben, ist der Bereich erwerbswirtschaftlicher Tätigkeit verlassen, auch wenn ein Entgelt gefordert wird. Stellt ein Hoheitsträger oder ein Unternehmen, das sich in seiner Hand befindet, Werbemöglichkeiten für politische Parteien zur Verfügung, ist der Zweck dieses Tuns, den demokratischen Willensbildungsprozess zu unterstützen. Das Unternehmen erfüllt eine öffentliche Aufgabe mit Hilfe seiner Werbeflächen, die damit zu einer öffentlichen Einrichtung werden. Wollte man den Rechtscharakter der Werbeflächen von einer Widmung abhängig machen,[24] überließe man dem Hoheitsträger die Wahl, ob er sich § 8 II NRWGO unterwirft, oder die Widmung wäre mehr oder weniger fiktiv.[25] So müsste man sie im vorliegenden Falle aus der Anregung des Rats der Stadt herauslesen, die Straßenbahnwagen zur Werbung zu benutzen.

Bei der Zulassung zu öffentlichen Einrichtungen der Gemeinden wird häufig die Zweistufenlehre angewandt.[26] Die *DVB* kann aber als Privatperson allenfalls dann im Wege eines Verwaltungsaktes die Benutzung zulassen, wenn dem Unternehmen die Rechtsstellung eines Beliehenen eingeräumt ist. Eine Rechtsgrundlage dafür ist aber nicht ersichtlich. Der Sinn einer solchen Konstruktion ist auch gar nicht einzusehen, besteht doch die Möglichkeit, das Unternehmen aufgrund eines Kontrahierungszwangs zum Abschluss eines Vertrags zu veranlassen. Dementsprechend bedarf die *W* keines subjektiven öffentlichen Rechts auf Zulassung zu einer Einrichtung der *DVB.*

b) Privatrechtliche Ansprüche

§ 8 NRWGO könnte einen Kontrahierungszwang begründen, wenn die *W* über einen Ortsverband in *D* verfügt. Der Umstand, dass die Wahlpropaganda dem Wahlkampf für die Landtagswahl dient, also einem überörtlichen Zweck, schließt das Recht eines Gemeindeeinwohners aus § 8 NRWGO nicht aus. Dass die Gemeinde hier in Gestalt einer juristischen Person des Privatrechts auftritt, führt ebenfalls nicht dazu, dass sie sich von ihren öffentlich-rechtlichen Bindungen befreien kann. Die Pflicht aus § 8 II NRWGO ist daher auf das Tochterunternehmen zu er-

---

[24] So *Ossenbühl,* DVBl 1973, 290.
[25] *Püttner,* DVBl 1975, 353.
[26] Vgl. *OVG Koblenz* NVwZ 1982, 379 (380).

strecken.[27] Allenfalls könnte man deshalb Bedenken hegen, weil das Privatrecht nach Art. 74 I Nr. 1 GG Gegenstand der konkurrierenden Gesetzgebung ist und der Bund insoweit eine abschließende Regelung getroffen hat. Diesem Bedenken lässt sich jedoch Rechnung tragen, indem man den Kontrahierungszwang auf § 823 II BGB stützt. § 8 II NRWGO wäre dann Schutznorm zugunsten der Gemeindeeinwohner.

Verfügt die *W* über keinen Ortsverband in *D*, versagt diese Lösung. Ein Kontrahierungszwang könnte dann allerdings aus § 5 I 1 PartG herzuleiten sein, der keinen Einwand aus der Verteilung der Gesetzgebungskompetenzen hervorruft. § 5 I 1 PartG regelt freilich nur die Anwendung des Gleichheitssatzes, setzt also eine Vorschrift oder eine Praxis voraus, die man auf andere Fälle ausdehnen kann.[28] Betrachtet man § 5 PartG aber im Lichte des Art. 21 I GG, so folgt daraus, dass die Mitwirkung an der politischen Willensbildung Unterstützung verdient. Das Vergleichsobjekt ist also weit aufzufassen. Hat eine Partei mit einem Ortsverband in der betreffenden Gemeinde einen Anspruch aus § 8 II NRWGO, ist die Gleichbehandlung nach § 5 PartG nur dann gewährleistet, wenn der Anspruch auch auf Parteien ohne Ortsverband erstreckt wird. Hat keine Partei einen Ortsverband in der Gemeinde, muss die Vergabe von Werbeflächen an politische Parteien in der Vergangenheit maßgeblich sein.

Die *DVB* versucht, ihr Verhalten mit der Abwehr radikaler Parteien zu rechtfertigen. Es ist jedoch unverhältnismäßig, aus diesem Grunde andere Parteien zu benachteiligen. Die Gleichbehandlung der *W* nach § 5 PartG ist folglich geboten. Ob dazu § 823 II BGB oder auch § 826 BGB zur Hilfe zu nehmen ist, ändert an dem Ergebnis nichts. Die *W* hat somit einen Anspruch auf Abschluss eines Mietvertrags für ihre Wahlaufrufe gegen die *DVB* unabhängig davon, ob in D ein Ortsverband besteht oder nicht.

2. Ansprüche gegen die Stadt *D*

Wegen der angeblichen Schwierigkeiten, einen Anspruch unmittelbar gegen das öffentliche Unternehmen in Privatrechtsform zu begründen, wird ein öffentlich-rechtlicher „Verschaffungsanspruch" gegen die Gemeinde befürwortet, der notfalls mit einem Einwirkungsanspruch des Bürgers gegen den Hoheitsträger, seinem Tochterunternehmen die im öffentlichen Recht wurzelnden Bindungen abzuverlangen, gepaart sein soll.[29] Gewiss mögen für eine Einwirkungspflicht des Hoheitsträgers gute Gründe ins Feld geführt werden. Ein Einwirkungsanspruch würde dem Bürger aber nur mit großer Verzögerung sein Recht verschaffen, weil die Gemeinde erst auf das Tochterunternehmen Einfluss nehmen

---

[27] *Ossenbühl*, DVBl 1973, 293f.

[28] BVerwGE, 32, 333 (336).

[29] *Püttner*, DVBl 1975, 355 (357); *Rehn/Cronauge/von Lennep*, Gemeindeordnung für das Land Nordrhein-Westfalen, Stand: Oktober 2004, § 8 Anm. II.1, S. 4.

müsste. Es ist auch gar nicht gesagt, dass die Gemeinde über die Mittel verfügt, ihrer Einwirkungspflicht Genüge zu tun. Der Anspruch der *W* liefe dann leer. Daher ist von vornherein bei der Person anzusetzen, die den gewünschten Mietvertrag abschließen kann, Schwierigkeiten der juristischen Konstruktion dürfen dem nicht im Wege stehen. Ein Anspruch gegen die Gemeinde scheidet deshalb aus.

Literaturhinweise

1. Zum Rechtsweg

Bettermann, Karl August, Urteilsanmerkung zu BGH, DVBl 1977, 177, DVBl 1977, 180; *Dawin, Michael,* Rechtsweg und Klageart bei Verwaltung in privatrechtlichen Formen, NVwZ 1983, 400; *Herdegen, Matthias,* Die Zulassung zu kommunalen Einrichtungen in privatrechtlich ausgestalteter Regie, DÖV 1986, 906; *Ipsen, Jörn/Koch, Thorsten,* Öffentliches und privates Recht – Abgrenzungsprobleme bei der Benutzung öffentlicher Einrichtungen, JuS 1992, 809; *Kunig, Philip,* Unzulässigkeit des Verwaltungsrechtswegs bei öffentlich-rechtlichen Streitigkeiten, Jura 1990, 386; *Renck, Ludwig,* Der Rechtsweg im gerichtlichen Verfahrensrecht – Allgemeine Grundsätze, JuS 1999, 361; *ders.,* Der Rechtsweg im gerichtlichen Verfahrensrecht – Vertragshandeln und Realakte, JuS 2000, 1001; *Schliesky, Utz,* Der Rechtsweg bei wettbewerbsrelevantem Staatshandeln, DÖV 1994, 114; *Scholz, Rupert,* Wettbewerbsrechtliche Klagen gegen Hoheitsträger: Zivil- oder Verwaltungsrechtsweg?, NJW 1978, 16.

2. Zur wirtschaftlichen Betätigung

Badura, Peter, Wirtschaftliche Betätigung der Gemeinde zur Erfüllung von Angelegenheiten der örtlichen Gemeinschaft im Rahmen der Gesetze, DÖV 1998, 818; *Becker, Jürgen,* Öffentliche Unternehmen als Gegenstand des Wirtschaftsverwaltungsrechts, DÖV 1984, 313; *Burmeister, Joachim,* Verfassungsrechtliche Grundfragen der kommunalen Wirtschaftsbetätigung, in: Festschr. f. Unruh, 1983, 623; *David, Hans-Joachim,* Wettbewerbsrechtliche Ansprüche gegen Betätigung von Kommunen und deren Gesellschaften, NVwZ 2000, 738; *Ehlers, Dirk,* Die Entscheidung der Kommunen für eine öffentlichrechtliche oder privatrechtliche Organisation ihrer Einrichtungen und Unternehmen, DÖV 1986, 897; *ders.,* Rechtsprobleme der Kommunalwirtschaft, DVBl 1998, 497; *Erdmann, Joachim,* Wirtschaftliche Betätigung von Wirtschaftskammern, DVBl 1998, 13; *Gerke, Jürgen,* Die wirtschaftliche Betätigung der Gemeinden, Jura 1985, 349; *Gusy, Christoph,* Die wirtschaftliche Betätigung des Staates, JA 1995, 166 und 253; *Harries, Heinrich,* Verwaltungsentscheidung und Rechtsverhältnis, NJW 1984, 2190; *Heimlich, Jörn,* Zur Zulässigkeit der Werbung von Hoheitsträgern am Beispiel der öffentlichen Feuerwehr, NVwZ 2000, 746; *Hidien, Jürgen W.,* Das Ermessen der Gemeinden über die Zweckbindung ihrer wirtschaftlichen Unternehmen, DÖV 1983, 1002; *Hösch, Ulrich,* Öffentlicher Zweck und wirtschaftliche Betätigung der Kommunen, DÖV 2000, 393; *Hoffmann-Becking, Michael,* Die Begrenzung der wirtschaftlichen Betätigung der öffentlichen Hand durch Subsidiaritätsprinzip und Übermaßverbot, in: Festschr. f. Wolff, 1973, 445; *Lange, Wilfried,* Rechtsprobleme der Privatisierung öffentlicher Unternehmen, JZ 1981, 698; *Püttner, Günter,* Öffentliche Unternehmen als Instrument staatlicher Politik, DÖV 1983, 697; *Schönershofen, Peter/Binder-Falcke, Doris,* Zur wirtschaftlichen Betätigung der Gemeinden, VR 1997, 109; *Stober, Rolf,* Rein gewerbliche Betätigung der öffentlichen Hand und Verfassung, ZHR 145 (1981), 565; *ders.,* Die privatrechtlich organisierte öffentliche Verwaltung, NJW 1984, 449; *Tomerius, Stephan*, Wirtschaftliche Betätigung der Kommunen zwischen Gemeindewirtschafts- und Wettbewerbsrecht, LKV 2000, 41; *Vitzthum, Wolfgang Graf*, Gemeinderechtliche Grenzen der Privatisierung kommunaler Wirtschaftsunternehmen, AöR 104 (1979), S. 80.

3. Zum Verwaltungsprivatrecht

Danwitz, Thomas von, Vom Verwaltungsprivatrecht zum Verwaltungsgesellschaftsrecht – Zur Begründung und Reichweite öffentlich-rechtlicher Ingerenzen in der mittelbaren Kommunalverwaltung, AöR 120 (1995), 595; *Ehlers, Dirk*, Rechtsstaatliche und prozessuale Probleme des Verwaltungsprivatrechts, DVBl 1983, 422; *Erichsen, Hans-Uwe/Ebber, Bodo*, Die Grundrechtsbindung des privatrechtlich handelnden Staates, Jura 1999, 373; *Gusy, Christoph*, Die Bindung privatrechtlichen Verwaltungshandelns an das öffentliche Recht, DÖV 1984, 872; *ders.*, Freiheit der Formenwahl und Rechtsbindung der Verwaltung, Jura 1985, 578; *Höfling, Wolfram*, Die Grundrechtsbindung der Staatsgewalt, JA 1995, 431; *Ossenbühl, Fritz*, Die Handlungsformen der Verwaltung, JuS 1979, 681; *Röhl, Hans Christian*, Verwaltung und Privatrecht – Verwaltungsprivatrecht?, VerwArch 85 (1995), S. 531; *Unruh, Peter*, Kritik des privatrechtlichen Verwaltungshandelns – Ein Problemaufriß, DÖV 1997, 653; *v. Zezschwitz, Friedrich*, Rechtsstaatliche und prozessuale Probleme des Verwaltungsprivatrechts, NJW 1983, 1873.

4. Zum Kontrahierungszwang

Erichsen, Hans-Uwe, Die kommunalen öffentlichen Einrichtungen, Jura 1986, 196 (200ff.); *Vykydal, Swen*, Der unmittelbare Kontrahierungszwang im deutschen Recht – unter besonderer Berücksichtigung des § 2 StromeinspeisungsG, JA 1996, 81.

Fall 25. Die chemischen Labore in der Villa

Sachverhalt

Erich Eigen (E) ist Eigentümer einer Villa in einer nordrhein-westfälischen Universitätsstadt. Er vermietet die Villa auf unbegrenzte Zeit an die Universität. Der Kanzler der Universität gibt bei den Verhandlungen an, die Räume für Universitätsbehörden zu benötigen. Tatsächlich richtet die Universität in den Räumen der Villa chemische Labore ein, weil sich herausgestellt hat, dass dafür der Bedarf dringlicher ist. *E* fürchtet um seine Villa. Welche rechtlichen Schritte kann er unternehmen?

Carl Cramer (C) beliefert die Universität mit Chemikalien. Sein Fahrer *Fritz Fuhrmann (F)* benutzt jedes Mal die Gelegenheit, in der Villa Flugblätter gegen die Gefahren der Umweltverseuchung durch chemische Versuche zu verteilen, wenn er Waren dorthin bringt. *E* ist mit dem Tun des *F* einverstanden. Der Direktor des Instituts, zu dem die Labore gehören, untersagt dem *F*, weiterhin Flugblätter zu verteilen, weil dadurch der Lehr- und Forschungsbetrieb gestört werde und die von den Lesern liegen gelassenen Papiere die Räume verunreinigten. Nach erneuten Flugblattaktionen erteilt der Direktor dem *F* Hausverbot. *C* will *F* aus diesem Grund entlassen. Ist das Hausverbot rechtmäßig?

Der Chemiestudent *Stefan Sturm (S)* ist über das Hausverbot empört. Er verfasst seinerseits Flugblätter, in denen er gegen das „selbstherrliche Gebaren" des Direktors zu Felde zieht und verbreitet sie in allen Laboren. Außerdem beginnt er mit Gleichgesinnten einen Sitzstreik in der Villa. Der Direktor muss über die Streikenden hinwegsteigen, wenn er in sein Büro gelangen will. Er erteilt *S* ebenfalls Hausverbot. Ist es rechtmäßig?

Lösung

I. Rechtliche Schritte gegen die Benutzung der Villa zur Einrichtung von Laboren

1. Ansprüche aus dem Mietvertrag

Es liegt nahe, *E* auf seinen Mietvertrag mit der Universität zu verweisen. Stellt die Einrichtung von Laboren einen Vertragsverstoß dar, kann *E* die Universität abmahnen, den vertragswidrigen Gebrauch zu unterlassen. Setzt sie den Betrieb der Labore in der Villa fort, steht *E* der Anspruch aus § 541 BGB auf Unterlassung zu. Es kommt ferner eine fristlose Kündigung wegen vertragswidrigen Gebrauchs nach § 543 I, II Nr. 1, 573 d BGB in Betracht. Nach Beendigung des Mietverhältnisses müsste die Universität gemäß § 546 I BGB die gemietete Villa an *E* zurückgeben.

2. Öffentlichrechtliche Bindung

a) Die Widmung der Villa

Den Ansprüchen des *E* aus §§ 541 und 546 I BGB könnte eine öffentlich-rechtliche Bindung entgegenstehen. Eine Sache wird durch Widmung den Regeln des öffentlichen Rechts unterworfen, die das Privatrecht zwar nicht völlig ausschalten, wohl aber überlagern. Die Widmung ist ein Rechtsakt, durch den ein Hoheitsträger eine Sache einem öffentlichen Zweck zuführt. Die Universitätsverwaltung legt mit der Art der Einrichtung und mit der Zuweisung an das chemische Institut fest, dass in der Villa Lehr- und Forschungsaufgaben auf dem Gebiete der Chemie erfüllt werden. Darin liegt eine Widmung durch schlüssige Handlung. Solange die Widmung rechtswirksam ist, scheitern die Ansprüche des *E* aus §§ 541 und 546 I BGB an der öffentlich-rechtlichen Zweckbestimmung.

b) Fehlerhaftigkeit der Widmung als Rechtsnorm

Die Widmung könnte aber nichtig sein, weil die für eine Rechtsnorm der Verwaltung erforderliche Ermächtigungsgrundlage in einem förmlichen Gesetz fehlt, welches das für den Erlass von Rechtssetzungsakten der Universität vorgesehene Verfahren und die Verkündung der Rechtsnormen regelt. Dazu müsste die Widmung als Rechtsnorm einzuordnen sein. Für diese Annahme könnte sprechen, dass die Villa einem zur Zeit des Erlasses der Regelung nicht abschließend bestimmten Personenkreis zugänglich gemacht wird. Mit Erlass des § 35 S. 2 NRWVwVfG wurde jedoch klargestellt, dass hoheitliche Akte, durch die eine Sache unmittelbar den Regeln des öffentlichen Rechts unterstellt wird, Verwaltungsakte in der Form einer Allgemeinverfügung sind. Durch die Widmung wird die Benutzung der Villa des *E* durch die Allgemeinheit geregelt. Sofern keine gesetzliche Regelung zur Annahme einer Rechtsnorm zwingt, ist die Widmung daher als dinglicher Verwaltungsakt i.S.v. § 35 S. 2 NRWVwVfG anzusehen. Der Rechtsakt unterliegt somit nicht den Anforderungen an eine Rechtsnorm.

c) Fehlerhaftigkeit der Widmung als Verwaltungsakt?

Die Widmung könnte aber auch als Verwaltungsakt mit Fehlern behaftet und deshalb nichtig oder jedenfalls anfechtbar sein. Da die Rechtssicherheit nicht leiden darf, muss die Widmung allen Betroffenen erkennbar sein.[1] Spätestens mit Beginn der Lehr- und Forschungstätigkeit in den

---

[1] *Kopp*, BayVBl 1970, 235, 237.

Laboren können Eigentümer wie Hochschulangehörige die Zweckbestimmung der Villa wahrnehmen.

Die Widmung könnte jedoch aufgrund der Kündigung des privatrechtlichen Mietvertrags entfallen, wenn dem Verwaltungsakt die Bedingung anhaftet, dass das zugrunde liegende privatrechtliche Mietverhältnis aufrechterhalten bleibt. Eine solche Bedingung wurde indes nicht ausgesprochen. Wollte man von einer stillschweigenden Bedingung ausgehen, wäre die der Widmung eigene Überlagerung des Privatrechts in ihr Gegenteil verkehrt. Auf dem Weg über das Privatrecht könnte der Eigentümer unter Umständen die öffentlich-rechtliche Bindung zu Fall bringen, ohne sich der dafür eingerichteten Verfahren zu bedienen. Die Widmung steht daher nicht unter einer Bedingung.

Der Verwaltungsakt der Widmung könnte aber wegen mangelnder Zustimmung nichtig oder aufhebbar sein. Die Zustimmungsbedürftigkeit könnte sich aus der fehlenden Ermächtigungsgrundlage ergeben. Da die Widmung den Eigentümer belastet, ist an sich eine Rechtsgrundlage erforderlich. Willigt der Eigentümer jedoch ein, geschieht ihm kein Unrecht, wenn ein belastender Verwaltungsakt ohne gesetzliche Grundlage ergeht. Die Einwilligung, die Villa für öffentliche Zwecke zu verwenden, ist im Mietvertrag enthalten. Ob die Zweckbestimmung nach dem Vertrag die Einrichtung von Laboren umfasst, muss sich aus einer Auslegung des Mietvertrags ergeben. Während der Verhandlungen hat der Kanzler die Absicht erwähnt, Büroräume in die Villa zu verlegen. *E* ist darauf zwar nicht ausdrücklich eingegangen. Die Bekanntgabe der Absicht des Kanzlers ruft aber eine bestimmte Vorstellung über die Abnutzung und Gefährdung der Villa hervor. Die Einwirkung auf das Gebäude infolge des Umgangs mit chemischen Stoffen unterscheidet sich wesentlich von der Einwirkung durch Büroarbeiten. Die Gefahr, dass Schäden verursacht werden, ist ungleich größer. Daraus ist zu schließen, dass allein die Verwendung der Villa für Büroräume Vertragsinhalt geworden ist, was ihre Verwendung für chemische Labore ausschließt. Die Einwilligung zu einer derartigen Widmung liegt somit nicht vor. *E* hat die andersartige Benutzung auch nicht nachträglich gestattet.

Mangelt es an der notwendigen Mitwirkung des Betroffenen, halten manche den Verwaltungsakt der Widmung aus Gründen des Rechtsschutzes für nichtig.[2] Dem Eigentümer ist indessen zuzumuten, sich innerhalb der Fristen der Rechtsbehelfe zu bedienen, die gegen belastende Verwaltungsakte statthaft sind. Ist keine Rechtsbehelfsbelehrung erteilt, gewährt § 58 II 1 VwGO eine Frist von einem Jahr ab Zustellung, Eröffnung oder Verkündung des angegriffenen Verwaltungsakts. Der Verwaltungsakt der Widmung durch schlüssiges Handeln wurde dem *E* weder eröffnet noch verkündet. Seine Rechtsschutzmöglichkei-

---

[2] So *Krause*, VerwArch 61 (1970), 309; zum Streitstand *Papier*, Recht der öffentlichen Sachen, 3. Aufl., 1998, 54, Fn. 39 m. w. N.

ten sind deshalb nicht unangemessen verkürzt. Daher bestehen auch keine verfassungsrechtlichen Bedenken dagegen, dass die fehlende Zustimmung nicht unter die Nichtigkeitsgründe des § 44 II NRWVwVfG fällt. Nichtigkeit kann folglich nur dann eintreten, wenn der Mangel besonders schwer wiegt (§ 44 I NRWVwVfG).[3] Die Gefahr, dass durch die chemischen Versuche Schäden an dem Gebäude hervorgerufen werden, genügt zwar, um eine andere Verwendung als die nach dem Vertrag vorgesehene anzunehmen. Eine so schwere Belastung, dass dem *E* stets die Möglichkeit vorzubehalten ist, die Unwirksamkeit der Widmung geltend zu machen, ist darin aber nicht zu erblicken.

Selbst wenn man die Abweichung für schwerwiegend hält, muss der Mangel nach § 44 I NRWVwVfG außerdem offenkundig sein.[4] Die Tragweite der Einwilligung des *E* lässt sich erst durch Auslegung ermitteln. Die Fehlerhaftigkeit der Widmung ist daher nicht offenkundig. Mithin ist der entsprechende Verwaltungsakt zwar wegen der mangelnden Zustimmung des Eigentümers aufhebbar, nicht aber nichtig. Solange der Verwaltungsakt der Widmung nicht aufgehoben ist, kann *E* seine Ansprüche nach bürgerlichem Recht nicht durchsetzen. Ihm ist deshalb zu raten, die Widmung mit Widerspruch und im Falle des Misserfolgs mit der Anfechtungsklage anzugreifen.

II. Das Hausverbot gegenüber F

1. Die Rechtsnatur des Hausrechts

Die Rechtmäßigkeit des Hausverbots kann verschieden beurteilt werden, je nachdem, welche Regeln maßgeblich sind. Ob für das Hausverbot Privatrecht oder öffentliches Recht gilt, richtet sich nach der Rechtsnatur des Hausrechts, auf dem das Hausverbot beruht.

Solange die Widmung rechtswirksam ist, stellt die Villa des *E* eine öffentliche Sache im Verwaltungsgebrauch dar. Gleichwohl könnte aber ein privatrechtliches Hausrecht bestehen,[5] aus dem das Recht flösse, ein Hausverbot auszusprechen. Dieses Recht stünde an der Villa allerdings nicht dem *E* als Eigentümer zu, sondern der Universität als berechtigter Benutzerin. Das privatrechtliche Hausrecht stellt es seinem Inhaber im Rahmen der Sozialbindung frei, mit dem Eigentum bzw. dem Besitz nach Belieben zu verfahren. Ein Hoheitsträger soll bei der Wahrnehmung des privatrechtlichen Hausrechts aber an die öffentlich-rechtliche Zweckbestimmung gebunden sein.[6] Dies ist nur aus der Überlagerung des privatrechtlichen Eigentums durch die öffentlich-rechtliche Zweckbestimmung zu erklären. Dann gehört aber auch das Hausrecht dem öffentlichen Recht an.

---

[3] So bereits BGHZ 48, 239 (243).
[4] S. auch § 113 I 1 SHLVwG.
[5] Vgl. BGHZ 33, 230 (231).
[6] *Berg*, JuS 1982, 262.

Erkennt man dies grundsätzlich an, bleibt immer noch ein Restbestand für das privatrechtliche Hausrecht, wenn man – wie es die Rechtsprechung tut – das Hausrecht nicht einheitlich betrachtet, sondern im Hinblick auf die Betroffenen aufspaltet. Die Anwendung des öffentlichen oder des Privatrechts richtet sich dann nach den Rechtsbeziehungen zu demjenigen, der das Gebäude betritt, das einer öffentlich-rechtlichen Zweckbindung unterliegt. Sind die Beziehungen, die bestehen oder angebahnt werden sollen, privatrechtlicher Natur, steht dem Hoheitsträger das privatrechtliche Hausrecht zu. Befindet sich die Person zu den widmungsgemäßen öffentlich-rechtlichen Zwecken in dem Gebäude, untersteht sie dem öffentlich-rechtlichen Hausrecht.[7]

Legt man diese Unterscheidung zugrunde, ist maßgeblich, welche Rechtsbeziehungen die Universität zu *F* unterhält. *C*, der Arbeitgeber des *F*, deckt den Sachbedarf der öffentlichen Verwaltung und schließt zu diesem Zwecke Kaufverträge mit der Universität ab. *E* wird im Rahmen dieser Verträge als Erfüllungsgehilfe des *C* tätig. Seine Rechtsbeziehungen zur Universität sind also eingebettet in privatrechtliche Rechtsverhältnisse seines Dienstherrn. Die Universität besitzt folglich dem *F* gegenüber ein privatrechtliches Hausrecht. Freilich soll wiederum die öffentlich-rechtliche Zweckbindung für das Ausmaß des Hausrechts ausschlaggebend sein. Darüber hinaus ist der Hoheitsträger an die Grundrechte gebunden.[8] Auf diese Weise entsteht eine unübersichtliche Gemengelage.

Eine überzeugende Lösung besteht darin, dem Hoheitsträger ein öffentlich-rechtliches Hausrecht nur soweit zuzubilligen wie die öffentlichrechtliche Zweckbestimmung reicht. Die Widmung bewirkt, dass das Privatrecht vom öffentlichen Recht überlagert wird. Die privatrechtlichen Befugnisse sind verdrängt. Nur auf diese Weise lässt sich der Widerspruch vermeiden, dass die öffentlich-rechtliche Zweckbindung auch im privatrechtlichen Rechtsverkehr erheblich sein soll.

2. Das Hausverbot als Verwaltungsakt

a) Rechtsgrundlage

Anordnungen kraft öffentlich-rechtlichen Hausrechts an einzelne Personen sind Verwaltungsakte.[9] Ein Hausverbot bedarf als belastender Verwaltungsakt einer gesetzlichen Grundlage. Das Hausrecht in der Universität gesteht § 19 II 2 NRWHG dem Rektor zu.[10] Die nötige Bestimmtheit ist durch „Ordnungsvorschriften“ zu erreichen. Sollten sie

---

[7] *Maurer*, § 3 Rn. 24; *VG Bremen* DVBl 1989, 946.

[8] BGHZ 33, 230 (233).

[9] *VGH München* BayVBl 1980, 723; *Kneymeyer*, VBlBW 1982, 249 ff.

[10] In den anderen Bundesländern: Art. 23 VI BayHSchG; §§ 13 VIII BWUnivG; 56 II 1 BlnHSchG; 85 I 2 BbgHSchG; 81 II BremHSchG; 80 VII 1 HbgHSchG; 41 VII 3 HessHSchG; 81 I 3 HS. 1 LHG MV; 86 VIII 1 NdsHSchG; 74 VII 1 RhPfl-UnivG; 27 IV 2 SaarlUnivG; 94 II 1 SächsHSchG; 80 I 3 HSchG SachsAnh; 47 I 3 SHHSchG. In Thüringen fehlt eine entsprechende Vorschrift.

fehlen oder nicht als „Grundordnung“ nach §§ 2 IV, 19 II 3 NRWHG erlassen sein, bietet sich der Rückgriff auf das bürgerliche Recht an. Der Hoheitsträger ist jedoch nicht so frei gestellt wie ein Privatmann, der als Eigentümer oder Besitzer das Hausrecht ausübt.[11] Leitgedanke für die Eingrenzung des öffentlich-rechtlichen Hausrechts ist die störungsfreie, bestimmungsgemäße Verwendung der Räumlichkeiten des Verwaltungsvermögens.[12] In Ermangelung besonderer Vorschriften bleibt als Rechtsquelle nur das Gewohnheitsrecht. Die Ausübung des Hausrechts zur Sicherung der öffentlich-rechtlichen Zweckbestimmung entspricht der bisherigen Übung, die als rechtmäßig aufgefasst wird und sich in Verhaltensregeln äußert.[13]

Der ordnungsgemäße Betrieb der Labore erfordert die Anlieferung von Chemikalien. Daher läuft das Hausverbot des *F* an sich der Zweckbestimmung des Gebäudes zuwider. Es lässt sich also nur rechtfertigen, wenn die Abwehr der Verteilung von Flugblättern der Sicherung eines störungsfreien Ablaufs der Lehr- und Forschungstätigkeit dient. Zum einen könnte *F* mit dem Inhalt seiner Flugblätter Empörung hervorrufen, die eine Ablenkung der Hochschulangehörigen zur Folge haben könnte. Doch regt die Warnung des *F* eher zum Nachdenken an, was nicht zwangsläufig mit Lehre und Forschung in Konflikt zu geraten braucht. Zum anderen wäre eine Störung durch die Verteilungsaktion selbst denkbar, wurde aber vom Institutsdirektor nicht näher bezeichnet. Eine Störung stellt jedoch die Verunreinigung des Gebäudes durch herumliegende Papiere dar. Es liegt im Rahmen einer ordnungsgemäßen Verwaltung, für die Reinhaltung der Verwaltungsgebäude zu sorgen. Zwar werfen die Leser die Blätter weg oder lassen sie liegen, *F* muss aber damit rechnen und ist deshalb ebenfalls für die Verunreinigung verantwortlich.

b) Zuständigkeit

Das Hausrecht liegt in der Hand des Rektors bzw. Präsidenten. Dieser ist aber befugt, das Recht für Teilbereiche zu delegieren, wie aus § 19 II 3 NRWHG hervorgeht.[14] Leitet jemand ein Institut, ist ihm auch die Betreuung der Räumlichkeiten übertragen. Da der Rektor bzw. Präsident den ordnungsgemäßen Verwaltungsgang nicht in eigener Person in allen Institutionen gewährleisten kann, ist zumindest von einer stillschweigenden Delegation des Hausrechts auf die Institutsdirektoren auszugehen. Manche sprechen den Direktoren sogar ein originäres Haus-

---

[11] Vgl. *Bethge*, DV 1977, 322f.

[12] *Kneymeyer*, DÖV 1970, 597.

[13] *Maurer*, § 3 Rn. 24.

[14] In den anderen Bundesländern: Art. 23 VI BayHSchG; §§ 80 VII 2 HbgHSchG; 81 I 3 HS. 2 LHG MV; 86 VIII 2 NdsHSchG (sinngemäß); 74 VII 2 RhPflUnivG; 94 II 3 SächsHSchG; 47 I 3 HS. 2 SHHSchG. Vgl. auch § 104 BWUnivG. In Berlin, Brandenburg, Hessen, dem Saarland, Sachsen-Anhalt und Thüringen fehlt eine entsprechende Vorschrift.

recht zu,[15] das nur auf Gewohnheitsrecht beruhen kann. Der Direktor des Chemischen Instituts ist daher für das Hausverbot gegenüber *F* die zuständige Behörde.

c) Entgegenstehende Rechte des *F*?

F könnte sich zunächst auf das fehlende Einverständnis des *E* berufen. Aufgrund der Widmung ist der Eigentümer jedoch seiner privatrechtlichen Verfügungsmacht beraubt, soweit die öffentlich-rechtliche Zweckbestimmung reicht.[16]

F kann indessen sein Grundrecht aus Art. 5 I 1 GG geltend machen. Die Meinungsfreiheit findet aber ihre Schranken in den allgemeinen Gesetzen (Art. 5 II GG). Dazu zählen auch die gewohnheitsrechtlichen Regeln zur Ausgestaltung des Hausrechts, die allerdings im Lichte des Grundrechts auszulegen sind. Innerhalb der Universität sind vorrangig die Grundrechte der Universitätsangehörigen zu beachten. *F* zählt aber nicht zu diesem Personenkreis. Als Außenstehender hat *F* den zufälligen Vorteil, im Universitätsbereich seine Meinung zu äußern. Eine Störung des Verwaltungsbetriebs muss dann aber ausgeschlossen sein. Dies ist hier aber nicht der Fall. Das Grundrecht auf Meinungsfreiheit ist dadurch eingeschränkt.

d) Der Grundsatz der Erforderlichkeit

Als Bestandteil des Verhältnismäßigkeitsprinzips ist hier auch der Grundsatz der Erforderlichkeit zu beachten. Die vergeblichen Abmahnungen durch den Institutsdirektor zeigen jedoch, dass *F* nur durch das Mittel des Hausverbots dazu veranlasst werden kann, seine Flugblattaktionen einzustellen, mag die Folge auch der Verlust seines Arbeitsplatzes sein. Die Maßnahme des Institutsdirektors ist somit rechtmäßig.

3. Das Hausverbot als privatrechtliche Maßnahme

Folgt man der Ansicht, die gegenüber *F* ein privatrechtliches Hausrecht zum Zuge kommen lässt, ist das Ergebnis nicht anders. Die Beschränkung des Hausrechts auf die Sicherung eines störungsfreien, bestimmungsgemäßen Verwaltungsablaufs und die Bindung an die Grundrechte gelten auch dann. Beide Gesichtspunkte berühren die Rechtmäßigkeit des Hausverbots gegenüber *F* nicht.

III. Das Hausverbot gegenüber *S*

Als Student ist *S* nach § 65 I NRWHG[17] Mitglied der Hochschule. Er hält sich im Chemischen Institut auf, um bestimmungsgemäß die Labore

---

[15] *Karpen*, WissR 5 (1972), 218.

[16] *Erichsen/Ehlers*, § 43 II 1, Rn. 6.

[17] In den anderen Bundesländern: Art. 17 I Nr. 7 BayHSchG; §§ 6 I Nr. 15 BW-UnivG; 43 I Nr. 4 BlnHSchG; 76 I 1 BbgHSchG; § 5 I BremHSchG; 29 I 1 Hbg-

zu benutzen. Ihm gegenüber ergeht ein Hausverbot kraft öffentlichen Rechts. Rechtsgrundlage dieses Verwaltungsakts ist ebenfalls das Hausrecht, wenn man es auf die Hochschulangehörigen anwenden will. In der Literatur wird indes teilweise eine Konstruktion vorgezogen, die auf das Bestehen einer besonderen Ordnungsgewalt wie gegenüber dem Benutzer einer Anstalt abstellt.[18] Zumindest in Nordrhein-Westfalen ist dies bedenklich, weil das Ordnungsrecht im Einzelnen in einer Satzung geregelt werden kann. Es fehlt somit an einem umfassenden gesetzlichen Ordnungsrecht, das die wesentlichen Ordnungsmaßnahmen regelt. Lediglich das Hausrecht ist im Gesetz verankert.[19]

Wo immer man die Befugnis ansiedeln mag, Ordnungsmaßnahmen gegen Studenten zu verhängen, sind die Rechte des Hoheitsträgers im Vergleich zu den Rechten gegenüber Außenstehenden eingeschränkt. Der Hochschulangehörige kann der Ordnungsgewalt bzw. dem Hausrecht sein verfassungsrechtlich gewährleistetes Recht auf Benutzung und Teilhabe aus Art. 12 i.V.m. Art. 3 I GG[20] entgegensetzen. Das Recht der freien Wahl von Lehrveranstaltungen, das notwendigerweise auch den Zutritt zu den Ausbildungsstätten umfasst, ist auf einfachgesetzlicher Ebene auch in § 4 IV 1 HRG anerkannt. Demzufolge ist abzuwägen zwischen dem Interesse an einem ordnungsgemäßen und effektiven Lehr- und Forschungsbetrieb einerseits und dem Recht des *S* auf freie Meinungsäußerung in der Universität andererseits.[21]

Für die Flugblätter gelten im Ansatz die gleichen Erwägungen wie bei *F.* Anders als ein Außenstehender hat *S* aber das Recht, durch Meinungsäußerungen am Willensbildungsprozess der Universitätsorgane teilzunehmen. Gegenüber diesem demokratischen Grundrecht treten geringfügige Störungen des Institutsbetriebes wie die Verunreinigung der Räume zurück, zumal *S* angehalten werden kann, für die Beseitigung der weggeworfenen oder liegen gelassenen Flugblätter zu sorgen. Nach dem Grundsatz der Erforderlichkeit ist zunächst zu diesem Mittel zu greifen.

Der Sitzstreik führt nicht zur Behinderung des Lehr- und Forschungsbetriebs. Der Umstand, dass der Institutsdirektor über die Streikenden hinwegsteigen muss, wenn er in sein Dienstzimmer gelangen will, mag für ihn lästig sein. Solange aber der Zugang zu dem Zimmer möglich ist, überschreiten die Streikenden nicht die Grenze zur Ausübung rechts-

HSchG; 7 I HessHSchG; 69 I LHG MV; 37 I Nr. 9 NdsHSchG; 32 I RhPflUnivG; 11 I Nr. 1 SaarlUnivG; 65 I 1 SächsHSchG; 67 I HSchG SachsAnh; 23 I Nr. 3 SHHSchG; 38 I 1 ThürHSchG. Vgl. auch § 36 I HRG.

[18] *Kneymeyer,* DÖV 1970, 597.

[19] S. aber: Art. 93, 94 BayHSchG; §§ 98–105 BWUnivG; 16 BlnHSchG; 40, 41 BbgHSchG; 42 HbgHSchG; 18 SaarlUnivG; 72, 73 SächsHSchG; 32 IV SHHSchG.

[20] Vgl. BVerfGE 33, 303 (331 f.).

[21] *VGH Mannheim* DVBl 1978, 274; *VGH Kassel* DVBl 1979, 925 (in der Sache allerdings zu restriktiv); s. auch *VGH München* BayVBl 1986, 271 (zu einem kirchlichen Kindergarten).

widriger Gewalt. Weder die Flugblattaktionen noch der Sitzstreik geben also das Recht, dem *S* das Haus zu verbieten.

Das Hausverbot macht dem Chemiestudenten die Fortführung eines ordnungsgemäßen Studiums unmöglich. Eine derart einschneidende Maßnahme wird weder durch die Delegation der Ordnungsgewalt noch durch eine gewohnheitsrechtliche Befugnis des Institutsdirektors, erst recht nicht durch ein Hausrecht zur Wahrung der Ordnung in den Instituten gedeckt.[22] Der Verwaltungsakt des Hausverbots ist aus diesem Grunde rechtswidrig.

Literaturhinweise

1. Zur Widmung

Axer, Peter, Die Widmung als Grundlage der Nutzung kommunaler öffentlicher Einrichtungen, NVwZ 1996, 114; *Fehling, Michael,* Gemeingebrauch und Sondernutzung im System des allgemeinen Verwaltungsrechts und des Wirtschaftsverwaltungsrechts, JuS 2003, 246; *Kallus, Michael,* Zur Widmung und Entwidmung öffentlicher Straßen in den neuen Bundesländern nach der DDR-Straßenverkehrsordnung, LKV 1993, 154; *Papier, Hans-Jürgen,* Öffentliche Sachen, Jura 1979, 93; *ders.,* Recht der öffentlichen Sachen, 3. Aufl. 1998, 39ff.

2. Zum Hausrecht

Berg, Wilfried, Das Hausrecht des Landgerichtspräsidenten – VGH München, BayVBl 1980, 723, JuS 1982, 260; *Bethge, Herbert,* Das Hausrecht der öffentlichen Hand im Dilemma zwischen öffentlichem Recht und Privatrecht, DV 1977, 313; *Büchner-Uhder, Willi,* Hausverbot bei Sitzungen der Gemeindevertretungen und für Gebäude der kommunalen Verwaltung, Verwaltungsorganisation 1993, Nr. 5, 20; *ders.,* Fallbeispiel kommunale Praxis – Hausrecht des Bürgermeisters, Verwaltungsorganisation 1993, Nr. 9, 12; *Ehlers, Dirk,* Gesetzesvorbehalt und Hausrecht der Verwaltungsbehörden, DÖV 1977, 737; *Knemeyer, Franz-Ludwig,* Das Hausrecht der öffentlichen Verwaltung, VBlBW 1982, 249; *Laubinger, Hans-Werner,* Übungsfall – Hausrecht der Behörden, JA 1975, 198 und 267; *Pappermann, Ernst/Löhr, Rolf-Peter/Andriske, Wolfgang,* Recht der Öffentlichen Sachen, 1987, 162ff.; *Ronellenfitsch, Michael,* Das Hausrecht der Behörden, VerwArch 73 (1982), 465; *Schmidt, Corinna,* Zum Hausrecht der Fraktionen in ihren Geschäftsräumen, DÖV 1990, 102; *Zeiler, Horst,* Das Hausrecht an Verwaltungsgebäuden, DVBl 1981, 1000; *Zilkens, Martin,* Der praktische Fall – Öffentliches Recht: Hausverbot im Planungsamt, JuS 2003, 165.

---

[22] Vgl. *Quaritsch,* JuS 1968, 474.

Fall 26. Politischer Protest auf der Straße

Sachverhalt

Nehmen Sie an, die Ministerpräsidenten einigen sich auf einen neuen Extremistenerlass. Politische Gruppen gehen in der kreisfreien nordrhein-westfälischen Stadt Dalberg *(D)* auf die Straße, um das Ereignis zu diskutieren. *Albert Alt (A)* verwickelt auf dem Bürgersteig einer Bundesstraße die Passanten in politische Gespräche, worauf sich manche der Angesprochenen empört abwenden. Um *Bertram Bert (B)* bildet sich auf demselben Bürgersteig ein Knäuel von Menschen, so dass viele Leute auf die Fahrbahn ausweichen müssen, wenn sie an dieser Stelle vorbeigehen wollen. Ein paar Schritte entfernt steht *Christian Christ (C)* und verkauft politische Zeitungen, die er in einer Umhängetasche bei sich führt. Die Polizei beobachtet die drei eine ganze Weile, greift aber nicht ein. Nach der Beendigung der Aktion stellt sie die Personalien von *A, B* und *C* fest.

Die politischen Gruppen machen ihrem Unmut über diese polizeiliche Maßnahme Luft, indem sie sich zu einem Zug formieren und auf die Fahrbahn der Bundesstraße im Stadtgebiet marschieren. Am Anfang des Zuges rufen die Teilnehmer im Sprechchor: „Polizisten sind Faschisten". Am Ende des Zuges kann man dies nicht verstehen. Die Polizei erklärt mehrere Male durch Lautsprecher die Demonstration für aufgelöst. Nur wenige Teilnehmer entfernen sich. Daraufhin stellt die Polizei die Personalien des *Dietrich Dietz (D),* der sich am Anfang des Zuges befindet, und der *Erika Esser (E)* fest, die am Ende des Zuges läuft.

Das Polizeipräsidium erlässt gegen die fünf Personen Bußgeldbescheide wegen unerlaubter Sondernutzung nach § 23 I Nr. 1 BFStrG und wegen eines Verstoßes gegen § 29 I Nr. 1 VersammlG. Auf den Einspruch der fünf hin entscheidet der zuständige Richter beim Amtsgericht. Wird er eine Geldbuße wegen einer Ordnungswidrigkeit nach den genannten Vorschriften festsetzen?

Vermerk: In den anderen Bundesländern ist von der Zuständigkeit der Polizei zur Auflösung der Versammlung auszugehen.

Lösung

I. Zuständigkeit und Prüfungsbefugnis des Richters beim Amtsgericht

Da die Betroffenen Einspruch eingelegt haben, entscheidet nach § 68 I OWiG der Richter beim Amtsgericht. Aus § 72 OWiG geht hervor, dass der Richter nicht lediglich den Bußgeldbescheid der Verwaltungsbehörde überprüft, sondern selbständig die Ahndung der Ordnungswidrigkeiten übernimmt. Auf die Zuständigkeit des Polizeipräsidiums zum Erlass der Bußgeldbescheide käme es allenfalls an, wenn seine Maßnahmen nichtig sein könnten. Dafür ist aber kein Anhaltspunkt vorhanden. Maßgeblich ist also, ob die Betroffenen Ordnungswidrigkeiten begangen haben.

II. Ordnungswidrigkeiten des *A*

1. Straßenrecht

A besitzt keine Erlaubnis zur Sondernutzung an einer Bundesstraße. Nach § 23 I Nr. 1 BFStrG ist daher entscheidend, ob *A* eine Bundesfernstraße über den Gemeingebrauch hinaus benutzt hat (§ 8 I 1 BFStrG). Der Bürgersteig gehört zur Bundesfernstraße. Das geht zwar nicht ausdrücklich aus § 1 IV hervor, ist aber aus § 5 III BFStrG zu schließen, der Gehwege als Bestandteile von Bundesfernstraßen erwähnt.[1]

Der Verkehr im Sinne von § 7 I 1, 3 BFStrG umfasst auf jeden Fall die Fortbewegung von Menschen. Aus § 7 I 2 BFStrG lässt sich entnehmen, dass eine vorübergehende Unterbrechung der Fortbewegung nicht hindert, die Benutzung zum Verkehr zu rechnen. Der Zweck der Benutzung muss auch nicht ausschließlich darauf gerichtet sein, Entfernungen zurückzulegen. *A* legt aber nicht nur eine Pause ein, um anschließend wieder weiterzulaufen, sondern ist überhaupt nicht darauf bedacht, einen räumlichen Abstand zu überwinden. Vielmehr will *A* an Ort und Stelle eine Diskussion anfachen. Von einem engen Begriff des Verkehrs ist dies nicht mehr gedeckt.[2]

Zu bedenken ist jedoch, dass *A* seine Meinung zu einem politischen Ereignis kundtut. Er macht also von seiner Meinungsfreiheit nach Art. 5 I 1 GG Gebrauch. Freilich setzt § 8 I BFStrG als allgemeines Gesetz der Meinungsfreiheit Schranken (Art. 5 II GG). Doch ist ein solches Gesetz nach der Wechselwirkungslehre im Lichte des Grundrechts auszulegen.[3] Man könnte erwägen, zwar die Überschreitung des Gemeingebrauchs anzunehmen, wohl aber eine Pflicht zur Erteilung der Erlaubnis aufzustellen.[4] Eine spontane Meinungsäußerung auf der Straße wäre auf diese Weise zur Ordnungswidrigkeit erklärt. Diese Benachteiligung gegenüber einer geplanten Meinungsäußerung hätte keinen Sinn, wenn die Erlaubnis ohnehin zu erteilen wäre. Die Behörde könnte keine vorbeugende Kontrolle bei der Entscheidung ausüben, ob eine Erlaubnis zu erteilen ist oder nicht. Allerdings könnte die Behörde prüfen, welche

---

[1] *Marschall/Schroeter/Kastner,* 5. Aufl., 1998, § 1 Rn. 44.
[2] Vgl. BVerwGE 35, 326 (329); *Kodal-Krämer,* 1999, Kap. 24, Rn. 21 ff.
[3] BVerfGE 7, 198 (208).
[4] So *Steinberg,* NJW 1978, 1901 ff.; *Meissner,* JA 1980, 592 ff.

Gefahren für Rechtsgüter erwachsen, die der Meinungsfreiheit im Einzelfall übergeordnet sind, vor allem Leben und Gesundheit von Menschen, die sich auf der Straße bewegen.[5] Dieser Güterabwägung tragen aber bereits die Verkehrsvorschriften Rechnung, so dass es keiner zusätzlichen Sicherung durch ein Erlaubnisverfahren bedarf.

Ein anderer Vorschlag geht dahin, die Sondernutzung für erlaubnisfrei zu halten.[6] Diese Lösung steht nicht in Einklang mit der zwingenden Vorschrift des § 8 I 2 BFStrG, von der nur durch Satzung eine Ausnahme gemacht werden darf (§ 8 I 4 BFStrG). Seit einiger Zeit ist eine Auffassung im Vordringen, die zum Verkehr im Sinne der gesetzlichen Begriffsbestimmung des Gemeingebrauchs nicht nur die körperliche Fortbewegung an sich, sondern auch die breite Skala der menschlichen Kommunikation, darunter auch des Austauschs von Meinungen, rechnet (sog. kommunikativer Verkehrsbegriff).[7] Diese Deutung lässt sich mit dem Wortlaut des Gesetzes in Einklang bringen, weil es sich um eine verfassungskonforme Auslegung des Rechtsbegriffs „Verkehr" handelt. Dieser Begriff ist im Allgemeinen Sprachgebrauch nicht auf körperliche Bewegungsvorgänge beschränkt. Der weitere Begriff des Verkehrs führt von einer Überbetonung des Zwecks der Straßen, nämlich zur Fortbewegung zu dienen, weg und räumt den Straßen als Schauplatz menschlicher Begegnungen den angemessenen Platz ein. Nur auf diese Weise lässt sich den Grundrechten der Kommunikation gebührend Rechnung tragen.[8] Der Gemeingebrauch schließt folglich grundsätzlich Meinungsäußerungen auf der Straße mit ein.

Nicht überall ist jedoch Platz für den Kontakt der Bürger und den Austausch von Meinungen. Verkehrsflächen, die ihrem Wesen nach der beschleunigten Fortbewegung dienen, sind keine „Kommunikationszonen".[9] Der Gehsteig einer Bundesstraße gehört jedoch anders als die Fahrbahn nicht zu den Bereichen, die zur Kommunikation ungeeignet sind. Ist die Abgrenzung zur Sondernutzung dergestalt verschoben, gewinnt die Gemeinverträglichkeit als Abgrenzungsmaßstab[10] erhöhte Bedeutung. Der Verkehr als Inbegriff der Bewegungs- und Kommunikationsvorgänge auf der Straße kann nur in dem Maße erlaubnisfrei gewährleistet sein, als nicht der Gemeingebrauch anderer unzumutbar beeinträchtigt wird.

Wenn *A* Passanten anspricht, die nicht zur Diskussion bereit sind, werden sie in ihrer ungestörten Fortbewegung berührt. Wollte man darin

---

[5] *Geck-Böhmer*, JuS 1973, 502.

[6] *OLG Düsseldorf* NJW 1975, 1288; *OLG Celle* NJW 1975, 1894; vgl. auch *VGH München* NJW 1978, 1940.

[7] *OVG Lüneburg* NJW 1986, 863; *Meissner*, JA 1980, 588 m.w.N.; kritisch *Schröder*, DV 1977, 456ff.

[8] *Kodal/Krämer*, Kap. 24, Rn. 23.

[9] „Vorrang des fließenden Verkehrs": *Kodal/Krämer*, Kap. 24, Rn. 31.

[10] *Püttner*, AllgVerwR, 7. Aufl., 1995, 125; a.A. *Kodal/Krämer*, Kap. 24, Rn. 30.

aber bereits eine Sondernutzung erblicken,[11] müsste *A* wegen des Risikos, auf ablehnende Haltung zu stoßen, vorsorglich immer eine Erlaubnis einholen. Wer nicht allen Menschen angenehme Dinge sagt, läuft Gefahr, Missfallen zu erregen. Manche wollen sogar mit allen Diskussionen in Ruhe gelassen werden. Welche Behörde aber wird die Erlaubnis erteilen, Personen anzusprechen, die nicht in ein Gespräch verwickelt werden wollen? Eine Abgrenzung nach der Bereitschaft, in einen Meinungsaustausch einzutreten, macht den erstrebten Vorteil für die Meinungsfreiheit zunichte.

Rechnet man es zum Gemeingebrauch, wenn jemand auf der Straße Gespräche anzubahnen versucht, sind die derart Angesprochenen deswegen nicht unzumutbar beeinträchtigt, weil sie ohne weiteres das Ansinnen zurückweisen können, mit jemandem zu diskutieren, indem sie sich entfernen oder die Unterredung ausdrücklich ablehnen. Wendet jemand Gewalt an, um ein Gespräch zu erzwingen, liegt eine Nötigung vor, die gewiss der Gemeinverträglichkeit nicht mehr entspricht. *A* ist aber nicht so weit gegangen. Sein Verhalten auf dem Bürgersteig der Bundesstraße in D bleibt im Rahmen des Gemeingebrauchs, eine Ordnungswidrigkeit nach § 23 I Nr. 1 BFStrG scheidet aus.

2. Versammlungsrecht

Da es *A* nicht gelungen ist, Menschen um sich zu versammeln, entfällt auch ein Verstoß gegen das Versammlungsgesetz.

III. Ordnungswidrigkeiten des *B*

1. Straßenrecht

B, der ebenfalls über keine Erlaubnis zur Sondernutzung verfügt, könnte nach den aufgezeigten Grundsätzen die Bundesstraße über den Gemeingebrauch hinaus in Anspruch genommen und damit eine Ordnungswidrigkeit nach § 23 I Nr. 1 BFStrG begangen haben. *B* betätigte sich zwar im Schutzbereich der Meinungsfreiheit, könnte aber die Grenze der Gemeinverträglichkeit überschritten haben, wenn er für die Menschenansammlung verantwortlich ist. Das Polizei- und Ordnungsrecht hat die Rechtsfigur des Zweckveranlassers entwickelt, der sich eine Störung der öffentlichen Sicherheit und Ordnung auch dann zurechnen lassen muss, wenn andere unmittelbar die Störung hervorrufen, deren Verhalten der Zweckveranlasser herbeiführen will.[12] *B* hat seine Zuhörer zum Stehen bleiben veranlasst. Mag er auch nicht im Sinne gehabt haben, weitere Vorübergehende dazu zu zwingen, auf die Fahrbahn auszuweichen, genügt doch, dass seine Meinungskundgabe auf dem Bürgersteig durch die von *B* erwünschte Anhäufung von Menschen geeignet ist, die Gefähr-

---

[11] So *OLG Stuttgart* NJW 1976, 201.
[12] Siehe *Knemeyer,* Rn. 251.

dung von Fußgängern auf der Fahrbahn zu bewirken und B dies auch billigend in Kauf genommen hat.[13] *B* ist also für die gefährliche Situation verantwortlich. Demnach müsste sich *B* eigentlich eine Erlaubnis zur Sondernutzung beschaffen.[14]

Gegen dieses Ergebnis ließe sich einwenden, dass ein Redner nicht von vornherein wissen kann, ob er das Interesse so vieler Personen wecken wird, dass ein Stau entsteht, der andere in Gefahr bringt. Der Redner bleibt also zunächst im Rahmen des Gemeingebrauchs. Sobald der gefährliche Zustand eintritt, muss der Redner seine Rede abbrechen, um nicht gegen § 1 II StVO zu verstoßen. Nicht jede Verletzung von Verkehrsvorschriften bedeutet aber eine unerlaubte Sondernutzung.[15] § 7 I BFStrG verweist allerdings den Gemeingebrauch ausdrücklich in den Rahmen der verkehrsbehördlichen Vorschriften. Doch wird damit nur umrissen, in welchem Umfange ein Recht auf Teilnahme am Gemeingebrauch besteht.[16] Die Abgrenzung der Sondernutzung gegenüber dem Gemeingebrauch bestimmt sich in erster Linie nach § 7 I 3 BFStrG. Die danach maßgebliche Zweckrichtung des Verhaltens ist zwar anhand des Gesichtspunkts der Gemeinverträglichkeit zu ermitteln, diese stimmt aber nicht mit den Verkehrsregeln überein, sondern richtet sich nach einem Ausgleich unter den Teilnehmern am Gemeingebrauch. Demnach schlägt die Situation in eine Sondernutzung um, wenn die Fußgänger durch eine bezweckte Menschenansammlung an der Benutzung des Bürgersteigs gehindert werden.

2. Wegfall der Erlaubnispflicht aufgrund Versammlungsrechts?

Die Sondernutzung könnte hier aber ausnahmsweise nicht erlaubnispflichtig sein, weil für eine öffentliche Versammlung keine Erlaubnis notwendig ist (§ 14 I VersammlG). Fraglich ist, ob es sich bei der Gruppe von Menschen, die *B* zuhören, um eine Versammlung im Sinne von Art. 8 GG handelt. Der Begriff ist weder im Grundgesetz noch im Versammlungsgesetz näher definiert. Nach herrschender Meinung ist eine Versammlung ein Zusammentreffen mindestens zweier Personen, zwischen denen eine innere Verbindung besteht und die einen gemeinsamen Zweck verfolgen.[17] Fehlt auch nur eine der genannten Voraussetzungen, liegt allenfalls eine Ansammlung vor, die nicht unter den Schutzbereich von Art. 8 GG fällt.[18] Im vorliegenden Fall könnte man der Auffassung sein, die Gruppe verfolge den Zweck, eine öffentliche Angelegenheit zu erörtern. Fraglich ist aber, ob zwischen den Anwesenden auch eine in-

[13] *Knemeyer,* Rn. 251.
[14] *OLG Stuttgart* NJW 1976, 201.
[15] Vgl. *Kodal-Krämer* (Fn. 8), Rn. 31.
[16] *Marschall/Schroeter/Kastner* (Fn. 1), § 7 Rn. 2 und 7.
[17] *Kunig,* in: *v. Münch,* GG, Art. 8 Rn. 13 m. w. N.; kritisch zum Erfordernis gemeinsamer Zweckverfolgung: *Herzog,* in: *Maunz-Dürig,* Art. 8 Rn. 50.
[18] BVerwGE 56, 63 (69); *v. Münch,* in: BK, Art. 8 Rn. 22.

nere Verbindung besteht. Nach dem gesamten Erscheinungsbild, das die anwesenden Personen bieten, lässt sich sicherlich nicht sagen, dass die Kommunikation darauf abzielt, eine Gruppe zu bilden, die sich bewusst und gewollt zusammenfindet, um einen gemeinsamen Zweck zu verfolgen. Vielmehr handelt es sich hier um eine Gruppe, die sich aus zufällig vorbeikommenden Einzelpersonen zusammensetzt, die sich ihres Beisammenseins nicht unmittelbar bewusst sind und daran auch gar nicht festhalten wollen. Dies ist keine Versammlung, sondern eine Ansammlung, die nicht von Art. 8 GG geschützt ist.[19]

IV. Ordnungswidrigkeiten des *C*

C benutzt den Bürgersteig nicht zur Äußerung seiner Meinung. Er verbreitet aber ein Presseerzeugnis und nimmt insofern an der Pressefreiheit nach Art. 5 I 2 GG teil. Der Verkauf von Presseerzeugnissen gehört zum Kommunikationsprozess, der auf der Straße stattfindet. Die wirtschaftliche Betätigung, die entweder durch Art. 12 I GG geschützt ist, wenn C berufsmäßig Zeitungen verkauft, oder durch Art. 2 I GG, verdrängt Art. 5 I GG nicht.[20] Demnach hält sich der Zeitungsverkauf auf der Straße noch im Rahmen des Gemeingebrauchs,[21] sofern nicht Vorkehrungen getroffen werden, die geeignet sind, den Gemeingebrauch anderer wesentlich zu beeinträchtigen, wie etwa die Aufstellung eines Verkaufsstandes.[22] *C* ist hingegen nur mit einer Umhängetasche unterwegs, so dass das Erfordernis der Gemeinverträglichkeit erfüllt ist. *C* hat keine Ordnungswidrigkeit nach § 23 I 1 BFStrG begangen. Eine Verletzung des Versammlungsgesetzes kommt nicht in Betracht.

V. Ordnungswidrigkeiten der Teilnehmer am Demonstrationszug

1. Ordnungswidrigkeiten des *D*

a) Straßenrecht

D könnte eine Sondernutzung an einer Bundesstraße in Anspruch genommen haben, ohne eine Erlaubnis dafür zu besitzen. *D* ist zusammen mit den anderen Teilnehmern des Zuges auf der Fahrbahn marschiert und hat dadurch den bestimmungsgemäß dort rollenden Kraftfahrzeugverkehr verhindert oder doch zumindest gestört. Das Maß der Gemeinverträglichkeit ist damit überschritten. Die darin liegende Ordnungswidrigkeit nach § 23 I Nr. 1 BFStrG könnte indessen ausgeschlossen sein, weil sich *D* an einer Versammlung beteiligt hat. Er und seine Gesinnungsgenossen haben sich zum Protest gegen die Maßnahme der

---

[19] *BVerwG* NJW 1978, 1933 (1935); vgl. auch *BVerfG* NJW 1977, 671.

[20] *Geck-Böhmer*, JuS 1973, 503.

[21] *BVerwG* NJW 1978, 1935; *OLG Celle* JuS 1976, 195; a.A. *Steinberg*, NJW 1978, 1898.

[22] *BVerwG* NJW 1978, 1933; *Kodal/Krämer*, Kap. 24 Rn. 96 ff.

Polizei, also zu einem bestimmten Zweck verbunden. Der Protest bildet die unmittelbare Reaktion auf ein vorausgegangenes Ereignis, die Zusammenkunft fällt unter den Schutz einer Spontanversammlung. Setzen sich die Beteiligten in Bewegung, ist im Versammlungsgesetz von einem Aufzug die Rede, der nach Art. 8 GG als Versammlung anzusehen ist. Dem Zug kann sich anschließen, wer will. *D* nimmt also an einer öffentlichen Versammlung teil, die im Versammlungsgesetz als Aufzug bezeichnet wird. Da das Versammlungsrecht das Straßen- und Wegerecht überlagert, ist eine Sondernutzungserlaubnis nicht notwendig. *D* hat den Tatbestand des § 23 I Nr. 1 BFStrG nicht verwirklicht.

b) Versammlungsrecht

D könnte eine Ordnungswidrigkeit nach § 29 I Nr. 1 VersammlG vorzuwerfen sein. An dieser Stelle ist zu entscheiden, ob das Versammlungsgesetz auf Spontanversammlungen Anwendung findet oder nicht. Die Streitfrage wird im Allgemeinen unter dem Gesichtspunkt erörtert, ob der Spontanversammlung die Vorrechte einer organisierten Versammlung zugute kommen. Dabei wird übersehen, dass das Versammlungsgesetz auch Regeln für den Ablauf von Versammlungen und Sanktionen für Verstöße enthält. Gewiss sind Vorschriften auszuklammern, die ihrem Wesen nach auf Spontanversammlungen nicht passen. Im Übrigen aber ist der geordnete Ablauf bei Spontanversammlungen eher noch wichtiger als bei organisierten Versammlungen, ist doch der Grund für die Anmeldepflicht, die Polizei wegen der Gefahr für die öffentliche Sicherheit und Ordnung aufgrund der unbegrenzten Teilnehmerzahl und der massensuggestiven Wirkung rechtzeitig zu unterrichten.[23] Das Versammlungsgesetz ist daher grundsätzlich zu beachten.

Die Teilnahme des *D* am Aufzug ist dann ordnungswidrig, wenn dessen Durchführung durch vollziehbares Verbot untersagt ist. Die Polizei hat die Auflösung angeordnet und ist damit der Fortsetzung des Aufzugs entgegengetreten. Unaufschiebbare Maßnahmen von Polizeivollzugsbeamten sind nach § 80 II Nr. 2 VwGO sofort vollziehbar, selbst wenn Rechtsbehelfe eingelegt werden. *D* hat den Tatbestand des § 29 Nr. 1 VersammlG aber nur dann verwirklicht, wenn das Verbot rechtmäßig ist. Auf den Unterschied zwischen Nichtigkeit und bloßer Aufhebbarkeit des Verwaltungsakts kann es im Rahmen des Ordnungswidrigkeitsrechts nicht ankommen, wie aus § 113 III 1 StGB hervorgeht, der sogar bei der Straftat des Widerstands gegen Vollstreckungsbeamte auf die Rechtmäßigkeit der Diensthandlung und nicht auf ihre Rechtswirksamkeit abstellt.

Nach § 15 I, II VersammlG besteht die Befugnis, den Aufzug aufzulösen, wenn die öffentliche Ordnung oder Sicherheit unmittelbar gefähr-

[23] *Dietel/Ginzel/Kniesel*, Demonstrations- und Versammlungsfreiheit, 14. Aufl., 2005, § 14 VersG Rn. 6.

det ist. Der Spruch „Polizisten sind Faschisten" ist eine Beleidigung der Polizeibeamten nach § 185 StGB. Die öffentliche Sicherheit wird durch die Strafbestimmungen näher eingegrenzt. Das Recht der persönlichen Ehre bildet eine Schranke der freien Meinungsäußerung (Art. 5 II GG). Die Beleidigung geht von der im Aufzug zusammengeschlossenen Gruppe aus, nicht nur von einzelnen Teilnehmern, die sich absondern ließen. Der ganze Zug braucht nicht an der beleidigenden Handlung beteiligt zu sein. Damit sind die Voraussetzungen für eine Auflösung erfüllt. Nach § 11 I NRWPolG ist hierfür die Kreispolizeibehörde, also das Polizeipräsidium, zuständig. Einer besonderen Form bedarf es nach § 37 II NRWVwVfG nicht.[24] Etwas anderes würde nur gelten, wenn die Polizei mit der Auflösung eine Rechtsverordnung erließe. Zwar richtet sich die Aufforderung an eine unbestimmte Vielzahl von Personen, sie betrifft aber einen einzelnen Fall und ist damit ein Verwaltungsakt.

Die Polizei muss von ihrem Ermessen fehlerfrei Gebrauch gemacht haben. Aus der Begründung lassen sich die Ermessenserwägungen nicht ersehen, weil mündliche Verwaltungsakte nicht zu begründen sind (§ 39 I 1 NRWVwVfG). Die Auflösung des Aufzugs ist das letzte Mittel, wenn gegen eine verbotene Meinungsäußerung vorgegangen werden soll (§ 13 I Nr. 2 VersammlG).[25] Angesichts der Wiederholung der Rufe im Sprechchor ist aber nicht erkennbar, wie die Polizei sonst die beleidigenden Äußerungen unterbinden könnte. Zusätzlich kann noch auf die Gefährdung der Demonstranten und der Verkehrsteilnehmer verwiesen werden, wenn sich ein Aufzug ohne Sicherungsvorkehrungen auf der Fahrbahn einer Bundesstraße bewegt.

Der Ahndung einer Ordnungswidrigkeit könnte der Gleichheitssatz entgegenstehen. *D* ist unter vielen Teilnehmern des Aufzugs herausgegriffen worden. Doch ist zu berücksichtigen, dass die Polizei bei einer Spontandemonstration nicht in der Lage sein wird, die Personalien aller Teilnehmer festzustellen. Vor allem besteht kein Anspruch auf Gleichbehandlung im Unrecht, wenn die Polizisten etwa andere Personen laufen lassen. Es bedeutet daher keinen Verstoß gegen den Gleichheitssatz, wenn nur wenige erfasst werden.

Nach § 10 OWiG i.V.m. § 29 I Nr. 1 VersammlG fällt *D* nur vorsätzliches Handeln zur Last. Er muss trotz Kenntnis der Aufforderung der Polizei den Marsch fortgesetzt haben. Da diese mehrere Male die Durchsage über Lautsprecher wiederholt hat, kann davon ausgegangen werden, dass *D* in Kenntnis der Sachlage weiter am Protestmarsch teilgenommen hat. Das Gericht wird gegen *D* daher gemäß § 72 II 1 OWiG eine Geldbuße festsetzen, es sei denn, es hält eine Ahndung nach § 47 II 1 OWiG nicht für geboten.

---

[24] S. auch § 108 II 2 SHLVwG. In den übrigen Bundesländern gilt § 37 II LVwVfG.

[25] *Dietel/Ginzel/Kniesel* (Fn. 23), § 1 VersG Rn. 130ff.

2. Ordnungswidrigkeiten der *E*

Anders als *D* befand sich *E* nicht in dem Teil des Aufzugs, der durch die Beleidigung den Grund zur Auflösung lieferte. Die Rechtmäßigkeit der Auflösung richtet sich aber nicht danach, ob der einzelne Demonstrant dazu Anlass gegeben hat oder nicht. Für *E* gelten die Ausführungen zu den Ordnungswidrigkeiten des *D* entsprechend.

Literaturhinweise

Birk, Dieter, Polizeiliche Unterbindung der Anreise zur Demonstration – VG Würzburg, NJW 1980, 2541, JuS 1982, 496; *Dahmen, Thomas,* Aktuelle Probleme des Straßenbenutzungsrechtes – Gemeingebrauch und Sondernutzung, ZAP 1999, 421; *Fehling, Michael,* Gemeingebrauch und Sondernutzung im System des allgemeinen Verwaltungsrechts und des Wirtschaftsverwaltungsrechts, JuS 2003, 246; *Frowein, Jochen Abr.,* Die Versammlungsfreiheit vor dem Bundesverfassungsgericht, NJW 1985, 2376; *Gusy, Christoph,* Lehrbuch der Versammlungsfreiheit – BVerfGE 69, 315, JuS 1986, 608; *Heckmann, Dirk,* Der praktische Fall – Öffentliches Recht: Versammlungsrecht und Überlassungsverbot, JuS 2001, 675; *Kahl, Wolfgang,* Der praktische Fall – Öffentliches Recht: „Kurz entschlossener Protest", JuS 2000, 1090; *Lemke, Ulrike,* Grundfälle zu Art. 8 GG, JuS 2005, 984 und 1081; *Schoch, Friedrich,* Die Neuregelung des Versammlungsrechts durch § 15 II VersG, Jura 2006, 27; *Schröder, Meinhard,* Ungereimtheiten der strafgerichtlichen Rechtsprechung zur Verbreitung politischer Schriften auf öffentlichen Straßen, DV 1977, 451; *Soiné, Michael,* Rechtsextremistische Musik unter Grundrechtsschutz?, JuS 2004, 383; *Steinberg, Rudolf,* Meinungsfreiheit und Straßennutzung, NJW 1978, 1898; *Stock, Martin,* Straßenkommunikation als Gemeingebrauch, 1979.

Vgl. ferner die Literaturangaben zu Fall 9, B 4.

Fall 27. Die von einem Panzer beschädigte Straße

Sachverhalt

Eberhard Eck (E) ist Eigentümer eines Hausgrundstücks, dessen einziger Zugang auf die Bundesstraße innerhalb der zur Bebauung erschlossenen Ortsdurchfahrt in der nordrhein-westfälischen kreisangehörigen Gemeinde Astadt *(A)* mündet. Diese hat 20.000 Einwohner. Bei einer Übung der Bundeswehr springt einem Panzer, der immer ordnungsgemäß gewartet worden ist, ohne Verschulden der Besatzung die Kette ab, so dass dieser seine Steuerungsfähigkeit verliert und tiefe Schlaglöcher in die Fahrbahn gräbt, die erhebliche Schäden an Kraftfahrzeugen befürchten lassen. Die Pflastersteine des Gehsteigs sind herausgerissen und liegen umher. Die Gemeinde *A* verlangt vom Bund Ersatzleistung nach § 77 I BLG. Die Verhandlungen ziehen sich in die Länge. Die Bundeswehrverwaltung beruft sich darauf, dass die Panzerfahrer nach § 70 I 1 BLG rechtmäßig die Straße in Anspruch genommen hätten. Die Gemeinde beharrt auf einer Ersatzleistung.

Eines Abends stürzt *E* über einen Steinbrocken auf dem Gehsteig vor seinem Haus und verletzt sich schwer. *E* hat seine private Krankenversicherung noch nicht in Anspruch genommen.

E verlangt vom Bund und von der Gemeinde *A* Ersatz der Heilungskosten und Schmerzensgeld. Zu Recht?

E fordert weiterhin vom Bund, vom Landschaftsverband Rheinland, in dessen Bezirk *A* liegt, und von der Gemeinde *A*, Fahrbahn und Bürgersteig bis zu seinem Hause so auszubessern, dass beide wieder verkehrssicher werden. Ist die Forderung berechtigt?

Vermerk: In den anderen Bundesländern ist an die Stelle des Landschaftsverbands das Land zu setzen.

Anhang: Bundesleistungsgesetz (BLG)

§ 70 **(Benutzung öffentlicher Verkehrswege).** (1) Die Truppen dürfen bei Manövern oder anderen Übungen, die nach § 69 angemeldet sind, die öffentlichen Verkehrswege mehr als verkehrsüblich benutzen, soweit es zur Erreichung des Übungszwecks unter gebührender Berücksichtigung der öffentlichen Sicherheit und Ordnung dringend geboten ist und nicht einschränkende Bedingungen nach § 66 Abs. 1 oder Beschränkungen nach § 68 Abs. 2 entgegenstehen. …

(2) …

§ 77 **(Ersatzpflicht bei Beschädigung).** (1) Für Schäden, die an Grundstücken, baulichen Anlagen, Straßen, Brücken, Wasserläufen, Häfen und sonstigen Verkehrsanlagen oder Verkehrseinrichtungen einschließlich ihres Zubehörs durch Manöver oder andere Übungen verursacht werden, ist Ersatz zu leisten. Die Ersatzleistung bemisst sich im Fall der Zerstörung nach dem gemeinen Wert, im Fall der Beschädigung nach der Höhe der notwendigen Kosten der Widerherstellung oder der Instandsetzung.

(2) …

Lösung

I. Ansprüche aus dem Unfall

1. Ansprüche gegen den Bund

a) Amtshaftungsanspruch nach § 839 BGB, Art. 34 GG

Dem *E* könnte ein Amtshaftungsanspruch gegen den Bund aus § 839 BGB, Art. 34 GG zustehen. *E* hat eine Körperverletzung erlitten, zu deren Heilung Kosten aufgewendet werden mussten. Dieser Schaden entfällt nicht etwa deswegen, weil *E* gegen seine Krankenversicherung einen Anspruch auf die Erstattung der Heilungskosten besitzt. Dieser Vorteil soll dem Schädiger nicht zugute kommen.[1]

Solange die Versicherung nicht geleistet hat, besitzt *E* den vollen Anspruch gegen den Schädiger. Erst mit Zahlung geht dieser auf den Versicherer über (§ 67 VVG).[2] Außerdem ist *E* ein immaterieller Schaden erwachsen. Ursache des Schadens ist die Beschädigung der Straße durch einen Panzer der Bundeswehr. Dieser Vorgang kann nur dann einen Amtshaftungsanspruch auslösen, wenn die Panzerfahrten dem öffentlichen Recht angehören. Die Tätigkeit der Bundeswehr wird insgesamt dem hoheitlichen Bereich zugeordnet. Die Panzerfahrten sind somit schlicht-hoheitliches Handeln, auf das öffentliches Recht Anwendung findet.

Bisher konnte sich die Auffassung noch nicht durchsetzen, dass eine Amtspflichtverletzung i. S. v. § 839 I 1 BGB mit einer rechtswidrigen Handlung gleichzusetzen ist.[3] Bei rechtmäßigem Vorgehen im Außenverhältnis müssen aber besondere Umstände hinzutreten, die eine Amtspflichtverletzung begründen, etwa die Tatsache, dass der Amtswalter eine Verwaltungsvorschrift außer Acht gelassen hat.[4] § 70 I 1 BLG erlaubt den Truppen, die öffentlichen Verkehrswege bei Übungen mehr als üblich zu benutzen. Die dabei zu beachtenden Verhaltensmaßregeln sind eingehalten worden. Die Panzerfahrten waren daher rechtmäßig, auch wenn dabei Schäden an der Straße entstanden sind. Ein Grund, trotz rechtmäßigen Tuns eine Amtspflichtverletzung anzunehmen, ist nicht vorhanden.

---

[1] *Ossenbühl*, S. 83 f.

[2] BGHZ 52, 350 (352); 79, 35 (37).

[3] *Sachs/Bonk*, Art. 34 Rn. 60.

[4] *Ossenbühl*, Verwaltungsvorschriften und Grundgesetz, 1968, 487 ff.

Einem Bediensteten des Bundes ist daher nur dann eine Amtspflichtverletzung vorzuwerfen, wenn der Bund für die Ausbesserung der Straße verantwortlich ist. § 77 I BLG zeigt, dass die Bundeswehrverwaltung nicht für die Ausbesserung zu sorgen hat. Der Schaden ist aber an einer Bundesstraße entstanden. Für Bedienstete des Bundes könnte daraus die Amtspflicht erwachsen, die Straße in verkehrssicherem Zustand zu erhalten. Die Eigentumsverhältnisse sind aber für die Verkehrssicherung an öffentlichen Straßen unerheblich. Mag die Verkehrssicherungspflicht öffentlich-rechtlich oder privatrechtlich zu beurteilen sein, die Pflicht obliegt demjenigen Verwaltungsträger, der die von der Beschaffenheit der öffentlichen Sache ausgehende Gefahr beherrschen kann.[5] Soweit nicht besondere Regelungen – etwa für die Streupflicht[6] – getroffen sind, ist der Träger der Straßenbaulast gehalten, die Straße in einem den Verkehrsbedürfnissen genügenden Zustand zu erhalten (§ 3 I 2 BFStrG). Träger der Straßenbaulast für Gehwege in Ortsdurchfahrten an Bundesstraßen ist die Gemeinde und nicht der Bund (§ 5 III BFStrG). Da sich der Unfall des *E* auf dem Gehweg einer Bundesstraße in der Ortsdurchfahrt ereignet hat, können Bedienstete des Bundes keine Amtspflichtverletzung gegenüber *E* begangen haben.

b) Anspruch aus Aufopferung nach dem Rechtsgedanken des § 75 EinlPrALR

Ein Aufopferungsanspruch nach dem Rechtsgedanken des § 75 EinlPrALR könnte in Betracht kommen, weil der Schaden, den *E* erlitten hat, nicht entstanden wäre, wenn der Panzer der Bundeswehr nicht die Straße benutzt hätte. Die Entschädigungspflicht tritt aber nur ein, wenn der Schaden unmittelbar durch die Handlung des Hoheitsträgers verursacht worden ist.[7] Der Panzer bewirkte zunächst nur die Beschädigung der Straße. Der auf eine Handlung der Bundeswehr gegründete Anspruch scheitert folglich daran, dass der Schaden nicht unmittelbar auf die Panzerfahrt zurückzuführen ist.

Ein Aufopferungsanspruch könnte nur noch darauf beruhen, dass der Bund es pflichtwidrig unterlassen hat, den Bürgersteig auszubessern. Nach ständiger Rechtsprechung genügt für einen Aufopferungsanspruch aber eine Unterlassung nicht.[8] Die Gerichte überschätzen dabei allerdings die Bedeutung des Eingriffs als Tatbestandsvoraussetzung. Immerhin wird man ein „qualifiziertes Unterlassen" voraussetzen müssen, wie es bei der ausdrücklichen Versagung eines Rechts der Fall ist.[9] Dem *E* gegenüber ist der Bund vor dem Unfall überhaupt nicht in Er-

---

[5] *Ossenbühl*, S. 29.

[6] Dazu *Reinken/Schwager*, DVBl 1988, 921; *BGH* VersR 1988, 1047.

[7] *Maurer*, § 27 Rn. 49ff.

[8] BGHZ 102, 350 (364).

[9] *Ossenbühl*, S. 257; *Wolff/Bachof/Stober*, VerwR II, § 67 Rn. 48 spricht nur von einer Unterlassungspflicht; a. A. *Erichsen/Ehlers*, § 48 Rn. 60.

scheinung getreten. Ein Anspruch aus Aufopferung kommt also nicht in Betracht.

c) Zivilrechtliche Ansprüche

Da die Verkehrssicherungspflicht für die Gehwege nicht beim Bund liegt, scheiden zivilrechtliche Ansprüche von vornherein aus.

2. Ansprüche gegen die Gemeinde *A*

a) Amtshaftungsanspruch aus § 839 BGB, Art. 34 GG

Für den Schaden, der dem *E* aus dem Unfall entstanden ist, könnte die Gemeinde *A* nach § 839 BGB, Art. 34 GG einstehen müssen. Als Trägerin der Straßenbaulast hat sie dafür zu sorgen, dass der Gehweg der Bundesstraße in verkehrssicherem Zustand bleibt. Die dafür zuständigen Gemeindebediensteten könnten also eine Amtspflicht verletzt haben. Obwohl sich Straßenbaulast und Verkehrssicherungspflicht kaum auseinander halten lassen, will der *BGH* die Straßenbaulast dem öffentlichen Recht, die Verkehrssicherungspflicht aber grundsätzlich dem Privatrecht zuschlagen, sofern sie nicht durch Gesetz oder einen ausdrücklichen Organisationsakt als hoheitliche Aufgabe übertragen wird.[10] In der Vergangenheit hat sich die Lehre für die Zuordnung der Straßenverkehrssicherungspflicht zum öffentlichen Recht ausgesprochen.[11] Mittlerweile hat der Streit allerdings weitgehend an Bedeutung verloren, weil die meisten Bundesländer die Straßenverkehrssicherungspflicht in ihren Straßengesetzen öffentlich-rechtlich ausgestaltet haben.[12] In Nordrhein-Westfalen ist dies durch § 9a II 1 NRWStrG geschehen.[13]

Die gesetzliche Einordnung der Maßnahmen zur Erhaltung der Verkehrssicherung unter die Ausübung hoheitlicher Gewalt als Amtspflichten erstreckt sich auf die Bundesfernstraßen. Hiergegen könnten Bedenken aus der fehlenden Gesetzgebungsbefugnis des Landes bestehen. Art. 74 Nr. 22 GG weist den Bau und die Unterhaltung von Landstraßen für den Fernverkehr der konkurrierenden Gesetzgebungsbefugnis des Bundes zu. Entscheidend ist daher, ob das Bundesfernstraßengesetz eine erschöpfende Regelung der Rechtsverhältnisse an Bundesfernstraßen trifft. Hätten die Länder mit dem Bau und der Unterhaltung von Bundesfernstraßen nichts zu tun, müsste man annehmen, dass der Bund keine Regelungsbefugnisse abgeben wollte. So aber verwalten die Län-

---

[10] BGHZ 9, 373 (388); 66, 398 (399); 86, 152 (153f.).

[11] *Wolff/Bachof/Stober*, VerwR II, § 77 Rn. 52ff.

[12] *Wolff/Bachof/Stober*, VerwR II, § 77 Rn. 56.

[13] Entsprechende Regelungen finden sich in Art. 72 BayStrWG; §§ 59 BWStrG; 7 V BlnStrG; 10 I BbgStrG; 9 BremStrG; 5 HbgWG; 10 II StrWG MV; 10 II NdsStrG; 48 II RhPflStrG; 9 III a SaarlStrG; 10 I SächsStrG; 11 I StrG SachsAnh; 10 IV SH-StrWG; 10 I ThürStrG; vgl. auch § 17 III des durch BVerfGE 61, 149ff. für nichtig erklärten Staatshaftungsgesetzes.

der oder die nach Landesrecht zuständigen Selbstverwaltungskörperschaften die Bundesfernstraßen im Auftrage des Bundes (Art. 90 II GG), die Gemeinden sind nach § 5 II, IIa, III BFStrG Träger der Straßenbaulast für die Ortsdurchfahrten, wenn auch in unterschiedlichem Umfange. Da die Verkehrssicherung damit verbunden ist, dazu im Bundesfernstraßengesetz aber keine Regelungen zu finden sind, dürfen die Länder den Rechtsakt erlassen, der die Verkehrssicherung dem öffentlichen Recht zuweist. Nach § 9a II 1 NRWStrG ist die Verkehrssicherung am Gehweg der Bundesstraße hoheitliche Tätigkeit der Gemeinde *A*, ihre Bediensteten können eine Amtspflichtverletzung begehen. Die Verkehrssicherung ist eine Amtspflicht, die Dritten gegenüber besteht, soweit sie dem öffentlichen Recht unterstellt ist.

Die zuständigen Amtswalter unterlassen es hier entgegen dieser Pflicht, die schwer beschädigte Straße wieder herzurichten. Während den länger andauernden Verhandlungen mit dem Bund macht die Gemeinde keine Anstalten, ihre Pflicht zu erfüllen. Es mag sein, dass auch an anderen Straßen Maßnahmen der Verkehrssicherung notwendig sind. Bei einer schweren Beschädigung, die Gesteinsbrocken auf dem Gehweg hinterlässt, hat die Sicherung an dieser Stelle aber Vorrang, wenn sich das Gelände nicht absperren lässt. Die Verhandlungen mit dem Bund zeigen, dass sich die zuständigen Amtswalter bewusst sind, die Straße ausbessern zu müssen. Unternehmen sie dennoch nichts, handeln sie vorsätzlich der Amtspflicht zuwider.

E als Verletzter muss sich unter diesen Umständen nicht gemäß § 839 I 2 BGB auf den anderweitigen Ersatz durch seine private Krankenversicherung verweisen lassen.[14] Ein Rechtsbehelf stand *E* nicht zur Verfügung. Selbst wenn sich ein Anspruch auf Ausbesserung des Gehsteigs herausstellen sollte, müsste er erst durchgefochten werden. Eine Klage ist daher nicht geeignet, den Schaden abzuwenden. Das Verfahren der einstweiligen Anordnung nach § 123 VwGO hätte möglicherweise dazu führen können, dass der Unfall des *E* verhindert worden wäre. Man wird aber darauf abstellen müssen, dass das Verfahren nicht der Abwendung eines Schadens dient, wie er dem *E* erwachsen ist.[15] § 839 III BGB greift nicht ein.

E kann grundsätzlich vollen Ersatz seines Schadens einschließlich eines Schmerzensgeldes nach § 253 BGB verlangen. Allenfalls könnte sich *E* mitwirkendes Verschulden nach § 254 I BGB zurechnen lassen müssen, weil er den schlechten Zustand des Bürgersteigs kennen und sich darauf einstellen musste. Nach Art. 34 S. 1 GG richtet sich der Anspruch gegen *A*, deren zuständige Amtswalter die Ausbesserung des Gehwegs unterlassen haben. Die Schadensersatzforderung des *E* gegen *A* ist berechtigt.

---

[14] BGHZ 79, 35 (36f.).
[15] Vgl. *Kopp/Schenke*, § 123 Rn. 7.

b) Anspruch aus Aufopferung

Aus den Gründen, die zur Ablehnung eines Anspruchs aus Aufopferung gegen den Bund führen, ist auch die Gemeinde *A* nicht zur Entschädigung nach dem Rechtsgedanken des § 75 EinlPrALR verpflichtet.

c) Zivilrechtliche Ansprüche

Ansprüche aus unerlaubter Handlung scheiden aus, wenn hoheitliche Tätigkeit vorliegt. Nur Ansprüche aus Gefährdungshaftung können neben dem Amtshaftungsanspruch geltend gemacht werden. Eine Rechtsgrundlage für eine Gefährdungshaftung ist jedoch nicht ersichtlich.

II. Ansprüche auf Ausbesserung der Straße

1. Ansprüche gegen den Bund

a) Ansprüche aus enteignungsgleichem Eingriff und Amtshaftung

Ansprüche aus enteignungsgleichem Eingriff[16] sind auf Entschädigung, Amtshaftungsansprüche auf Schadensersatz gerichtet. Mit Ausnahme der Lieferung vertretbarer Sachen ist eine Naturalrestitution indessen ausgeschlossen; die Entschädigung ist von vornherein nur ein angemessener Geldausgleich. Die Ausbesserung der Straße zielt darauf ab, den Zustand wieder herzustellen, der vor der Übung der Bundeswehr bestanden hat. Dazu sind Ansprüche aus enteignungsgleichem Eingriff und Amtshaftung nicht imstande.

b) Folgenbeseitigungsanspruch

Ungeachtet des Streits über die Rechtsgrundlagen ist der Folgenbeseitigungsanspruch heute in Schrifttum und Rechtsprechung anerkannt.[17] Er richtet sich gerade auf die Wiederherstellung des früheren oder eines gleichwertigen Zustandes.[18] Freilich ist auf Grund von § 70 I 1 BLG die Straße nicht rechtswidrig beschädigt worden. Die Rechtswidrigkeit als Tatbestandsvoraussetzung bezieht sich jedoch auf den zu beseitigenden Zustand, nicht auf das hoheitliche Handeln.[19] Die Straße genügt nach der Übung nicht mehr den Anforderungen an die Verkehrssicherheit. Diese Sachlage widerspricht § 3 I 2 BFStrG.

Der rechtswidrige Zustand muss den Betroffenen in seinem Recht beeinträchtigen. Als Recht des *E* kommt dessen Anliegergebrauch in Frage, wo immer man diese Rechtsposition einordnen will.[20] Der Fol-

---

[16] Dazu *Koch/Rubel/Heselhaus,* § 9 Rn. 143ff.
[17] *Köckerbauer,* JuS 1988, 782.
[18] BVerwGE 69, 366 (371).
[19] *Maurer,* § 30 Rn. 9.
[20] Dazu: *Kodal/Krämer,* Kap. 25, Rn. 10ff.; *Bryde,* in: *v. Münch,* GG, Art. 14 Rn. 16.

genbeseitigungsanspruch wird mit Hilfe des Merkmals der Unmittelbarkeit eingegrenzt.[21] Die Beeinträchtigung des Anliegergebrauchs ist erst die mittelbare Folge der Beschädigung der Straße durch die Panzerfahrzeuge. Ein Folgenbeseitigungsanspruch gegen den Bund besteht nicht.

c) Anliegerrecht

E ist Anlieger an der Bundesstraße. Daraus könnte für ihn ein Anspruch gegen den Bund erwachsen, die Straße wieder in Stand zu setzen. Ein solches Recht kann aber nur demjenigen gegenüber bestehen, der für den Zustand der Straße verantwortlich ist. Für den Gehweg ist dies nach § 5 III BFStrG die Gemeinde *A*. Trägerin der Straßenbaulast für die gesamte Ortsdurchfahrt nach § 5 II, II a BFStrG ist *A* allerdings nicht, weil sie die dafür erforderliche Einwohnerzahl nicht erreicht. Art. 90 II GG überträgt die Verwaltung der Bundesfernstraßen anderen Körperschaften als dem Bund, sofern die Verwaltung nicht nach Art. 90 III GG in bundeseigene Verwaltung zurückgeführt wird. In Nordrhein-Westfalen ist dies nicht geschehen.[22] Zur Auftragsverwaltung nach Art. 90 II GG gehören die Aufgaben der Straßenbaulastträger.[23] Der Bund ist folglich auch nicht für den Zustand der Fahrbahn verantwortlich. Aus einem Anliegerrecht kann der Bund nicht zur Ausbesserung der Straße verpflichtet sein.

2. Ansprüche gegen das Land

Die Fahrbahn steht nach Art. 90 II GG in der Auftragsverwaltung des zuständigen Landes. Die Verwaltungskompetenz für Bundesstraßen des Fernverkehrs wurde auch nicht an eine Selbstverwaltungskörperschaft übertragen.[24] Die Gemeinde *A* ist auch nicht nach § 5 II, II a BFStrG verantwortlich. Der Anspruch richtet sich daher gegen den das Land Nordrhein-Westfalen, wenn aus der Stellung als Anlieger ein Recht abzuleiten ist, die Instandsetzung der Fahrbahn zu fordern. Der Anlieger nimmt wie andere Personen am Gemeingebrauch teil. Erkennt die Rechtsordnung eine Pflicht zur Verkehrssicherung an, die eine Schadensersatzpflicht begründet, versteckt sich dahinter ein subjektives öffentliches Recht.[25] Freilich braucht die Rechtsposition nicht dazu zu führen, die Entscheidungsfreiheit der Verwaltung über den Einsatz ihrer personellen und sachlichen Mittel so einzuengen, dass die Gerichte an Stelle der Verwaltung die Entscheidungen treffen. Dementsprechend ist das subjektive öffentliche Recht gewöhnlich nicht geeignet, einen Anspruch auf

---

[21] *Köckerbauer,* JuS 1988, 785 f.
[22] Auch die übrigen Bundesländer haben davon noch keinen Gebrauch gemacht.
[23] *Sachs/Sachs,* GG, Art. 90 Rn. 18.
[24] Zur Kompetenzverwaltung bei der Verwaltung von Bundesfernstraßen siehe *Hermes,* JZ 2001, 92.
[25] *Maurer,* § 29 Rn. 2 ff.

Tätigwerden gegen die Verwaltung zu rechtfertigen. Das Recht ist auf die Ausübung fehlerfreien Ermessens gerichtet.[26]

Indessen kann sich die Pflicht der verantwortlichen Körperschaft so weit verdichten, dass aus ihr nicht nur ein Schadensersatzanspruch, sondern eine Vornahmepflicht erwächst.[27] Innerhalb der Ortsdurchfahrten gehören die Zufahrten und Zugänge zur Bundesstraße nach einem Gegenschluss aus § 8 I 1 BFStrG zwar zum Gemeingebrauch, aus Art. 2 I, 3 I und 14 I GG ergibt sich jedoch, dass der Anlieger einen gesteigerten Schutz genießt.[28] Dieser verfassungsrechtlich abgesicherte Kerngehalt des Anliegergebrauchs reicht so weit, wie der Anlieger auf die Straßenbenutzung bei angemessener Grundstücksnutzung angewiesen ist.[29] Die Benutzung des Grundstücks für Kraftfahrzeuge ist bei tiefen Schlaglöchern so erschwert, dass der Kern des Anliegergebrauchs, der heute die Zufahrt mit Kraftfahrzeugen umfasst, berührt ist. Die Vorschrift des § 8a IV 1 BFStrG trägt dem teilweise Rechnung, indem sie den Träger der Straßenbaulast verpflichtet, einen angemessenen Ersatz zu schaffen, wenn die Benutzung erheblich erschwert wird. Ob sich das nur auf die Änderung oder Einziehung von Bundesstraßen bezieht, wird nach dem Wortlaut nicht klar. Aus dem Verfassungsrecht ist aber zu folgern, dass der Träger der Straßenbaulast nicht nur bei Änderung oder Einziehung für Abhilfe sorgen muss, sondern auch bei erheblicher Erschwerung des Zugangs. In erster Linie verpflichtet der Schutz des Eigentums, das die Ausstrahlung zur öffentlichen Sache hin umgreift, die ungehinderte Zufahrt wieder zu ermöglichen.[30]

Die Pflicht findet ihre Grenze in der Zumutbarkeit, wie aus der Entschädigungsregelung in § 8a IV 1 BFStrG hervorgeht. Dem Landschaftsverband stehen hier indes keine Gründe zur Seite, die ihn dazu berechtigen würden, die Zufahrt nicht in verkehrssicheren Zustand zu bringen. § 8a IV 3 BFStrG enthält insoweit eine Eingrenzung, wenn eine anderweitige Verbindung zum öffentlichen Wegenetz vorhanden ist. Für *E* ist jedoch die Zufahrt über die Bundesstraße die einzige Verbindung mit dem Wegenetz.

Aus dem verfassungsrechtlich gesicherten Kerngehalt des Anliegerrechts entsteht daher ein Anspruch gegen den Landschaftsverband als Träger der Straßenbaulast, die Fahrbahn wieder verkehrssicher auszubauen. Für den Gehweg muss ein Anspruch des *E* hingegen scheitern, weil der Landschaftsverband für dessen Verkehrssicherheit nicht verantwortlich ist.

---

[26] *Pietzcker,* JuS 1982, 106.

[27] *OVG Lüneburg* NJW 1985, 2966.

[28] BVerwGE, 30, 235 (238); 32, 222 (224); *BVerwG* DÖV 1971, 100.

[29] *Kodal/Krämer,* Kap. 25, Rn. 21.2.

[30] *Kodal/Krämer,* Kap. 25, Rn. 21.

3. Ansprüche gegen die Gemeinde *A*

Für die Gemeinde *A* gelten die Überlegungen entsprechend, die zu einer Verpflichtung des Landschaftsverbands führen, nur ist die Pflicht der Gemeinde darauf beschränkt, den Gehweg, der den einzigen Zugang zum Anwesen des *E* bildet, verkehrssicher zu gestalten.

Literaturhinweise

1. Zum Amtshaftungsanspruch

Bartlsperger, Richard, Rechtsansprüche und Haftung bei der öffentlichen Straßenverkehrssicherunspflicht, DVBl 1973, 465; *ders.*, Straßenverkehrssicherungspflicht und Staatshaftung, DÖV 1982, 469; *Detterbeck, Steffen*, Der praktische Fall – Öffentliches Recht: Ende eines Diensttages, JuS 2000, 547; *Detterbeck, Steffen/Windthorst, Kay/Sproll, Hans-Dieter*, Staatshaftungsrecht, 2000; *Durner, Wolfgang*, Grundfälle zum Staatshaftungsrecht, JuS 2005, 793 und 900; *Engelhardt, Hanns,* Neue Rechtsprechung des Bundesgerichtshofs zum Staatshaftungsrecht, NVwZ 1989, 927; *Krohn, Günter/Papier, Hans-Jürgen,* Aktuelle Fragen der Staatshaftung und der öffentlich-rechtlichen Entschädigung, 1986; *Landscheidt, Christoph/Götker, Uwe,* Straßenverkehrssicherungspflichten der Gemeinde – Die neuere Rechtsprechung zur Pflege von Straßenbegleitgrün und zu Verkehrsberuhigungsmaßnahmen, NZV 1995, 89; *Lochte-Handjery, Karin,* Das Verschulden im Rahmen des Amtshaftungsanspruchs – Zeitgemäße Haftungsvoraussetzung oder Relikt lang vergangener Tage?, JuS 2001, 1186; *Lüdemann, Peter,* Übungsklausur Öffentliches Recht – Einzelmaßnahme einer Ordnungsbehörde aufgrund sicherheitsrechtlicher Verordnung/Amtshaftungsanspruch, Jura 1997, 89; *Pietzcker, Jost,* Der Anspruch auf ermessensfehlerfreie Entscheidung, JuS 1982, 106; *Reinken, Werner/Schwager, Gudrun,* Die neuere Rechtsprechung des Bundesgerichtshofs zum Amtshaftungsrecht, DVBl 1988, 919; *Rinne, Eberhard/Schlick, Wolfgang*, Die Rechtsprechung des BGH zu den öffentlich-rechtlichen Ersatzleistungen, NVwZ 2002, Beilage II 3/2002, 1; *Rohr, Wolfgang*, Der Amtshaftungsanspruch, DVP 1999, 135; *Stangl, Josef,* Der Amtshaftungsanspruch, JA 1995, 672; *Tidow, Alfred,* Die Straßenverkehrssicherungspflicht in der Rechtsprechung der Zivilgerichte, Deutscher Verkehrsgerichtstag 20, 207; *Wurm, Michael*, Drittgerichtetheit und Schutzzweck der Amtspflicht als Voraussetzungen für die Amtshaftung, JA 1992, 1; *Wendrich, Klaus,* Die Straßenverkehrssicherungspflicht nach dem Staatshaftungsgesetz, DVBl 1982, 248; *Windthorst, Kay*, Staatshaftungsrecht, JuS 1995, 791, 892, 92.

2. Zum Folgenbeseitigungsanspruch

Siehe die Literaturhinweise bei Fall 18 B.

Fall 28. Die unheilvolle Rakete

Sachverhalt

Ein städtisches Museum in der kreisfreien Stadt Dalberg *(D)* in Nordrhein-Westfalen eröffnet eine Sonderausstellung „Entwicklung der Technik". Sie zeigt u. a. eine zum Start aufgestellte Rakete, an der sich gut sichtbar ein Schild befindet: „Besteigen auf eigene Gefahr". In der Satzung über die Benutzung des Museums zeichnet sich die Stadt von jeder Haftung für vorsätzliches und fahrlässiges Verhalten ihrer Bediensteten frei. Der 15jährige Schüler *Bruno Blatt (B)* löst eine Eintrittskarte, besucht die Ausstellung und erklimmt die Rakete. Dem Museumswächter *Anton Alt (A),* einem Angestellten der Stadt *D,* macht es Spaß, *B* zu waghalsigen Klettereien anzureizen. Dieser stürzt ab und bleibt querschnittgelähmt. Er ist privat krankenversichert. Welche Ansprüche hat er?

Abwandlung: Die Stadt verpflichtet das Unternehmen *Ufo AG (U),* das die Ausstellungsgegenstände aufbaut, dem Museum Personal zur Überwachung und Erläuterung der ausgestellten Stücke zur Verfügung zu stellen. *Christoph Czok (C)* ist einer dieser Leute. *B* besucht die Ausstellung. *C* verleitet ihn zu den Klettereien. Im Übrigen entspricht das Geschehen dem Ausgangsfall. Welche Ansprüche hat *B?*

Lösung

1. Teil: Die Rechtslage ohne Einschaltung eines Privatunternehmens

I. Ansprüche des *B* gegen die Stadt *D*

1. Anspruch aus verwaltungsrechtlichem Schuldverhältnis

a) Die anzuwendenden rechtlichen Regeln

Im Rahmen verwaltungsrechtlicher Schuldverhältnisse kommen die vertraglichen Haftungstatbestände des bürgerlichen Rechts als Ausdruck allgemeiner Rechtsgedanken zum Zuge. Ein solches Rechtsverhältnis ist anzunehmen, wenn der Austausch von Leistungen Gegenstand des Rechtsverhältnisses ist und zwischen der Verwaltung und der Privatperson eine besonders enge Beziehung besteht, die dem öffentlichen Recht angehört.[1]

---

[1] *Maurer,* § 29 Rn. 2; *Erichsen/Ehlers,* § 49 IV Rn. 11.

Beim Besuch der Ausstellung entrichtet der Besucher das Eintrittsgeld und erhält dafür das Recht, die ausgestellten Gegenstände zu besichtigen. Dieses Austauschverhältnis wird individuell begründet und bringt den Besucher für die Dauer des Besuchs in einen abgegrenzten räumlichen Bereich, den die Verwaltung beherrscht. Die auf diese Weise begründeten engen Rechtsbeziehungen sind durch Satzung, also durch Sondernormen geregelt, die einen Hoheitsträger berechtigen und verpflichten. Die Regelung für das Museum erstreckt sich auch auf Sonderausstellungen, die im Rahmen des Museumsbetriebs abgehalten werden. Die Gemeinde ist nicht befugt, Rechtsnormen des bürgerlichen Rechts zu erlassen. Die Benutzungsverhältnisse unterstehen daher dem öffentlichen Recht. Die Rechtsbeziehungen zwischen *B* und *D* bestimmen sich somit nach den Regeln für verwaltungsrechtliche Schuldverhältnisse.

b) Zustandekommen des Rechtsverhältnisses

Da *B* noch minderjährig ist, erhebt sich die Frage, ob überhaupt ein Rechtsverhältnis zustande gekommen ist. Für den Abschluss eines privatrechtlichen Vertrags über den Besuch einer Ausstellung benötigt der Minderjährige die Zustimmung seiner gesetzlichen Vertreter, es sei denn, er bestreitet den Eintritt aus seinem Taschengeld (§§ 108 I, 110 BGB). Öffentlich-rechtliche Benutzungsverhältnisse kommen demgegenüber durch bloße Zulassung zustande, wenn die natürliche Einsichtsfähigkeit des Benutzers vorhanden ist.[2] Bei einem Fünfzehnjährigen ist diese Einsichtsfähigkeit anzunehmen. Die Stadt *D* kann dem *B* daher aus positiver Forderungsverletzung gem. § 280 I BGB auf Schadensersatz haften.[3]

c) Schaden

B hat infolge des Sturzes von der Rakete einen Körperschaden erlitten, der Behandlungskosten, Ausgaben für technische und medizinische Hilfsmittel und möglicherweise späteren Verdienstausfall hervorruft. Ersatz immateriellen Schadens gewähren die Tatbestände für die vertragliche Haftung im bürgerlichen Recht nicht. Der materielle Schaden ist gemäß § 280 I BGB zu ersetzen, wenn er auf eine schuldhafte Pflichtverletzung des Verwaltungsträgers zurückzuführen ist.[4]

d) Pflichtverletzung, Ursächlichkeit und Verschulden

Die Stadt trifft die Pflicht, für eine Aufsicht zu sorgen, die bei gefährlichen Ausstellungsgegenständen auf die körperliche Unversehrtheit der Besucher achtet. Dieser Pflicht ist *D* nachgekommen, indem sie Muse-

---

[2] *Zuleeg,* JuS 1973, 36.

[3] Vgl. *BGH* NVwZ 1983, 571.

[4] *Papier,* Die Forderungsverletzung im öffentlichen Recht, 1970, 147f.; *Schmitz,* JuS 1973, 569.

umswächter in den Ausstellungsräumen postierte. Erfüllt das Personal diese Aufgabe nicht, hat die Stadt dafür entsprechend § 278 S. 1 BGB einzustehen. *A* tat das Gegenteil der ihm obliegenden Pflicht. Er erhöhte durch seine Aufforderung an *B* noch die Gefahr, die beim Erklettern der Rakete ohnehin besteht. Stattdessen hätte *A* den Jungen von seinen Kletterkunststücken abhalten müssen. Hätte der Museumswächter den *B* pflichtgemäß an weiteren Klettereien gehindert, wäre es nicht zu dem Unfall gekommen. Der Schaden beruht somit auf der Pflichtverletzung eines Erfüllungsgehilfen des Verwaltungsträgers.

Haftungsmaßstab sind nach § 276 I BGB grundsätzlich Vorsatz und Fahrlässigkeit. Es musste sich dem *A* geradezu aufdrängen, dass *B* mit seiner Waghalsigkeit in Gefahr gerät. *A* hat also den Schaden des *B* durch seine Pflichtverletzung zumindest fahrlässig herbeigeführt.

e) Haftungsbeschränkungen

Der Haftung der Stadt könnte zunächst die Freizeichnung in der Satzung entgegenstehen. Wie sich aus § 278 S. 2 BGB ergibt, kann die Haftung des Geschäftsherrn zwar sogar für Vorsatz seines Erfüllungsgehilfen abbedungen werden. Eine so weitgehende Haftungsbeschränkung wäre aber im Rahmen eines öffentlich-rechtlichen Benutzungsverhältnisses ein Missbrauch der Stellung des Hoheitsträgers, auf dessen Leistungen die Bürger angewiesen sind. Gewöhnlich wird daher nur eine Freizeichnung für leichte Fahrlässigkeit als zulässig angesehen, zumindest dann, wenn dies sachlich gerechtfertigt ist und dem Grundsatz der Verhältnismäßigkeit entspricht.[5] Die Zulässigkeit der Haftungsbeschränkung lässt sich hier mit der Pflicht der Gemeinde aus §§ 107 II 2, 109 NRWGO[6] begründen, die Einrichtung nach wirtschaftlichen Gesichtspunkten zu verwalten und dementsprechend die Kosten möglichst gering zu halten. Die Grenze der leichten Fahrlässigkeit rechtfertigt sich aus der Überlegung, dass der Gemeinde zuzumuten ist, grob fahrlässige und vorsätzliche Schädigungen durch Anweisungen, Belehrungen und Überwachung der Bediensteten zu verhindern, während sich leicht fahrlässige Schädigungen mit diesen Mitteln kaum gänzlich vermeiden lassen.

Was das Verhalten des *A* anbelangt, leuchtet es jedermann ein, dass ein Museumswächter nicht auch noch zu gefährlichem Treiben anreizen darf. Vielmehr musste er den Jungen davon abhalten. Es ist allerdings nicht sicher, ob *A* gewusst hat, dass er nicht nur zur Bewachung der ausgestellten Gegenstände, sondern auch zur Obhut für die Besucher der Ausstellung verpflichtet ist. Es finden sich keine Angaben, ob *A* über

---

[5] *Maurer,* § 28 Rn. 7.

[6] In den anderen Bundesländern: Art. 94 BayGO; §§ 102 II BWGO; 107 BbgGO; 121 II 2 HessGO; 75 I KV MV; 110 I NdsGO; 85 II 2 RhPfGO; 116 SaarlKSVG; 97 III SächsGO; 116 II GO SachsAnh; 101 II 2 SHGO; 75 I, II ThürKO.

seine Pflichten belehrt worden ist. Sollte er keine Kenntnis vom Umfang seiner Pflichten gehabt haben, ist ihm eine vorsätzliche Pflichtverletzung nicht vorzuwerfen. Wen die Beweislast für eine bewusste Pflichtverletzung träfe, braucht hier jedoch nicht entschieden zu werden. Jedenfalls handelte *A* grob fahrlässig. Diese Form des Verschuldens ist zwar noch von der Freizeichnungsklausel gedeckt. Mit dem Haftungsausschluss für jede Fahrlässigkeit ihrer Bediensteten überschreitet die Gemeinde aber das zulässige Maß. Die entsprechende Klausel in der Satzung ist daher nichtig. Ob sie sich in eine Haftungsbeschränkung auf leichte Fahrlässigkeit umdeuten lässt, ist hier unerheblich. Die Haftung der Stadt bleibt trotz der Satzungsbestimmungen bestehen.

Eine Haftungsbeschränkung könnte sich des weiteren aus dem Schild an der Rakete „Besteigen auf eigene Gefahr" ergeben. Verlangt man für derartige Haftungsbeschränkungen einen Rechtssetzungsakt,[7] scheidet eine begrenzte Haftung von vornherein aus. Es lässt sich aber auch vertreten, bei gefährlichen öffentlichen Sachen die Widmung mit der Einschränkung zu versehen, dass die Benutzung auf eigene Gefahr erfolgt. Die Haftungsbeschränkung ist dann Teil des Verwaltungsakts der Widmung, der bestimmungsgemäße Gebrauch der Sache ist eingeengt auf diejenigen, die das Risiko auf sich nehmen. Mit der Aufstellung im Museum wird die Rakete den Besuchern zur Besichtigung und zum Ersteigen freigegeben. Die Rakete ist somit eine öffentliche Sache, auf deren Widmung aus der Aufstellung in einem Ausstellungsraum zu schließen ist.

Die Eingrenzung der Haftung bezieht sich allerdings nur auf Schäden, die aus der Gefährlichkeit der Sache herrühren. Zwar hat *A* als Person eine Ursache für den Unfall des *B* gesetzt, ohne die Unfallträchtigkeit der Rakete wäre es aber nicht zu dem schadenstiftenden Ereignis gekommen.

Die Haftungsbeschränkung muss außerdem deutlich zu erkennen sein.[8] Das Schild an der Rakete ist gut sichtbar angebracht und erfüllt damit auch diese Anforderung.

Die Regelung in dem Verwaltungsakt der Widmung trifft alle Benutzer ohne Rücksicht darauf, ob sie voll geschäftsfähig sind.[9] Die Freizeichnung kann jedoch nur demjenigen entgegengesetzt werden, der die natürliche Einsichtsfähigkeit besitzt, auf was er sich einlässt. Ein Fünfzehnjähriger vermag abzusehen, aus welchen Gründen ein Schild mit dem Hinweis „Besteigen auf eigene Gefahr" an der Rakete angeheftet wird. Freilich ist bereits im bürgerlichen Recht ein Haftungsausschluss bei grober Fahrlässigkeit nur unter besonderen Umständen anzuneh-

---

[7] So *Götz*, JuS 1971, 351; a.A. *Erichsen/Ehlers*, § 49 IV Rn. 14, der u.U. auch einen Verwaltungsakt für ausreichend hält.

[8] *Tiemann*, VerwArch 65 (1974), 402f.

[9] Vgl. *Tiemann*, VerwArch 65 (1974), 404.

men.[10] Wie bei der Klausel in der Satzung ist auch im Rahmen eines öffentlich-rechtlichen Rechtsverhältnisses die Grenze bei leicht fahrlässigem Handeln der Bediensteten des Hoheitsträgers anzusetzen.[11] Da *A* über diese Grenze hinausgegangen ist, wirkt die Freizeichnung durch das Schild an der Rakete nicht gegenüber *B*.

f) Minderung des Schadensersatzanspruches

Der Anspruch des *B* auf Schadensersatz aus positiver Forderungsverletzung gemäß § 280 I BGB kann nach § 254 I BGB gemindert sein, dessen Rechtsgedanke im Rahmen verwaltungsrechtlicher Schuldverhältnisse ebenfalls Anwendung findet.[12] Geschäftsfähigkeit ist nicht erforderlich. Aus § 828 III BGB ist vielmehr zu entnehmen, dass die Einsicht genügt, sich in Gefahr zu begeben.[13] Ein Fünfzehnjähriger ist zu dieser Einsicht imstande. Mit dem Schild an der Rakete weist die Stadt *D* obendrein auf die Gefahr hin. Dem *B* fällt somit ein mitwirkendes Verschulden zur Last. Deshalb besteht nur ein geminderter Schadensersatzanspruch gegen die Stadt *D* aus positiver Forderungsverletzung.

2. Anspruch aus Amtspflichtverletzung

B könnte daneben einen Anspruch aus Amtspflichtverletzung nach § 839 BGB, Art. 34 GG wegen des bei dem Unfall an der Rakete erlittenen Schadens haben. Der Schadensersatzanspruch umfasst gemäß § 253 II BGB auch den immateriellen Schaden.

A könnte eine Amtspflicht verletzt haben. Er tritt im Rahmen des verwaltungsrechtlichen Schuldverhältnisses für *D*, einen Hoheitsträger, auf, wird dabei also hoheitlich tätig. Ob sein Rechtsverhältnis zur Stadt *D* dem öffentlichen Recht oder dem Privatrecht angehört, ist unter diesen Umständen unmaßgeblich. Die Amtspflicht eines Museumswächters in einer Ausstellung mit gefährlichen Gegenständen erstreckt sich auch darauf, die Besucher vor Körperverletzungen zu bewahren. Wäre er seiner Pflicht nachgekommen und hätte er *B* gehindert, weiterhin waghalsige Kletterkunststücke zu vollführen statt ihn dazu zu ermuntern, wäre der Schaden nicht eingetreten. Es ist zwar nahe liegend, dass *A* den *B* in Kenntnis seiner Pflicht zu den Klettereien angestachelt hat, doch lässt sich darüber keine Gewissheit erzielen. Zumindest fällt *A* ein hohes Maß an Fahrlässigkeit zur Last.

Aufgrund der Bestimmung in der Satzung und des Schilds an der Rakete liegt der Gedanke an eine Freizeichnung von der Haftung aus Amtspflichtverletzung für fahrlässiges Handeln nahe. Doch steht der Gemeinde

---

[10] *Larenz,* Schuldrecht I, 14. Aufl., 1987, § 31 III, 552ff.

[11] Vgl. *Maurer,* § 29 Rn. 7.

[12] Siehe BGHZ 90, 17 (31f.) zur Anwendbarkeit des Rechtsgedankens von § 254 BGB im Staatshaftungsrecht.

[13] BGHZ 34, 355 (366).

nach herrschender Meinung nicht die Befugnis zu, die Amtshaftung auszuschließen.[14] Bedenkt man freilich, dass im Rahmen bürgerlich-rechtlicher Verträge sogar Privatpersonen die gesetzliche Haftung für unerlaubte Handlungen abbedingen können, müsste sich die zulässige Freizeichnung im Rahmen eines verwaltungsrechtlichen Schuldverhältnisses auch auf die Amtshaftung erstrecken können.[15] Folgt man dieser Auffassung, greift die Haftungsbeschränkung dennoch nicht ein, weil die Gemeinde über das zulässige Maß hinausgegangen ist. Von der Haftung für die grobe Fahrlässigkeit des *A* kann *D* auch dann nicht freikommen.

Es ist mittlerweile anerkannt, dass ein Anspruch gegen denselben Hoheitsträger aus dem schadenstiftenden Ereignis keine anderweitige Ersatzmöglichkeit i.S.v. § 839 I 2 BGB darstellt.[16] Selbst wenn *A* lediglich Fahrlässigkeit zur Last fällt, braucht sich *B* daher nicht auf den Anspruch aus dem verwaltungsrechtlichen Schuldverhältnis verweisen zu lassen. Fraglich ist aber, ob die Leistungen, die *B* aus der privaten Krankenversicherung beanspruchen kann, nicht eine solche anderweitige Ersatzmöglichkeit bilden. Wenn dies der Fall wäre, würde der Hoheitsträger in dem Umfang von der Haftung frei, in dem die private Versicherung des *B* die Behandlungskosten und die Kosten für die Beschaffung von Hilfsmitteln zu tragen hat. Der *BGH* ist jedoch der Auffassung, dass Ansprüche des Geschädigten auf Leistungen einer privaten Krankenversicherung nicht als anderer Ersatz i.S.v. § 839 I 2 BGB anzusehen sind. Dies wird damit begründet, dass es nicht der Zweck einer solchen Versicherung sei, dem Staat das Haftungsrisiko zu nehmen. Die Anrechnung solcher Leistungen aufgrund von § 839 I 2 BGB würde zudem dazu führen, dass der Versicherungsnehmer über eine Erhöhung der Beiträge letztlich wieder mit dem Schaden belastet wird.[17] Die Subsidiaritätsklausel greift somit nicht ein.

Ein Rechtsbehelf kann den bereits entstandenen Schaden nicht mehr abwenden. § 839 III BGB steht dem Anspruch deshalb ebenfalls nicht im Wege. Der Anspruch richtet sich gemäß Art. 34 S. 1 GG gegen die Körperschaft, die den *A* als Museumswächter beschäftigt. Das ist die Stadt *D*. Diese kann dem *B* wie bei dem Anspruch aus dem verwaltungsrechtlichen Schuldverhältnis mitwirkendes Verschulden im Sinne von § 254 I BGB entgegenhalten. *B* hat somit einen geminderten Anspruch auf Schadensersatz aus Amtspflichtverletzung gegen *D*, der auch ein Schmerzensgeld (§ 253 BGB) umfasst.

3. Aufopferungsanspruch

Ein Aufopferungsanspruch des *B* setzt voraus, dass ihm ein Verhalten abverlangt wird, das zu einer Beeinträchtigung nicht vermögenswerter

---

[14] BGHZ 61, 7 (14); differenzierend *Seibert*, DÖV 1986, 964.

[15] *Erichsen/Ehlers*, § 49 IV Rn. 16.

[16] BGHZ 62, 394.

[17] BGHZ 79, 35 (37).

Rechtsgüter führt. *B* ist allenfalls von *A* beeinflusst, nicht aber genötigt worden, die Rakete zu besteigen. Ein Aufopferungsanspruch entfällt damit.

II. Ansprüche gegen *A*

Durch Art. 34 S. 1 GG wird die eigene Haftung des Amtswalters gegenüber dem Geschädigten ausgeschlossen. *B* hat folglich keine Ansprüche gegen *A*.

2. Teil: Abwandlung: Die Rechtslage bei Einschaltung eines Privatunternehmens

I. Ansprüche gegen die Stadt

1. Anspruch aus verwaltungsrechtlichem Schuldverhältnis

Die Stadt *D* haftet dem *B* aus positiver Forderungsverletzung gemäß § 280 I BGB wie im Ausgangsfall, wenn *C* im Rahmen des verwaltungsrechtlichen Schuldverhältnisses als Erfüllungsgehilfe der Stadt auftritt. § 278 S. 1 BGB setzt nicht voraus, dass die eingeschaltete Person im Dienste des Geschäftsherrn steht. Auch ein selbständiger Unternehmer kann Erfüllungsgehilfe sein.[18] Die von ihm beschäftigten Personen sind dann ebenfalls als Erfüllungsgehilfen zu betrachten. Dieser Rechtsgedanke lässt sich ohne weiteres auf das öffentliche Recht übertragen. *D* haftet dem *B* somit, wenn auch gemindert wegen des mitwirkenden Verschuldens, aus positiver Forderungsverletzung im Rahmen eines verwaltungsrechtlichen Schuldverhältnisses.

2. Amtshaftungsanspruch

Die Stadt *D* haftet dem *B* wie im Ausgangsfall, wenn *C* mit hoheitlichen Aufgaben betraut ist. *C* steht nicht im Dienste der Stadt, kann also ein öffentliches Amt nur kraft Beleihung ausüben. Aufgrund der Vereinbarung mit *U* ist *C* in eine Stellung eingewiesen, die gewöhnlich von öffentlichen Bediensteten eingenommen wird. Zur ordnungsgemäßen Erfüllung der Verpflichtungen aus den verwaltungsrechtlichen Schuldverhältnissen, die mit den Besuchern der Ausstellung zustande kommen, bedient sich die Stadt der Hilfe des *C*. Diesem ist als Privatmann ein öffentliches Amt übertragen.

Die Beleihung beruht allerdings nicht auf einer gesetzlichen Grundlage. Es ist aber fraglich, ob für die unselbständige Tätigkeit der *U* und ihrer Arbeitnehmer in der Ausstellung überhaupt eine gesetzliche Grundlage erforderlich ist oder ob diese Betrauung mit Hoheitsgewalt nicht als bloße Verwaltungshilfe auch ohne gesetzliche Grundlage erfolgen darf. Jedenfalls ist die Betrauung als Verwaltungsakt rechtswirksam, es sei denn,

[18] *Palandt/Heinrichs*, BGB, 65. Aufl., 2006, § 278 Rn. 7.

ein Nichtigkeitsgrund liegt vor.[19] Dafür ist jedoch kein Anhaltspunkt ersichtlich. Dementsprechend ist *U* und damit auch *C* rechtsgültig ein öffentliches Amt übertragen.[20] Für sie haftet *D* als die Körperschaft, die ihnen das Amt anvertraut hat. *B* hat folglich einen Amtshaftungsanspruch gegen *D*, vermindert um einen Satz, der seinem mitwirkenden Verschulden Rechnung trägt.

II. Ansprüche gegen *U* und *C*

Im Falle einer Beleihung nehmen die von der Verwaltung für die Ausübung hoheitlicher Gewalt in Anspruch genommenen Privatpersonen am Haftungsprivileg des Art. 34 S. 1 GG teil. *B* hat somit keine Ansprüche gegen *U* und *C*.

Literaturhinweise

Becker, Ulrich/Sichert, Markus, Einführung in die kommunale Rechtsetzung am Beispiel gemeindlicher Benutzungssatzungen, JuS 2000, 552; *Gries, Berthold/Willebrand, Elmar,* Entstehung und Beendigung der auf Leistung oder Nutzung gerichteten verwaltungsrechtlichen Schuldverhältnisse, JuS 1990, 103 und 193; *Heinz, Dirk,* Das verwaltungsrechtliche Schuldverhältnis und der Schadensersatzanspruch des Bundes bei Zivildienstschädigungen, ZfS 1998, 233; *Janson, Bernd,* Verwaltungsrechtliches Schuldverhältnis, Verwaltungsverfahrensgesetz und Reform der Staatshaftung, DÖV 1979, 669; *Palder, Helmut,* Die Zulässigkeit von Haftungsbeschränkungen in öffentlichrechtlichen Benutzungsverhältnissen, 1976; *Reiter, Bernhard,* Amtshaftungsrecht – Zur Zulässigkeit von Freizeichnungsklauseln in kommunalen Satzungen, BayVBl 1990, 711; *Seibert, Max-Jürgen,* Beschränkung der Amtshaftung durch gemeindliche Satzung, DÖV 1986, 957.

[19] *Zuleeg,* DÖV 1970, 628f.
[20] Vgl. *Ossenbühl,* S. 12f.

Fall 29. Die Schweinemästerei mit eigener Schlachtung

Sachverhalt

Die Gemeinde Kleindorf *(K)* in Nordrhein-Westfalen erlässt rechtsgültig einen Bebauungsplan, in dem das bebaute Gemeindegebiet als Dorfgebiet i. S. v. § 5 BauNVO ausgewiesen ist. *Blasius Bauer (B)* unterhält in *K* eine kleine Schweinemästerei mit eigener Schlachtung. Auf dem Gelände des *B* befinden sich 200 Plätze für Mastschweine. Bei den wöchentlichen Schlachtungen fallen regelmäßig insgesamt ca. 800 kg Lebendgewicht an. Die zuständige Behörde erteilt ihm die auf 400 Mastschweineplätze beschränkte Baugenehmigung zum Ausbau seines Betriebs. Die vorgesehenen Gebäude werden erstellt. *B* lässt darin neue Schlachtanlagen einbauen. Kurz darauf wird *K* in die kreisangehörige Gemeinde Astadt *(A)* eingegliedert. Der kraft Satzung in *A* geltende Anschluss- und Benutzungszwang für den städtischen Schlachthof wird damit auf das frühere Gemeindegebiet von *K* ausgedehnt. Eine bis zu diesem Zeitpunkt gültige Bestimmung in der Satzung, nach der eine Befreiung vom Anschluss- und Benutzungszwang erteilt werden konnte, wird gestrichen. Eine Entschädigung ist nicht vorgesehen. In der Ratssitzung erläutert der Bürgermeister, dass nur auf diese Weise die Gesundheitskontrolle in den eingemeindeten Gebieten hinlänglich gewährleistet sei. Die Gemeinde *A* erlässt ferner einen rechtsgültigen Bebauungsplan, in dem das frühere Gemeindegebiet von *K* als allgemeines Wohngebiet i. S. v. § 4 BauNVO gekennzeichnet ist.

In der Umgebung der Schweinemästerei siedeln sich daraufhin neue Bewohner an, die bemerken, dass vom Betrieb des *B* eine Ratten- und Fliegenplage ausgeht. Zwar ist es dem *B* durch den Einbau moderner Gerätschaften gelungen, zu verhindern, dass Gerüche nach außen dringen und die Schlachtanlagen in einem hygienisch einwandfreien Zustand zu halten; die Ratten- und Fliegenplage bekämpft er jedoch vergebens. Der Bürgermeister untersagt dem *B* daher durch eine Verfügung, die Schweinemästerei weiter zu betreiben. Zur Begründung ist angeführt, dass den Nachbarn in einem Wohngebiet nicht zuzumuten sei, in der Nähe einer Gefahrenquelle für die Gesundheit zu leben.

B möchte die Aufwendungen für seine Schlachtanlagen von der Gemeinde *A* ersetzt erhalten. Da er seinen Lebensunterhalt aus dem Gewinn bestreitet, den die Schweinemästerei abwirft, verlangt *B* außerdem von *A* eine Entschädigung wegen seines Einnahmeausfalls. Sind die beiden Begehren des *B* berechtigt?

Vermerk: In den Stadtstaaten ist davon auszugehen, dass der Bebauungsplan für das Gebiet, in dem *B* seine Schweinemästerei unterhält, geändert wird. In den Stadtstaaten handelt an Stelle des Bürgermeisters das zuständige Bezirks- oder Ortsamt. Die Verfügung des Bürgermeisters, in den Stadtstaaten des Bezirks- oder Ortsamts, gründet sich auf Art. 2 I, 11 I BayPAG; §§ 1, 3 BWPolG; 17 I BerlASOG; 1 I, 13 I BbgOBG; 1, 30 I BremPolG; 3 HbgSOG; 1 I, 11 HessSOG; 1 I, 13 SOG MV; 1 I, 11 NdsGefAG; 1 I, 9 I RhPflPOG; 1 II, 8 I SaarlPolG; 1 I, 3 I SächsPolG; 174 SHLVwG; 2 I, 5 I ThürOBG. In den Stadtstaaten ist anzunehmen, dass der Benutzungszwang auf einer Rechtsnorm beruht, die keine Entschädigung gewährt.

Lösung

I. Ausgleich für die Schlachtanlagen

1. Anspruch auf Schadensersatz aus Amtspflichtverletzung

a) Haftung für legislatives Unrecht?

B verlangt Ersatz des Schadens, der ihm dadurch entsteht, dass sich die neuen Schlachtanlagen infolge der Anordnung des Anschluss- und Benutzungszwangs für den städtischen Schlachthof in der Satzung der Gemeinde *A* nicht amortisieren können. Der Hoheitsakt, von dem der Schaden des *B* ausgeht, ist somit eine Rechtsnorm. Es ist umstritten, ob im Erlass einer rechtswidrigen Rechtsnorm eine Amtspflichtverletzung liegen kann.[1] Nach einer Meinung soll den Abgeordneten keine Amtspflicht gegenüber Dritten treffen, wenn er an der Gesetzgebung mitwirkt. Dies wird mit dem Grundsatz des freien Mandats und mit der Ableitung der Staatshaftung aus der Beamtenhaftung begründet.[2] Diese Gesichtspunkte müssten eigentlich auch für die Mitglieder kommunaler Vertretungsorgane gelten; dennoch soll die vollziehende Gewalt bei Rechtssetzungsakten der Amtshaftung unterworfen sein.[3] Auch das freie Mandat entbindet nicht von der Pflicht zur Wahrung der Grundrechte. Der kommunale Satzungsgeber ist darüber hinaus an die Gesetze gebunden, die zugunsten der einzelnen wirken. Mit Rücksicht darauf lässt sich eine Amtspflicht gegenüber Dritten nicht gut verneinen.[4] Die Ableitung aus der Beamtenhaftung zwingt ebenfalls nicht dazu, an den ursprünglichen Merkmalen des § 839 BGB festzuhalten. Im Hinblick auf die verfassungsrechtlichen Anforderungen ist die Amtshaftung heute ohnehin gründlich umgestaltet. Der Hoheitsträger haftet daher auch für legislatives Unrecht, zumindest auf der Ebene der Gemeinde.[5]

---

[1] Bahnbrechend *Dagtoglou*, Ersatzpflicht des Staates bei legislativem Unrecht?, 1963, 30 ff.
[2] *Bender*, Staatshaftungsrecht, 3. Aufl., 1981, Rn. 776 f.
[3] BGHZ 92, 34 (51 f.); *Kosmider*, JuS 1986, 279 m. w. N.
[4] Vgl. BGHZ 102, 350 (367 f.).
[5] Vgl. *Maurer*, § 26 Rn. 51–53.

b) Amtspflichtverletzung

Die Gemeinde *A* hätte ihre dem *B* gegenüber obliegende Amtspflicht zu rechtmäßigem Handeln beim Normerlass verletzt, wenn die Satzung über den Anschluss- und Benutzungszwang rechtswidrig ist. Eine Satzung muss, um rechtmäßig zu sein, von einer Rechtsgrundlage gedeckt sein. Der Benutzungszwang für Schlachthöfe ist in § 9 S. 1 NRWGO zwar ausdrücklich vorgesehen. Voraussetzung ist allerdings das Bestehen eines öffentlichen Bedürfnisses. Dieser unbestimmte Rechtsbegriff gibt der Gemeinde einen Entscheidungsspielraum.[6] Der gerichtlichen Kontrolle unterliegt aber, ob der Benutzungszwang durch vernünftige Gründe des Gemeinwohls gerechtfertigt ist.[7] Zu diesen Gütern gehört die Gesundheit der Menschen. Maßgeblich ist nicht die Gesundheitsgefahr, die von einem einzelnen Betrieb wie von dem des *B* ausgeht, sondern die Gefahr, die in Zukunft entstehen kann, wenn die Schlachtung nicht im städtischen Schlachthof zusammengefasst wird. Nur eine ständige öffentliche Kontrolle kann die bei Schlachtungen auftretenden Gesundheitsgefahren gering halten, in einer Vielzahl von Betrieben ist die Kontrolle jedoch wesentlich erschwert. Dies gilt insbesondere für die Gemeinde *A*, die in ihrem ursprünglichen Gebiet bereits den Benutzungszwang für den städtischen Schlachthof eingeführt, die Überwachung also dort schon zusammengefasst hat. Die Einbeziehung der neu hinzugekommenen Gemeindegebiete erspart einen unverhältnismäßigen Aufwand, der für die vorher nicht von *A* überwachten Betriebe erbracht werden müsste. Die Gemeinde *A* hat das öffentliche Bedürfnis somit im Rahmen des ihr zustehenden Entscheidungsspielraums bejaht.

Ist der Benutzungszwang eine Ausprägung der Sozialbindung des Eigentums i.S.v. Art. 14 II GG, bedarf es keiner Entschädigungsregelung, die Bestimmung über den Anschluss- und Benutzungszwang ist dann rechtmäßig. Der BGH zieht insoweit den Gesichtspunkt der Pflichtigkeit heran, die dem Eigentum, das von einem Anschluss- und Benutzungszwang betroffen sein könnte, von vornherein innewohne und durch eine entsprechende Satzung nur zu einer Pflicht verdichtet werde. Rechtlich treffe der Zwang alle Eigentümer, nur tatsächlich könnten einige ungleich betroffen sein, doch läge darin kein Sonderopfer.[8] Selbst wenn der Eigentümer sein Eigentum zu gewerblichen Zwecken einsetze, ständen die Rechtsgüter Leben und Gesundheit höher. Der Eigentümer müsse daher immer damit rechnen, dass ihm die Nutzungsmöglichkeit zugunsten dieser Rechtsgüter verwehrt werden könne.[9]

Gegen eine solcherart begründete Pflichtigkeit erhebt sich das Bedenken, dass die Nutzung des Eigentums auf diese Weise vollständig unter-

---

6 *OVG Münster* OVGE 18, 71 (73).

7 *Rehn/Cronauge/von Lennep*, Gemeindeordnung für das Land Nordrhein-Westfalen, Stand: Oktober 2004, § 9 Anm. IV. 1, S. 14f.

8 BGHZ 40, 355 (361); *BVerwG* DÖV 1969, 431 (432).

9 *BGH* NJW 1971, 133; vgl. auch *Bryde* in: *v. Münch*, GG, Art. 14 Rn. 20.

sagt werden könnte, ohne dafür einen Ausgleich zu leisten. Dies könnte eine Verletzung des Wesensgehalts nach Art. 19 II GG bedeuten. Der Gesetzgeber darf jedoch den Inhalt des Eigentums bestimmen (Art. 14 I 2 GG). Das konkrete Eigentum ist daher entziehbar und beschränkbar, ohne dass die Wesensgehaltssperre eingreift. Immerhin kommt der völlige Entzug der Nutzungsmöglichkeit einer Enteignung gleich, der Betroffene erbringt ein Sonderopfer. Man kann den Gewerbetreibenden auch nicht auf die Möglichkeit verweisen, auf andere Gemeinden auszuweichen, um dort das durch den Benutzungszwang nicht verbotene Gewerbe fortzusetzen.[10] Ein solcher Ansatz verkennt die Schwierigkeiten, einen neuen Kundenstamm zu finden, unterstellt, dass die anderen Gemeinden keinen Benutzungszwang eingeführt haben und auch nicht demnächst einführen wollen, und berücksichtigt nicht den Aufwand, den eine Verlagerung des Gewerbebetriebs mit sich bringt. Hätten die Gewerbetreibenden dies entschädigungslos hinzunehmen, wären gerade diejenigen, an deren Tätigkeit die Allgemeinheit ein elementares Interesse hat, solange die Gemeinde oder ein anderer Hoheitsträger nicht einspringt, mit einem erheblichen Risiko belastet.[11]

Betrachtet man die Schwere des Eingriffs, ist zu bedenken, dass die Schlachtanlagen für den Unternehmer eine erhebliche Ausgabe bedeuten, die verloren ist, wenn der Betrieb infolge des Nutzungsverbots keinen Gewinn mehr abwirft.[12] Der Benutzungszwang wirkt sich daher für *B* wie eine Enteignung aus.[13] Die Maßnahme ist auch deshalb rechtswidrig, weil die Satzung keine Befreiungsmöglichkeit mehr enthält. Zwar sieht § 9 S. 2 NRWGO nur vor, dass eine Befreiung vom Anschluss- und Benutzungszwang durch Satzung ermöglicht werden „kann", hierin darf aber keine Ermächtigung gesehen werden, rückwirkend in durch behördliche Genehmigung verfestigte Grundrechtspositionen einzugreifen. Zu einer Regelung ohne Ausnahmen zugunsten von Altrechten oder zumindest Übergangsvorschriften vermag § 9 NRWGO die Gemeinden nicht zu ermächtigen. Die Gemeinde *A* hat somit die Grenzen ihrer Satzungsautonomie verkannt.

Zwar lässt sich die Amtspflichtverletzung nicht einzelnen Mitgliedern des Gemeinderats zurechnen, es genügt aber, dass die Mehrheit der Mitglieder des Kollegiums oder möglicherweise sogar alle verantwortlich gemacht werden können, sonst brächte die Errichtung von Kollegialorganen eine Haftungserleichterung mit sich.[14]

---

[10] So aber BGHZ 40, 355 (364 f.).
[11] *Badura*, DÖV 1964, 539.
[12] Vgl. *OVG Lüneburg* OVGE 25, 345.
[13] Ebenso *OVG Münster* OVGE 18, 71 (77).
[14] *Kosmider*, JuS 1986, 280.

c) Verschulden

Denjenigen Mitgliedern, die für die Satzung gestimmt haben, fällt zumindest Fahrlässigkeit zur Last. Sie hätten die gesetzlich vorgesehene Möglichkeit einer Befreiung vom Benutzungszwang ins Auge fassen müssen (§ 9 S. 2 NRWGO).[15]

d) Anspruchsgegner

Die Haftung trifft gemäß Art. 34 S. 1 GG die Gemeinde *A*.

e) Ausschluss oder Minderung des Anspruchs?

Der Amtshaftungsanspruch des *B* könnte nach § 839 IIII BGB ausgeschlossen sein, wenn dieser es vorsätzlich oder fahrlässig unterlassen hat, den ihm durch die rechtswidrige Satzung entstandenen Schaden durch Gebrauch eines Rechtsmittels abzuwenden. Zu fragen ist somit, ob *B* eine zumutbare Möglichkeit zur Verfügung stand, die Satzung der Gemeinde *A* über den Anschluss- und Benutzungszwang gerichtlich anzugreifen. Hier ist das Normenkontrollverfahren gemäß § 47 I VwGO in Betracht zu ziehen. Die Voraussetzungen von Nr. 1 dieser Vorschrift liegen jedoch nicht vor, weil es sich nicht um eine der dort genannten Satzungen handelt. Aber auch § 47 I Nr. 2 VwGO eröffnet im vorliegenden Fall nicht die Möglichkeit einer Normenkontrolle, weil das nordrhein-westfälische Ausführungsgesetz zur VwGO nicht bestimmt, dass auch andere im Range unter dem Landesgesetz stehende Rechtsvorschriften auf ihre Gültigkeit hin überprüft werden können.[16] Die Haftung der Gemeinde *A* ist somit nicht nach § 839 III BGB ausgeschlossen.

Unter Umständen hätte *B* eine Ausnahme vom Benutzungszwang beantragen können, doch gewährt die Satzung der Gemeinde *A* diese Möglichkeit gerade nicht. Es ist auch nicht erkennbar, dass *B* beim Ausbau seiner Schlachtanlagen über die bevorstehende Einführung des Benutzungszwangs Bescheid wusste. Ein mitwirkendes Verschulden fällt *B* somit ebenfalls nicht zur Last.

Schließlich stellt ein möglicher konkurrierender Anspruch aus enteignungsgleichem Eingriff auch keine anderweitige Ersatzmöglichkeit i. S. v.

---

[15] In den anderen Bundesländern: §§ 11 II BWGO; 15 II BbgGO; 19 II 2 HessGO; 15 II KV MV; 8 II Nr. 2 2 NdsGO; 26 II RhPflGO; 22 II SaarlKSVG; 14 II SächsGO; 8 Nr. 2 2 GO SachsAnh; 17 II 2 SHGO; 20 II 2 ThürKO. In Bayern fehlt eine entsprechende Regelung.

[16] Anders in den Bundesländern Baden-Württemberg (§ 5 AGVwGO), Bayern (Art. 5 I AGVwGO), Brandenburg (§ 4 I VwGG), Bremen (§ 7 AGVwGO), Hessen (§ 11 I AGVwGO), Mecklenburg-Vorpommern (§ 13 GerOrG), Niedersachsen (§ 6 a AGVwGO), Rheinland-Pfalz (§ 4 S. 1 AGVwGO), Saarland (§ 16 AGVwGO), Sachsen (Art. 4 § 2 GerOrG), Sachsen-Anhalt (§ 10 AGVwGO), Schleswig-Holstein (§ 5 AGVwGO) und Thüringen (§ 8 AGVwGO).

§ 839 I 2 BGB dar.[17] Der Ersatzanspruch des *B* besteht folglich in voller Höhe.

f) Rechtsfolge

Der Schadensersatz umfasst nicht nur den Substanzverlust, also die Aufwendungen für die Schlachtanlagen, die infolge des Benutzungszwangs für *B* nutzlos geworden sind, sondern nach § 252 BGB auch den entgangenen Gewinn.

2. Anspruch auf Entschädigung wegen Enteignung

Die von *B* verwendete Formulierung deutet zwar auf die Forderung von Schadensersatz hin. Gleichwohl darf man nicht nur den Wortlaut betrachten, sondern muss den Sinn des Begehrens ermitteln. *B* will einen Ausgleich dafür, dass sich die neuen Schlachtanlagen wegen des Anschluss- und Benutzungszwangs für den städtischen Schlachthof nicht amortisieren können. Ein solcher Ausgleich kann auch durch Entschädigung, nicht nur durch Schadensersatz bewirkt werden. Ein Anspruch auf Entschädigung wegen Enteignung kann sich nach Inkrafttreten des Grundgesetzes nur noch auf ein Gesetz gründen, das gemäß Art. 14 III 2 GG die Entschädigung festsetzt, sog. Junktimklausel.[18] Der Benutzungszwang für den städtischen Schlachthof beruht indes auf einer Satzung. Ob die Regelung der Entschädigung in einer Satzung den verfassungsrechtlichen Anforderungen genügen könnte.[19] mag dahinstehen, weil die Satzung hier jedenfalls keine Entschädigung vorsieht. Ebenso wenig gewährt die Gemeindeordnung, die in § 9 NRWGO[20] den Benutzungszwang für städtische Schlachthöfe zulässt, eine Entschädigung. Ein Anspruch auf Entschädigung wegen Enteignung besteht deshalb nicht.

3. Entschädigungsanspruch aus enteignungsgleichem Eingriff

a) Rechtsgrundlage und Voraussetzungen des Anspruchs aus enteignungsgleichem Eingriff

In Betracht kommt ein Entschädigungsanspruch aus enteignungsgleichem Eingriff, der neben dem Amtshaftungsanspruch bestehen kann.[21] Fraglich ist zunächst, welche Rechtsgrundlage einem Anspruch aus enteignungsgleichem Eingriff[22] zugrunde liegt. Nach der Nassauskiesungs-

---

[17] Vgl. auch BGHZ 100, 136ff.; kritisiert von *Schenke,* NJW 1988, 857ff.

[18] Vgl. BVerfGE 24, 367 (396f.).

[19] Verneinend *Bryde,* in: *v. Münch,* GG, Art. 14 Rn. 76.

[20] In den anderen Bundesländern: Art. 24 I Nr. 1 BayGO; §§ 11 I BWGO; 15 I BbgGO; 19 II 1 HessGO; 15 I KV MV; 8 II Nr. 2 S. 1 NdsGO; 26 I RhPflGO; 22 I SaarlKSVG; 14 I SächsGO; 8 Nr. 2 S. 1 GO SachsAnh; 17 II 1 SHGO; 20 II 1 Nr. 2 ThürKO.

[21] Vgl. *Maurer,* § 25 Rn. 2, § 26 Rn. 46, § 27 Rn. 104; *Ossenbühl,* 2. Teil VII. 4., S. 118.

[22] Der Terminus „Eingriff" ist in diesem Zusammenhang – streng betrachtet – zu eng, da seit BGHZ 37, 44 (47) kein finaler Eingriff mehr gefordert wird. Ausreichend ist

entscheidung des Bundesverfassungsgerichts hat sich hier ein Meinungswandel vollzogen.[23] Der BGH ist nunmehr der Auffassung, dass der allgemeine Aufopferungsgedanke der §§ 74, 75 Einl PrALR in seiner richterrechtlichen Ausprägung die Rechtsgrundlage dieses Anspruchs bildet.[24] Ein Entschädigungsanspruch wegen enteignungsgleichen Eingriffs entsteht, wenn jemand durch einen rechtswidrigen Hoheitsakt in einem subjektiven vermögenswerten Recht unmittelbar eine Einbuße erleidet, die ihn im Vergleich zu anderen ungleich trifft und zu einem besonderen, den übrigen nicht zugemuteten Opfer zwingt (sog. Sonderopfertheorie).[25] Auf den beabsichtigten Nutzen für das Allgemeinwohl kann es nicht ankommen, sonst hätte bei einem Hoheitsakt, dem diese Zweckbestimmung nicht eigen ist, der Geschädigte das Nachsehen.

b) Unmittelbare Beeinträchtigung in einem vermögenswerten Recht durch einen rechtswidrigen Hoheitsakt

Der Hoheitsakt, der *B* belastet, ist die Satzung über den Benutzungszwang. Sie führt dazu, dass *B* von seinen Schlachtanlagen keinen Gebrauch mehr machen kann. Die Nutzungsmöglichkeit ist ein wesentliches Element des Eigentums. *B* ist also durch einen Hoheitsakt in seinem Eigentum beeinträchtigt. Die Satzung bedarf auch keines weiteren Vollzugsakts, um die Pflicht des *B* zu bestimmen. Der Benutzungszwang für den städtischen Schlachthof entspringt daher unmittelbar der Satzung. Sie ist nicht von der zugrunde liegenden Rechtsgrundlage gedeckt und deshalb rechtswidrig. Folglich steht *B* grundsätzlich ein Anspruch auf Entschädigung aus enteignungsgleichem Eingriff zu.

c) Anspruchsgegner

Der Anspruch richtet sich gegen die Gemeinde *A*, die den beeinträchtigenden Hoheitsakt erlassen hat.

d) Ausschluss oder Minderung des Anspruchs?

Der Anspruch könnte jedoch nach dem Rechtsgedanken des § 839 III BGB ausgeschlossen sein. Der BGH erstreckt den Sinngehalt dieser Vorschrift nicht auf den Anspruch aus enteignungsgleichem Eingriff.[26] Nach dem Rechtsgedanken des § 254 BGB muss der Betroffene jedoch

---

vielmehr auch eine mittelbare Beeinträchtigung, so dass es treffender wäre, von einem Anspruch aus enteignungsgleicher Beeinträchtigung zu sprechen. Da sich zur Bezeichnung dieses Rechtsinstituts in Rechtsprechung und Literatur allerdings der Begriff „enteignungsgleicher Eingriff" seit langem einhellig durchgesetzt hat, sei er aus Gründen der allgemeinen Verständlichkeit auch hier verwendet.

[23] BVerfGE 58, 300ff.

[24] BGHZ 90, 17 (29).

[25] *Papier*, JuS 1989, 634f.; BGHZ 6, 270 (280).

[26] BGHZ 13, 88 (97).

zur Schadensabwendung beitragen, indem er die ihm zur Verfügung stehenden Rechtsbehelfe ausschöpft. Daher ist ein Entschädigungsanspruch regelmäßig für diejenigen Nachteile ausgeschlossen, die durch eine zumutbare verwaltungsprozessuale Anfechtung hätten vermieden werden können.[27] Da dem *B* hier keine Rechtsbehelfe zur Verfügung stehen, ist der Anspruch nicht entsprechend § 254 BGB ausgeschlossen.[28] Auch ein sonstiges mitwirkendes Verschulden fällt dem *B* nicht zur Last. Ihm steht somit ein Entschädigungsanspruch aus enteignungsgleichem Eingriff in voller Höhe zu.

e) Rechtsfolge

Die Entschädigung gleicht den Substanzverlust aus.[29] Dieser bemisst sich nach den Aufwendungen, die für *B* nutzlos geworden sind.

II. Ausgleich für die Einstellung der Schweinemast

1. Anspruch aus § 21 IV BImSchG analog

Aufgrund der Verfügung des Bürgermeisters könnte *B* ein Entschädigungsanspruch aus § 21 IV BImSchG zustehen. Voraussetzung dafür ist zunächst, dass diese Vorschrift hier überhaupt anwendbar ist. Die Norm gilt unmittelbar nur bei Widerruf einer Genehmigung nach § 4 I BImSchG. *B* betreibt seine Schweinemästerei mit eigener Schlachtung hier jedoch lediglich in einem derart geringen Umfang, dass nach § 1 I 1 4. BImSchVO i. V. m. Nr. 7.1 und 7.2 des Anhangs keine Genehmigungspflicht besteht. Damit sind im vorliegenden Fall die Vorschriften über nicht genehmigungsbedürftige Anlagen, also die §§ 22ff. BImSchG einschlägig. Es ist umstritten, ob der Entschädigungsanspruch aus § 21 IV BImSchG in entsprechender Weise auch für nicht genehmigungsbedürftige Anlagen gilt.[30] Auf diese Frage braucht aber dann nicht näher eingegangen zu werden, wenn die Verbotsverfügung hier nicht auf § 25 II BImSchG gestützt werden konnte. Diese Norm setzt das Bestehen schädlicher Umwelteinwirkungen i. S. v. § 3 I–III BImSchG voraus. Im vorliegenden Fall ist der Grund für die Untersagung ausschließlich die Ratten- und Fliegenplage. Aufgrund der seitens des *B* getroffenen technischen Vorkehrungen gehen von der Anlage jedoch keine Emissionen i. S. v. § 3 III BImSchG aus. Die Ratten- und Fliegenplage stellt keine schädliche Umwelteinwirkung i. S. v. § 3 I BImSchG dar. Dementsprechend scheidet ein Entschädigungsanspruch aus § 21 IV BImSchG hier in jedem Fall aus, weil das Bundesimmissionsschutzgesetz bereits von seinem Regelungszweck her nicht eingreift. Vielmehr ist die Untersa-

---

[27] Vgl. BVerfGE 58, 300 (323f.); BGHZ 90, 17 (31f.).

[28] Anders in den Bundesländern, die den Weg der Normenkontrolle nach § 47 I Nr. 2 i. V. m. dem LandesAGVwGO eröffnet haben.

[29] Vgl. *Maurer,* § 26 Rn. 66ff., 100.

[30] Bejahend *Schenke,* JuS 1977, 795; verneinend *Götz,* Rn. 345.

gungsverfügung Ausdruck der Ordnungspflicht nach allgemeinem Polizei- und Ordnungsrecht.[31]

2. Anspruch aus § 42 I BauGB

Ein in Betracht zu ziehender Entschädigungsanspruch aus § 42 I BauGB scheidet hier ebenfalls aus, weil diese Vorschrift lediglich bei einer baurechtlichen Überplanung und Nutzungsänderung des Betriebsgrundstücks gilt.[32] Hier soll nicht die Bauplanung geändert, sondern eine Gefahrenquelle für die Gesundheit beseitigt werden.

3. Anspruch aus § 39 I Buchst. b NRWOBG

a) Verhältnis zum Anspruch aus enteignungsgleichem Eingriff

Die Verfügung des Bürgermeisters an *B* könnte einen rechtswidrigen Eingriff in dessen eingerichteten und ausgeübten Gewerbebetrieb darstellen, der ein vermögenswertes Recht i. S. v. Art. 14 I GG ist.[33] Daher kommt ein Anspruch aus enteignungsgleichem Eingriff in Betracht. Für rechtswidrige Maßnahmen der Ordnungsbehörden enthält § 39 I Buchst. b NRWOBG[34] jedoch einen speziellen Ersatzanspruch. Art. 74 I Nr. 14 GG weist dem Bund die Gesetzgebungsbefugnis für das Recht der Enteignung nur insoweit zu, als sie auf den Sachgebieten der Art. 73 und 74 GG in Betracht kommt.[35] Dem Anspruch aus enteignungsgleichem Eingriff, der über diese Sachgebiete hinausgreift und grundsätzlich auch das Polizei- und Ordnungsrecht erfasst, kann man mittlerweile gewohnheitsrechtliche Geltung zusprechen.[36] Im Bereich seiner ausschließlichen Gesetzgebungskompetenz muss man jedoch dem Landesgesetzgeber zugestehen, spezialgesetzliche Regelungen wie die des § 39 I Buchst. b NRWOBG an die Stelle des Bundesgewohnheitsrechts zu setzen.[37] Im Bereich der polizeilichen Gefahrenabwehr verdrängt daher der speziel-

---

[31] Dazu *Götz,* POR, Rn. 236; falls von der Schweinemästerei Immissionen auf die Nachbargrundstücke ausgehen, ändert sich die Beurteilung, s. dazu *Reiland,* VerwArch 66 (1975); 255; *Schenke,* DVBl 1976, 740; *Sendler,* WiVerw 1977, 94; *Fröhler/Kormann,* WiVerw 1977, 114; *Sellner/Löwer,* WiVerw 1980, 221; *Rademacher,* Bestandsschutz und Störerhaftung des Betreibers nicht genehmigungsbedürftiger Anlagen i. S. d. §§ 22 ff. BImSchG, Diss. Würzburg 1982; *Kutscheidt,* NVwZ 1983, 65; *Götz,* Rn. 235 f., 345.

[32] *Götz,* Rn. 345.

[33] *Bryde,* in: *v. Münch,* GG, Art. 14 Rn. 18.

[34] In den anderen Bundesländern: Art. 70 II BayPAG; §§ 59 II BlnASOG; 38 I Buchst. b BbgOBG; 56 I 2 BremPolG; 64 I 2 HessSOG; 80 I 2 NdsGefAG; 68 I 2 RhPflPOG; 68 I 2 SaarlPolG; 69 I 2 SOG SachsAnh; 52 ThürOBG i. V. m. 68 I 2 ThürPAG; in den übrigen Bundesländern fehlen entsprechende Vorschriften. Eine entsprechende Ersatzpflicht ist dort aber ebenfalls zu bejahen, weil sie sich aus der Auslegung der Vorschriften über die Entschädigung des Nichtstörers ergibt.

[35] Vgl. dazu BVerfGE 61, 149 ff.

[36] Vgl. BGHZ 90, 17 (29).

[37] *Zuleeg,* DVBl 1963, 322.

lere Anspruch aus § 39 I Buchst. b NRWOBG somit den allgemeinen Anspruch aus enteignungsgleichem Eingriff.[38]

b) Rechtmäßigkeit der Verfügung

§ 39 I Buchst. b NRWOBG gewährt nur dann einen Anspruch auf Entschädigung, wenn die Verfügung des Bürgermeisters rechtswidrig ist. Die von einer Schweinemästerei ausgehende Ratten- und Fliegenplage kann die Gesundheit der in der Nähe wohnenden Menschen gefährden. In dörflicher Umgebung, wie sie in der früheren Gemeinde *K* bestand, mag dies noch hinzunehmen sein. In einem allgemeinen Wohngebiet, das jetzt in dem ehemaligen Gemeindegebiet von *K* entsteht, sind dagegen, wie sich aus § 4 III Nr. 2 BauNVO ergibt, nur mehr nicht störende Gewerbebetriebe zugelassen. Die vorhandenen Betriebe werden durch den neuen Bebauungsplan zwar nicht rechtswidrig, wohl aber können sie nunmehr eine Gefahr für die öffentliche Sicherheit i. S. v. § 14 I NRW-OBG verkörpern. Dies ist bei der Schweinemästerei des *B* der Fall. Somit ist die Generalklausel des § 14 I NRWOBG hier die einschlägige Rechtsgrundlage.

Die Gefährdung der Anwohner durch die Ratten- und Fliegenplage geht vom Anwesen des *B* aus. Nach § 18 I NRWOBG[39] ist er als Eigentümer für den Zustand seiner Sache verantwortlich. Da auf andere Weise die Störung nicht zu bekämpfen ist, verletzt es auch nicht den Grundsatz der Erforderlichkeit nach § 15 I NRWOBG, den weiteren Betrieb der Schweinemästerei zu verhindern. Der nach § 5 I i. V. m. 3 I NRWOBG zuständige Bürgermeister[40] nimmt *B* mithin rechtmäßig in Anspruch. Demzufolge kann *B* nach § 39 I Buchst. b NRWOBG keine Entschädigung verlangen.

4. Anspruch aus Amtshaftung

Ein Anspruch aus § 839 BGB, Art. 34 GG setzt die Verletzung einer Amtspflicht voraus. Die Gefahrenabwehr gehört zu den Amtspflichten

---

[38] Vgl. *Maurer,* § 27 Rn. 103; *Ossenbühl,* 11. Teil VI, S. 413.

[39] In den anderen Bundesländern: Art. 8 II BayPAG; §§ 7 BWPolG; 14 III BlnASOG; 17 I BbgOBG; 6 II BremPolG; 9 I HbgSOG; 7 II HessSOG; 70 I SOG MV; 7 II NdsGefAG; 5 II RhPflPOG; 5 II SaarlPolG; 5 SächsPolG; 8 II SOG SachsAnh; 219 I SHLVwG; 11 II ThürOBG.

[40] In den anderen Bundesländern: Art. 6 BayLandesstraf- und Verordnungsgesetz (Gemeinde) §§ 66 II i. V. m. 62 IV 1 BWPolG (Gemeinde); 5 I, 3 I BbgOBG (Ämter, amtsfreie Gemeinden und kreisfreie Städte); 85 I Nr. 4, 89 II 1 HessSOG (Bürgermeister); 4 I, 3 I Nr. 3 SOG MV (Amtsvorsteher und Bürgermeister); 101 II NdsGefAG (Gemeinde); 89 I RhPflPOG i. V. m. § 1 der Landesverordnung über die Zuständigkeit der allgemeinen Ordnungsbehörden (Gemeinde-, Verbands- und Stadtverwaltungen); 80 II, 76 III SaarlPolG (Bürgermeister); 68 II, 64 I Nr. 4 SächsPolG (Gemeinden); 89 II SOG SachsAnh (Gemeinden und Verwaltungsgemeinschaften); 165 I, II i. V. m. 164 I Nr. 3 SHLVwG (Bürgermeister und Amtsvorsteher); 4 I ThürOBG (Gemeinden und Verwaltungsgemeinschaften). In Berlin, Bremen und Hamburg bestimmt der Senat die zuständige Behörde.

des Bürgermeisters. Seine Verfügung, die Schweinemästerei an ihrem jetzigen Standort einzustellen, dient dem Schutz der Gesundheit und damit der Gefahrenabwehr. Wie unter II 3b festgestellt, hat der Bürgermeister jedoch rechtmäßig gehandelt. Die Verletzung einer Amtspflicht scheidet also aus. Es besteht folglich kein Anspruch aus Amtshaftung.

5. Eigentumsrechtlicher Ausgleichsanspruch

Der eigentumsrechtliche Ausgleichsanspruch dient dazu, die Folgen unzumutbarer Einschränkungen des Eigentums abzumildern.[41] Ein Ausgleich ist zu gewähren, wenn eine Vermögensposition im Rahmen einer Regelung von Inhalt und Schranken des Eigentums in besonderer und unzumutbarer Weise beeinträchtigt wird und eine daran anknüpfende Ausgleichsregelung vorliegt.[42] An einer derartigen Ausgleichsregelung fehlt es hier allerdings. Somit besteht kein Ausgleichsanspruch.

6. Anspruch aus enteignendem Eingriff

Neben dem eigentumsrechtlichen Ausgleichsanspruch fristet der Anspruch aus enteignendem Eingriff nur noch ein kümmerliches Dasein. Erfasst sind allein Zufalls- oder Unfallschäden,[43] die hier nicht bestehen. Der Bürgermeister hat seine Verfügung vielmehr in voller Kenntnis der Nachteile für den *B* getroffen. Ein Anspruch aus enteignendem Eingriff entfällt daher. Es wird allerdings immer noch vertreten, dass alle unmittelbaren Auswirkungen einer hoheitlichen Maßnahme für einen Eingriff ausreichen.[44]

Literaturhinweise

Zunächst sei hier auf die Literaturhinweise zu Fall 27 verwiesen, hinzu kommen noch: *Bömer, Guido,* Amtshaftung und Vertrauensschutz, NVwZ 1996, 749; *Durner, Wolfgang*, Grundfälle zum Staatshaftungsrecht, JuS 2005, 793 und 900; *Engelhardt, Hanns,* Neue Rechtsprechung des BGH zum Staatshaftungsrecht, NVwZ 1989, 927; *ders.,* Neue Rechtsprechung des BGH zur öffentlichrechtlichen Entschädigung, NVwZ 1989, 1026; *Haverkate, Görg,* Amtshaftung bei legislativem Unrecht und die Grundrechtsbindung des Gesetzgebers, NJW 1973, 441; *Külpmann, Christoph,* Der Schutz des Eigentumsbestandes durch Art. 14 I GG – BVerfGE 100, 226, JuS 2000, 646; *Mader, Oliver,* Zur Amtshaftung der Gemeinde für rechtswidrige Beschlüsse des Gemeinderats – ausgewählte Probleme der Haftungsbegründung, BayVBl 1999, 168; *Maurer, Hartmut,* Der enteignende Eingriff und die ausgleichspflichtige Inhaltsbestimmung des Eigentums, DVBl 1991, 781; *Ossenbühl, Fritz,* Staatshaftungsrecht, 5. Aufl. 1998; *ders.,* Enteignungsgleicher Eingriff im Wandel, JuS 1988, 193; *ders.,* Grundfälle zu Eigentum, Enteignung und enteignungsgleichem Eingriff, JuS 1989,

[41] Angedeutet in BVerfGE 58, 137 (147ff.); bestätigt durch BVerfGE 79, 174 (192).
[42] *Maurer,* § 27 Rn. 79ff., insbes. 85.
[43] *Maurer,* Rn. 107ff.
[44] *Ossenbühl,* 6. Teil III. 1., S. 276, 247ff.

630; *Reinken, Werner/Schwager, Gudrun,* Die neuere Rechtsprechung des Bundesgerichtshofs zum Amtshaftungsrecht, DVBl 1988, 919; *Schenke, Wolf-Rüdiger,* Entschädigungsansprüche bei legislativem Unrecht unter dem Aspekt des enteignungsgleichen Eingriffs, NJW 1988, 857; *Scheuing, Dieter H.,* Haftung für Gesetze, in: Festschr. f. Bachof, 1984, 343; *Schoch, Friedrich,* Die Haftung aus enteignungsgleichem und enteignendem Eingriff, Jura 1990, 140.

Fall 30. Der demonstrierende Lehrer

Sachverhalt

Lehrer *Ludwig Lämpel (L)* ist Beamter des Landes Nordrhein-Westfalen und unterrichtet an einer Hauptschule in der Gemeinde Ahausen. *L* beteiligt sich an einer Demonstration, die eine kommunistische Studentengruppe gegen die „Berufsverbote" in der nahe gelegenen Universitätsstadt organisiert. Die zuständige Behörde versetzt daraufhin *L* an die Hauptschule in Bedorf. Wegen der von *L* eingelegten Rechtsbehelfe wird die Versetzung nicht vollzogen. Der Widerspruch des *L* bleibt erfolglos. Das Verwaltungsgericht hebt auf seine Klage hin die Versetzungsverfügung auf. Das Urteil wird rechtskräftig. In den Personalakten steht aber noch, dass *L* als Sympathisant kommunistischer Gruppen versetzt worden sei. Die zuständige Behörde lehnt die Tilgung ab, allenfalls ließe sich eine Berichtigung anfügen. Welche rechtlichen Möglichkeiten stehen *L* zur Verfügung, um den Vermerk aus den Akten entfernen zu lassen?

Im Hinblick auf den bevorstehenden Umzug hat *L* seinen Mietvertrag gekündigt. Er muss ausziehen und findet nur noch eine wesentlich teurere Wohnung. Er klagt vor dem Verwaltungsgericht die Umzugskosten und den Mehraufwand für die neue Wohnung ein. Hat *L* vor dem Verwaltungsgericht Erfolg?

Unmittelbar nach der Versetzungsverfügung weist der Schulleiter dem *L* „mit Rücksicht auf seine politische Unzuverlässigkeit" anstelle des Unterrichts in Oberklassen nur noch Unterklassen zu. Nach dem Obsiegen im Rechtsstreit vor dem Verwaltungsgericht will *L* wieder in den Oberklassen unterrichten. Kann er das erreichen?

L erkrankt infolge der Aufregung und begibt sich in die Klinik. Da er früher als erwartet aus dem Krankenhaus entlassen wird, muss er einen Teil des Vorschusses zurückzahlen, den er vom Land Nordrhein-Westfalen auf die ihm zustehende Beihilfe im Krankheitsfall erhalten hat. Die zuständige Behörde verlangt irrtümlich € 100,– zuviel zurück. *L* bezahlt. Sein Widerspruch hat Erfolg. Auf welcher Grundlage kann er den Betrag von € 100,– wieder zurückfordern? Wie ist die Rechtslage, wenn *L* sich irrt und € 100,– mehr als verlangt entrichtet?

Lösung

I. Tilgung des Vermerks

1. Zulässigkeit eines Rechtsbehelfs

a) Verpflichtungsklage?

Ist die Tilgung des Vermerks in den Personalakten ein Verwaltungsakt, kommt eine Verpflichtungsklage in Betracht (§§ 126 I BRRG, 42 I Alt. 2 VwGO). Die Tilgung macht den Eintrag rückgängig. Ist dieser ein Verwaltungsakt, gilt das Gleiche für die Tilgung als entgegengesetzter Rechtsakt. Die Führung von Personalakten über Beamte fällt in den Bereich hoheitlicher Tätigkeit, da das gesamte Beamtenverhältnis öffentlich-rechtlicher Natur ist. Die Eintragung betrifft einen Einzelfall. Die Personalakten bilden die Grundlage für Maßnahmen, die *L* persönlich angehen, der Eintragung kommt also Außenwirkung zu. In der bloßen Wiedergabe eines Ereignisses, das tatsächlich stattgefunden hat, liegt aber noch keine Regelung. Der Eintrag stellt daher keinen Verwaltungsakt dar, ebenso wenig seine Tilgung.[1] Die Verpflichtungsklage ist daher nicht einschlägig.

b) Allgemeine Leistungsklage

Als Rechtsbehelf bleibt die Möglichkeit einer allgemeinen Leistungsklage.[2] Auf sie ist § 42 II VwGO entsprechend anzuwenden. Da die Versetzung, deren Eintragung in Streit befangen ist, als rechtswidrig aufgehoben wurde, kann *L* ein Folgenbeseitigungsanspruch zustehen. Gemäß § 126 III BRRG ist auch bei der allgemeinen Leistungsklage ein Vorverfahren durchzuführen, wenn die Leistung abgelehnt worden ist (§ 68 II VwGO). Bleibt der Widerspruch erfolglos, ist die Leistungsklage des *L* zulässig.

2. Begründetheit der Leistungsklage

a) Rechtsgrundlagen und Voraussetzungen eines Folgenbeseitigungsanspruchs

Die Rechtsgrundlage des Folgenbeseitigungsanspruchs steht nicht eindeutig fest. Literatur und Rechtsprechung greifen auf den Vorrang und den Vorbehalt des Gesetzes, auf die Freiheitsrechte, auf die verfassungsrechtliche Garantie des Rechtsschutzes oder ganz allgemein auf den Rechtstaatsgedanken zurück.[3] Die Frage nach der Rechtsgrundlage hat

---

[1] *Kopp/Ramsauer,* § 35 Rn. 55.
[2] *Götz,* ZBR 1961, 138.
[3] *Kopp/Schenke,* § 113 Rn. 81.

jedoch an Bedeutung verloren, weil der Anspruch mittlerweile allgemein anerkannt ist.[4]

Der Anspruch setzt voraus, dass jemand durch rechtswidriges hoheitliches Tun der vollziehenden Gewalt in seinen Rechten verletzt worden ist, und dass eine hierauf unmittelbar beruhende Rechtsbeeinträchtigung noch fortbesteht. Die Pflicht zur Folgenbeseitigung trifft den Hoheitsträger, der rechtswidrig gehandelt hat. Die Rechtsfolge geht auf Wiederherstellung des früher bestehenden oder die Herstellung eines gleichwertigen Zustands,[5] jedenfalls bei den Folgen eines rechtswidrigen Verwaltungsakts.

b) Die Eintragung als unmittelbare Folge eines rechtswidrigen Verwaltungsakts

Die Versetzung eines Beamten ist ein Verwaltungsakt.[6] Da das Verwaltungsgericht ihn aufgehoben hat, ist, wie aus § 113 I 1 VwGO hervorgeht, davon auszugehen, dass er rechtswidrig war. Der Folgenbeseitigungsanspruch deckt die Folgen ab, die nicht schon durch die Aufhebung des Verwaltungsakts beseitigt sind, aber auf ihm beruhen. Der Eintrag in die Personalakten gibt den Verwaltungsakt zusammen mit seiner Begründung in einer Kurzfassung wieder, der Vermerk ist eine Auswirkung des rechtswidrigen Verwaltungsakts.

Die Unmittelbarkeit der Folge könnte in Zweifel gezogen werden, weil ohne die Tätigkeit des Bediensteten, der die Personalakten führt, der Vermerk nicht vorhanden wäre. Für die Schutzwirkung des Folgenbeseitigungsanspruchs kann es indessen nicht darauf ankommen, ob Zwischenursachen festzustellen sind. Vielmehr muss ein Wertungszusammenhang zwischen der Maßnahme und ihren Folgen bestehen, der sie als Einheit erscheinen lässt.[7] Der Bedienstete, der die Eintragung vornimmt, hält nur in den Akten fest, was die für die Versetzung zuständige Behörde entschieden hat. Die Versetzung ist also der maßgebliche Rechtsakt. Die Eintragung ist die unmittelbare Folge.

c) Fortdauernde Rechtsbeeinträchtigung

Der Vermerk über eine Versetzung mit der angegebenen Begründung ist geeignet, Zweifel am Bekenntnis zur freiheitlichen demokratischen Grundordnung zu wecken, zu dem der Beamte nach § 55 II NRWLBG[8]

---

[4] *Maurer,* § 30 Rn. 5; Überblick bei BVerwGE 69, 366 (368 ff.).

[5] *Köckerbauer,* JuS 1988, 785.

[6] BVerwGE 60, 144 (147).

[7] *Ossenbühl,* S. 302 f.

[8] In den anderen Bundesländern: Art. 62 II BayBG; §§ 70 II BWLBG; 18 II BlnBG; 18 II BbgLBG, 53 II BremBG; 57 II HbgBG; 67 II HessBG; 57 II LBG MV; 61 II NdsBG; 63 I 3 RhPflBG; 67 II SaarlBG; 69 II SächsBG; 52 II LBG SachsAnh; 65 II SHBG; 56 I 3 ThürBG.

verpflichtet ist. Ob allen kommunistischen Gruppen pauschal der Vorwurf gemacht werden kann, nicht auf dem Boden des Grundgesetzes zu stehen, mag in diesem Zusammenhang dahinstehen. Es gibt jedenfalls kommunistische Gruppen, die für einen gewaltsamen Umsturz eintreten. Wird an die Sympathie für kommunistische Zusammenschlüsse eine für *L* unangenehme Rechtsfolge wie die Versetzung geknüpft, drängt sich der Schluss auf, dass der Beamte einer Gruppe nahe steht, die mit der freiheitlichen demokratischen Grundordnung unvereinbare Interessen verfolgt. Da aber nur feststeht, dass *L* ein bestimmtes politisches Anliegen unterstützt hat und damit nicht notwendig die Ziele der veranstaltenden Gruppe im Übrigen gutheißt, wird der Beamte mit einem Nachteil in seinem beruflichen Fortkommen belastet, der nicht durch greifbare Tatsachen untermauert ist. Die Aufhebung der Versetzung durch das Verwaltungsgericht zeigt, dass es eine Rechtsverletzung durch den Verwaltungsakt annimmt. Dementsprechend liegt auch in dem darüber angefertigten Vermerk eine Rechtsverletzung. Der Beamte hat kraft der Fürsorgepflicht des Dienstherrn einen Rechtsanspruch darauf, dass in seine Personalakte nur zutreffende Tatsachenangaben über ihn und pflichtgemäß erstellte Beurteilungen seiner Persönlichkeit und Leistungen aufgenommen werden. Demzufolge besteht ein Entfernungsanspruch hinsichtlich solcher Vorgänge, die in die Personalakte gelangt sind, obwohl sie der Sache nach nicht dorthin gehören, und die geeignet sind, dem Beamten Nachteile zuzufügen.[9] Die zuständige Behörde des Landes Nordrhein-Westfalen muss daher für die Beseitigung der Eintragung als Folge eines rechtswidrigen Verwaltungsaktes Sorge tragen.

d) Rechtsfolge

Wird nach der Vorstellung dieser Behörde die Eintragung nicht getilgt, sondern nur eine Berichtigung in die Personalakten aufgenommen, ist die Gefahr nicht gebannt, dass jemand, der die Personalakten des *L* in die Hand nimmt, Schlüsse aus der Eintragung zieht, mag dies auch eine rechtswidrige Verwertung der Information darstellen. Deshalb ist die Berichtigung verglichen mit dem Zustand vor der Eintragung für den *L* nachteilig. Die Folge des rechtswidrigen Verwaltungsakts wird nur dann völlig ausgeräumt, wenn die Behörde den Vermerk aus den Akten entfernt oder die Eintragung unleserlich macht.[10]

Eine derartige Maßnahme muss zumutbar sein.[11] Der Behörde ist es ohne großen Aufwand möglich, die Personalakten des *L* so zu gestalten, dass die Eintragung nicht mehr erkennbar ist.

---

[9] BVerwGE 56, 102 (104); vgl. auch *Thiele,* ZBR 1981, 215.
[10] *BGH* MDR 1961, 835.
[11] *Ossenbühl,* S. 321.

e) Mitwirkendes Verschulden

Auch beim Folgenbeseitigungsanspruch ist mitwirkendes Verschulden des Betroffenen zu beachten.[12] Wer einen ihm zustehenden Rechtsbehelf nicht einlegt, muss sich mitwirkendes Verschulden anrechnen lassen. Gegen den hoheitlichen Realakt der Eintragung kann *L* aber ohne Vorschaltung einer anderen Möglichkeit, Rechtsschutz zu erlangen, mit dem Begehren auf Folgenbeseitigung vorgehen. Die Leistungsklage des *L* ist begründet.

II. Die Umzugskosten und der Mehraufwand für die teurere Wohnung

Als öffentlich-rechtlicher Anspruch aus dem Beamtenverhältnis, der nach § 126 I BRRG den Rechtsweg zu den Verwaltungsgerichten eröffnet, kommt nur ein Folgenbeseitigungsanspruch in Betracht. Für Amtshaftungsansprüche und Ansprüche aus enteignungsgleichem Eingriff müsste *L* gemäß § 40 II 1 VwGO den Rechtsweg zu den ordentlichen Gerichten einschlagen.

Gegenstand des Folgenbeseitigungsanspruchs ist nicht Schadensersatz oder ein Ausgleich für entstandene Beeinträchtigungen.[13] Der verlangte Ersatz für die Umzugskosten und der Ausgleich für den Mehraufwand an Miete stellen nicht den früheren Zustand wieder her und schaffen auch keinen gleichwertigen Zustand. Sie fallen somit nicht unter die Rechtsfolgen, die auf der Grundlage des Folgenbeseitigungsanspruchs begehrt werden können. Der Rechtsweg zu den Verwaltungsgerichten gemäß § 40 I 1 VwGO ist unzulässig. Die Klage des *L* hat vor dem Verwaltungsgericht keinen Erfolg. Auf Antrag des *L* wird die Sache an die Zivilgerichte verwiesen (§ 17a GVG).

III. Der Unterricht in den Oberklassen

1. Zulässigkeit eines Rechtsbehelfs

Als Anspruchsgrundlage für das Begehren, wieder in den Oberklassen unterrichten zu dürfen, bietet sich der Folgenbeseitigungsanspruch an. *L* will den Zustand wiederhergestellt haben, der vor der Anordnung des Schulleiters, dass *L* in den Unterklassen unterrichten muss, bestanden hat. *L* kann seinen Anspruch durch eine Klage vor dem Verwaltungsgericht verfolgen (§ 126 I BRRG). Nach § 126 III BRRG i.V.m. §§ 68 II und 74 VwGO muss *L* zunächst einen Antrag stellen. Wird er abschlägig beschieden, muss er das Widerspruchsverfahren durchlaufen. Bleibt es ohne Erfolg, kann *L* Leistungsklage erheben. Unternimmt die Behörde nichts, kann *L* erst nach Ablauf der Frist des § 75 S. 2 VwGO Klage erheben.

---

[12] *Maurer*, § 30 Rn. 18.
[13] *Redeker*, DÖV 1987, 194.

2. Begründetheit der Klage

a) Der Unterricht in den Unterklassen als unmittelbare Folge eines rechtswidrigen Hoheitsakts

Das rechtswidrige hoheitliche Handeln gegenüber *L* könnte in der Anordnung liegen, nur noch die unteren Klassen zu unterrichten. Diese Anordnung bezieht sich auf den Dienstbetrieb und nicht auf die persönliche Stellung des *L*. Die Maßnahme ist kein Verwaltungsakt, sondern eine Weisung im Rahmen des Beamtenverhältnisses. Es ist aber heute anerkannt, dass der Folgenbeseitigungsanspruch nicht nur auf die Folgen eines Verwaltungsakts beschränkt ist, sondern auch die Beseitigung der Folgen sonstiger hoheitlicher Tätigkeit umfasst. Die Einengung auf den so genannten „Vollzugsfolgenbeseitigungsanspruch" ist überholt.[14] Die Anordnung des Schulleiters beruht auf der Weisungsbefugnis des Vorgesetzten, dessen Anordnungen der Beamte nach § 58 S. 2 NRWLBG[15] auszuführen hat. Freilich muss sich die Anordnung aus einem dienstlichen Erfordernis rechtfertigen lassen. Der Schulleiter erhebt gegenüber *L* den Vorwurf, politisch nicht zuverlässig zu sein. Das wäre allenfalls dann ein hinreichender Grund für die Anordnung, wenn *L* keine Gewähr dafür böte, jederzeit für die freiheitliche demokratische Grundordnung einzutreten. Der Unterricht könnte in Klassen verlagert werden, die einer politischen Beeinflussung aufgrund des Alters der Schüler noch weniger zugänglich sind. Der Vorwurf gegen einen Beamten, der lediglich von seinem Grundrecht aus Art. 8 GG Gebrauch gemacht hat, ist aber aus der Luft gegriffen. Für die Anordnung lässt sich kein dienstliches Erfordernis ins Feld führen, sie ist daher rechtswidrig. Rechtswidrige Anordnungen hat der Beamte auszuführen, wie aus § 59 II NRWLBG[16] hervorgeht. Dies hindert aber nicht, die Folgen rückgängig zu machen, wenn sich die Rechtswidrigkeit herausstellt.

b) Fortdauernde Rechtsbeeinträchtigung

Es könnte aber an einem verletzten Recht des *L* fehlen. Zumindest dann, wenn eine Anordnung auf eine Beschuldigung gegenüber dem betroffenen Beamten gegründet ist und dieser die Anordnung als nachteilig empfindet, wird man aus Art. 2 I GG das Recht herleiten können, von derartigen Anordnungen verschont zu bleiben, auch wenn der Beamte

---

[14] *Köckerbauer*, JuS 1988, 784.

[15] In den anderen Bundesländern: Art. 64 II 2 BayBG; §§ 74 BWLBG; 21 BlnBG; 20 I 3 BbgLBG; 56 S. 2 BremBG; 60 S. 2 HbgBG; 70 HessBG; 59 S. 2 LBG MV; 63 S. 3 NdsBG; 65 S. 2 RhPflBG; 69 SaarlBG; 73 S. 2 SächsBG; 55 S. 2 LBG SachsAnh; 67 SHBG; 58 S. 2 ThürBG.

[16] In den anderen Bundesländern: Art. 65 II BayBG; §§ 75 II BWLBG; 22 II BlnBG; 21 II BbgLBG; 57 II BremBG; 61 II HbgBG; 71 II HessBG; 60 II LBG MV; 64 II NdsBG; 66 II RhPflBG; 70 II SaarlBG; 74 II SächsBG; 56 II LBG SachsAnh; 68 II SHBG; 59 II ThürBG.

ihnen zunächst Folge leisten muss. Die Voraussetzungen des Folgenbeseitigungsanspruchs sind also erfüllt.

c) Rechtsfolge

L erstrebt den Zustand, der vor der Anordnung bestanden hat. Es ist heute unbestritten, dass der Hoheitsträger auch bei schlichthoheitlichem Handeln zur Wiederherstellung des früher bestehenden Zustands oder zur Herstellung eines gleichwertigen Zustands verpflichtet ist.[17] Die unmittelbare Folge der rechtswidrigen Anordnung ist hier, dass *L* nicht mehr in den höheren Klassen unterrichten darf. Als Folge der Folgenbeseitigungspflicht der Verwaltung muss dem *L* wieder das Recht eingeräumt werden, in den Oberklassen zu unterrichten. Somit hat die Klage aus dem Folgenbeseitigungsanspruch Erfolg.

IV. Die Rückzahlung des Vorschusses

1. Folgenbeseitigungsanspruch

Bezahlt *L* zuviel zurück, weil die Behörde den entsprechenden Betrag gefordert hat, beruht die Leistung auf einem Verwaltungsakt, der als rechtswidrig aufgehoben wurde. Gewährt die Behörde nicht von sich aus den Betrag von € 100,– zurück, besteht eine Folge des rechtswidrigen Verwaltungsakts fort, die *L* in seinem Recht verletzt, öffentlich-rechtliche Geldforderungen nur im Rahmen der Gesetze erfüllen zu müssen. Die Rechtsgrundlage für die Rückzahlung der € 100,– ist also ein Folgenbeseitigungsanspruch.

Liegt der Irrtum indes bei *L,* ist nicht ein rechtswidriger Hoheitsakt die Ursache für die Leistung, die der öffentlichen Hand nicht zusteht. Ein Folgenbeseitigungsanspruch lässt sich nicht begründen.

2. Erstattungsanspruch

Wäre der Erstattungsanspruch nur ein Unterfall des Folgenbeseitigungsanspruchs, brauchte man darauf nicht mehr einzugehen. Die Ansprüche können sich zwar überschneiden, decken aber gleichwohl einen unterschiedlichen Anwendungsbereich ab, sie können daher nebeneinander geltend gemacht werden.[18]

Der Erstattungsanspruch ist ein eigenes Rechtsinstitut des öffentlichen Rechts. Seine rechtliche Grundlage findet er in dem Prinzip der Gesetzmäßigkeit der Verwaltung.[19] Danach ist jeder, der ohne Rechtsgrund etwas erlangt hat, verpflichtet, das Erlangte zurückzugewähren. Ausdrücklich geregelt ist der Erstattungsanspruch in den §§ 49a NRWVwVfG und 37 II AO. Im Wesentlichen entspricht er den bürgerlich-recht-

---

[17] *Schoch,* VerwArch 79 (1988), 17 m.w.N.

[18] *Ossenbühl,* S. 331 f.

[19] Vgl. BVerwGE, 48, 279 (286).

lichen Ansprüchen aus ungerechtfertigter Bereicherung (§§ 812ff. BGB). Jedoch entspringt der öffentlich-rechtliche Erstattungsanspruch einer ungerechtfertigten Rechtsgüterverschiebung im Rahmen eines öffentlich-rechtlichen Rechtsverhältnisses.[20]

Hier wird ein Verwaltungsakt im Widerspruchsverfahren teilweise aufgehoben. Auf diesen Teil ist § 49a NRWVwVfG anwendbar. Die Forderung des Mehrbetrages von € 100,– entfällt. Damit wird der tatsächlich stattgefundenen Vermögensverschiebung die Rechtsgrundlage entzogen, die ihre Wurzel im öffentlich-rechtlichen Beamtenverhältnis hat. Das Land ist auch aus einem Erstattungsanspruch verpflichtet, den Betrag von € 100,– zu gewähren.

Rührt die Überzahlung aus einem Irrtum des *L* her, ist ebenfalls eine rechtsgrundlose Vermögensverschiebung vorhanden, die auf dem Beamtenverhältnis beruht. Sie führt zu einem Erstattungsanspruch des *L* gegen das Land Nordrhein-Westfalen.

Literaturhinweise

1. Zum Erstattungsanspruch

Ossenbühl, Fritz, Der öffentlich-rechtliche Erstattungsanspruch, NVwZ 1991, 513; *Rohr, Wolfgang,* Der öffentlich-rechtliche Erstattungsanspruch, DVP 1999, 311; *Schoch, Friedrich,* Der öffentlich-rechtliche Erstattungsanspruch, Jura 1994, 82; *Stangl, Josef,* Der öffentlich-rechtliche Erstattungsanspruch, JA 1998, 48; *Wallerath, Max,* Das System der öffentlichrechtlichen Erstattungsansprüche, DÖV 1972, 221; *Weber, Hermann,* Der öffentlichrechtliche Erstattungsanspruch, JuS 1986, 29.

2. Zum Folgenbeseitigungsanspruch

Siehe die Literaturhinweise zu Fall 18.

---

[20] *Maurer,* § 29 Rn. 21.

Sachverzeichnis

Die angegebenen Fundstellen beziehen sich auf die Seitenzahlen